Sibylle GSCHÖPF
Ursula PRANTL-MARESCH

1 ERLEBNIS NATURWISSENSCHAFTEN

NAWI HLW

Mit Bescheid des Bundesministeriums für Bildung und Frauen vom 18. Dezember 2015, GZ BMUKK-5.034/0064-B/8/2013,
gemäß den derzeit geltenden Lehrplänen als für den Unterrichtsgebrauch
für den I. Jahrgang
an Höheren Lehranstalten für wirtschaftliche Berufe
im Unterrichtsgegenstand Naturwissenschaften
geeignet erklärt.

Die Autorinnen und der Verlag bitten, alle Anregungen und Vorschläge, die dieses Lehrbuch betreffen, an folgende Adresse zu senden:
Verlag Hölder-Pichler-Tempsky GmbH
1090 Wien, Frankgasse 4
E-Mail: service@hpt.at

Schulbuchvergütung/Bildrechte: © Bildrecht GmbH, Wien
1. Auflage, Nachdruck 2017 (1,03)

Satz: Dieter Kiessling

Druck und Bindung: Brüder Glöckler GmbH, Wöllersdorf

ISBN 978-3-230-03707-7

Schulbuchnummer Buch: 175262 **Schulbuchnummer Buch + E-Book: 176163**

Vom Atom zum Organismus 7

Die Aufgaben in **Erlebnis Naturwissenschaften 1** sind **kompetenzorientiert**. Was ist damit gemeint?

Kompetent sein bedeutet vereinfacht ausgedrückt: **„zu etwas fähig sein"**, **Fertigkeiten entwickeln**. Individuelle Kompetenzen beinhalten ein Netzwerk zusammenhängender Aspekte wie **Wissen** und **Verstehen**, **Wollen** und **Handeln**.

Kompetenzorientierte Aufgabenstellungen

- fördern Erwerb, Training und Vernetzung möglichst vieler Kompetenzen (u. a. Fachkompetenz, Handlungs-, Methoden- und Sozialkompetenz). Zum Beispiel:
  - Ablauf der Vorgänge bei der Zellteilung kennen (Fachkompetenz)
  - Sich mit anderen austauschen und kooperieren (Sozialkompetenz)
  - Mikroskopieren, dokumentieren, Ergebnisse präsentieren (Methodenkompetenz)
  - Zellteilungsvorgänge beobachten, analysieren und interpretieren (Handlungskompetenz)
- bedienen unterschiedliche **Anforderungsebenen**.

Operatoren (Deskriptoren) sind Anweisungen für die Bearbeitung einer Aufgabe (z. B. „nennen", „zeigen", „beschreiben") und signalisieren, welche Anforderungsebenen der **Handlungskompetenz** bedient wird. Anforderungsebenen der Handlungskompetenz mit entsprechenden Operatoren:

A Beobachten und Erfassen
beobachten, erfassen, beschreiben, einordnen, darstellen, erläutern, verstehen
z. B.: „Ich kann Vorgänge in der Natur darstellen und erläutern."

B Untersuchen und Bearbeiten
untersuchen, analysieren, bearbeiten, überprüfen, präsentieren, Informationen bearbeiten
z. B.: „Ich kann naturwissenschaftliche Fragestellungen analysieren."

C Bewerten und Anwenden
bewerten, anwenden, interpretieren, Schlüsse ziehen, hinterfragen und entscheiden
z. B.: „Ich kann Konsequenzen naturwissenschaftlicher Aussagen abschätzen."

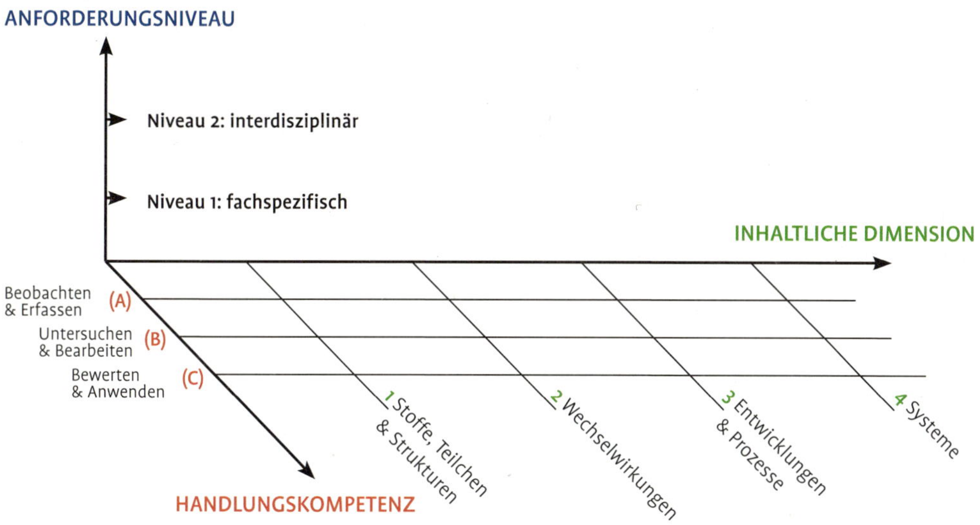

Die **Anforderungsebenen der Handlungskompetenz A, B und C** und die Anforderungsniveaus **N1** und **N2** sind in den **Lernzielen** der **NAWI AKTIV** jeweils ausgewiesen. Zu Beginn jedes Kompetenzmoduls sind die jeweiligen Lernziele mit allen Dimensionen des naturwissenschaftlichen Kompetenzmodells versehen.

Die hier gemachten Angaben folgen der Handreichung des bm:ukk **„Naturwissenschaftliche Bildungsstandards. Berufsbildende Höhere Schulen. Das Kompetenzmodell"**.

Zusatzmaterial und Lösungen sind auf der Verlagshomepage

- im SchulbuchPlus-Bereich für Schüler/innen: **www.hpt.at/nawi-1** bzw.
- im SchulbuchPlus-Bereich für Lehrer/innen (Registrierung erforderlich)

zu finden.

SB PLUS

Folgende Elemente ergänzen, illustrieren, bereichern, wiederholen und lockern die Kernstoffinhalte:

MINI

Kurze, gezielte Aufgaben (Einzelarbeit = ☺, Partnerarbeit = ☺☺ und Gruppenarbeit = ☺☺☺), die ohne Vorbereitungszeit und ohne besondere Ausrüstung spontan als Teil einer Unterrichtseinheit erledigt werden können.
Die Zielsetzungen der Minis umfassen u. a.:

- Aktivierung von Vorerfahrungen
- Training fachlicher Kompetenz
- Anregung zu Selbsttätigkeit
- Wecken der Aufmerksamkeit und des Interesses

NAWI AKTIV

Umfangreichere Aufgabenstellungen, die in der Regel über die Länge einer Unterrichtseinheit hinausgehen.
Die Zielsetzungen der Aufgaben umfassen u. a.:
Erwerb, Erweiterung und Training der

- fachlichen Kompetenz,
- sozialen und persönlichen Kompetenzen (z. B. Einzelarbeit = ☺, Partnerarbeit = ☺☺ und Gruppenarbeit = ☺☺☺ wechseln, Anregung zu Selbsttätigkeit, Selbstverantwortung, Selbstreflexion und Aktivierung von Vorerfahrungen),
- Methodenkompetenz (z. B. Experimentieren, Textbearbeitung, Dokumentation, Präsentation),
- Handlungskompetenz auf unterschiedlichen Anforderungsbereichen (Einsatz entsprechender Operatoren bzw. Deskriptoren wie u. a. das Beobachten und Erfassen, Untersuchen und Analysieren, Bewerten und Anwenden)

NAWI QUIZ

Wiederholungssequenzen des bereits gelernten Stoffes – abwechslungsreich, spannend, unterhaltsam.

NAWI-XTRA

Über den Kernstoff hinausgehende Infos für besonders Interessierte.

SPECIALS

Besondere Informations-Highlights, die zum Kernstoff passen, oft auch etwas über diesen hinausgehen, z. B. besondere Zahlen und Fakten, Gedankenexperimente, neue wissenschaftliche Erkenntnisse, besondere Höchstleistungen.

+ Kennzeichnet bedeutsame Krankheiten bzw. funktionelle Störungen der jeweils besprochenen Organe bzw. Organsysteme sowie Aussagen zum Thema Gesundheit und Fitness.

WISSENSBOX

Zusammenfassung in Form kurzer prägnanter Sätze mit wichtigen Inhalten zum jeweiligen Thema.

VOM ATOM ZUM ORGANISMUS

I DIE NATUR ...

... ein großes chemisches Labor

1 Chemie als Teilgebiet der Naturwissenschaften

Chemie = griech. *chimeia* bedeutet „Umwandlung"

Synthese = Verbindung von zwei oder mehreren Stoffen oder Elementen zu einer neuen Einheit

Physik = griech. *physike* bedeutet „Erforschung der Naturerscheinungen"

Aggregatzustand = physikalische Zustände von Stoffen, die temperatur- oder druckabhängig sind

In der **Chemie** werden die möglichen Umwandlungen und Veränderungen von Stoffen, die Eigenschaften von Elementen und Verbindungen sowie die Entwicklung von **Synthesen** von neuen Stoffen untersucht. Sie ist – wie Physik und Biologie – ein Teilgebiet der Naturwissenschaften.
Im Gegensatz zur Chemie werden in der **Physik** die grundlegenden Phänomene in der Natur untersucht. Dabei verändert sich der Stoff nicht. Es ändert sich höchstens sein **Aggregatzustand** von fest auf flüssig oder gasförmig. Die Physik beschäftigt sich vorwiegend mit Materie und Energie, versucht durch Beobachtung von Naturphänomenen oder durch Experimente Gesetzmäßigkeiten zu erkennen.
Die heutige Form der Chemie als Naturwissenschaft entwickelte sich erst im 17. und 18. Jahrhundert. Obwohl die Chemie damit eine – im Vergleich zu Biologie und Physik – recht junge Wissenschaft ist, spielt sie in vielen Bereichen eine wichtige Rolle:

- In der Medizin bei der Herstellung von neuen Medikamenten.
- In der Technik für die Entwicklung neuer Baustoffe, leichterer Kunststoffe, schnellerer Halbleiter.
- In der Kosmetik für die Produktion von Haarfärbemitteln, Duschgelen und Cremen.
- Im Alltag beim Kochen, Backen und Braten.
- Zahlreiche Vorgänge in der Biologie können nicht ohne chemisches Basiswissen erklärt werden.
- Bevor sich Lebewesen entwickeln konnten, mussten zahlreiche chemische Vorgänge ablaufen (▶ S. 32 – chemische Evolution).
- In jeder Zelle eines Lebewesens laufen ständig chemische Vorgänge ab.

MINI 1

Unterschied Chemie – Physik

- Suche nach mindestens drei chemischen Vorgängen in deinem Alltag.
- Suche nach mindestens drei physikalischen Vorgängen in deinem Alltag.
- Diskutiere deine Auswahl mit deiner/deinem Sitznachbarin/Sitznachbarn. Notiert eure Ergebnisse mit Begründung.

Evolution = Entwicklung der Lebewesen, die zur Bildung immer neuer Arten und Organisationstypen führt

biologische Evolution = Entwicklung der Lebewesen von der ersten Vorstufe der Zelle bis zu den Vielzellern

organische Moleküle = Verbindungen mit Kohlenstoffatomen und einer Vielzahl anderer Atome

anorganische Moleküle = vorwiegend kohlenstofffreie Verbindungen sowie einige Ausnahmen

Der Ablauf der **Evolution** wird in eine **chemische und biologische Evolution** untergliedert.

1.1 Die chemische Evolution

Darunter versteht man die zufällige Bildung **organischer Moleküle** aus **anorganischen Molekülen** auf der Urerde unter Einwirkung von

- ungeheuer starker UV-Strahlung,
- elektrischer Entladung,
- Hitze und
- radioaktiver Strahlung.

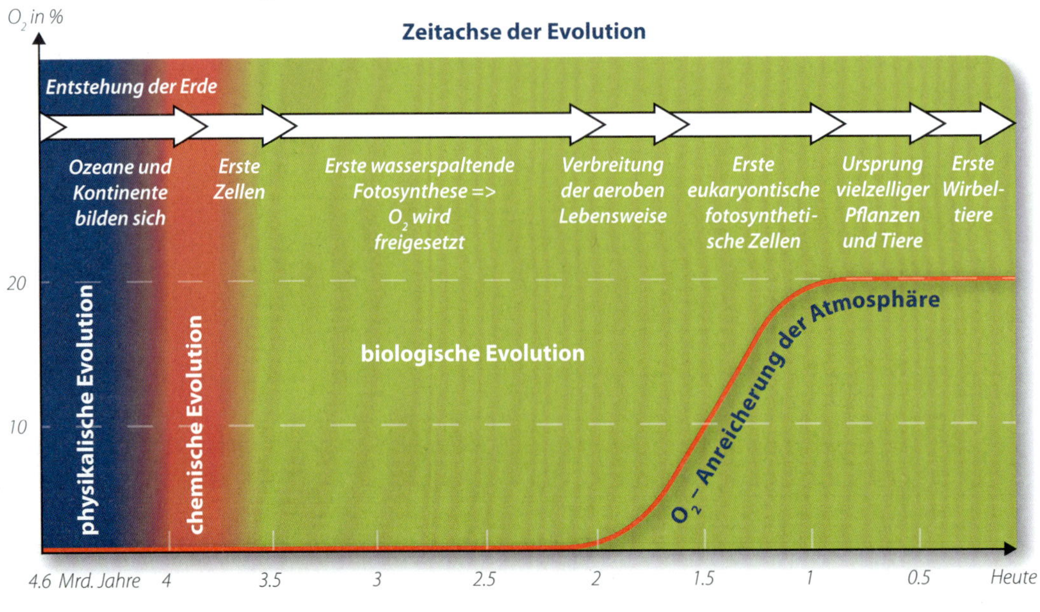

Abb. 1 Zeitachse

Diese organischen Moleküle waren die Voraussetzung für die Entstehung lebender Zellen. Dies geschah in einem Zeitrahmen zwischen der Entstehung der Erde (vor etwa 4,6 Milliarden Jahren) und der Entstehung des Lebens (vor etwa 4,2 – 3,6 Milliarden Jahren).
Danach beginnt die **biologische Evolution**.

Anhand der Zeitachse (▶ Abb. 1) kannst du die einzelnen Abschnitte der Evolution deuten.

2 Alltagschemie

Die Chemie ist aus unserem Alltag nicht mehr wegzudenken. Alle Lebewesen sind aus ähnlichen chemischen Stoffen aufgebaut. Auch wir Menschen bestehen aus Kohlenstoff, Wasser, Sauerstoff, Stickstoff, Kalium, Kalzium usw. Wenn wir nur die einzelnen Elemente betrachten, sind wir nicht sehr wertvoll – ein anderes Bild ergibt sich, wenn wir die besonderen chemischen Verbindungen, aus denen der Mensch besteht, berechnen.

2.1 Gefahrensymbole

Viele chemische Stoffe, die im Chemieunterricht oder auch im Alltag verwendet werden, können für den Menschen gefährlich sein. Damit wir diese Stoffe erkennen, müssen sie mit Gefahrensymbolen gekennzeichnet sein. Es sind **Piktogramme**, die mit einer bestimmten Gefahrenbezeichnung einen leicht erkennbaren Hinweis auf die Gefahr, die von diesem Stoff ausgeht, geben.

MINI 2

Chemie ist überall

- Betrachte deinen Arbeitsplatz, deine Schulsachen, dein Handy: Wie viele chemische Bestandteile/Stoffe erkennst du?
- Zähle diese Stoffe auf und versuche, sie zu benennen.

Neben diesen Gefahrensymbolen gibt es noch knappe Sicherheitshinweise für Gefahrenstoffe, die zur Einstufung und Kennzeichnung von Chemikalien verwendet werden.

Dies sind die

- **H- und P-Sätze**
  Es handelt sich um kurze Texte (*Statements*) mit wichtigen Sicherheitsinformationen für die Kennzeichnung von Gefahrenstoffen.
  - **H-Sätze (Hazard Statements)** beschreiben Gefährdungen, die von den chemischen Stoffen ausgehen.
  - **P-Sätze (Precautionary Statements)** geben Sicherheitshinweise für den Umgang mit chemischen Gefahrenstoffen.

  Die Bezeichnung für diese Sätze setzt sich aus den Buchstaben H oder P sowie einer anschließenden Zahl zusammen.

  Beispiele für H- und P-Sätze:
  - H202: Der Stoff ist explosiv; große Gefahr durch Splitter, Spreng- und Wurfstücke.
  - P262: Den Stoff nicht in die Augen, auf die Haut oder auf die Kleidung gelangen lassen.

Abb. 2 *Gefahrensymbole gültig bis 1. 12. 2012*

Abb. 3 *Gefahrensymbole gültig seit 1. 12. 2012*

Piktogramm = Symbol oder Icon, das eine bestimmte Information grafisch darstellt

H- und P-Sätze = kurze Texte (*Statements*) mit wichtigen Sicherheitsinformationen für die Kennzeichnung von Gefahrenstoffen

R- und S-Sätze = Warnhinweise zur Charakterisierung der Gefahrenmerkmale von Gefahrenstoffen

- **R- und S-Sätze**
  Bei R- und S-Sätzen handelt es sich um Warnhinweise zur Charakterisierung der Gefahrenmerkmale von Gefahrenstoffen. Die Bezeichnung für diese Sätze setzt sich aus den Buchstaben R oder S sowie einer anschließenden Zahl zusammen.

  Beispiele für R- und S-Sätze:
  - R2: Der Stoff ist durch Schlag, Reibung, Feuer und andere Zündquellen explosionsgefährlich.
  - S13: Stoff von Nahrungsmitteln, Getränken und Futtermitteln fernhalten!

  Diese R- und S-Sätze sind zusammen mit den Gefahrenbezeichnungen und den jeweiligen Gefahrensymbolen wichtige Hilfsmittel für die in der Europäischen Union vorgeschriebene Gefahrstoffkennzeichnung. R- und S-Sätze sind noch bis 1. Juni 2015 gültig.

Richtlinien im Umgang mit gefährlichen Stoffen:

- Ordnungsgemäßes Entsorgen an dafür vorgesehenen Sammelstellen
- Gefährliche Stoffe dürfen nicht in den Fluss oder ins Abwasser gelangen
- Vorsichtiger Umgang in geschlossenen Räumen
- Aufbewahrungsbehälter genau beschriften
- Eventuell Schutzkleidung tragen (z. B. Handschuhe, Schutzbrillen)

Im Chemieunterricht gilt es einige Regeln zu beachten:

- Versuchsvorschriften müssen genau befolgt werden.
- Werden Schutzbrillen oder Schutzhandschuhe ausgeteilt, so müssen diese auch getragen werden.
- Chemikalien sollten nicht mit den Händen berührt werden.
- Pipettieren mit dem Mund ist verboten.
- Beim Umgang mit offenen Flammen sind die Haare so zu tragen, dass sie nicht in die Flammen geraten.
- Chemikalienreste müssen vorschriftsmäßig entsorgt werden.

3 Aus Mischungen erhältst du Reinstoffe

Viele Stoffe in der Natur sind Mischungen, deren einzelne Bestandteile durch verschiedene Trennverfahren ermittelt werden können.

3.1 Wie trenne ich was?

Siedepunkt = jener Druck und jene Temperatur, bei dem/der ein Stoff vom flüssigen in den gasförmigen Zustand gelangt

Adsorption = physikalischer Vorgang, bei dem ein Stoff an der Oberfläche eines anderen Stoffes haften bleibt

Trennverfahren nützen meistens unterschiedliche physikalische Eigenschaften der Stoffe, wie z. B. **Siedepunkte**, Löslichkeit, Größe der Teilchen oder **Adsorption**, um die vermischten Stoffe voneinander zu trennen. Die beteiligten Stoffe selbst werden dabei aber nicht verändert.

- **Filtration:** Die Teilchen eines Feststoffes in einer Flüssigkeit werden auf Grund ihrer Größe nicht mehr durch den Filter oder das Sieb gelassen. Sie bleiben als Rest im Filter oder Sieb erhalten, während die Flüssigkeit durchfließt. (Beispiele: Abtrennen der Nudeln aus dem Wasser mit einem Sieb, Ölfilter im Auto)

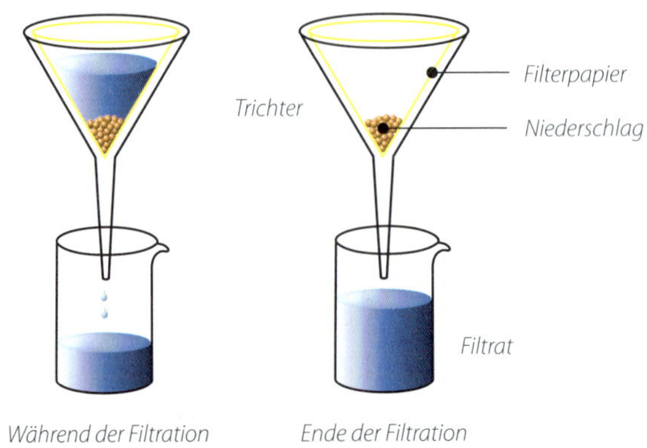

Abb. 4 Filtration

- **Destillation:** Hier spielen die unterschiedlichen Siedepunkte der Stoffe eine Rolle. Flüssigkeitsmischungen werden meistens destilliert, indem man sie erhitzt. Der Stoff mit niedrigerem Siedepunkt verdampft leichter. Der aufsteigende Dampf wird dann abgeleitet, abgekühlt und wieder zu einer Flüssigkeit. (Beispiele: Destillation von Rohöl, Schnapsbrennen)

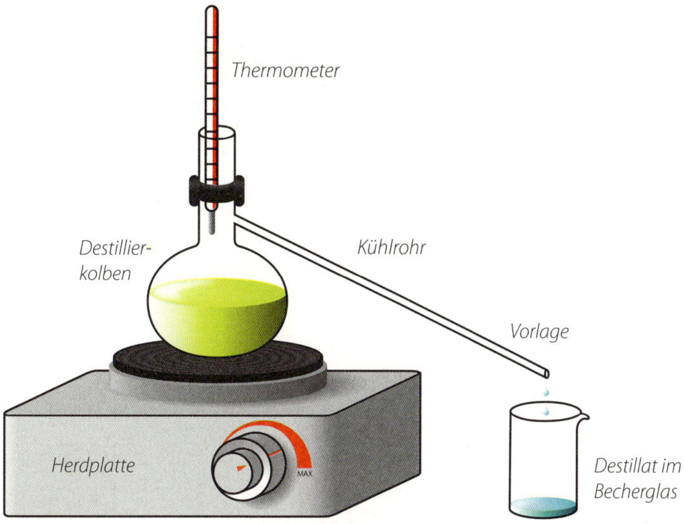

Abb. 5 Destillation

- **Extraktion:** Hier besitzen die Stoffe in der Mischung eine unterschiedliche Löslichkeit. Mit Hilfe von Flüssigkeit (z. B. Wasser) oder Fett wird ein Inhaltsstoff der Mischung herausgezogen. (Beispiele: Teezubereitung, Gewinnen von Duftstoffen aus Blüten für Parfum)

Abb. 6 Extraktion

- **Adsorption:** Stoffe einer Mischung werden an der Oberfläche einer Aktivkohle festgehalten und aus der Mischung getrennt. (Beispiel: Dunstabzugshaube mit Aktivkohle über dem Herd)

Aktivkohle = feinkörnige Kohle, die Stoffe auf Grund der großen inneren Oberfläche gut festhalten kann

Abb. 7 Adsorption

- **Chromatographie:** Dieses Trennverfahren beruht auf einem „stationären" stabilen Teil und einem „mobilen" beweglichen Teil (z. B. Wasser), der die Trennanordnung durchströmt. Der stationäre Teil ist immer fest oder flüssig, der mobile Teil immer flüssig oder gasförmig. (Beispiel: Aufspaltung eines schwarzen Filzstiftpunktes auf Filterpapier mit Hilfe von Wasser in die einzelnen Farbbestandteile)

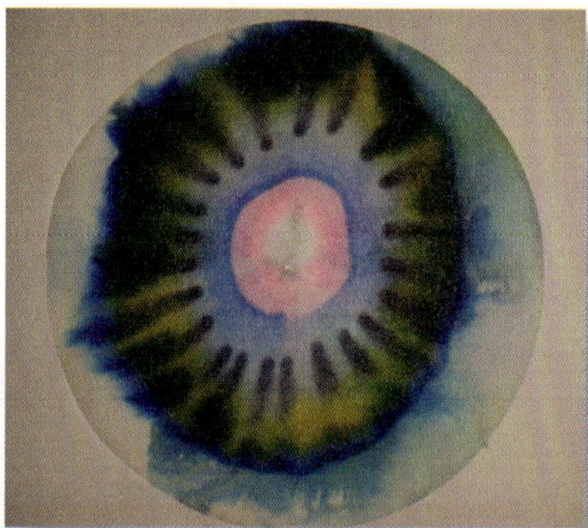

Abb. 8 Chromatographie

3.2 Wie teilt man Stoffe ein?

Einteilung der Stoffe

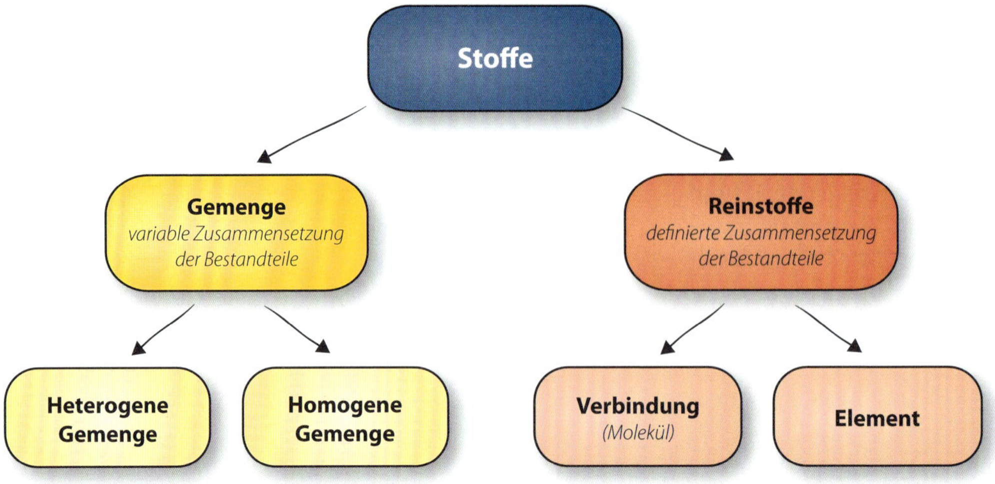

Abb. 9 Einteilung der Stoffe

Gemenge

Hierbei unterscheidet man:

- **Heterogene Gemenge**
  Verschiedene Stoffe in der Natur lassen ihre einzelnen Bestandteile erkennen (z. B. Granit, Müsli). Diese Gemische nennt man heterogene Gemenge. Sie zeigen ein uneinheitliches Aussehen, manchmal allerdings erst unter dem Mikroskop.
- **Homogene Gemenge**
  Als homogene Gemenge bezeichnet man Stoffe, die einheitlich aussehen und deren einzelne Bestandteile erst durch ein Trennverfahren sichtbar werden. Die beteiligten Stoffe dieser Mischung sieht man nicht (z. B. Luft, Kochsalzlösung).

Analyseverfahren = eine Methode, bei der Stoffe in ihre Einzelbestandteile zerlegt werden

Verbindung = ein Reinstoff, der aus zwei oder mehreren verschiedenen Elementen besteht

August Wilhelm von Hofmann (1818 – 1892), deutscher Chemiker

Element = ein chemisch nicht weiter zerlegbarer Stoff

Enzyme = Eiweißverbindungen, die chemische Vorgänge beschleunigen oder herbeiführen

Reinstoffe

Reinstoffe erhält man durch Trennverfahren bzw. durch moderne **Analyseverfahren**. Sie können durch physikalische Methoden nicht mehr voneinander getrennt werden. Zu den Reinstoffen zählen:

- **Verbindung** (Molekül): Sie besteht aus zwei oder mehreren Elementen, die in einem bestimmten Zahlenverhältnis zueinander stehen.
- **Element:** ein chemisch nicht mehr zerlegbarer Stoff

Durch eine chemische Reaktion ist oft eine Zerlegung von Verbindungen möglich.

Dazu nun als Beispiel die **Aufspaltung von Wasser**:
Wasser ist eine **Verbindung**. Man kann Wasser (H_2O) mit Hilfe von elektrischer Energie in seine zwei Elemente aufspalten. Diese weisen keine Ähnlichkeit mit dem Ausgangsstoff mehr auf.

Ein Hilfsapparat zur Wasserspaltung ist der **Hofmann'sche Zersetzungsapparat**, ein mit Strom betriebenes Gerät (▶ Abb. 10). An seinem Minuspol (Kathode) entsteht **Wasserstoff**, ein brennbares Gas. Am Pluspol (Anode) entsteht **Sauerstoff**, der einen glimmenden Holzspan entflammen kann.

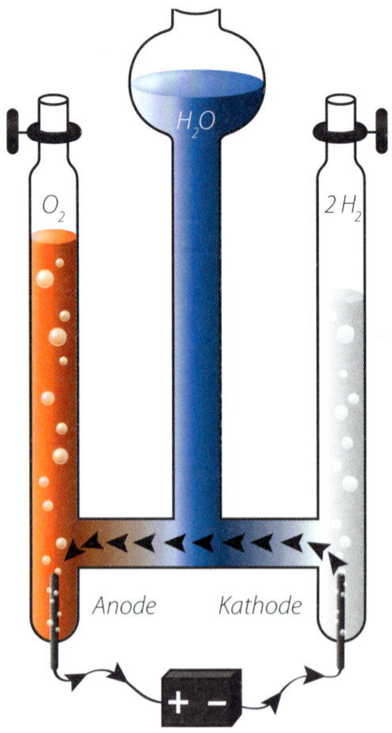

Abb. 10 Hofmann'scher Zersetzungsapparat

SPECIALS

- **Knallgas** ist eine Mischung aus Wasserstoff und Sauerstoff und kann durch Zufuhr von Energie, z. B. durch eine Flamme, zur Explosion gebracht werden.
- Eine biologische Knallgasreaktion findet bei der **Zellatmung** in jeder deiner Zellen statt. Damit du nicht explodierst, wird dieser Vorgang mit Hilfe von **Enzymen** gesteuert.
- Die Zersetzung von Wasser in Wasserstoff und Sauerstoff erfordert eine Temperatur von mehr als 2 500 °C.

NAWI AKTIV 1

Welche Stoffe findest du?

Lernziele:
- Ich kann Gemenge von Reinstoffen unterscheiden. A, N1
- Ich kann Stoffe voneinander trennen. B, N1
- Ich kann ein Ablaufprotokoll verfassen. C, N1

Material: Bechergläser, Bunsenbrenner, Filter, Magnet, Spatel oder Löffel, Trichter, Tigelzange, Aktivkohle, verschiedenste Ausgangsstoffe
SCHUTZBRILLE nicht vergessen!

Aufgaben:

Wiederhole Begriffe wie Reinstoff, Gemenge, heterogen, homogen und die verschiedenen Trennverfahren. Erkläre die Eigenschaften der Stoffe, die dem jeweiligen Trennverfahren zu Grunde liegen, und schreibe diese auf das Protokollblatt.

Sucht aus den vorbereiteten Stoffen zwei aus und führt ein geeignetes Trennverfahren durch.

Jeder verfasst eine Versuchsanleitung zum jeweiligen Trennverfahren mit Hilfe des Textes im Buch.
- Benennt die Ausgangsstoffe.
- Schreibt die notwendigen Arbeitsmaterialien (Becherglas, ...) auf.
- Erklärt die einzelnen Arbeitsschritte: Was habt ihr wie getan?
- Fertigt eine Skizze eurer Trennmethode an.

Schreibt eine Zusammenfassung, die folgende Punkte beinhaltet:
- Beschreibe die Ergebnisse.
- Begründe, warum ihr diese Trennverfahren gewählt habt.
- Welche Stoffe habt ihr als Endergebnis erhalten?

SELBSTEINSCHÄTZUNG Ich habe die Aufgaben bearbeitet:			Feedback Lehrer/innen ↔ Schüler/innen
sehr gut	gut	weniger gut; folgendes muss ich nachholen	

NAWI QUIZ

Finde die richtige Antwort oder ergänze die fehlenden Begriffe.
Du hast 3 Minuten Zeit. Viel Erfolg!

1. Ein Reinstoff lässt sich ______ nicht mehr trennen.
2. Elemente können ______ getrennt werden.
3. Verbindungen bestehen aus ______.
4. Eine Mischung oder ein Gemenge kann ______ oder ______ sein.
5. Gemenge, bei denen man die einzelnen Bestandteile sieht, nennt man ______.
6. Gemenge, bei denen man die einzelnen Bestandteile nicht sieht, nennt man ______.
7. Wie können die folgenden Gemenge getrennt werden?

   Zucker und Sand durch ______.

   Salzlösung durch ______.

   Sägespäne und Eisennägel durch ______.

   Filzstiftfarbe durch ______.

   Tintenwasser durch ______.

4 Was besteht aus Atomen?

Hypothese = eine Aussage, die man für möglich hält, die aber nicht bewiesen ist

Die antiken Griechen waren die Ersten, die versuchten, die Struktur der Materie bzw. von Stoffen zu deuten. Es gab mehrere **Hypothesen**, wie zum Beispiel:

- Die unbelebte Natur besteht aus den vier Elementen – Erde, Wasser, Feuer und Luft.
- Die Materie ist nicht unbegrenzt teilbar, nur bis zu den kleinsten Teilchen, den Atomen.
- Einfach gebaute Stoffe – die Elemente – sind die Baustoffe für komplizierte Stoffe.

Robert Boyle (1627 – 1691), englischer Physiker

Erst ab dem 17. Jahrhundert erklärte **Robert Boyle** den Begriff „Element" und meinte, die Materie sei aus kleinsten Teilchen aufgebaut. Dies wurde durch Experimente Ende des 18. Jahrhunderts bestätigt und folgendes Gesetz aufgestellt.

Gesetz von der Erhaltung der Masse: Bei chemischen Reaktionen bleibt die Gesamtmasse aller Stoffe unverändert.

Das heißt, wenn man einen Kuchen backen will, braucht man Zutaten in einer bestimmten Menge, um einen dementsprechenden Kuchen zu erhalten. Die Stoffe verändern sich, aber die Masse oder die Menge bleibt unverändert.

Ebenso gilt das **Gesetz der konstanten Massenverhältnisse: Das Massenverhältnis der Elemente in einer Verbindung ist immer konstant**.

Wie bei der Bildung von Wasser (▶ Abb. 11): Aus 4 Wasserstoffatomen und 2 Sauerstoffatomen erhält man 2 Moleküle Wasser.

Kernladungs- oder Ordnungszahl = gibt die Anzahl der Protonen im Atomkern an

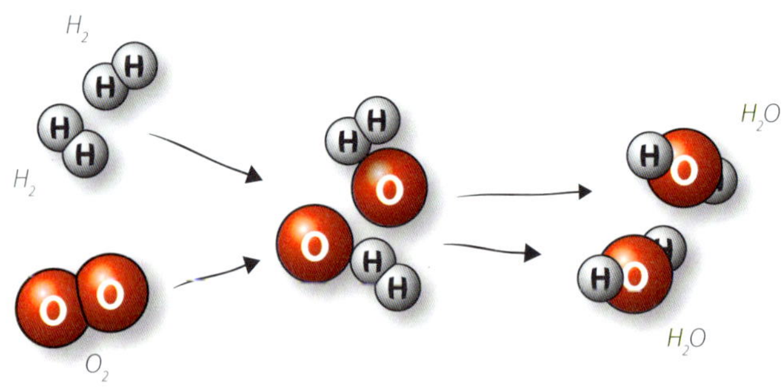

Heute weiß man, dass **Elemente** aus **Atomen** mit derselben Kernladungs- oder Ordnungszahl bestehen. Elemente werden mit ansteigender Kernladungszahl im Periodensystem angeordnet.

Abb. 11 *Bildung von Wasser*

4.1 Wie sind Atome aufgebaut?

Auf Grund ihrer Größe lassen sich Atome nicht einfach beobachten. Es wurden und werden viele Experimente durchgeführt, um den Aufbau der Atome zu erforschen. Es gibt verschiedene **Modelle**, die den Aufbau der Atome beschreiben.

Modell = ein beschränktes Abbild der Wirklichkeit

John Dalton (1766 – 1844), englischer Naturforscher

Joseph Thomson (1856 – 1940), englischer Physiker

Elektron = negativ geladenes Elementarteilchen

Lord Ernest Rutherford of Nelson (1871 – 1937), englischer Physiker

α-Strahlung = Bestandteil der radioaktiven Strahlung; positiv geladene Teilchen, die 0,1 mm dicke Aluminiumfolie durchdringen können

Niels Hendrik David Bohr (1885 – 1952), dänischer Physiker

Einige Modelle:

- **Atommodell von Dalton:** Dalton stellte sich Atome als kleine Kugeln vor (Kugelmodell).
- **Atommodell von Thomson:** Thomson erkannte negativ geladene Teilchen als Bestandteile von Atomen und gab ihnen den Namen **Elektronen**. Die Vorstellung, dass Atome die kleinsten Teilchen sind, musste aufgegeben werden.
- **Atommodell von Rutherford:** Rutherford führte einen Versuch mit einer Blattgoldfolie durch, die er mit **α-Strahlung** bestrahlte. Er beobachtete, dass der Großteil der positiv geladenen α-Teilchen ungehindert durch die Folie ging und nur ein geringer Anteil stark abgelenkt wurde. Grund dafür musste etwas im Atom sein, das ebenfalls positive Ladung besaß, denn gleiche Ladungen stoßen einander ab. Rutherford zog daraus den Schluss, dass es einen **Atomkern** als positives Zentrum und eine **Atomhülle** mit negativen Teilchen geben muss. Es entstand das sogenannte **Kern-Hülle-Modell**.
- **Schalenmodell nach Bohr:** Bohr stellte sich das Atom mit einem Zentrum, welches der Atomkern bildet, vor. Die Elektronen schwirren in sehr hoher Geschwindigkeit auf kreisförmigen Bahnen um diesen Kern. Die Bahnen bzw. Schalen bezeichnete Niels Bohr mit Buchstaben. Er stellte sieben davon fest (K – Q), die man heute auch Atomhüllen nennt.

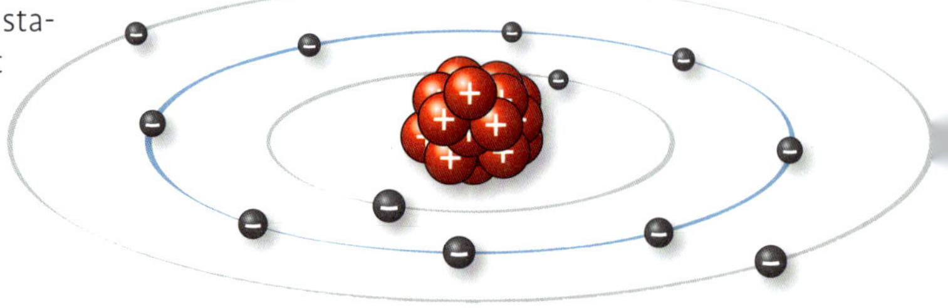

Abb. 12 *Schalenmodell von Bohr*

Heute gilt folgender **Atomaufbau**:

Ein Atom besteht aus dem **Atomkern als Zentrum**:

- Er ist **positiv** geladen, weil er aus Protonen (positiv geladenen Teilchen) besteht.
- Die **Kernladungszahl** gibt die Anzahl der Protonen an.
- Damit die gleichgeladenen Protonen einander nicht abstoßen, gibt es im Kern noch die **Neutronen**, die keine Ladung besitzen und sich als eine Art Stoßdämpfer zwischen den Protonen befinden. Im Normalfall gibt es immer gleich viele Protonen wie Neutronen im Atomkern.
- Die Anzahl der Protonen und Neutronen wird in der **Massenzahl** angegeben.
- Diese Massenzahl entspricht annähernd der **Atommasse**. Sie ist sehr gering, man unterscheidet zwischen
  - **absoluter Atommasse** (Ihre Einheit sind **units = u**, wobei $1\ u = 1{,}6605 \cdot 10^{-27}$ kg.)
  - und **relativer Atommasse.** (Sie hat dieselbe Zahl wie die absolute Atommasse, wird aber ohne Einheit angeschrieben. Sie steht im Periodensystem.)

Massenzahl = Summe der Protonen und Neutronen

Außen befinden sich sieben **Atomhüllen**:

- Hier befinden sich gleichmäßig verteilt die negativ geladenen **Elektronen**, sie haben fast keine Masse.
- Auf der ersten Hülle befinden sich maximal zwei Elektronen, auf allen anderen Hüllen haben mehr Elektronen pro Hülle Platz.
- Die Elektronen werden von den Protonen angezogen. Daher gibt es im Normalfall immer gleich viele Protonen und Elektronen im Atom. Die genaue Anzahl kannst du im Periodensystem finden. Sie wird durch die **Ordnungszahl** beschrieben und ist immer eine ganze Zahl, die die Elemente bzw. Atome anordnet.

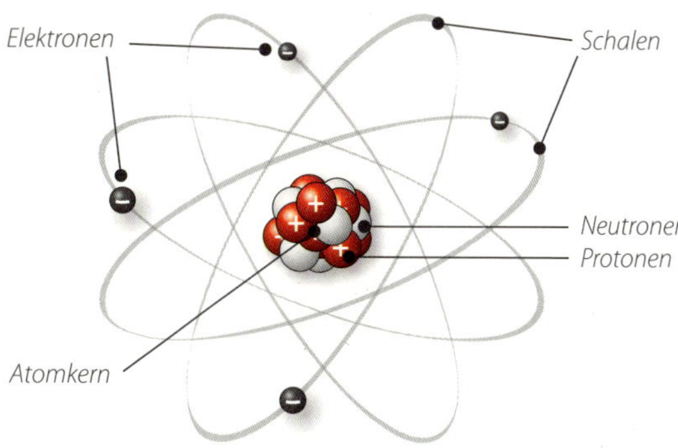

Abb. 13 *Das heute gültige Atommodell*

Atomhülle = Aufenthaltsort der Elektronen

Ordnungszahl = gibt die Anzahl der Protonen, Neutronen und Elektronen an

In Abb. 13 sieht man die Aufteilung der Protonen (rot) und Neutronen (weiß) im Atomkern sowie der Elektronen (schwarz) in den sich überlappenden Schalen.

MINI 3

Elektronen pro Atomhülle

Berechne, wie viele Elektronen in den einzelnen Atomhüllen Platz haben. Beginne bei der zweiten Atomhülle.

(Hilfestellung: Pro Elektronenhülle haben $2\ n^2$ Elektronen Platz. Das n steht für die Hüllennummer, also haben auf der ersten Atomhülle $2 \cdot 1^2$ Elektronen Platz = zwei Elektronen.)

SPECIALS

- Untersuchungen ergaben, dass das Atom aus noch kleineren Teilchen besteht. Neutronen und Protonen sind **Hadronen**, die aus Quarks bestehen.
- **Quarks** gelten heute als jene Bausteine, aus denen die Materie aufgebaut ist. Wissenschaftler am **CERN** suchen nach noch kleineren Teilchen. Sie nennen sie Higgs-Teilchen. CERN steht für die Europäische Organisation für Kernforschung. Es ist eine Großforschungseinrichtung in der Schweiz (Kanton Genf), die der physikalischen Grundlagenforschung dient. Dort wird der Aufbau der Materie mit **Teilchenbeschleunigern** erforscht.
- Ein Teil des Films „Illuminati“ spielt am CERN.

Teilchenbeschleuniger = ein Gerät, in dem geladene Teilchen auf hohe Geschwindigkeit gebracht werden

MINI 4

Der Aufbau der Atome 1 bis 12

Nimm das Periodensystem zur Hand und zeichne nach dem Vorbild des Schalenmodells nach Bohr die Atome mit ihren Atomhüllen und den drauf sitzenden Elektronen auf – beginnend beim Wasserstoff = H bis hin zum Magnesium = Mg.

Schreibe jeweils den Namen des Atoms und die Anzahl der Protonen, Neutronen und Elektronen unter deine Zeichnung.

Kontrolliert eure Zeichnungen mit einer Partnerin/einem Partner.

NAWI-XTRA

Atomhüllen sind Energiestufen

Wenn du die Natur von Atomhüllen verstehen willst, musst du dich mit dem Begriff **Orbital** und dem **Orbitalmodell** auseinandersetzen. Dieses Modell dient zur genaueren Darstellung der Verteilung der Elektronen innerhalb der Atomhüllen und nimmt auf das unterschiedliche **Energieniveau** der Elektronen Rücksicht.

- Das **Orbital** beschreibt jenen Ort, an dem sich ein Elektron mit 90%iger Wahrscheinlichkeit aufhält bzw. herumschwirrt. Du kannst dir das wie eine Wolke vorstellen, die im Inneren dunkel ist (hier befindet sich das Elektron meistens) – der Außenbereich ist hingegen hell (hier ist das Elektron seltener).
- Es gibt **vier Orbitalformen**, denen man die **Buchstaben s, p, d und f** zugeordnet hat. Stell dir eine Stiege vor, wie du sie in Abb. 14 siehst. Die Stufen der Stiege stellen die einzelnen **Energieniveaus** dar. Die unterste Stufe ist das s-Orbital, in dem die Elektronen am wenigsten Energie besitzen. Die höchste Stufe der Stiege ist das f-Orbital – hier haben die Elektronen die höchste Energie.

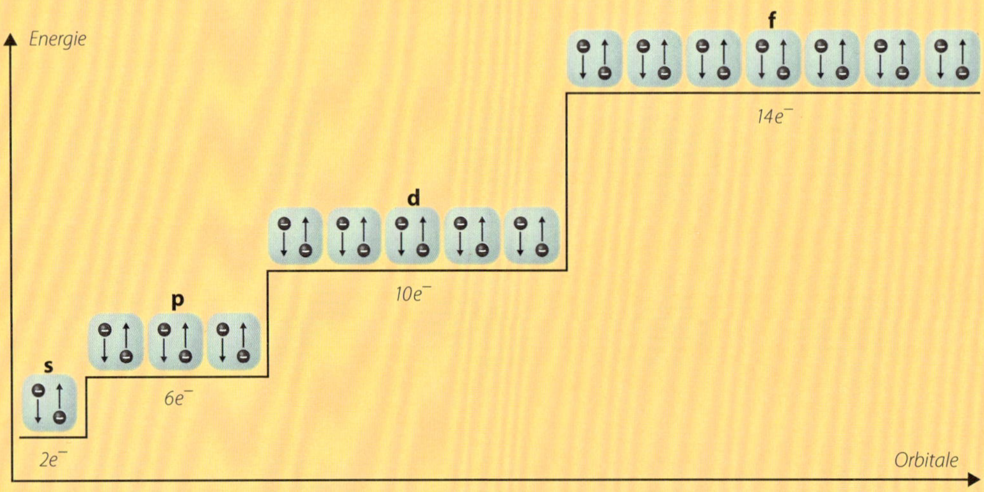

Abb. 14 *Verteilung der Orbitale auf unterschiedliche Energieniveaus*

- In einem s-Orbital haben **maximal 2 Elektronen** Platz. Als Darstellungsform hat man ein Kästchen gewählt, in das jedes Elektron mit einem Pfeil eingetragen wird.
- Da sich gleichgeladene negative Elektronen abstoßen würden, gilt hier das **Pauli-Prinzip**. Es besagt, dass sich die beiden Elektronen in einem entgegengesetzten Spin (schnelle Drehbewegung) im Orbital bewegen, ein Elektron nach unten (Darstellung mit Pfeil nach unten) und ein Elektron nach oben (Darstellung mit Pfeil nach oben). Daher kommen sie sich nur kurzfristig nahe und können einander nicht abstoßen.

Wolfgang Pauli (1900 – 1958), österreichischer Physiker

NAWI-XTRA

Das sieht also folgendermaßen aus: 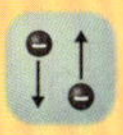

Wie viele Elektronen kann nun jedes Orbital aufnehmen?
Das **s-Orbital** kann nur **2 Elektronen** aufnehmen, daher zeichnest du: 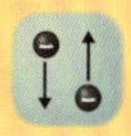

Das **p-Orbital** kann **6 Elektronen** aufnehmen, daher zeichnest du: 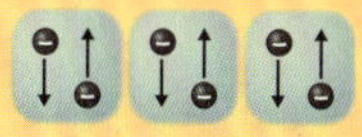

Das **d-Orbital** kann **10 Elektronen** aufnehmen, daher zeichnest du: 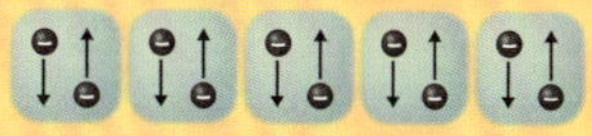

Das **f-Orbital** kann **14 Elektronen** aufnehmen, daher zeichnest du: 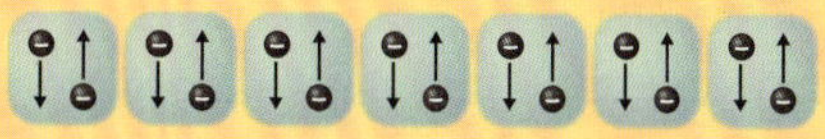

Im Modell stellt man die Orbitale räumlich angeordnet dar, wie du in Abb. 15 sehen kannst. Das s-Orbital ist kugelförmig, die p-Orbitale sind hantelförmig und in den drei Raumachsen angeordnet, d-Orbital und f-Orbital haben noch kompliziertere Formen. Diese Formen überlappen sich, wie du in der Abbildung ganz rechts erkennen kannst.

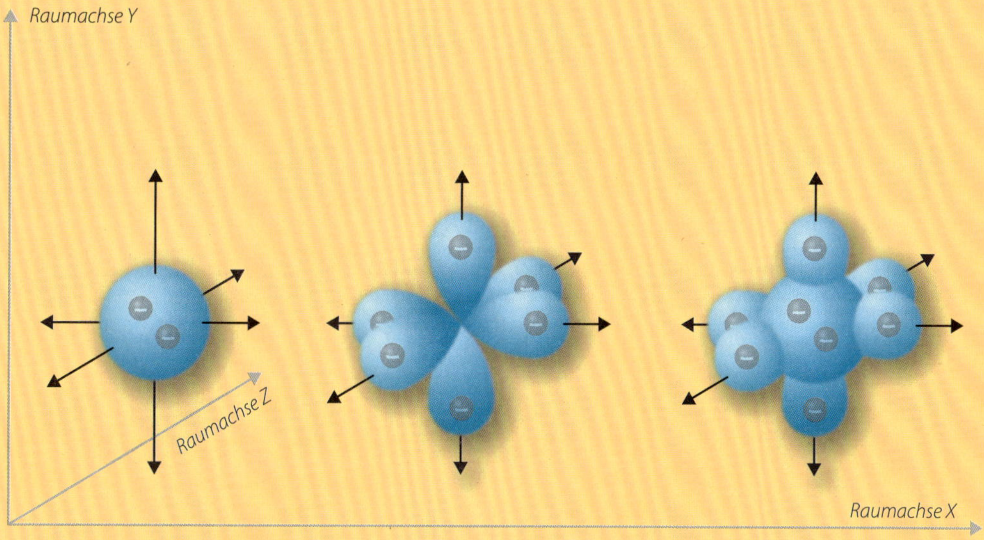

s-Orbital

p-Orbital *zusätzliche Energiestufen*

s-Orbital *im Zentrum und* **p-Orbital** *vereint*

Abb. 15 *s- und p-Orbitaldarstellung*

- Manchmal sind aber nicht alle Teile des Orbitals (Kästchen) mit Elektronen voll. Daher zeichnest du zuerst in jedes Kästchen nur einen Pfeil, dann erst füllst du auf. Damit nimmst du auf die **Hund'sche Regel** Rücksicht. Sie besagt, dass Orbitale, wenn sie mit gleicher Energie (also die drei von p, die fünf von d und die sieben von f) nicht komplett voll sind, zuerst mit je einem Elektron zu besetzen sind, bevor sie aufgefüllt werden.
- Das sieht dann beim p-Orbital so aus: 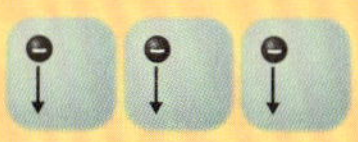

Friedrich Hund
(1896 – 1997),
deutscher Physiker

NAWI-XTRA

Was kannst du jetzt mit diesem Wissen machen?

Du kannst nun die sogenannte **Elektronenkonfigurationsformel** erstellen. Sie beschreibt die Verteilung der Elektronen in den Atomhüllen und in ihren Orbitalen.

Die Atomhüllen bekommen eine **Hauptquantenzahl** zugeteilt, diese wird mit dem Buchstaben n und der Zahl der **Atomhülle** beschrieben (also n 1 für die erste Atomhülle, n 2 für die zweite Atomhülle ...). Darauf verteilst du nun die Orbitale s, p, d und f mit den dazu passenden Elektronen. Wobei in der ersten Atomhülle nur ein s-Orbital Platz hat, in der zweiten Atomhülle ein s-Orbital und ein p-Orbital usw. Ab der vierten Atomhülle hast du dann immer alle vier Orbitale. Die Anzahl der **Elektronen**, die du darauf verteilst, wird als **Hochzahl** aufgeschrieben. Auf diese Weise erhältst du die Elektronenkonfigurationsformel.

Wir wollen die **Elektronenkonfigurationsformel von C = Kohlenstoff** erstellen.

Wie gehst du vor?

1. Suche C im Periodensystem und schaue nach, in welcher Zeile es steht.
   C steht in der zweiten Zeile. Es besitzt somit zwei Atomhüllen, du hast daher die beiden **Hauptquantenzahlen 1** und **2**.
2. Nun suche die **Ordnungszahl** von C.
   Sie ist 6, das bedeutet, Kohlenstoff hat 6 Protonen, Neutronen und Elektronen. Für dich sind nur die **6 Elektronen** wichtig.
3. Jetzt überlegst du dir, wie viele Orbitale es bei C = Kohlenstoff gibt und wie viele Elektronen darauf verteilt sind.
   In der 1. Atomhülle gibt es nur das s-Orbital mit max. zwei Elektronen, daher schreibst du einmal:
   $1\ s^2$
   In der 2. Atomhülle gibt es nun ein s-Orbital mit max. zwei Elektronen und ein p-Orbital mit max. 6 Elektronen. Da du aber schon zwei Elektronen von den gesamten 6 Elektronen des Kohlenstoffs in die erste Atomhülle gegeben hast, bleiben vier Elektronen übrig, die du nun in der zweiten Atomhülle unterbringen musst. Daher schreibst du:
   $2\ s^2\ p^2$
4. Zum Schluss fügst du nun die beiden Ergebnisse zusammen und hast auf diese Weise die **Elektronenkonfigurationsformel** für Kohlenstoff erstellt:

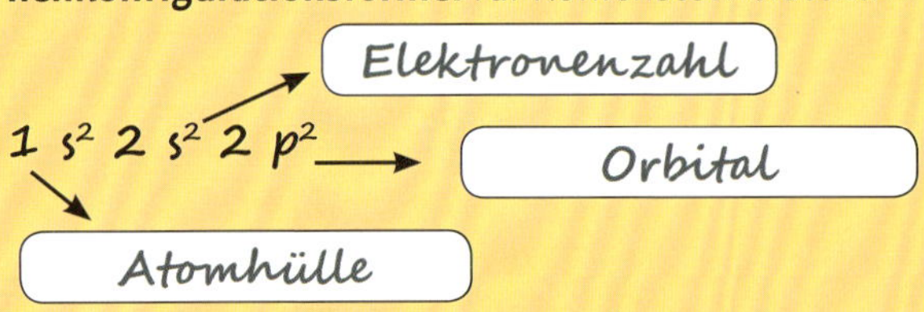

5. In einem weiteren Schritt kannst du nun auch noch die Verteilung der Elektronen aufzeichnen, indem du die Kästchen mit den Pfeilen zu den Zahlen zeichnest. Der Übersicht wegen schreibst du die Zahlen jetzt untereinander.

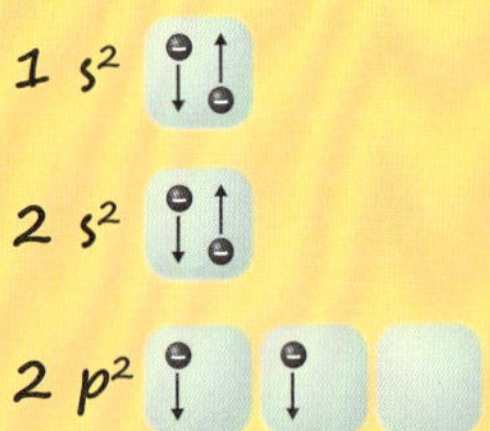

Aus beiden Ergebnissen kannst du die Verteilung der Elektronen auf die einzelnen Atomhüllen ablesen. Diese Methode kannst du bei allen Elementen des Periodensystems anwenden. – Probiere es einfach aus.

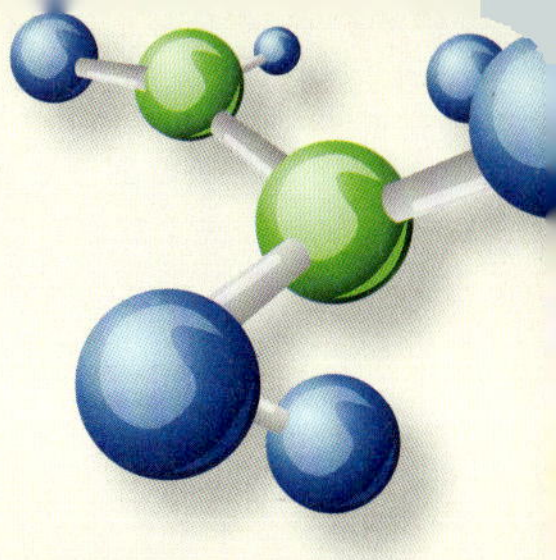

4.2 Grundgröße der Stoffmenge

Das **Mol** ist die Einheit der **Stoffmenge**. Sie wird mit einer Zahl beschrieben, die angibt, wie viele Teilchen sich in einem **Mol = 1 mol** einer Substanz, einer Verbindung oder eines Stoffes befinden. Diese Zahl nennt man **Avogadro'sche Zahl (N_A)** und sie entspricht $6{,}022 \cdot 10^{23}$ Teilchen.

1 mol = N_A = $6{,}022 \times 10^{23}$ Teilchen, meist 6×10^{23} Teilchen

Man spricht in der Chemie von einem Mol und meint damit immer $6 \cdot 10^{23}$ Teilchen eines bestimmten Stoffes. (Vergleichsweise werden auch, wenn vom Dutzend gesprochen wird, immer 12 Stück damit gemeint.)

Die Stoffmenge ist wichtig, um das richtige Verhältnis der Atome oder Verbindungen bei einer chemischen Gleichung (▶ S. 27) anzugeben. Ähnlich wie beim Kochen: Auch hier sind die Mengenangaben der Zutaten entscheidend.

Um ein Mol eines Stoffes zu erhalten, musst du die Atommasse in Gramm ausdrücken. Hast du eine Formel oder ein Molekül, addierst du die einzelnen Atommassen.

Stoffmenge = eine Basisgröße im internationalen Einheitensystem

Ein Mol entspricht wie vielen Gramm?

- Blei = 207 g
- Kupfer = 63,5 g
- Zucker ($C_6H_{12}O_6$) = 180 g (6 · 12 g für C + 12 · 1 g für H + 6 · 16 g für O)

Diese Gramm eines Mols sind die molare Masse oder kurz **Molmasse**. Die Einheit ist **Gramm pro Mol = g/mol**.

Molmasse = Verhältnis zwischen der Masse m und der Stoffmenge n

Einige Beispiele:
Molmasse von H = 1 g/mol (Atommasse = 1 u)
Molmasse von O = 16 g/mol (Atommasse = 16 u)
Molmasse von H_2O = 18 g/mol (Formelmasse = 18 u)

Wie du siehst, besteht ein praktischer Zusammenhang zwischen der Molmasse (g/mol) und der Atommasse (u). Beide haben denselben Zahlenwert.

Bei Gasen gilt das **Gesetz von Avogadro**. Es besagt, dass Gase bei gleicher Temperatur und gleichem Druck die gleiche Teilchenzahl im gleichen Volumen besitzen. Dieses **Molvolumen** beträgt 22,4 Liter oder 22,4 dm^3.

MINI 5

Wie viele Mol sind ...?

21 g Stickstoff – 27 kg Aluminium – 4,4 g Kohlendioxid

Berechne und schreibe dein Ergebnis mit Begründung auf.

NAWI AKTIV 2

Kannst du Atome zählen?

Lernziele:
- Ich kann den Begriff Mol richtig anwenden. **C**, **N2**
- Ich kann die Begriffe Stoffmenge, Atommasse und Molmasse richtig zuordnen. **A**, **N1**

Aufgaben:

Diskutiere mit einer Partnerin/einem Partner folgende Fragen und notiere Fragen und Antworten.

1. Befinden sich in einem Mol einer Verbindung immer $6 \cdot 10^{23}$ Teilchen?
2. Nehmen diese Teilchen immer den gleichen Raum ein?
3. Entspricht die Avogadro'sche Zahl $6 \cdot 10^{23}$ Teilchen?
4. Enthält 1 Mol Speckbrot gleich viele Teilchen wie 1 Mol Butterbrot?
5. Ist Mol die Einheit für das Volumen?
6. Ist Mol die Einheit für die Stoffmenge?
7. Ist Mol die Einheit für die Atommasse?
8. Beträgt die Molmasse von Wasser 16 g/mol?
9. Haben Atommasse und Molmasse denselben Zahlenwert?
10. Besitzt ein Mol eines idealen Gases bei gleichen äußeren Bedingungen stets das gleiche Volumen?
11. Beträgt das Molvolumen eines Gases 24,2 Liter?

▶▶

Wiegt genau ein Mol von folgenden Stoffen ab. (Vergesst nicht, die Waage immer auf Null zu stellen, wenn ihr den nächsten Stoff abwiegt.) Vergleicht danach die Mengen der Stoffe. Was fällt euch auf? Erklärt eure Beobachtung.

- 1 Mol Wasser H_2O
- 1 Mol Zucker $C_6H_{12}O_6$
- 1 Mol Kochsalz NaCl

SELBSTEINSCHÄTZUNG Ich habe die Aufgaben bearbeitet:			Feedback Lehrer/innen ↔ Schüler/innen
sehr gut	gut	weniger gut; folgendes muss ich nachholen	

4.3 Atome bilden Elemente

Elementsymbol = Kurzschreibweise eines chemischen Elements aus einem oder zwei Buchstaben

Periodensystem = dient zur Übersicht über alle derzeit bekannten Elemente

Als **chemisches Element** bezeichnet man alle Atomarten mit derselben Kernladungs- oder Ordnungszahl.

- Daher haben alle Atome eines Elements dieselbe Anzahl an Protonen im Atomkern.
- Das Element wird durch ein **Elementsymbol** dargestellt, das sich vom lateinischen oder griechischen Namen, in neuerer Zeit auch vom englischen Namen des Elements ableitet.
- Die Elemente sind im **Periodensystem** mit höher werdender Kernladungs- oder Ordnungszahl angeordnet. Die Buchstaben oder Symbole sind international gültig. Zum Beispiel: **H** für Wasserstoff = Hydrogenium, **O** für Sauerstoff = Oxygenium, **Fe** für Eisen = Ferrum

4.4 Was ist ein Isotop?

Isotop = Nuklid

Ein Atom besteht aus der gleichen Anzahl von Protonen, Neutronen und Elektronen.

- **Isotope** sind verschiedene Atomsorten des gleichen Elements. Bei einem Isotop gibt es einen Unterschied zwischen der Anzahl der Protonen und der Neutronen. Sie haben verschiedene **Massenzahlen** (▶ S. 15).
- Die Isotope von gleichen Elementen haben daher auch verschiedene **Atommassen** (▶ S. 15).
- Die Elektronenanzahl ist gleich.
- Chemisch verhalten sich die Isotope eines Elements weitgehend gleich.
- Ein Isotop erkennt man an der Schreibweise (▶ Abb. 16).

A   14
Symbol   C – dies ist das Kohlenstoffisotop C-14
Z   6

A = Anzahl der Protonen + Neutronen (Massenzahl)

Z = Anzahl der Protonen

Abb. 16 *Im Text wird die Massenzahl mit Bindestrich an das Elementsymbol angefügt, also z. B. C-14, man spricht Kohlenstoffisotop 14.*

4.4.1 Radioaktive Elemente bestehen oft aus Isotopen

stabile Isotope = zerfallen nicht

instabile Isotope = zerfallen früher oder später

Es gibt

- **stabile Isotope** (nicht radioaktiv), wie z. B. Kohlenstoffisotop ^{12}C und Sauerstoffisotop ^{18}O.
- **instabile Isotope** (radioaktiv), wie z. B. Kohlenstoffisotop ^{14}C und Jodisotop ^{124}I.

Instabile Isotope oder **radioaktive Elemente** besitzen nicht-stabile Atomkerne, die unter Abgabe von Energie zerfallen. Jene Zeit, in der sich ein radioaktives Element in seiner Menge halbiert, nennt man **Halbwertszeit**.

Halbwertszeit = jene Zeit, in der sich ein radioaktives Element in seiner Menge halbiert

Die Energie, die dabei abgegeben wird, ist **ionisierende Strahlung**.

Man unterscheidet:

Radioaktive Strahlung: Sie besteht aus:

- **α-Strahlung** (Alphastrahlung): Hier werden positiv geladene Teilchen frei, sie haben eine geringe Eindringtiefe und können durch ein dickes Blatt Papier abgehalten werden. Typische in der Natur vorkommende **Alphastrahler** sind **Radium** und **Radon**.
- **β-Strahlung** (Betastrahlung): Hier werden Elektronen frei. Sie können durch dünne Metallplatten abgehalten werden. Ein **Betastrahler** ist **radioaktives Jod**, welches Schilddrüsenkrebs auslösen kann.
- **γ-Strahlung** (Gammastrahlung) ist besonders durchdringende Strahlung. Sie kann durch dicke Bleiplatten abgehalten werden. Ein **Gammastrahler** ist das **Cobalt-Isotop** ^{60}C, das in der Strahlentherapie eingesetzt wird.

Eine Form von nicht-ionisierender Strahlung ist die **Wärmestrahlung** oder Temperaturstrahlung. Es ist jene Strahlung, die ein Körper durch seine Temperatur ausstrahlt. Sie wird durch eine spezielle Kamera, die Wärmebildkamera, sichtbargemacht.

Abb. 17 *Wärmestrahlung eines Hauses – aufgenommen mit einer Wärmebildkamera*

Bedeutung:

- Bei der Entstehung des Universums waren zuerst nur leichteste Nuklide, nämlich Wasserstoff- und Heliumkerne, vorhanden.
- Erst später entstanden Materialien, die noch heute auf der Erde ihre Strahlung in geringen Mengen abgeben, z. B. im Gestein vorkommendes Radium und Radon.
- Diese Strahlung nennt man **natürliche** oder **terrestrische Strahlung**. Sie ist je nach Wohnort unterschiedlich.
- In **Atomkraftwerken** (AKW) entstehen durch die Kernspaltung von Uran und Plutonium **radioaktive Strahlung** und sehr viel Wärme. Die Wärme wird in elektrische Energie umgewandelt. Bei einer Störung können verschiedene radioaktive Isotope aus dem Atomkraftwerk austreten und in die Umwelt gelangen. Diese Isotope haben unterschiedliche Halbwertszeiten und schädigen die Lebewesen durch ihre Strahlung. Ein **Super-GAU** führt zu einer Verstrahlung mit radioaktiven Isotopen in einem größeren Gebiet. Die Strahlung, die dabei entsteht, ist unsichtbar, man schmeckt und riecht sie nicht. Das Wasser, die Erde und die angebauten Lebensmittel, sowie das Fleisch und die Milch der Tiere, die sich in der Nähe eines Unfalls aufhalten, sind **kontaminiert**. Menschen, die sich in der Nähe eines Kraftwerkunfalls aufhalten, sterben oder erkranken an der **Strahlenkrankheit** (▶ S. 22).

Super-GAU = Größter Anzunehmender Unfall eines AKWs

Kontaminierung = Verunreinigung mit radioaktiven Material

- Weitere Folgeschäden, die durch die Aufnahme von kontaminierten Lebensmitteln und Wasser entstehen, sind Krebserkrankungen, Missbildungen von ungeborenen Kindern sowie Schädigungen der DNA (▶ S. 38).
- Das Gebiet in der unmittelbarer Nähe des AKW-Unfalls ist auf Jahre hin verstrahlt und daher eine **Sperrzone**. Auch benachbarte oder weiter entfernte Länder können durch den radioaktiven Staub, der durch die Luftbewegung verfrachtet wird, verstrahlt werden.

Sperrzone = ein Gebiet, das für die Bevölkerung gesperrt ist

- In der **Medizin** werden dem Körper radioaktive Stoffe (z. B. radioaktives Jod) mit geringer Halbwertszeit, die sich im zu untersuchenden Organ (z. B. Schilddrüse) anreichern, verabreicht. Durch eine spezielle Kamera wird die abgegebene Strahlung sichtbar. Damit kann man Störungen im Aufbau von Organen sichtbar machen und auch die Funktion von Organen überprüfen. Die Strahlenbelastung ist bei diesen Untersuchungen gering.
- Das Kohlenstoffisotop C-14 wird bei der **Radiokarbonmethode** zur Altersbestimmung von organischem Material, wie Knochen, Zähnen oder Lebensmittelresten, verwendet.

4.4.2 Die Radiokarbonmethode oder C-14-Datierung

Diese Methode ist eine Möglichkeit, das Alter von organischen Materialien (Knochen, Zähnen) festzustellen. Man kann damit in einem Zeitrahmen von 300 bis etwa 60 000 Jahren das Alter von abgestorbenen Organismen bestimmen.

Es gibt in der Natur drei Kohlenstoffisotope (C-12, C-13 und C-14) in der Luft, deren Verhältnis in einem Lebewesen immer ausgeglichen ist. Einzig das Kohlenstoffisotop C-14 ist instabil und zerfällt. Es wird aber in der Atmosphäre ständig neu gebildet. Dadurch können lebende Organismen es laufend aufnehmen. Deshalb bleibt das Verhältnis der drei Kohlenstoffisotope im Lebewesen immer gleich.

Stirbt nun der Organismus, so zerfällt das Kohlenstoffisotop C-14 nach seiner Halbwertszeit.

Es verringert sich, da der tote Organismus neues C-14 nicht mehr aufnehmen kann. Dadurch verändert sich das Verhältnis zwischen dem stabilen Kohlenstoffisotop C-12 und dem instabilen Kohlenstoffisotop C-14. Die Veränderung des Verhältnisses der beiden Kohlenstoffisotope gibt nun an, wie viel Zeit seit dem Tod eines Lebewesens (z. B. abgestorbener Baum im Moor) vergangen ist.

4.4.3 Gefahren der Radioaktivität

Radioaktive Stoffe erzeugen ionisierende Strahlung (▶ S. 21), die für die schädigende biologische Wirkung verantwortlich ist. Sie müssen mit einem Piktogramm gekennzeichnet sein (▶ Abb. 18). Das österreichische Strahlenschutzgesetz regelt den Umgang mit radioaktiven Stoffen.

Abb. 18 *Piktogramm für radioaktive Stoffe*

Auf welche Weise kann man mit radioaktiven Stoffen in Kontakt kommen?

- Durch Einwirkung von radioaktiver **Strahlung**, die bei Unfällen von Atomkraftwerken (z. B. Tschernobyl, Fukushima) oder beim Röntgen aufgenommen werden.
- Durch Kontakt mit radioaktivem Material, z. B. radioaktiver Staub auf der Haut. Diese Verunreinigung nennt man **Kontamination**.
- Durch **Inkorporation** von z. B. radioaktiv verstrahlten Lebensmitteln oder durch Einatmen.

Kontamination = Verunreinigung mit radioaktivem Material

Inkorporation = Aufnahme von radioaktiven Stoffen in den Körper

Die **biologischen Auswirkungen** sind sehr verschieden und hängen von der Länge der Wirkung der radioaktiven Substanzen ab.

- Die **Strahlenkrankheit** bewirkt je nach Dosis Hautschäden, Verbrennungen, Veränderung des Blutbildes, Übelkeit, Unfruchtbarkeit und kann zum Tod führen. Die Zellen können so geschädigt sein, dass sie absterben. Ebenso können giftige Verbindungen, die beim Zerfall entstehen, diese Symptome der Krankheit auslösen bzw. verstärken.
- **Veränderungen der DNA** (▶ S. 38) können zu Krebs, Mutationen (▶ S. 124), Missbildungen an Nachkommen oder zu Unfruchtbarkeit führen.

Der Verlauf der **Strahlenkrankheit** hängt stark von der Strahlendosis ab.

DNA = Desoxyribonukleinsäure

Mutation = dauerhafte Veränderung der DNS

4.5 Wie aus einem Atom ein Ion wird

MINI 6

Warum ist ein Atom neutral geladen?

Überlege und notiere deine Antwort.

Begründet eure Antwort.

Ein **Ion** besitzt eine elektrische Ladung. Es entsteht, wenn ein Atom entweder Elektronen abgibt oder weitere Elektronen aufnimmt.

Die Folge ist ein zahlenmäßiger Unterschied zwischen positiv geladenen Protonen und negativ geladenen Elektronen.

- Bei **Elektronenüberschuss** ist das Ion **negativ** geladen, weil das Atom mehr negativ geladene Elektronen als positiv geladene Protonen hat. Negative Ionen nennt man **Anionen**.
- Bei **Elektronenmangel** – wenn das Atom Elektronen abgegeben hat und die positiv geladenen Protonen überwiegen – ist das **Ion positiv** geladen. Positive Ionen nennt man **Kationen**.

SPECIALS

- In der Atomphysik, Kernphysik und Teilchenphysik werden schnelle Ionen, die sich mit **Lichtgeschwindigkeit** bewegen, zu Experimenten herangezogen.
- Sie werden im **Teilchenbeschleuniger** eingesetzt, um neue Teilchen zu finden. Ein Teilchenbeschleuniger arbeitet mit geladenen Teilchen, die im Vakuum auf große Geschwindigkeit beschleunigt werden. Man erreicht dadurch nahezu Lichtgeschwindigkeit und kann so die allerkleinsten Strukturen der Teilchen erforschen, z. B. Higgs-Teilchen.

Atomphysik = beschäftigt sich mit Atomhüllen

Kernphysik = beschäftigt sich mit Aufbau und Verhalten der Atomkerne

Teilchenphysik = erforscht die kleinsten Teilchen, sogenannte Elementarteilchen

WISSENSBOX

- In der Natur gibt es **Reinstoffe** und **Gemenge**.
- Daraus können **homogene** oder **heterogene** Gemenge entstehen.
- Durch **spezielle Trennverfahren** lassen sich Gemenge voneinander trennen.
- Stoffe bestehen aus **Atomen**.
- Atome bestehen aus **Atomkern** und **Atomhülle**.
- Ihre kleinsten Teilchen sind **Protonen**, **Neutronen** und **Elektronen**.
- Ein noch kleineres Teilchen ist das Higgs-Teilchen.
- **Ionen** sind elektrisch geladene Atome. Es gibt positiv und negativ geladene Ionen.
- **Isotope** sind Atome mit unterschiedlicher Massenzahl.

5 Das Periodensystem – eine große Hilfe!

Für viele ist das Periodensystem ein großes Rätsel. Sie sehen nur Buchstaben und Zahlen. Wenn du aber lernst, welche Bedeutung diese Buchstaben und Zahlen haben, kannst du ganz leicht eine neue Sprache kennenlernen – nämlich die **chemische Formelsprache**.

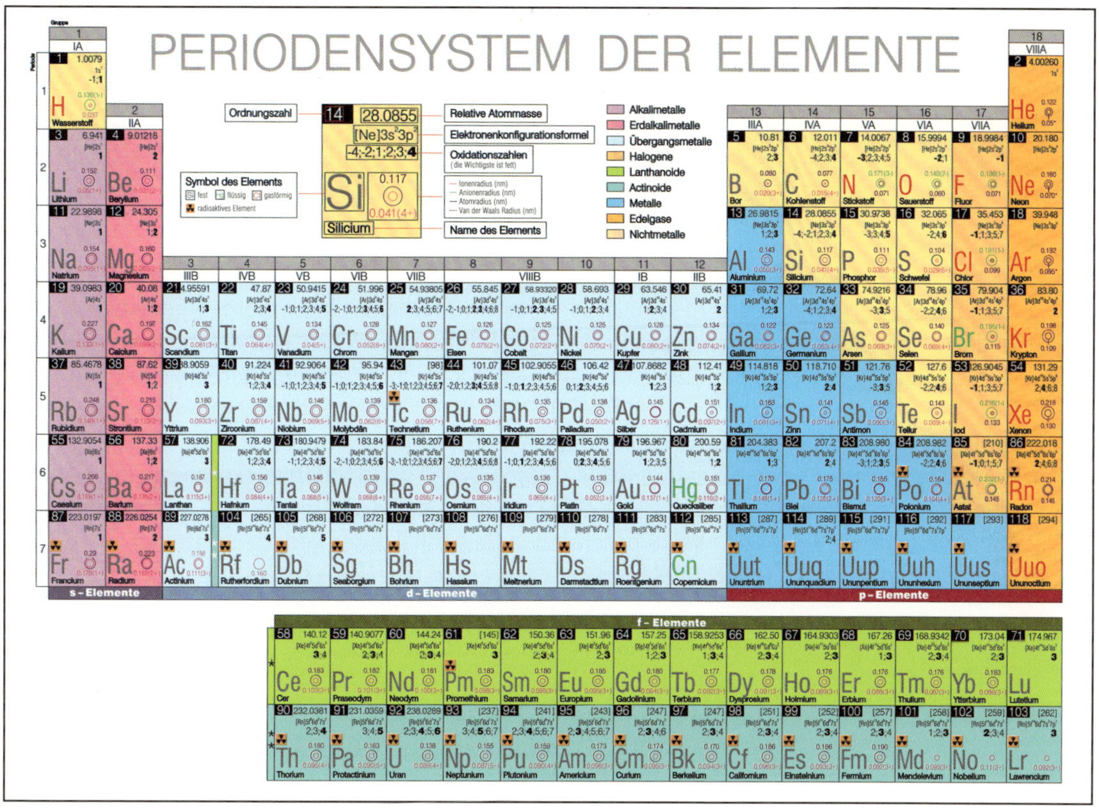

Abb. 19 Periodensystem – Dein großes Periodensystem findest du auf den Seiten 186 – 187.

5.1 Was sagt dir das Periodensystem?

Zunächst fallen die **chemischen Symbole** auf.
Unter jedem Element im Periodensystem steht der Name des Stoffes. Du kennst bereits einige Abkürzungen für chemische Stoffe aus dem Kapitel über die Elemente (▶ S. 20). Wichtig ist bei der Schreibweise der Symbole immer die Groß- und Kleinschreibung.
Verbinden sich mehrere Elemente miteinander, schreibt man die Buchstaben(folgen) nebeneinander.

C = Kohlenstoff
O = Sauerstoff
CO = Kohlenstoffmonoxid; ABER ACHTUNG: Co = Kobalt
Fe = Eisen

Bei mehreren aufeinanderfolgenden Großbuchstaben handelt es sich um eine Verbindung, bei einem einzigen Großbuchstaben um ein Element. Elementkürzel können sich auch aus einem Groß- und einem Kleinbuchstaben zusammensetzen.

Symbole

- sind Abkürzungen.
- stellen eine bestimmte Stoffmenge (1 mol) des Elements dar.
- sind eine Kurzschreibweise für einzelne Atome eines Elementes.

Bei jedem Symbol stehen **Zahlen**, die wichtige Informationen für dich beinhalten.

- Die **Ordnungszahl** steht oben links. Sie gibt die Anzahl der Protonen und Elektronen an.
- Die **relative Atommasse** steht oben rechts. Es handelt sich um eine Kommazahl (▶ S. 15).
- Die Elektronenkonfigurationsformel (▶ S. 18) steht unterhalb der relativen Atommasse und gibt die Verteilung der Elektronen auf den unterschiedlichen **Energieniveaus** an.
- Die **Oxidationszahl** ist eine Hilfsgröße, die bei der **Redoxreaktion** wichtig ist. Stehen mehrere Zahlen in einer Reihe, gilt vorwiegend die markierte Oxidationszahl.

Redoxreaktion = chemische Reaktion, bei der Elektronen übertragen werden

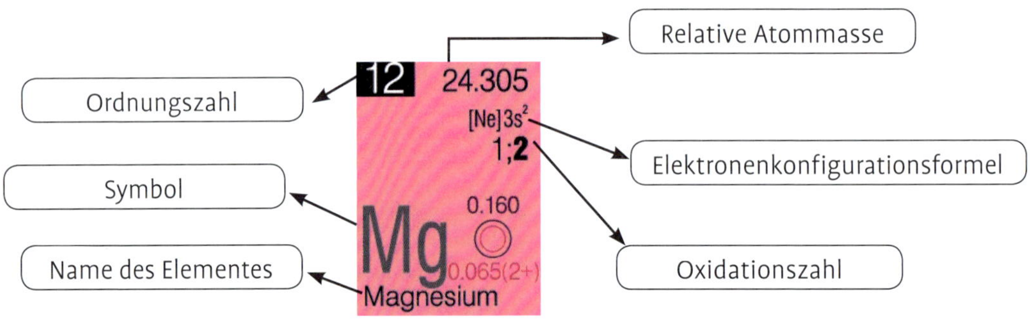

Wenn du das Periodensystem als Ganzes betrachtest, fallen dir **Zeilen**, **Spalten** und **Farben** auf.

- Die **Zeilen oder Perioden** geben die Anzahl der **Atomhüllen** an. Alle Elemente in derselben Zeile haben die gleiche Anzahl von Atomhüllen. Es gibt maximal 7 Atomhüllen und daher auch 7 Zeilen. Die Nummerierung dieser Zeilen findest du am linken Rand des Periodensystems von oben nach unten.
- Die **Spalten** werden als **Gruppen** bezeichnet. Alle Elemente derselben Gruppe besitzen die gleiche Anzahl an **Elektronen** in der äußersten Hülle. Diese werden auch **Valenzelektronen** genannt. Die Nummer der Spalte steht in der obersten Zeile. Entweder ist sie mit römischen Zahlen von I A bis VIII A und I B bis VIII B oder von 1 bis 18 beschrieben (je nach Art des Periodensystems).
  Die Elemente der Gruppen I B bis IIV B oder 3 bis 12 werden **Übergangsmetalle** genannt.

Valenzelektronen = Elektronen in den äußersten Orbitalen/Hüllen

Übergangsmetalle = Elemente/Ionen mit unvollständigen d-Orbitalen (▶ S. 17)

- Die **Hintergrundfarben** geben an, zu welcher Stoffklasse die Elemente gehören.
  - lila = Alkalimetalle
  - pink = Erdalkalimetalle
  - hellblau = Übergangsmetalle
  - blau = Metalle
  - gelb = Nichtmetalle
  - hellorange (Gruppe VII A/17) = Halogene
  - dunkelorange = Edelgase
  - grün = Lanthanoide (Metalle)
  - türkis = Actinoide (Metalle)
- Die Symbole selbst sind ebenfalls färbig.
  - schwarz = Stoffe mit fester Zustandsform
  - grün = Stoffe mit flüssiger Zustandsform
  - rot = Stoffe mit gasförmiger Zustandsform
- Radioaktive Stoffe sind mit einem Piktogramm (▶ S. 22) gekennzeichnet.

NAWI AKTIV 3

Periodensystem – ich kenne mich aus

Lernziele:
- Ich kann die Elemente dem Periodensystem richtig zuordnen. **A**, **N1**
- Ich kann wichtige Basisbegriffe der Chemie richtig anwenden. **C**, **N1**
- Ich kann die Ergebnisse meiner Untersuchung begründen und zusammenfassen. **C**, **N2**

Aufgaben:

Suche folgende Elemente aus dem Periodensystem und schreibe sie auf:
Element 1 hat 5 Valenzelektronen und 3 Schalen
Element 2 hat 4 Schalen, 2 Valenzelektronen
Element 3 hat 53 Protonen, Elektronen
Element 4 hat 1 Proton

Ordne mindestens 3 Elemente den folgenden Stoffklassen zu:
a) Metalle: ____________________
b) Nichtmetalle: ____________________
c) Edelgase: ____________________

Berechnet zu zweit mit Hilfe des Periodensystems folgende Massen in Gramm (g):
1 Mol C = ________ g Kohlenstoff
1 Mol Fe = ________ g Eisen
0,1 Mol NaCl = ________ g Kochsalz
2 Mol H = ________ g Wasserstoff

Schreibt die Rechnungsschritte auf und begründet eure Ergebnisse in einem kurzen Text.

SELBSTEINSCHÄTZUNG Ich habe die Aufgaben bearbeitet:			Feedback Lehrer/innen ↔ Schüler/innen
sehr gut	gut	weniger gut; folgendes muss ich nachholen	

5.2 Elektronegativität – welche Bedeutung hat sie?

Die Atome ziehen Elektronen in einer Bindung unterschiedlich stark an.
Das Maß für die Fähigkeit von Atomen, wie stark sie Elektronen innerhalb einer Bindung anziehen, nennt man **Elektronegativität (EN-Wert)**. Der Elektronegativitätswert ist in seiner Höhe willkürlich festgelegt und dient zur Bestimmung der Ladung in einem Molekül. Die Wirkung ist ähnlich wie bei einem Magneten. Der stärkere Magnet zieht auch stärker an. Daher ziehen jene Atome mit einer höheren Elektronegativität (▶ S. 26) Elektronen stärker an sich.

Elektronegativität = Maß für die Fähigkeit von Atomen, Elektronen innerhalb einer Bindung anzuziehen

Die EN-Werte im Periodensystem nehmen von oben nach unten in einer Gruppe ab. Das geschieht deshalb, weil die Zunahme der Hüllen um den Atomkern dazu führt, dass die Anziehungskraft der Protonen auf die Elektronen abgeschirmt wird.

Die EN-Werte nehmen von links nach rechts im Periodensystem bis zur 17. Gruppe zu. Das geschieht deshalb, weil sich immer mehr Protonen im Kern befinden und ihre Anziehungskraft auf Elektronen dadurch stärker wird.

Allgemein kann man sagen, dass

- **Metalle niedrige EN-Werte** haben.
- **Nichtmetalle hohe EN-Werte** haben.
- **Edelgase keinen EN-Wert** haben.

Edelgaszustand (Edelgaskonfiguration) = die äußerste Atomhülle ist vollständig mit Elektronen besetzt (meist 8 Elektronen)

Edelgase besitzen keine Elektronegativität, da sie 8 Valenzelektronen in den äußersten Atomhüllen haben. Dieser sogenannte **Edelgaszustand** führt dazu, dass sie keine weiteren Elektronen aufnehmen können. Sie gehen auch keine Bindungen mehr ein.
Alle anderen Elemente des Periodensystems sind bestrebt, diesen sogenannten Edelgaszustand zu erreichen. Sie gehen chemische Bindungen ein (▶ S. 69), um 8 Valenzelektronen zu erhalten.

MINI 7

Kennst du dich aus?

Beantworte und begründe jede Frage in einem kurzen Text.
Welches Element/Atom hat den höchsten EN-Wert?
Welches Element/Atom hat den niedrigsten EN-Wert?
Welchen EN-Wert hat Ar = Argon?

NAWI-XTRA

EN im Detail

Die Elektronegativität ist eine Größe, die sich aus der Ionisierungsenergie und der Elektronenaffinität zusammensetzt.

- Die **Ionisierungsenergie** ist jene Energie, die nötig ist, um aus einem neutralen Atom ein positiv geladenes Ion entstehen zu lassen. Die Ionisierungsenergie führt dazu, dass die Elektronen Energie zugeführt bekommen. Wenn diese Energie zu hoch ist, lösen sich die Elektronen von ihrem Platz in der Atomhülle.
  neutrales Atom ⟶ positives Ion + freies Elektron
- Die **Elektronenaffinität** ist jene Energie, die nötig ist, um Elektronen anzuziehen. Atome, die eine hohe Elektronenaffinität besitzen und daher leicht Elektronen anziehen, bilden negative Ionen.
  neutrales Atom + freies Elektron ⟶ negatives Ion

5.3 Die chemische Formelsprache – eine Fremdsprache?

Die **chemische Formel** beschreibt:

- die Verbindung von einzelnen Elementen,
- eine abgekürzte Schreibweise für einen Stoff,
- Informationen über das Zahlenverhältnis der Bindungspartner,
- die kleinste Einheit (Formeleinheit) eines Stoffes.

Index = Teilchenzahl in der Chemie

In der Formel gibt es oft tiefgestellte Zahlen (**Index**). Der Index gibt die Anzahl der Atome des Elementes, hinter dem er steht, an.

Zum Beispiel:

H_2O

Hier ist nach dem H ein tiefgestellter Zweier. Das bedeutet: Es handelt sich um zwei Wasserstoffatome, die sich mit einem Sauerstoffatom verbinden.

Nach dem O steht keine Zahl, das bedeutet eins. Du hast also ein Sauerstoffatom.

Du kannst also sagen: Es verbinden sich zwei H mit einem O.

Was sagt dir die Formel H_2O noch?

Du kannst erkennen, dass

- Wasserstoff und Sauerstoff verbunden sind.
- es sich um Wasser handelt.
- das Zahlenverhältnis 2 (H) : 1 (O) ist.
- es sich um die kleinste Formeleinheit handelt, also ein **Molekül** Wasser.

Moleküle (▶ S. 12) sind mehratomige Teilchen, wie z. B. Wasser. Ist die Anzahl der Moleküle größer als eins, so wird dies mit dem **Koeffizienten** beschrieben. Das ist eine große Zahl vor der Formel, die die Anzahl der Moleküle angibt.

Koeffizient = gibt an, wie viele Moleküle in einer Reaktion miteinander reagieren

$3\ H_2O$

Diese Formelschreibweise bedeutet: 3 Moleküle Wasser. Wenn man jetzt die genaue Menge der beteiligten Atome berechnen muss, multipliziert man Koeffizient mit Index.

$3 \times H_2 = 6\ H$

$3 \times 1\ O = 3\ O$

Also 3 Moleküle Wasser setzen sich aus 6 Wasserstoffatomen und 3 Sauerstoffatomen zusammen.

Bei den chemischen Formeln besteht immer ein bestimmtes **Zahlenverhältnis** zwischen den einzelnen Bindungspartnern. Dieses Zahlenverhältnis darf nicht beliebig verändert werden.

H_2O = Wasser

H_2O_2 = Wasserstoffperoxid, wird beim Haarfärben und Bleichen von Stoffen verwendet

MINI 8

Stimmt diese Formel? H_2O_3

Versuche in einem kurzen Text zu begründen, warum es diese Formel geben bzw. nicht geben kann.

5.4 Die chemische Reaktionsgleichung

Nun kennst du die „Vokabeln“ der chemischen Formelsprache. Daraus sollst du „Sätze“ bilden können.

Chemische Reaktionsgleichung = Kurzschreibweise für eine chemische Reaktion

Bei mathematischen Gleichungen kennst du das Gleichheitszeichen =. Dieses wird in der Chemie durch einen **Reaktionspfeil** ⟶ ersetzt. Dieser Reaktionspfeil zeigt in Richtung der Produkte bzw. des Ergebnisses.

Auf der **linken Seite** des Reaktionspfeils stehen die **Ausgangsstoffe** oder Edukte. Auf der **rechten Seite** des Reaktionspfeils stehen die **Produkte** oder Endstoffe.

Bei der Verbrennung von Kohlenstoff verbindet sich dieser Kohlenstoff mit dem Sauerstoff der Luft zu Kohlenstoffdioxid. In der chemischen Formelsprache sieht dieser Satz so aus:

Ausgangsstoffe				Produkte
C	+	O_2	⟶	CO_2
1 Atom Kohlenstoff	+	2 Atome Sauerstoff	⟶	1 Molekül Kohlenstoffdioxid bestehend aus 1 Atom Kohlenstoff + 2 Atomen Sauerstoff Es ist aber ein neuer Stoff = Kohlenstoffdioxid entstanden.

Auf der Seite der **Produkte** muss nicht immer nur eine Verbindung stehen, es können auch mehrere Produkte gebildet werden.

Es ist darauf zu achten, dass sich auf beiden Seiten des Reaktionspfeiles immer die gleiche Anzahl der Atome befindet.

Dies ist das **Gesetz der Erhaltung der Massen**. Es besagt, dass die Summe aller Atome der Ausgangsstoffseite gleich sein muss, wie die Summe aller Atome der Produkte. Die Stoffe oder Moleküle können sich aber verändern.

SPECIALS

- In der **Küche** folgt man – ohne sich dessen bewusst zu sein – auch dem **Gesetz der Erhaltung der Massen**. Wenn du eine Torte backen willst, benötigst du eine **bestimmte Menge** an Zutaten – das sind deine Ausgangstoffe. Alle diese Zutaten werden dann vermischt und du bekommst als Produkt **eine fertige Torte**. Die Anzahl der Zutaten hat sich nicht verändert, nur die Form. Genauso ist es in der Chemie bei einer chemischen Gleichung.

5.4.1 Erstellen einer chemischen Gleichung als Denksport

Wie geht man dabei vor?

1. Die chemische Reaktion muss bekannt sein:

   Wasserstoff und Sauerstoff reagieren zu Wasser

   Ausgangsstoffe ⟶ *Produkt*

2. Nun setzt du für die beteiligten Stoffe die chemischen Formeln ein, wobei bei Gasen wie Wasserstoff und Sauerstoff immer die Moleküle stehen. Sie bestehen aus 2 Elementen, daher H_2 und O_2.

   $$H_2 + O_2 \longrightarrow H_2O$$

3. Nun vergleichst du die Seite der Ausgangsstoffe mit der Seite der Produkte. Dabei kannst du feststellen, dass auf der Seite der Ausgangsstoffe in Summe 4 Elemente stehen ($2 \cdot$ H und $2 \cdot$ O). Auf Seite der Produkte stehen in Summe 3 Elemente ($2 \cdot$ H und $1 \cdot$ O).

   Die **Gleichung stimmt nicht** und muss ausgeglichen werden.

   Da auf der Seite der Ausgangsstoffe mehr O vorhanden sind als auf der Seite der Produkte, muss die Anzahl der O vervielfacht werden. Daher schreibt man auf der Seite der Produkte vor das Molekül H_2O eine 2 als Koeffizienten, der die gesamte Formel mit 2 multipliziert.

   $$H_2 + O_2 \longrightarrow 2\ H_2O$$

   Jetzt ist die Anzahl der Os auf beiden Seiten ausgeglichen: Ausgangsstoffseite $2 \cdot$ O zu Produktseite $2 \cdot$ O.

   Dadurch wurden aber auch die Hs mit 2 multipliziert, daher hast du auf der Seite der Ausgangsstoffe $2 \cdot$ H und auf der Produktseite $4 \cdot$ H ($2 \cdot H_2$).

   Also stimmt nun die Anzahl der Hs nicht überein.

4. Um nochmals auszugleichen, schreibst du auf der Ausgangsstoffseite vor H_2 einen weiteren 2er als Koeffizienten, der das gesamte Molekül multipliziert ($2 \cdot H_2$). Dadurch sind nun auf der Ausgangsstoffseite auch $4 \cdot$ H vorhanden.

   Die Gleichung ist ausgeglichen, auf beiden Seiten stimmt die Anzahl der beteiligten Elemente überein.

   $$2\ H_2 + O_2 \longrightarrow 2\ H_2O$$

NAWI-XTRA

- Wenn du noch genauere Angaben machen willst, kannst du nun die Molmassen berechnen und unter die Formel schreiben.
- $2\,H_2 + O_2 \longrightarrow 2\,H_2O$
  Molmassen
  $4 \cdot H + 2 \cdot O \longrightarrow 2 \cdot H_2O$
  $4 \cdot 1\,g + 2 \cdot 16\,g \longrightarrow 2 \cdot 18\,g$
  $4\,g + 32\,g \longrightarrow 36\,g$
  $36\,g \longrightarrow 36\,g$

NAWI QUIZ

Löse folgende Aufgaben.
Du hast 20 Minuten Zeit. Viel Erfolg!

1. Gib in einem Satz die unterschiedliche Bedeutung von 2 H und H_2 an.
2. Zähle auf, aus wie vielen Atomen die Formeleinheit H_3PO_4 gebildet wird.
3. Stelle die chemischen Gleichungen richtig. Schreibe sie dazu in dein Heft.
   a) $Ag + H_2S \longrightarrow Ag_2S + 2\,H$
   b) $2\,NaNO_3 + H_2SO_4 \longrightarrow HNO_3 + Na_2SO_4$
   c) $CH_4 + O_2 \longrightarrow 2\,CO + 4\,H_2$
   d) $2\,Al_2O_3 + C \longrightarrow Al + 3\,CO_2$
   e) $FeS + HCl \longrightarrow H_2S + FeCl_2$
   f) $Mg + HCl \longrightarrow H_2 + MgCl_2$
   g) $Cu_2S + O_2 \longrightarrow 2\,Cu_2O + 2\,SO_2$
   h) $FeCl_2 + H_2O_2 + HCl \longrightarrow 2\,FeCl_3 + 2\,H_2O$

WISSENSBOX

- Im Periodensystem sind die Atome/Elemente nach der Ordnungszahl sortiert.
- Es gibt **Perioden** und **Gruppen**, die wertvolle Informationen über die Atome verraten, z. B. Anzahl der Atomhüllen, Anzahl der Valenzelektronen.
- Elemente werden als **Symbole** dargestellt, z. B. H, O, Fe.
- **Moleküle** werden durch Index (hier: grün) und Koeffizient (hier: blau) beschrieben, z. B. $3\,H_2O$.
- Die **chemische Gleichung** zeigt die Reaktion von Stoffen an.
- Bei der chemischen Gleichung muss man immer das Gesetz der **Erhaltung der Masse** berücksichtigen.

NAWI QUIZ

Finde die richtige Antwort oder ergänze die fehlenden Begriffe.
Du hast 10 Minuten Zeit. Viel Erfolg!

1. Das leichteste Element ist der ______________.
2. Ein positives Ion entsteht durch ______________ von Elektronen, ein negatives Ion entsteht durch ______________ von Elektronen.
3. Welche der folgenden Gleichungen ist richtig?
   a) $2\ FeS + 2\ HCl \longrightarrow H_2S + FeCl_2$
   b) $FeS + 2\ HCl \longrightarrow H_2S + FeCl_2$
   c) $2\ FeS + HCl \longrightarrow H_2S + FeCl_2$
   d) $2\ FeS + 2\ HCl \longrightarrow 2\ H_2S + FeCl_2$

   Antwort: ______________
4. Welche der folgenden Aussagen ist/sind richtig?
   a) Die Ladung eines Atoms nach außen ist neutral.
   b) Der Atomkern besteht aus Protonen und Neutronen.
   c) Die Atomhülle besitzt eine negative Ladung.

   Deine Antwort lautet:
   - ☐ c ist richtig
   - ☐ a und c sind richtig
   - ☐ alle sind richtig
   - ☐ b und c sind richtig
5. 34 g NH_3 sind wie viele Mol? ______________
6. Zwischen Atommasse (in u) und Molmasse von Atomen (in g/mol) gibt es eine Übereinstimmung. Erkläre,welche: ______________
7. Die Altersbestimmung von organischem Material erfolgt mit Hilfe von ______________.

II ZELLEN ...

... Bausteine aller Lebewesen

1 Kennzeichen der Lebewesen

Die **Zelle** ist die **Grundeinheit aller Lebewesen**. Sie vereinigt alle Merkmale in sich, die wir als typisch für das Lebendige ansehen.

Abb. 1
Alle Lebewesen verbinden die Kennzeichen des Lebens

Folgende **Kennzeichen** charakterisieren das Phänomen **Leben**:

- **Systemcharakter:** Zellen sind belebte Systeme, d. h. die einzelnen Teile einer Zelle sind isoliert nicht lebensfähig. Erst ihr Zusammenwirken ermöglicht Eigenschaften, die wir als Kennzeichen des Lebendigen bezeichnen können.
- **Aktive Bewegung:** Plasmabewegung, Geißelbewegung und Flimmerbewegung sind beispielsweise typisch für Einzeller (▶ S. 55), Muskelbewegung für Wirbellose und Wirbeltiere, Turgor- und Wachstumsbewegung für Pflanzen.
- **Fortpflanzung:** Leben geht immer aus anderem Leben hervor. Dabei werden die Erbanlagen weitergegeben, die bei allen Lebewesen in der DNA gespeichert sind.
- **Stoffwechsel:** Stoffe werden aufgenommen und mit Hilfe von Enzymen um-, auf- und vielfach wieder abgebaut und ausgeschieden. Zellen sind **offene Systeme**, weil sie mit ihrer Umgebung Stoffe und Energie austauschen. Ein Strom von Stoffen fließt durch den Körper (Fließgleichgewicht). Der Stoffwechsel ist so geregelt, dass die Zelle innerhalb bestimmter Grenzen eine konstante Zusammensetzung hat. Diese Aufrechterhaltung des Gleichgewichts nennt man **Homöostase**.
- **Energieumsatz:** Energie wird aufgenommen, umgewandelt und wieder abgegeben. Durch den Abbau energiereicher Stoffe wird Energie freigesetzt, die für die Organismen nutzbar ist. Ein Teil dient als chemische Energie den Stoffwechselreaktionen, ein anderer Teil wird als Wärme frei.
- **Wachstum und Entwicklung:** Die Körpermasse wird durch den Aufbau körpereigener Stoffe vermehrt. Die Entwicklung eines vielzelligen Individuums beginnt mit der Teilung einer Zelle (in der Regel der befruchteten Eizelle), setzt sich mit den Phasen der Embryonalentwicklung, Jugend, Fortpflanzungsfähigkeit und des Alters fort und endet mit dem **Tod**. Das individuelle Leben der Einzeller endet mit der Zellteilung.
- **Reizbarkeit:** Organismen reagieren in bestimmter Weise auf Reize ihrer Umwelt. Sie antworten z. B. auf störende Einflüsse von außen und können sich dadurch auf veränderte Umweltbedingungen einstellen.

System = Gebilde, das aus Elementen zusammengesetzt ist, die miteinander in Beziehung treten. Das System kann belebt oder unbelebt sein. Systemeigenschaften entstehen durch Wechselwirkungen zwischen den Systemelementen.

Turgor = osmotischer Druck, der vom Zellsaft auf die Zellwand ausgeübt wird. Er entsteht durch Wasseraufnahme und erzeugt einen Spannungszustand in den Geweben.

Homöostase = Aufrechterhaltung eines Gleichgewichtszustandes in einem offenen dynamischen System

MINI 1

Die Zelle ist ein offenes System

☺ Suche nach Strukturen in deinem Alltag, die man auch als **System** bezeichnet, und notiere sie.
☺ Lies erneut die Definition für System. Finde **Argumente**, die beweisen, dass die von dir gefundenen Strukturen tatsächlich offene oder geschlossene Systeme sind.
☺☺☺ Diskutiert in der Gruppe und notiert eure Ergebnisse.

Evolution = Entwicklung der Lebewesen, die zur Bildung immer neuer Arten und Organisationstypen führt

chemische Evolution = zufällige Bildung organischer Moleküle aus anorganischen Molekülen in der Ursuppe unter Einwirkung ungeheuer starker UV-Strahlung, elektrischer Entladungen, Hitze und radioaktiver Strahlung; vor etwa 3,8 Milliarden Jahren

Protobionten = die ersten im Verlauf der biologischen Evolution entstandenen Zellen mit der Fähigkeit zur Selbstvermehrung

biologische Evolution = Entwicklung der Lebewesen beginnend mit den Protobionten über die Prokaryoten zu den Eukaryoten

1 µm = 0,001 mm

Die ältesten bekannten Lebensspuren auf unserer Erde sind **3,8 Milliarden Jahre** alt. Es ist daher denkbar, dass sich nach der Entstehung der Erdkruste vor etwa 4,5 Milliarden Jahren Vorgänge abgespielt haben, die zur Bildung einfachster lebender Strukturen aus leblosen Stoffen führten.

Diese Vorgänge der **chemischen Evolution** (▶ S. 8) lassen sich heute im Rahmen der **Miller'schen Versuche** experimentell nachvollziehen.

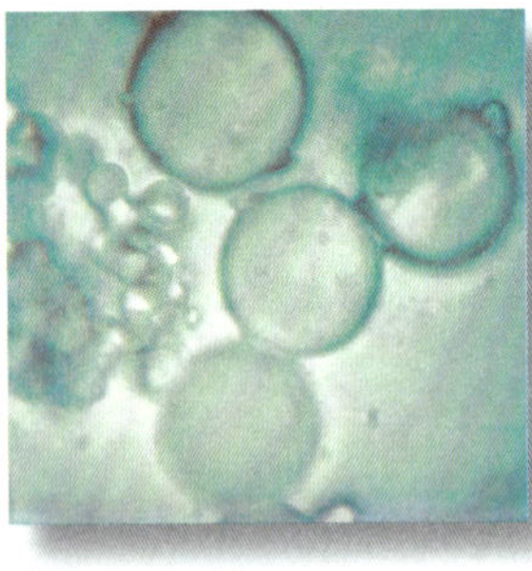

Abb. 2 *Protobionten*

Dabei kann nachgewiesen werden, dass sich im **Urozean** aus anorganischen Verbindungen, wie etwa Kohlenstoffdioxid, Methan und Ammoniak, die ersten organischen Moleküle (z. B. Aminosäuren) gebildet haben. Dazu war die Einwirkung ungeheuer starker UV-Strahlung, elektrischer Entladungen, **Hitze** und **radioaktiver Strahlung** notwendig, die auf der jungen Erde vorherrschten.

Als erste Vorstufen der Zellen gelten einfache, hohle „Membrankugeln" – die **Protobionten**.

Die Voraussetzung für die Bildung der **ersten „echten" Zellen** schufen jedoch die **Proteinbiosynthese** (▶ S. 43) und die Mechanismen der **Vererbung**. Deren Entstehung ist derzeit noch ungeklärt, jedoch waren sie wesentlich für den Beginn der **biologischen Evolution**.

2 Zellen sind mikroskopisch klein

Zellen haben eine durchschnittliche Größe von **0,001 bis 0,1 mm**. Bakterien als kleinste Zellen sind weniger als 0,001 mm groß. Man misst sie in **Mikrometer (µm)**.

Ein effektiver Stoffaustausch begrenzt entscheidend die Größe einer Zelle. Für den Stoffaustausch durch die Membranen ist eine große Oberfläche im Verhältnis zum Volumen wichtig. Wenn eine Zelle zu groß wird, erfolgt der Stoffaustausch von der Außenmembran ins Zellinnere zu langsam. Dadurch kann die Zelle nicht mehr ausreichend versorgt werden.

SPECIALS

- Weiße **Blutkörperchen** sind 7 bis 20 µm klein, rote Blutkörperchen etwa 7,5 µm.
- Menschliche **Eizellen** messen 200 bis 250 µm, also etwa ¼ mm, und sind daher mit freiem Auge sichtbar.
- Pflanzliche **Faserzellen** werden bis zu 50 cm lang.
- **Nervenzellen** erreichen mit ihren Fortsätzen (Neuriten) eine Länge von bis zu 1 m.
- Das **Straußenei** ist mit einem Längsdurchmesser von etwa 15 cm und einem Gewicht von an die 2 kg (entspricht etwa 24 Hühnereiern) die **größte tierische Zelle**.
- Ein Elefant hat keine größeren Zellen als eine Ameise, aber um ein Vielfaches mehr Zellen.

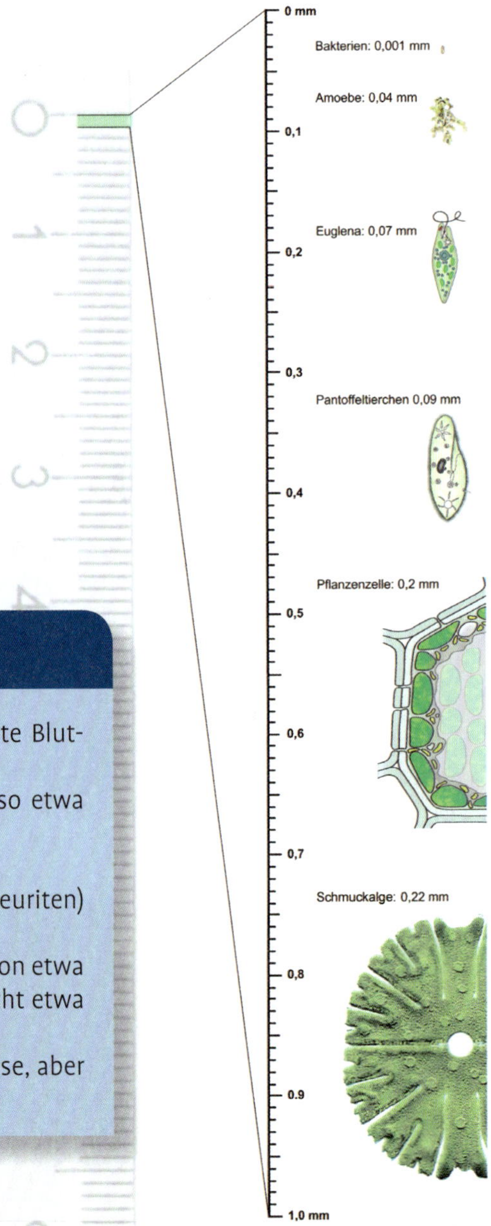

Abb. 3 *Zellen im Größenvergleich*

2.1 Das Mikroskop macht das Innenleben der Zellen sichtbar

Mit Hilfe eines Mikroskops können Strukturen wie Zellbestandteile stark vergrößert werden. Für die Leistungsfähigkeit eines Mikroskops ist nicht nur die Vergrößerung, sondern auch das **Auflösungsvermögen** entscheidend. Darunter versteht man den Mindestabstand, bei dem man zwei benachbarte Punkte noch getrennt erkennen kann. Ein gutes Lichtmikroskop kann Zellen und größere Zellbestandteile sichtbar machen, die meisten Zellbestandteile können nur im Elektronenmikroskop deutlich aufgelöst werden.

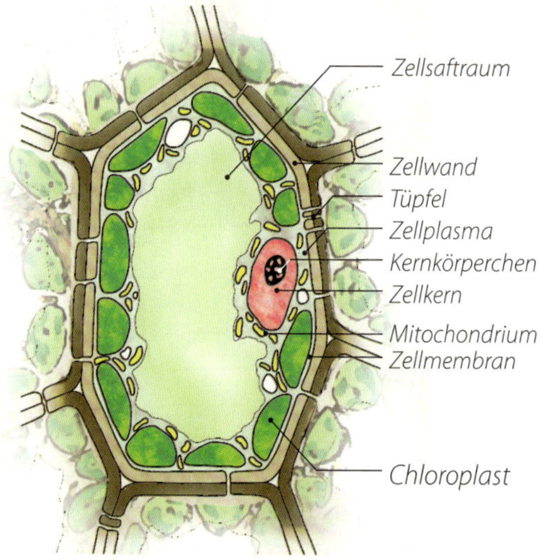

Abb. 4 *Pflanzenzelle im Lichtmikroskop (schematisch)*

Lichtmikroskop (LM)	Elektronenmikroskop (EM)
Das Untersuchungsmaterial wird von **sichtbarem Licht** durchstrahlt.	Das Elektronenmikroskop arbeitet mit **Elektronenstrahlen**, deren Wellenlänge erheblich kleiner ist als die des sichtbaren Lichtes.
Mehrere Systeme aus **Glaslinsen** erzeugen durch Lichtbeugung ein vergrößertes Abbild. Der Kondensor bündelt das Licht der Strahlungsquelle.	Zur Ablenkung und Bündelung der Strahlen werden **elektrische** oder **magnetische Felder** verwendet. Die Darstellung des Bildes erfolgt auf Leuchtschirmen oder auf fotografischen Platten.
Das **Auflösungsvermögen** ist durch die Wellenlänge des sichtbaren Lichtes begrenzt und liegt bei etwa 200 nm.	Mit der Geschwindigkeit der Elektronen verkürzt sich die Wellenlänge der Strahlen. Das **Auflösungsvermögen** eines EM ist mit etwa 0,1 nm begrenzt.
Moderne LM erreichen eine bis zu **1.000-fache** Vergrößerung mit ausreichender Auflösung.	Mit dem Elektronenmikroskop erreicht man eine bis zu **1.000.000-fache** Vergrößerung.
Die Untersuchung von lebenden, präparierten und gefärbten Objekten ist möglich.	Da im Inneren des EM ein Vakuum herrscht, können nur **speziell präparierte** Objekte und keine lebenden Zellen untersucht werden.

sichtbares Licht = Licht, das vom menschlichen Auge wahrgenommen werden kann; liegt in einem Wellenbereich von 380 bis 750 nm

nm = Nanometer = 0,001 µm = 10^6 mm

Kondensor = Linsensystem, welches das Mikroskoplicht im Strahlengang bündelt, um das Präparat möglichst hell auszuleuchten

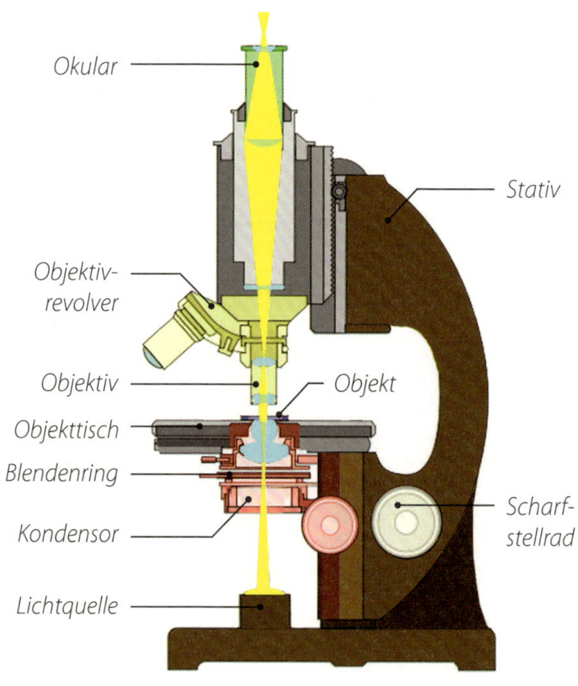

Abb. 5 Lichtmikroskop (LM)

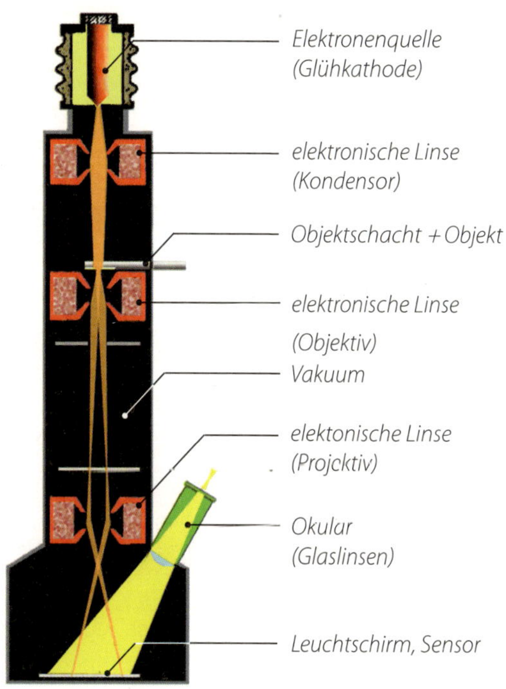

Abb. 6 Elektronenmikroskop (EM)

NAWI AKTIV 1

Wie sehen die Zellen einer Küchenzwiebel aus?

Lernziele:

- Ich kann mit dem Mikroskop sachgerecht und sorgsam arbeiten. **A**, **N1**
- Ich kann aus pflanzlichem Gewebe nach Anleitung ein Präparat herstellen und anfärben. **B**, **N1**
- Ich kann die Regelmäßigkeit pflanzlicher Zellen beobachten. **A**, **N1**
- Ich kann Zellkern und Zytoplasma als Zellbestandteile erkennen und darstellen. **B**, **N1**

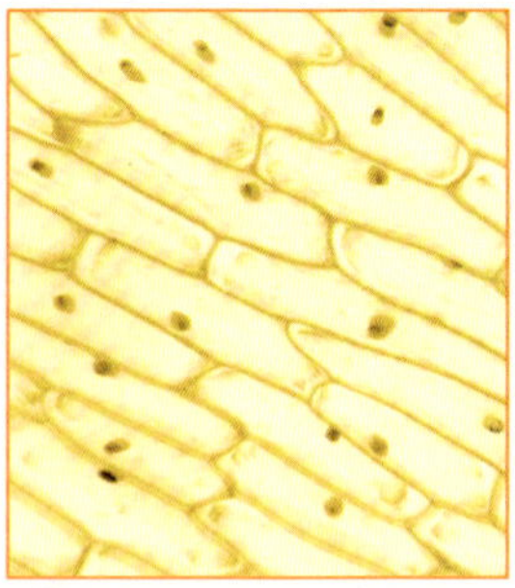

Abb. 7
Zwiebelzelle im LM (ungefärbt)

Material:
Küchenzwiebel, Pinzette, Rasierklinge, Objektträger, Deckglas, Pipette oder Glasstab, Methylenblau, Neutralrot, Filterpapier, Mikroskop, Anleitung zum Mikroskopieren unter **www.hpt.at/nawi-1**

Aufgaben:

☺ Vergleiche dein Mikroskop mit der Abb. 5 und mache dich mit den einzelnen Teilen vertraut. Studiere die Anleitung zum Mikroskopieren genau, bevor du in deiner Gruppe mit den weiteren Aufgaben beginnst.

Vorgangsweise zur Herstellung des Präparats:

- An der Innenseite einer Zwiebelschuppe schneidet man mit der Rasierklinge ein kleines Fenster aus und löst das zarte Häutchen mit der Pinzette ab.
- Mit einer Pipette oder einem Glasstab fügt man einen Tropfen Wasser auf den Objektträger und legt das Zwiebelhäutchen hinein.
- Nun deckt man das Häutchen vorsichtig mit einem Deckglas ab, sodass keine Luftblase eingeschlossen wird. Anschließend fixiert man den Objektträger auf dem Objekttisch des Mikroskops.

☺☺☺ Stellt ein Präparat nach Anleitung her und beobachtet das Bild im Mikroskop. Wenn ihr ein scharfes Bild eingestellt habt, erkennt ihr die regelmäßigen Zellen des Zwiebelhäutchens.

☺☺☺ Setzt den Versuch wie folgt fort und beobachtet. Notiert eure Beobachtungen.

- Mit einer Pipette auf einer Seite des Deckglases einen kleinen Tropfen **Neutralrot** absetzen.
- Mit dem Filterpapier, das an der anderen Deckglasseite angedrückt wird, die Farbstofflösung durch das Präparat saugen.

(Das Plasma hebt sich deutlich von der starren Zellwand ab. Es beginnt, sich rot zu färben.)

☺ **Zeichne** möglichst groß auf ein DIN-A4-Blatt, was du im mikroskopischen Bild sehen kannst. Versuche zu beschriften.

☺☺☺ Stellt, wie oben beschrieben, ein neues Präparat her, färbt es nun in gleicher Weise mit **Methylenblau** und beobachtet die Veränderung. *(Kleine rundliche Gebilde in der Mitte der Zellen färben sich blau. Die Zellkerne werden sichtbar.)*

☺ **Zeichne** möglichst groß auf ein DIN-A4-Blatt, was du im Mikroskop erkennen kannst. Versuche zu beschriften.

Anmerkung: *Während Neutralrot vorwiegend das Plasma färbt, wirkt Methylenblau auf den Zellkern.*

SELBSTEINSCHÄTZUNG Ich habe die Aufgaben bearbeitet:			Feedback Lehrer/innen ↔ Schüler/innen
sehr gut	gut	weniger gut; folgendes muss ich nachholen	

SPECIALS

- Das **erste Lichtmikroskop** wurde 1590 von den Holländern Hans und Zacharias Jansen gebaut.
- **Van Leeuwenhoek** entdeckte 1683 mit einem Mikroskop dieser einfachen Art Bakterien im Zahnbelag.
- Im Jahre 1667 beobachtete **Robert Hooke** unter dem Mikroskop die gekammerte Struktur des Flaschenkorkes. Er bezeichnete die Kammern als **Zellen**, weil ihn die Strukturen an Klosterzellen erinnerten.
- Die Erkenntnis, dass alle Lebewesen aus solchen Zellen aufgebaut sind, wurde erst im 19. Jahrhundert gewonnen.
- Der deutsche Physiker Ernst Ruska baute 1931 das erste **Elektronenmikroskop**.

Antoni van Leeuwenhoek (1632 – 1723), holländischer Naturforscher

Robert Hooke (1635 – 1703), englischer Naturforscher

WISSENSBOX

- **Zellen** sind die kleinsten Einheiten des Lebens.
- Sie sind in der Regel **mikroskopisch** klein.
- Das **Auflösungsvermögen** des **Lichtmikroskops** ist durch die Wellenlänge des sichtbaren Lichts begrenzt und liegt bei etwa 200 nm.
- Beim **Elektronenmikroskop** bedingt die Geschwindigkeit der Elektronen eine Verkürzung der Wellenlänge. Das Auflösungsvermögen liegt bei etwa 0,1 nm.

3 Organellen sind die „Organe“ einer Zelle

Betrachten wir eine Zelle im **Elektronenmikroskop** (▶ Abb. 6), erkennen wir im Zytoplasma eine Reihe von Strukturen. Man nennt sie **Organellen**, weil sie wie die Organe eines vielzelligen Körpers bestimmte Aufgaben erfüllen.

Nach außen ist die Zelle von einer **Zellmembran** umschlossen. Die meisten Organellen im Plasma sind ebenfalls von Membranen umgeben, die den gleichen Aufbau wie die Zellmembran haben. Der organellenfreie Teil des Zytoplasmas wird als Grundplasma bezeichnet. Dieses besteht hauptsächlich aus Wasser (60 – 90 %), Eiweißen, Kohlehydraten, Fetten, fettähnlichen Stoffen (Lipoiden) und Salzen.

Organellen = „kleine Organe“ = abgrenzbare Bereiche in der Zelle, die wie die Organe eines vielzelligen Körpers bestimmte Aufgaben zu erfüllen haben

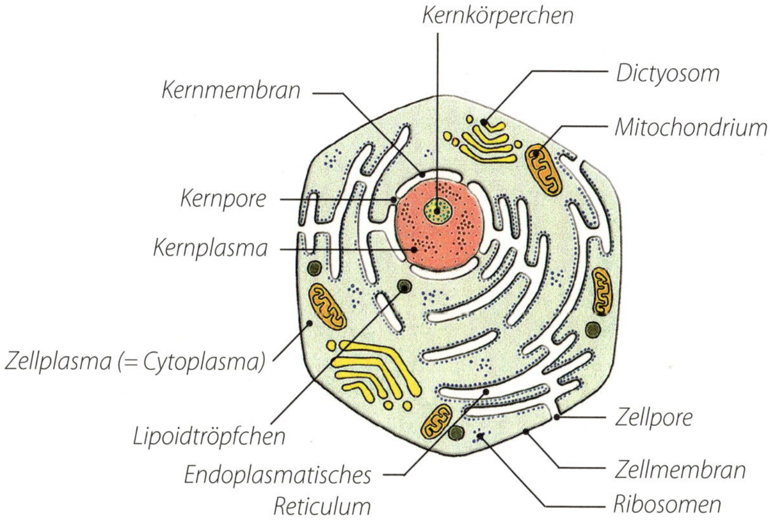

***Abb. 8** Tierische Zelle im EM (schematisch)*

NAWI-XTRA

Frischpräparate und Dauerpräparate

Zur mikroskopischen Betrachtung biologischer Objekte werden unterschiedliche Präparate hergestellt. Bei pflanzlichem Material verwendet man häufig dünne Schnitte, die man zum Beispiel mit einer Rasierklinge anfertigen kann. Werden sie direkt untersucht, erlauben sie das Beobachten der Zellen in lebendigem Zustand. Diese so genannten **Frischpräparate** sind aber wenig kontrastreich und nicht lange haltbar.
Für eine kontrastreichere Darstellung kommen verschiedene Fixierungs- und Färbemethoden zum Einsatz. Durch die Fixierung des Präparats (z. B. mit Alkohol oder Formalin) werden allerdings die Zellen abgetötet. Ein großer Vorteil dieser **Dauerpräparate** ist die lange Haltbarkeit der Präparate. Zusätzlich besteht die Darstellungsmöglichkeit bestimmter Strukturen durch vielfältige, spezifische Färbungen (z. B. Zellwand durch Gram-Färbung).

Formalin = 4- bis 8%ige Formaldehydlösung, gängiges Fixierungsmittel für Gewebe

Formaldehyd = Trivialname für Methanal, giftige chemische Verbindung

Gram-Färbung = Methode zur differenzierenden Färbung von Bakterien für die mikroskopische Untersuchung, vom dänischen Bakteriologen Hans Christian Gram (1853 – 1938) entwickelt

MINI 2

Manche Organellen sieht man auch im Lichtmikroskop

- Vergleiche die Abb. 7 mit der Abb. 8. Beschreibe den wesentlichen Unterschied.
- Erinnere dich an die Beobachtungen in NAWI aktiv 1. Welche Organellen sind im lichtmikroskopischen Bild zu erkennen? Notiere.

NAWI AKTIV 2

Was kannst du über die Zellorganellen erfahren?

Lernziele:

- Ich kann Informationen selbstständig erarbeiten. **B**, **N2**
- Ich kann Ergebnisse richtig zuordnen. **A**, **N2**
- Ich kann Bau und Funktion der Zellorganellen in Verbindung bringen und daraus Schlüsse ziehen. **C**, **N2**
- Ich kann Organellen in Form von Modellen darstellen und präsentieren. **A + B**, **N1**

Material: buntes Papier, Schere, Klebstoff, Watte, Schnüre etc.

Aufgaben:

- Betrachte die Abb. 8 genau. Sie zeigt den schematischen Aufbau einer tierischen Zelle mit ihren Organellen.
- Stelle nach dem untenstehenden Muster eine Tabelle her und trage Namen und schematische Zeichnungen der Organellen darin ein. Stelle den Zusammenhang zwischen Aufbau und Funktion her. Schreibe das Ergebnis in die entsprechende Spalte.
- Suche dann in den folgenden Kapiteln nach genaueren Informationen und ergänze die Tabelle. Hilfe erhältst du auch im Internet unter **www.hpt.at/nawi-1** – „Interaktive Übung zur Zelle“.

Name des Organells	Schematische Zeichnung	Beschreibung (Zahl, Form, Sonstiges ...)	Funktion(en) begründen
Zellkern		Zahl: 1 Form: rund bis oval Sonstiges: relativ groß, von Doppelmembran mit Kernporen umgeben; netzartiges Gerüstwerk im Inneren besteht aus DNA und Protein	Weil der Zellkern DNA enthält, dient er der: · Informationsspeicherung, · Steuerung des Zellstoffwechsels, · Weitergabe der Erbinformation;

▸▸

Vergleicht eure Tabellen und überprüft die Richtigkeit mit Hilfe der Texte im Buch.

Bildet Dreier- oder Vierergruppen. Jede Gruppe sucht sich ein Organell aus und bastelt das Modell dazu.
Präsentiert euer Modell der Klasse, indem ihr Struktur und Funktionen des Organells an Hand eures Modells erklärt.

Vielleicht schafft ihr es als gesamte Klasse, eine komplette Zelle mit allen wichtigen Organellen zusammenzustellen – und eine kleine Ausstellung zu gestalten. Sprecht euch innerhalb der Klasse ab.

SELBSTEINSCHÄTZUNG Ich habe die Aufgaben bearbeitet:			Feedback Lehrer/innen ↔ Schüler/innen
sehr gut	gut	weniger gut; folgendes muss ich nachholen	

3.1 Der Zellkern ist die Steuerzentrale der Zelle

Der **Zellkern** (Nucleus) ist auch im Lichtmikroskop als rundliches oder ovales Gebilde erkennbar.

- Er ist durch eine von Poren durchsetzte doppelte Membran vom Grundplasma abgegrenzt. Diese **Kernmembran** steht mit dem Endoplasmatischen Reticulum (▶ S. 44) in Verbindung.
- Im Inneren befindet sich das **Kernplasma**, in dem fadenförmige, leicht färbbare Strukturen eingebettet sind. Sie erscheinen im Lichtmikroskop als netzartiges Gebilde und werden als **Chromatin** bezeichnet.
- Im Kernplasma liegen meist zwei **Kernkörperchen** (Nucleoli). In ihnen befindet sich eine weitere Nucleinsäure, die ribosomale Ribonucleinsäure **r-RNA**, die zur Bildung der Ribosomen (▶ S.43) erforderlich ist.

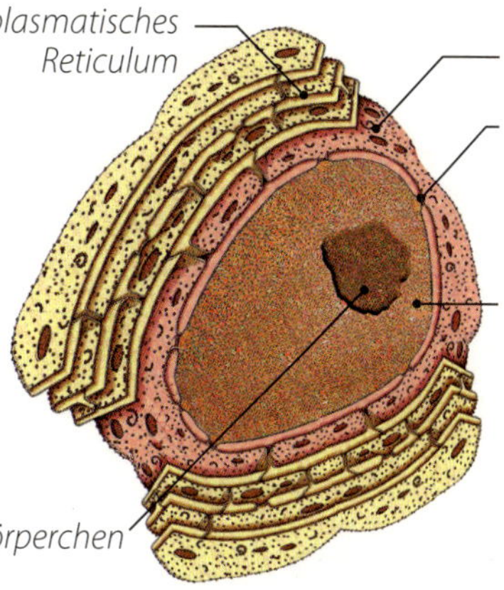

Abb. 9 Bau des Zellkerns (schematisch)

Das Chromatin stellt die **Erbsubstanz** dar. Es besteht aus Verbindungen von Eiweißstoffen mit **Desoxyribonucleinsäure (DNA)**, den so genannten **Nucleoproteiden**.
Vor jeder Zellteilung rollen sich die feinen Chromatinfäden auf und bilden die **Chromosomen**. Sie bestehen aus einem stark spiralig aufgewundenen Faden aus DNA, der von Eiweißstrukturen gestützt wird.
Jede Organismenart besitzt eine für sie charakteristische Anzahl von Chromosomen – den **Chromosomensatz**.
Einzelne Abschnitte auf der DNA werden **Gene** (Erbanlagen) genannt. In diesen Genen sind die zahlreichen Eigenschaften eines Organismus gespeichert, die der nächsten Generation weitervererbt werden können.

Der Zellkern erfüllt lebenswichtige Aufgaben

- als **Träger der Erbanlagen (Gene)**:
  Die Informationen für die zahlreichen Eigenschaften eines Lebewesens sind in der DNA gespeichert.
- zur **Steuerung des Zellstoffwechsels**:
  Die DNA enthält „Baupläne" für Eiweißstoffe unterschiedlicher Funktion (z. B. für Enzyme).
- für die **Weitergabe der Erbanlagen** an die Tochterzellen im Zuge der Zellteilung (▶ S. 123).

nucleolus (lat. = kleiner Kern) = Kernkörperchen (Mehrzahl: *nucleoli*)

RIBONUCLEINSÄURE (**RNS** = engl. RNA, wobei A für engl. *acid* = Säure steht) = Nucleinsäure; im Zellkern, in den Mitochondrien, den Ribosomen und den Chloroplasten enthalten

Nucleinsäuren = Kernsäuren; sind wichtige Bestandteile des Zellkerns und für die Speicherung und die Weitergabe der Erbanlagen verantwortlich

Chromosom = Transportform der DNA während der Zellteilung; gut anfärbbar

DESOXYRIBONUCLEINSÄURE (**DNS** = DNA) = Bestandteil der Chromosomen, findet sich aber auch in Chloroplasten und Mitochondrien (▶ S. 45)

Chromosomensatz = Gesamtheit der Chromosomen im Zellkern

SPECIALS

- Die **Körperzellen** des Menschen besitzen **46** Chromosomen – davon sind 23 vom Vater und 23 von der Mutter.
- **Ei-** und **Spermienzelle** des Menschen haben jeweils nur **23** Chromosomen. Erst nach ihrer Verschmelzung bei der Befruchtung entsteht wieder eine Zelle mit 46 Chromosomen, aus der sich der Embryo entwickelt.
- Der **Chromosomensatz** des Haushuhns besitzt 78, jener der Hausmaus 40 und der einer Stechmücke 6 Chromosomen. Die Chromosomenzahl ist also kein klarer Hinweis auf die Entwicklungshöhe des Organismus.

3.1.1 Warum die DNA so einzigartig ist

Die Baueinheiten der DNA nennt man **Nucleotide**. Jedes Nucleotid besteht aus

- einem **Zuckermolekül** (Desoxyribose),
- einem Molekül **Phosphorsäure**,
- einem Molekül einer stickstoffhaltigen **organischen Base**.

Es gibt vier verschiedene Basen (Adenin = **A**, Thymin = **T**, Cytosin = **C** und Guanin = **G**) und damit auch vier verschiedene Nucleotide.

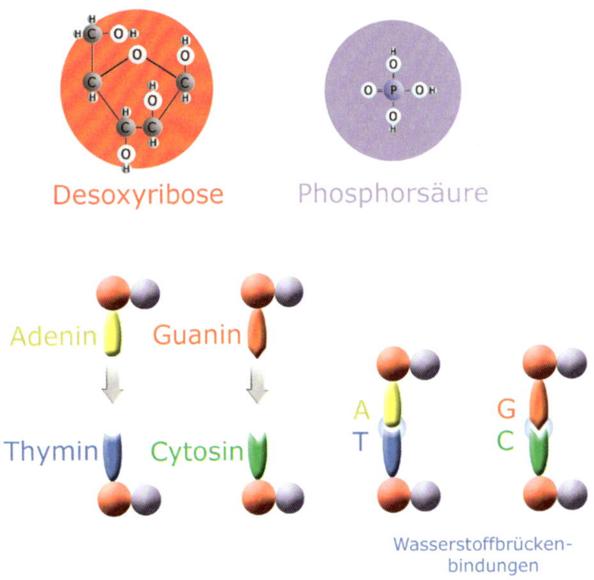

Abb. 10 *Chemische Bausteine der DNA*

Abb. 11 *DNA-Doppelhelix – Aufbau eines Chromosoms im Überblick*

Die **DNA** erinnert an eine **Strickleiter**:

- Sie besteht aus zwei langen **Nucleotidenketten**, in denen immer ein Thymin mit einem Adenin und ein Cytosin mit einem Guanin durch Wasserstoffbrücken verbunden sind.
- Dadurch liegen einander zwei komplementäre Ketten gegenüber, die eine so genannte **Doppelhelix** bilden.
- Die Ketten umwinden sich in regelmäßigen Schraubengängen, sodass das ganze Molekül mit einer in Längsrichtung gedrehten **Strickleiter** verglichen werden kann. Die Basenpaare stellen dabei die Sprossen der Leiter dar (▶ Abb. 12).
- Die Doppelkette ist um eine Proteinkugel gewickelt.

Wasserstoffbrücke = Bindung, die auf der elektrostatischen Anziehungskraft zwischen einem Wasserstoffatom und einem benachbarten Molekül beruht

komplementär = ergänzend (eine Kette der DNA ist das ergänzende Gegenstück zur anderen Kette)

helix (lat.) = Schnecke

Basensequenz = Abfolge der Basen in der DNA

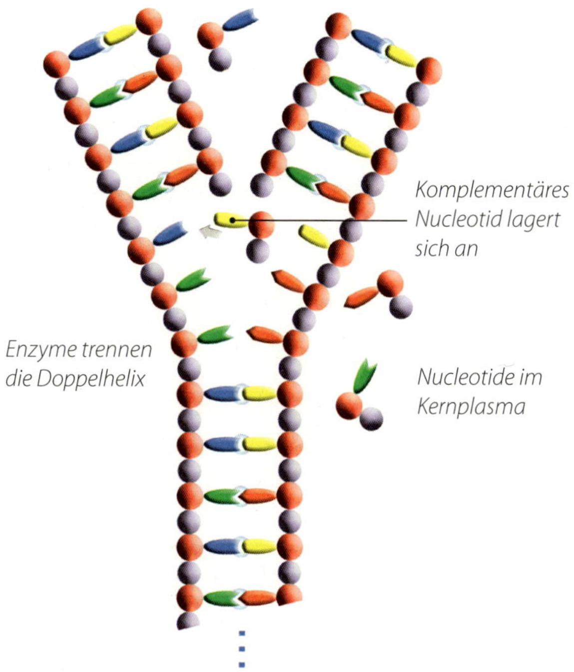

Abb. 12 *Identische Reduplikation der DNA*

Gene sind bestimmte Abschnitte auf der **DNA**. Sie enthalten u. a. die Bauanleitung für Proteine. Die Information steckt in der Abfolge der verschiedenen Basen (**Basensequenz**). Drei Basen (ein Basentriplett) stehen für eine bestimmte Aminosäure. So definiert etwa das Basentriplett **GCU** die Aminosäure **Alanin**, während **GGU** für **Glycin** steht. Jedes Triplett ist eindeutig, aber eine Aminosäure kann auch durch verschiedene Basentripletts codiert werden.

Die in der DNA gespeicherte Information wird bei jeder Zellteilung an die Tochterzellen weitergegeben. Das ist möglich, weil die DNA die einzigartige Fähigkeit besitzt, sich vor jeder Kernteilung identisch zu kopieren (**Identische Reduplikation = IR**). Dazu werden die beiden Ketten enzymatisch getrennt, und jeder Einzelstrang dient als komplementäre Vorlage für einen neuen Gegenstrang, der sich aus freien Nucleotiden des Kernplasmas neu zusammensetzt.

Identische Reduplikation = die Fähigkeit der DNA, sich selbst identisch (bis zu jedem Atom exakt) zu kopieren

NAWI QUIZ

Multiple Choice: DNA

Finde die richtigen Antworten und kreuze sie an. Achtung, es können auch mehrere Antworten richtig sein!
Auswertung: Jede richtige Antwort bringt einen Punkt, jede falsche Antwort einen Punkteabzug. Du hast drei Minuten Zeit – viel Erfolg!

1. Welche chemischen Verbindungen bilden ein Nucleotid?
- [x] Zuckermolekül
- [x] organische Base
- [ ] Eiweiß
- [x] Phosphorsäure

2. Welche Substanz ist keine der organischen Basen der DNA?
- [x] Arginin
- [ ] Thymin
- [ ] Guanin
- [ ] Cytosin

3. Wie viele Chromosomen enthält der vollständige Chromosomensatz des Menschen?
- [x] 46
- [ ] 23
- [ ] 44
- [ ] 48

4. Welche Bezeichnung wird durch DNA abgekürzt?
- [ ] Desoxyriboflavinsäure
- [ ] Ribonucleinsäure
- [x] Desoxyribonucleinsäure
- [ ] Desoxiribose

SPECIALS

- Der Mechanismus der Informationsspeicherung in der DNA kann mit einem **Morsetext** verglichen werden.
- In einem Morsetext können durch freie Kombination dreier Zeichen (. , –) auf einem Papierstreifen alle möglichen Nachrichten verschlüsselt werden.
- In der **DNA** vermögen vier frei kombinierbare Zeichen, nämlich die vier Basen, genetische Information zu speichern.
- Theoretisch können **64** unterschiedliche **Aminosäuren** kodiert werden – das sind weit mehr als notwendig! Benötigt werden in unserem Körper nur 20 Aminosäuren, und einige Tripletts kodieren dieselbe Aminosäure.

3.2 Zellmembranen bilden aktive Grenzschichten

hydrophil = wasserliebend (Zucker löst sich in Wasser; Baumwolle ist zwar nicht löslich, saugt Wasser aber auf. Darum können wir uns mit einem Baumwolltuch abtrocknen!)

hydrophob = wasserfeindlich (z. B. Fette – Sie lösen sich nicht in Wasser.)

globuläre Proteine = kugelförmige Eiweiße, Bestandteile der Zellmembranen

Helix-Proteine = kettenförmige Eiweiße, Bestandteile der Zellmembranen

Membranen sind Grenzschichten zwischen Zellen und grenzen die Organellen gegen das Cytoplasma ab.

Zellmembranen

- ... regulieren den **Stoffaustausch** innerhalb der Zelle sowie zwischen den Zellen und ihrer Umgebung.
- ... sind **selektiv permeabel** (auswählend durchlässig). Sie verändern ihre **Struktur** und ihre **Durchlässigkeit** für bestimmte Stoffe dem jeweiligen Entwicklungsstand und der momentanen Aktivität der Zelle entsprechend. Auf diese Weise kann die Auswahl der Stoffe an den Bedarf angepasst werden.
- ... bestehen aus einer Doppelschicht von **Phospholipiden**, die nach außen **hydrophile** und nach innen **hydrophobe** Anteile aufweisen. Eingelagerte **Cholesterinmoleküle** verstärken die Schicht.

  Kugelförmige (globuläre Proteine) und kettenförmige Eiweiße (Helix-Proteine) sind in der Lipoidschichte eingebaut.

  An den aus der Membran herausragenden Anteilen tragen die Proteine **Zuckermoleküle** als Seitenketten.

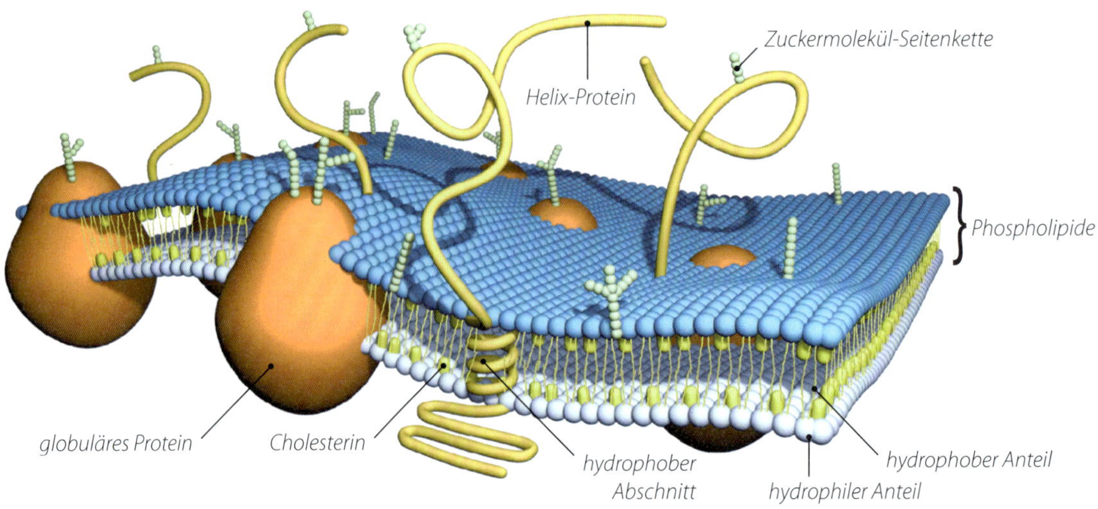

Abb. 13 *Modell einer Zellmembran (schematisch)*

NAWI-XTRA

Hydrophil und hydrophob

Phospholipide bilden auf Grund ihrer molekularen Struktur biologische Membranen.

- Ein Teil ist **hydrophil**, um vom wasserhaltigen Zellplasma nicht abgestoßen zu werden.
- Ein anderer Teil ist **hydrophob** und bildet eine Barriere für wasserlösliche Stoffe.

Die beiden Anteile ordnen sich innerhalb der Membrandoppelschicht so an, dass die hydrophoben Molekülteile nach innen und die hydrophilen nach außen zeigen.

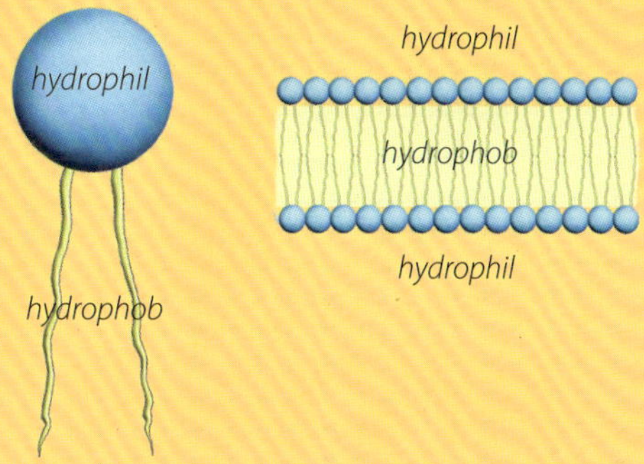

Abb. 14 *Hydrophile und hydrophobe Anteile in einer Membran*

Der Grund für die Wasserfreundlichkeit **hydrophiler Stoffe** liegt in ihrem Molekülbau.

- Sie sind **polar** wie das Wassermolekül, in dem der Sauerstoff (O) die Elektronen stärker anzieht als die Wasserstoffatome (H). Die so genannte **Elektronegativität** (▶ S. 25) ist also bei Sauerstoff größer. Dadurch entsteht am O-Atom ein negativer Pol, an den H-Atomen aber jeweils ein positiver Pol. Das Wassermolekül ist demnach ein **Dipol**.
- Ein anderes polares Molekül entwickelt elektrostatische Anziehungskräfte zu den Polen des Wassermoleküls. Es bildet sich eine Wasserstoffbrückenbindung – eine schwache chemische Bindung.

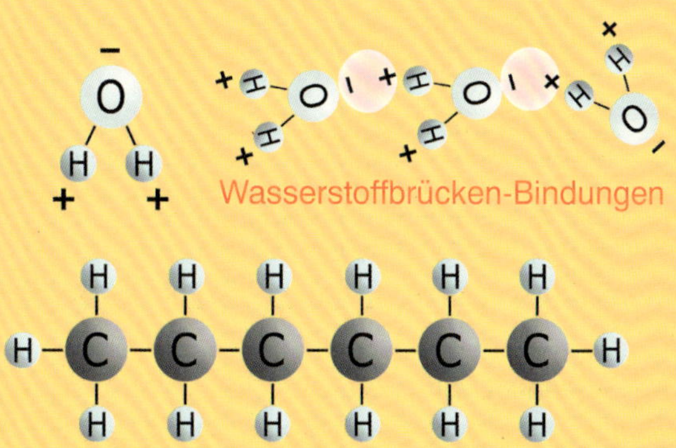

Abb. 15 *Polare Moleküle (z. B. Wasser, oben) und unpolare Moleküle (z. B. Hexan, unten)*

Hydrophobe Stoffe hingegen sind unpolare Moleküle wie die langen Kohlenwasserstoffketten in den Fetten, die keine Dipole bilden und daher wasserabweisend sind.

3.2.1 Passive und aktive Transportvorgänge regeln den Stoffaustausch

Für den aktiven Transport muss Energie aufgebracht werden. Der passive Transport kann ohne zusätzliche Energiezufuhr erfolgen; er ist aber nur für kleine, molekulare Teilchen (z. B. Wassermoleküle) möglich.

3.2.1.1 Der passive Stofftransport erfolgt durch Diffusion und Osmose

Unter **Diffusion** versteht man einen physikalischen Vorgang.

- Der Vorgang führt zu einer gleichmäßigen Verteilung unterschiedlicher Teilchen (Konzentrationsausgleich zwischen verschieden konzentrierten Gemischen).
- Grundlage dieses Prozesses ist die thermische Eigenbewegung der Teilchen (**Brown'sche Molekularbewegung**). Je höher die Temperatur, desto stärker ist die Bewegung.
- Schichtet man Flüssigkeiten mit unterschiedlicher Konzentration vorsichtig übereinander, so bewegen sich die Moleküle beider Flüssigkeiten so lange vom Ort höherer Konzentration zum Ort niedrigerer Konzentration, bis eine gleichmäßige Verteilung der Moleküle erreicht ist (**Konzentrationsausgleich**).

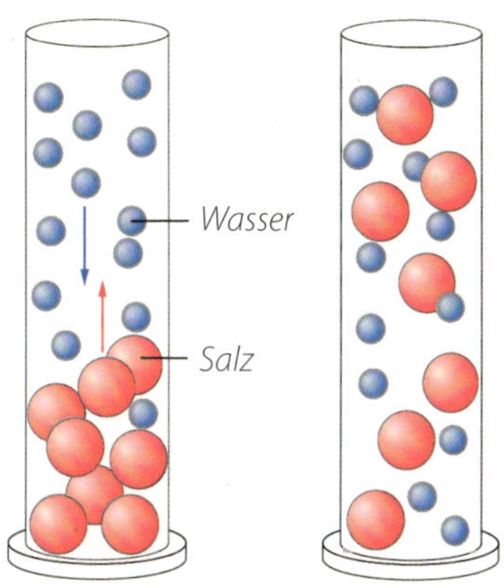

Abb. 16 *Diffusion von Salz in Wasser*

Diffusion = das Bestreben aller Teilchen in Flüssigkeiten oder Gasen, sich gleichmäßig zu verteilen

Brown'sche Molekularbewegung = Wärmebewegung der Atome oder Moleküle in Flüssigkeiten, nach dem Entdecker Robert Brown benannt

Robert Brown (1773 – 1858), schottischer Botaniker

Konzentration = Anzahl der Teilchen in einer bestimmten Flüssigkeitsmenge

selektiv permeabel = nur für bestimmte Moleküle durchlässig

Osmose = Diffusion durch eine selektiv permeable Membran, die das Lösungsmittel (z. B. Wasser), nicht aber die darin gelösten größeren Moleküle durchlässt

Osmose nennt man die **Diffusion** durch eine **selektiv permeable Membran**.

- Trennt man zwei verschieden konzentrierte Lösungen durch eine Membran, die zwar das Lösungsmittel (z. B. Wasser), nicht aber den gelösten Stoff (z. B. Zucker) durchtreten lässt, so wandern die Wassermoleküle zur Seite der höher konzentrierten Lösung.
- Da auf diese Weise das Flüssigkeitsvolumen auf der Seite der ursprünglich höheren Konzentration zunimmt, entsteht hier ein Überdruck, der **osmotische Druck**.

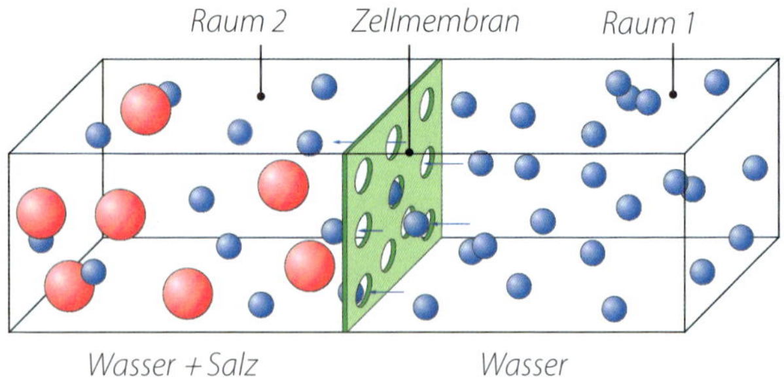

Abb. 17 Osmose durch eine Membran

Alle Zellmembranen sind selektiv permeabel. **Diffusion** und **Osmose** ermöglichen den **Stoffaustausch** und regeln den **Wasserhaushalt** der Zellen.

Das **NAWI AKTIV** **„Warum platzen Kirschen auf, wenn es regnet?"** findest du online auf **www.hpt.at/nawi-1**.

NAWI AKTIV 3

Wie verhält sich Himbeersirup in Wasser?

Lernziele:

- Ich kann die molekulare Durchdringung zweier Stoffe beobachten und protokollieren. **A**, **N1**
- Ich kann den Vorgang benennen. **B**, **N1**
- Ich kann den Zusammenhang mit dem passiven Stofftransport herstellen. **C**, **N1**

Material:

Himbeersirup, Leitungswasser, 2 Bechergläser, Pipette, Marker, Lineal

Vorgangsweise:

- Zwei Bechergläser mit Wasser füllen und mit der Pipette Sirup am Boden der Gläser deponieren (unterschichten).
- Mit dem Marker die jeweilige Grenze der Sirupschichte markieren, dann mit dem Lineal die Höhen abmessen und protokollieren.
- Ein Glas bei Zimmertemperatur (Temperatur genau protokollieren!) einige Tage stehen lassen.
- Das zweite Glas ebenso lange ins Freie oder in einen kalten Raum stellen. Auch hier die Temperatur notieren!

Aufgaben:

Führe den Versuch nach Anleitung durch.

Betrachte die Flüssigkeiten in den Gläsern täglich und protokolliere die Veränderungen in den beiden Gläsern.

Vergleicht eure Beobachtungen und zieht Schlüsse aus den Ergebnissen.

Erklärt die Ursache für den beobachteten Durchmischungsvorgang und benennt diesen mit dem Fachausdruck.

SELBSTEINSCHÄTZUNG Ich habe die Aufgaben bearbeitet:			Feedback Lehrer/innen ↔ Schüler/innen
sehr gut	gut	weniger gut; folgendes muss ich nachholen	

3.2.1.2 Durch aktiven Stofftransport werden größere Moleküle sowie Ionen transportiert

Der Transport der größeren Moleküle und Ionen erfolgt mit Hilfe eigener Transportmoleküle der Zellmembranen. Als Transportmoleküle fungieren:

- **Globuläre Proteine** (▶ S. 40), die vor allem für den Austausch von Ionen, aber auch von verschiedenen Molekülen wie z. B. Aminosäuren verantwortlich sind.
- **Helix-Proteine**, die als Rezeptoren für zellfremde Moleküle dienen. Diese Transportproteine binden Stoffe vorübergehend und tragen sie so durch die Membran.

Die Nahrungsaufnahme des **Pantoffeltierchens** als Beispiel für aktive Transportvorgänge der Zelle:

Sie wird als **Endocytose** bezeichnet und ermöglicht den Transport größerer Partikel in die Zelle. Dabei buchtet sich die Membran des Zellmundes ein und umschließt die Nahrungspartikel (z. B. Bakterien). Danach trennt sich ein so genanntes **Nahrungsbläschen** ab, in dem die Nahrung anschließend verdaut wird. Wertvolle **Nahrungsstoffe** werden durch die Membran des Nahrungsbläschens **aktiv** ins **Zellplasma** transportiert. Anschließend öffnet sich das Bläschen an der Zellmembran und scheidet die **unverdaulichen Reste** aus. Das Material der Membran wird für neue Bläschen wiederverwendet.

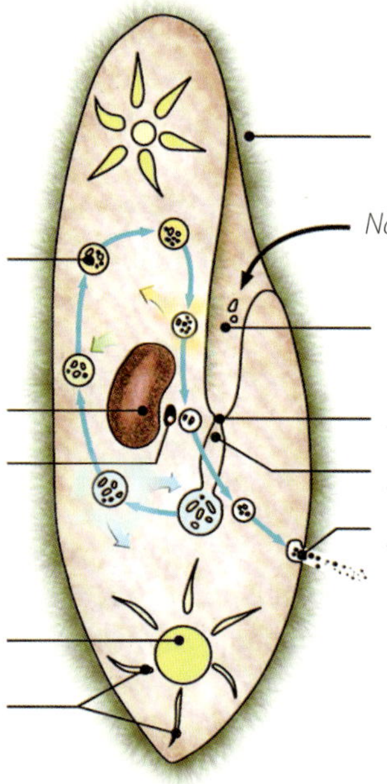

Abb. 18 *Pantoffeltierchen: Aufbau, Stofftransport*

Das Pantoffeltierchen besitzt zwei Kerne, wobei der kleinere (Mikronucleus) der Vermehrung dient, der größere (Makronucleus) aber die Lebensvorgänge im Plasma steuert. Pantoffeltierchen zeigen neben der ungeschlechtlichen Zweiteilung auch eine Form der geschlechtlichen Fortpflanzung (Konjugation).

Endocytose = Aufnahme von festen Teilchen durch die Bildung von Nahrungsbläschen, z. B. Nahrungsaufnahme beim Pantoffeltierchen

SPECIALS

- Die Zellmembranen mancher Zellen bilden zusätzlich feine Ausstülpungen, die **Mikrovilli** genannt werden. Sie vergrößern die Oberfläche und verbessern dadurch die Fähigkeit zum Stoffaustausch, z. B. die Nährstoffaufnahme durch die Darmwand.
- Die Membranen benachbarter Zellen sind in vielzelligen Organismen durch spezielle Kontaktstellen miteinander verbunden. Über Plasmafäden innerhalb dieser **Verbindungskanäle** können Stoffe ausgetauscht werden.

Mikrovilli = fadenförmige Zellfortsätze zur Oberflächenvergrößerung

3.3 Ribosomen dienen dem Aufbau körpereigener Proteine

Ribosomen sind winzige, kugelige Partikel, die aus Ribonucleinsäure (▶ S. 37) und Proteinen bestehen. Mit ihrer Hilfe werden die körpereigenen Eiweiße aufgebaut (**Proteinbiosynthese**). Dabei können die Ribosomen zu mehreren hintereinander perlschnurartig aufgereiht sein. In diesem Fall spricht man von **Polysomen**. Dadurch kann die Eiweißproduktion noch effizienter ablaufen.

Ribosomen = Organellen der Zelle = Orte der Proteinbiosynthese

Proteinbiosynthese = Aufbau körpereigener Eiweiße in lebenden Zellen

Polysomen = Aufreihung vieler Ribosomen im Zuge der Proteinbiosynthese

3.4 Endoplasmatisches Reticulum (ER) – ein „Kanalsystem"

ER = Endoplasmatisches Reticulum = Netz aus Kanälen im Zellplasma

Bei elektronenmikroskopischer Betrachtung einer Zelle zeigt sich, dass das Cytoplasma von verzweigten Kanälen durchzogen ist. Dieses netzartige Kanalsystem bezeichnet man als **Endoplasmatisches Reticulum** (ER). Es dient vor allem dem **Transport** von Stoffen in und zwischen den Zellen und steht sowohl mit der Zellmembran als auch mit der Kernmembran in Verbindung. Die Kernmembran ist eine besondere Ausbildung des ER.

- Das **glatte ER** trägt keine Ribosomen. Es wirkt bei vielen Stoffwechselvorgängen mit. Hier werden Öle, Phospholipide und Steroide (z. B. auch Geschlechtshormone) produziert.
- Das **raue** oder **granuläre ER** ist an seiner Oberfläche dicht mit Ribosomen (▶ S. 43) besetzt (▶ Abb. 19). Hier finden zahlreiche **Stoffumwandlungen** statt. Vor allem die an den Ribosomen gebildeten Proteine werden im ER weitertransportiert.

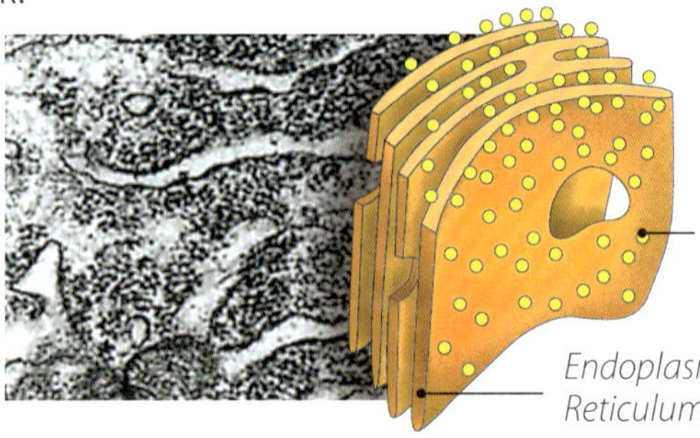

Abb. 19 *Endoplasmatisches Reticulum mit Ribosomen (links: EM-Aufnahme)*

Im Zuge des Stoffwechselgeschehens wird das ER ständig verändert und umgebaut.

Aus ER-Membranen können sich auch Bläschen bilden, die entweder dem **Stofftransport** oder der **Speicherung von Stoffen** dienen. Derartige Bläschen heißen **Transportvesikel**, die z. B. Proteine zum Golgi-Apparat weiter transportieren oder Verdauungsenzyme speichern.

Abb. 20
Camillo Golgi
(1844 – 1926), italienischer Forscher, Entdecker des Golgi-Apparates; erhielt 1906 den Nobelpreis für Physiologie oder Medizin

3.5 Golgi-Apparat – Ausscheidungs- und Transportsystem

Golgi-Apparat = Membransäckchen im Plasma; dienen dem Abtransport von Stoffen; entdeckt von Camillo Golgi

Dictyosomen = Stapel aus Membransäckchen des Golgi-Apparates

Sekret = Drüsenabsonderung

ätherisch = leicht flüchtig; verdunstet sehr schnell

Transportbläschen des ER wandern mit Stoffen zum Golgi-Apparat. Hier werden die vom ER übernommenen Stoffe modifiziert und in den **Dictyosomen** verpackt, die genau an den gewünschten Zielort in der Zelle transportiert werden.

- **Dictyosomen** sind Stapel aus kleinen Membransäckchen, die an ihren Enden Bläschen abschnüren. Besonders häufig kommen sie in Drüsenzellen vor und erzeugen dort **Sekrete**, z. B. die ätherischen Öle der Pfefferminze. Die Sekrete werden in den Bläschen gespeichert und an die Zelloberfläche transportiert, wo sie ausgeschieden werden.
- Der **Golgi-Apparat** besteht aus der Gesamtheit aller Dictyosomen einer Zelle. Ihr Aufbau ist nur im Elektronenmikroskop deutlich erkennbar.

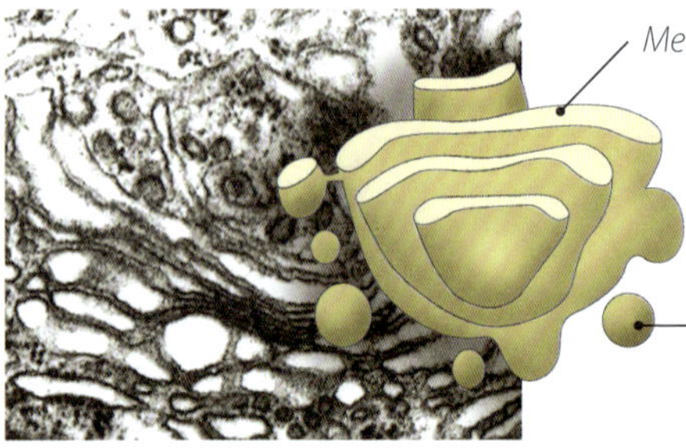

Abb. 21 *Dictyosomen (links: EM-Aufnahme)*

Im Golgi-Apparat werden auch die **Lysosomen** gebildet, die nur in tierischen Zellen vorkommen. Diese Bläschen weisen einen sauren pH-Wert auf und enthalten Verdauungsenzyme. Sie haben die Aufgabe, Makromoleküle abzubauen. In weißen Blutkörperchen sind sie für die Verdauung von Krankheitserregern wichtig.

3.6 Peroxisomen

Peroxisomen sind kugelförmige Organellen von 100 bis 1 000 nm Durchmesser, die von einer Membran umgeben sind. Sie ähneln den Lysosomen, werden aber nicht im Golgi-Apparat gebildet.

In den Peroxisomen finden wichtige Stoffwechselvorgänge statt, die u. a. der Entgiftung der Zelle dienen. Zum Beispiel:

- Abbau von **Wasserstoffperoxyd (H_2O_2)** durch Enzyme (Oxidasen und Katalasen). H_2O_2 wird dabei zu Wasser und Sauerstoff zerlegt. (Wasserstoffperoxid ist ein Zellgift im Cytoplasma und kann viele wichtige Biomoleküle zerstören.)
- Bindung freier **Radikale** (▶ S. 47). (Radikale sind Atome oder Atomgruppen mit mindestens einem freien Elektron. Sie sind sehr reaktionsfähig und können Zellschäden verursachen.)

3.7 Mitochondrien sind die „Kraftwerke" der Zelle

Mitochondrien (Einzahl: Mitochondrium) haben stäbchen- bis kugelförmige Gestalt.

- Sie sind von einer **Doppelmembran** umgeben. Im Inneren befindet sich die zentrale **Grundsubstanz** (Matrix), die eine eigene **DNA** (mitochondriale DNA) und **Ribosomen** enthält. Die innere Membran bildet zahlreiche Falten und Einstülpungen zur Vergrößerung der Oberfläche.
- In der Matrix und der inneren Membran sind die **Enzyme** für die Zellatmung eingebettet, bei welcher das energiereiche Molekül Adenosintriphosphat (**ATP**) gebildet wird.

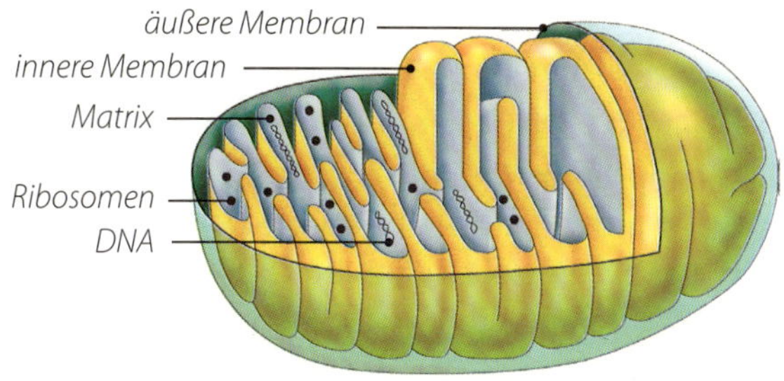

Abb. 22 Mitochondrium

Für den Aufbau von ATP werden im Zuge der **Zellatmung** energiereiche Stoffe (z. B. Traubenzucker, Glucose $C_6H_{12}O_6$) enzymatisch zu CO_2 und Wasser abgebaut. Dabei wird schrittweise Energie freigesetzt, die zum Aufbau des Energieüberträgerstoffes **ATP** genutzt wird. Ein Teil der Energie wird als **Wärme** abgegeben.
ATP dient als zentraler **Energielieferant** für fast alle Stoffwechselvorgänge in der Zelle.

Die vereinfachte Summengleichung der Zellatmung lautet:

$$C_6H_{12}O_6 + 6\,O_2 \longrightarrow 6\,CO_2 + 6\,H_2O + \text{Nutzbare Energie} \;(\rightarrow \text{ATP})$$

Mitochondrium
(Mz. Mitochondrien) = Organell der Zelle; dient der Zellatmung

Enzyme = Eiweißverbindungen, die chemische Vorgänge beschleunigen

ATP = **A**denosin**tri**phosphat = energiereiche Verbindung, aufgebaut aus einem Molekül Zucker und drei Molekülen Phosphorsäure; Energieüberträgerstoff in den Zellen aller Organismen

WISSENSBOX

- **Organellen** sind Strukturen im Zytoplasma.
- Sie erfüllen wie die Organe eines vielzelligen Körpers **bestimmte Aufgaben**.
- Sie sind meist von einer **Membran** umgeben.
- Der **Zellkern** enthält **DNA** als stofflicher Träger der Erbsubstanz, dient der Speicherung und Weitergabe der Erbinformation und steuert den Zellstoffwechsel.
- **Zellmembranen** sind selektiv permeabel, dienen dem aktiven (globuläre und Helix-Proteine) und passiven (Diffusion und Osmose) **Stofftransport**.
- **Mitochondrien** besitzen eine Doppelmembran mit Atmungsenzymen. Hier erfolgt im Zuge der **Zellatmung** der Aufbau von **ATP**.
- **Ribosomen** sind Hauptort der Proteinbiosynthese.
- Im **Golgi-Apparat**, der aus Dictyosomen besteht, werden Bläschen gebildet, die der **Ausscheidung** und dem **Transport** dienen.
- Das **ER** (Endoplasmatisches Reticulum) dient als System von Kanälchen vor allem dem **Stofftransport**, ist aber auch Ort zahlreicher Stoffumwandlungen.
- **Peroxisomen** dienen unter anderem der Bindung freier Radikale.

4 Pflanzenzellen sehen anders aus

4.1 Plastiden – eine Besonderheit der Pflanzenzellen

Die **Plastiden** der pflanzlichen Zelle sind auch im Lichtmikroskop sichtbar.

Man unterscheidet:

- **Chloroplasten** (▶ Abb. 23) sind meist linsenförmig und besitzen eine Doppelmembran. Die Einstülpungen der inneren Membran bilden viele übereinander gestapelte Säckchen (Thylakoide), in welchen sich der grüne Farbstoff, das **Chlorophyll**, befindet. Hier findet die **Fotosynthese** statt. Dabei werden aus Wasser und Kohlenstoffdioxid unter Einwirkung von Sonnenlicht und mit Hilfe von Chlorophyll Zucker und Sauerstoff produziert. Die vereinfachte Reaktionsgleichung der **Fotosynthese** lautet:

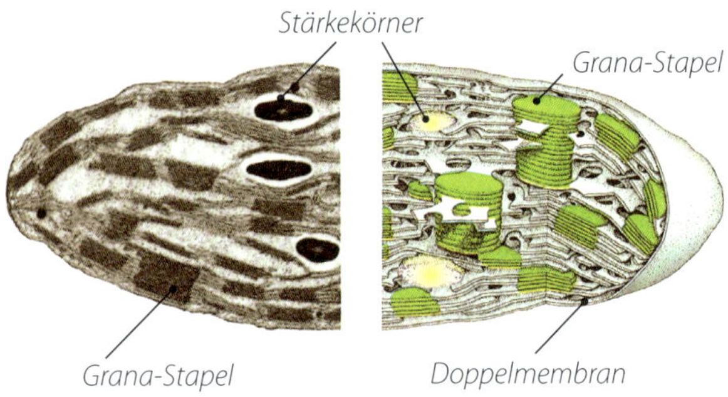

Abb. 23 EM-Aufnahme (links) und Schema des Chloroplastenaufbaues

Chlorophyll = grüner Blattfarbstoff

$$6\ CO_2 + 6\ H_2O + \text{Lichtenergie} = C_6H_{12}O_6 + 6\ O_2$$

Die Fotosynthese ermöglicht den grünen Pflanzen die **autotrophe** Lebensweise.

- Die farblosen **Leukoplasten** beteiligen sich am Aufbau der Reservestoffe (z. B. Stärke) in den farblosen Teilen der Pflanze (z. B. den Wurzelstöcken).
- Die **Chromoplasten** färben viele Blüten und Früchte. Sie sind z. B. verantwortlich für das Gelb der Sonnenblume und das Rot der Tomaten.

autotroph = selbständig ernährend = Fähigkeit von Organismen, ihre Baustoffe ausschließlich aus anorganischen Stoffen aufzubauen. Dieser Stoffaufbau erfordert Energie, die bei der Fotosynthese aus dem Licht stammt. Im Gegensatz dazu:

heterotroph = Lebensweise der Tiere, die organische Stoffe mit der Nahrung aufnehmen müssen

4.2 Vakuolen sind Zellsafträume

Vakuolen sind mit Flüssigkeit (**Zellsaft**) gefüllte Hohlräume der Zelle. Sie dienen u. a. der **Speicherung** von Stoffen oder der **intrazellulären Verdauung**. Während sie bei Tierzellen stets klein sind, können die Vakuolen in ausgewachsenen Pflanzenzellen den Großteil der Zelle ausfüllen (▶ S. 33, Abb. 4).

Der **Zellsaft** besteht aus einer wässrigen Lösung von **Ionen** und **organischen Verbindungen**.

Man unterscheidet:

- Hier werden etwa Kalium- und Chloridionen, **Speicherstoffe** wie Proteine oder auch Stoffwechselabfälle eingelagert.
- Auch die roten, blauen und violetten **Farbstoffe** (z. B. Anthocyane) in Blütenblättern, im Blaukraut und in den roten Rüben sind im Zellsaft gelöst.
- In der Vakuole lagern ebenso **Giftstoffe**, wie das Koffein der Kaffeebohne oder das Nikotin des Tabaks.

Abb. 24 Blütenfarben des Lungenkrauts – Farbstoff Anthocyan im Zellsaft

4.3 Die Zellwand umgibt die Pflanzenzelle

Die pflanzliche Zelle ist neben der elastischen Zellmembran (▶ S. 40) noch von einer festen **Zellwand** umhüllt. Sie gibt der Zelle Stabilität und Schutz.

Die pflanzliche Zellwand besteht aus **Cellulosefibrillen**, die in eine Grundsubstanz aus **Pektin**, **Hemicellulose**, **Protein** und teilweise auch **Lignin** eingebettet sind. Die einzelnen Zellen sind durch die Zellwände hindurch durch Plasmodesmen verbunden.

Pilze besitzen Zellwände, die aus **Chitin** bestehen. Chitin bildet auch das Außenskelett der Insekten.

Cellulose = Vielfachzucker (Polysaccharid); aus hunderten Glucosemolekülen gebildet; wasserunlöslich

Pektin und **Chitin** = pflanzliche bzw. tierische Polysaccharide

Hemicellulose = Gemisch aus Polysacchariden

Lignin = Holzstoff; langkettiger Kohlenwasserstoff aus aromatischen Makromolekülen

aromatisch = ringförmiger Kohlenwasserstoff

NAWI-XTRA

Kampf gegen Radikale

Viele **Pflanzenfarbstoffe** wirken als „Radikalfänger“. **Radikale** sind Atome oder Atomgruppen mit mindestens einem **freien Elektron**. Sie sind sehr **reaktionsfähig** und daher oft **gefährlich** für unseren Organismus, weil sie zu Zellschäden führen können. Freie Radikale entstehen im Zuge von Stoffwechselvorgängen in der Zelle (z. B. der Atmung in den Mitochondrien) oder durch äußere Einflüsse wie UV-, Röntgen- und radioaktive Strahlung sowie durch Einatmen von Zigarettenrauch. Sie können Zellen schädigen, wenn sie beispielsweise lebenswichtige Moleküle oxidieren und damit unwirksam machen. Radikalfänger, die diese reaktiven Moleküle binden, nennt man daher auch **Antioxidantien**. Dazu gehören viele Vitamine wie Vitamin A, C oder E.

Radikale = sehr reaktionsfähige Atome oder Atomgruppen mit mindestens einem freien Elektron

Antioxidantien = Radikalfänger; verhindern die Oxidation von Molekülen in der Zelle

NAWI QUIZ

Wanted!

Um welche Zellorganellen handelt es sich bei den folgenden Steckbriefen? Jeder richtige Begriff bringt einen Punkt.

1. Wanted!
   - Bestandteil der Zelle
   - enthält DNA
   - steuert den Zellstoffwechsel
   - speichert Erbanlagen und gibt sie an die nächste Generation weiter

2. Wanted!
   - stäbchen- bis kugelförmige Gestalt
   - Doppelmembran – innere Membran eingestülpt
   - besitzen eigene DNA
   - Hauptort der ATP-Produktion

3. Wanted!
   - mit Flüssigkeit gefüllt
   - Speicherung von Stoffen
   - beinhaltet eine wässrige Lösung von Ionen und organischen Verbindungen
   - bei Tieren klein, bei Pflanzen groß

4. Wanted!
   - winzige kugelige Partikel
   - bestehen aus Ribonucleinsäure und Proteinen
   - oft perlschnurartig aufgereiht
   - Ort der Proteinbiosynthese

5. Wanted!
   - Stapel aus kleinen Membransäckchen
   - schnüren an ihren Enden Bläschen ab
   - besonders häufig in Drüsenzellen
   - bilden z. B. ätherische Öle der Pfefferminze

NAWI AKTIV 4

Tierzelle und Pflanzenzelle sind unterschiedlich

Untersuchungen im Elektronenmikroskop zeigen, dass die Zellen der Pflanzen, Tiere und Menschen im Wesentlichen den gleichen Aufbau haben. Es gibt aber einige wichtige Unterschiede, die mit der grundlegend unterschiedlichen Lebensweise zusammenhängen.

Lernziele:

- Ich kann Unterschiede im Bau von Pflanzen- und Tierzelle analysieren und interpretieren. **C**, **N1**
- Ich kann autotrophe und heterotrophe Lebensweisen vergleichen. **B**, **N1**

Aufgaben:

- Vergleiche Pflanzen- und Tierzelle. **Dokumentiere** die Unterschiede im Aufbau, indem du alle Bestandteile der Zellen nach dem untenstehenden Muster in eine Tabelle einträgst.
- Stelle den Zusammenhang zwischen dem Zellaufbau und dem grundlegenden Unterschied der Lebensweise grüner Pflanzen zur Lebensweise tierischer Organismen her.
- Erläutere die Lebensweise grüner Pflanzen und nenne den Fachbegriff.
  (Hilfe bekommst du aus NAWI aktiv 2 und in Form des Arbeitsblattes „Pflanzenzelle – Tierzelle" auf ***www.hpt.at/170027****.)*

Pflanzliche Zelle		Tierische Zelle
Bestandteile	Funktionen	Bestandteile
Zellkern	Speicherung und Weitergabe der Erbanlagen, Steuerung des Zellstoffwechsels	Zellkern

SELBSTEINSCHÄTZUNG Ich habe die Aufgaben bearbeitet:			Feedback Lehrer/innen ↔ Schüler/innen
sehr gut	gut	weniger gut; folgendes muss ich nachholen	

WISSENSBOX

- **Plastiden** sind Organellen, die nur in **Pflanzenzellen** vorkommen.
- Chloroplasten enthalten **Chlorophyll** und dienen der **Fotosynthese**.
- **Vakuolen** sind mit **Zellsaft** gefüllte Hohlräume der Zelle. Sie dienen u. a. der **Speicherung** von Stoffen oder der intrazellulären Verdauung. Sie sind in **Pflanzenzellen** meist besonders groß.
- **Pflanzenfarbstoffe** sind meist im Zellsaft gelöst. Sie können in unserer Nahrung als Radikalfänger fungieren. (**Radikale** sind Atome oder Atomgruppen mit mindestens einem freien Elektron. Sie sind sehr reaktionsfähig und daher oft **gefährlich** für unseren Organismus.)
- Eine **feste Zellwand** umhüllt die Pflanzenzelle zusätzlich zu der elastischen Zellmembran. Sie gibt der Zelle Stabilität und Schutz und besteht vor allem aus **Cellulose**. Die Zellwände der **Pilze** bestehen aus **Chitin**.

5 Prokaryoten und Eukaryoten

Pflanzen, **Tiere**, **Pilze** und **Protisten** werden als **Eukaryoten** bezeichnet.
Bakterien und **Archaeen** (früher Archaebakterien) gehören zu den **Prokaryoten**. Vermutlich waren sie Vorstufen in der Entwicklung der Einzeller.

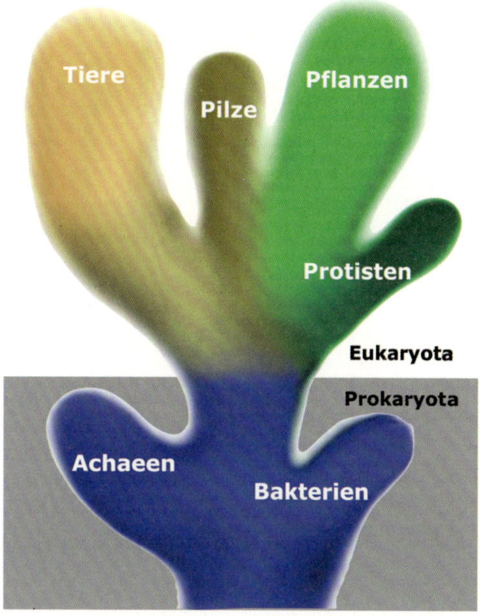

***Abb. 25** Stammbaum der Lebewesen*

Protisten =
eukaryotische, ein- bis wenigzellige Organismen, die nicht näher miteinander verwandt sind.
Dazu gehören Algen, Schleimpilze und Protozoen.

Archaeen (alte Bezeichnung **Archaebakterien** = **Urbakterien**) = prokaryotische Organismen

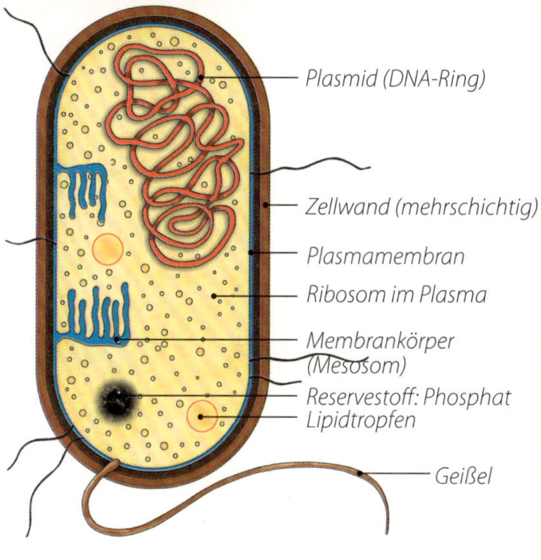

***Abb. 26** Bakterienzelle (schematisch)*

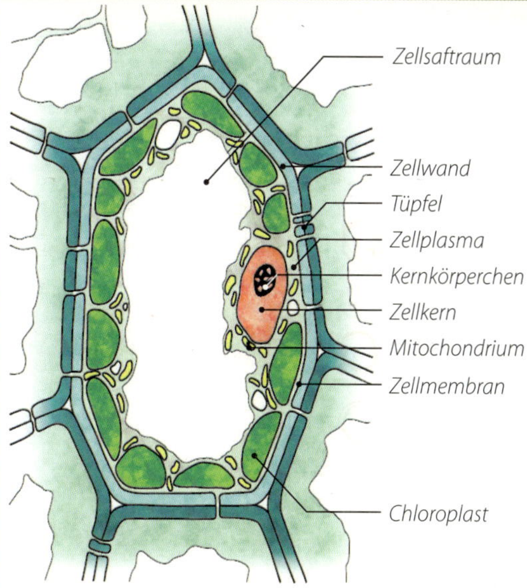

***Abb. 27** Eukaryotenzelle (halbschematisch)*

	Prokaryotenzelle (Bakterien und Archaeen)	**Eukaryotenzelle** (tierische und pflanzliche Einzeller, mehrzellige Pflanzen, Pilze und Tiere)
Aufbau	einfach	sehr komplex
Größe	meist **< 10 µm**	meist **10 – 100 µm**
Zellkern	**Kernäquivalent ohne Membran**	echter **Zellkern** von **Kernmembran** umgeben
Erbgut	ein ringförmiges **Chromosom** und mehrere kleine ringförmige **DNA-Stücke (Plasmide)**; liegen frei im Cytoplasma	mehrere **Chromosomen** mit komplexer Struktur; im **Zellkern eingeschlossen**
Organellen	**fehlen** meist; organellenähnliche Strukturen; meist **nicht von Membran** umgrenzt (Ausnahme z. B. Cyanobakterien)	verschiedene Organellen vorhanden; meist von **Membran umgeben**
Zellmembran	meist **einschichtig**	**zweischichtig**; **komplex** gebaut, veränderlich
Zellwand	verschiedene Strukturen und Zusammensetzungen	**Algen-**, **Pflanzen-** (aus Cellulose ▶ S. 46) und **Pilzzellen** (aus Chitin) besitzen eine Zellwand, tierischen Zellen fehlt eine Zellwand

NAWI-XTRA

Steckbrief: Virus

- Viren sind so **klein** (20 bis 200 mm), dass sie nur im Elektronenmikroskop sichtbar sind.
- Sie bestehen nur aus einer **Eiweißhülle** und der **Erbsubstanz**.
- Sie haben **keinen eigenen Stoffwechsel**.
- Ihre Vermehrung erfolgt nur in lebenden Zellen (Wirtszellen).
- Viren sind daher **keine echten Lebewesen**.
- In einer **Wirtszelle** entstehen bis zu **300 neue Viren**, die aus der Wirtszelle herausplatzen und weitere Zellen befallen können. Im Zuge ihrer Vermehrung geht die Wirtszelle zugrunde.
- Extrem **hohe Vermehrungs- und Mutationsrate** und daher schwer zu bekämpfen (oft neue Impfsubstanzen nötig).
- Viren können **gefährliche Krankheitserreger** sein (z. B. Tollwut, Hepatitis, AIDS).

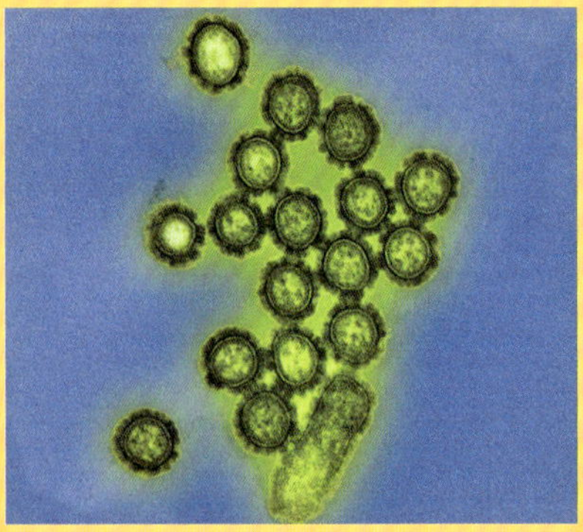

Abb. 28 *Viren (EM-Aufnahme, gefärbt)*

Mutation = dauerhafte Veränderung des Erbguts

Das NAWI QUIZ **„Zytologie-Quiz und Suchrätsel"** findest du online auf **www.hpt.at/nawi-1**.

NAWI QUIZ

Qual der Wahl

Wähle die richtige Antwort aus (A, B, C, D, E).

1. Die meisten Organellen der Eukaryotenzelle sind von Membranen umgrenzt. Durch diese Membranen entstehen Reaktionsräume, in denen jeweils bestimmte Stoffwechselvorgänge ablaufen. Welche der folgenden Aussagen dazu sind zutreffend?

   a) Die Kernmembran besitzt Poren, durch die das Kerninnere mit dem Cytoplasma in Verbindung steht.
   b) Die Proteinbiosynthese findet im Zellkern statt.
   c) Lysosomen enthalten Enzyme zum Abbau von Makromolekülen.
   d) Plastiden sind in tierischen Zellen für die Fotosynthese verantwortlich.
   e) Mitochondrien sind wesentlich an der Energiefreisetzung der Zelle beteiligt.

   Antwort wählen:

   A: alle sind richtig
   B: a), b), d), e) sind richtig
   C: a), d), e) sind richtig
   D: a), c), e) sind richtig
   E: b), d), e) sind richtig

2. Zellen sind die kleinsten Einheiten der Lebewesen. Die Zellen der Prokaryoten werden als Procyte bezeichnet, jene der Eukaryoten als Eucyte. Welche der folgenden Aussagen zu Procyte bzw. Eucyte sind richtig?

   a) Procyten haben eine Zellmembran.
   b) Tierische Eucyten besitzen eine Zellwand.
   c) In Procyten ist ein Zellkern vorhanden, der von einer Membran begrenzt ist.
   d) Procyten beinhalten eine ringförmige DNA.
   e) In Eucyten finden sich Lysosomen.

   Antwort wählen:

   A: a), d), e) sind richtig
   B: a), c), e) sind richtig
   C: a), b), d) sind richtig
   D: b), d), e) sind richtig
   E: a) und e) sind richtig

NAWI QUIZ

Multiple Choice
Finde die richtigen Antworten und kreuze sie an. Achtung, es können auch mehrere Antworten richtig sein!
Auswertung: Jede richtige Antwort bringt einen Punkt, jede falsche Antwort einen Punkteabzug. Du hast zwei Minuten Zeit. Viel Erfolg!

1. Membranen regulieren den Stoffaustausch. Ihre Doppelschicht ist aufgebaut aus:
   - ☒ Kochsalz und Proteinen
   - ☐ Cholesterin und Phospholipiden
   - ☐ Kohlenhydraten und Magnesium
2. Welche Zellorganellen sind für den Transport von Stoffen zuständig?
   - ☒ Mitochondrien und Ribosomen
   - ☐ Zellkern und ER
   - ☒ ER und Dictyosomen
3. An welchen Stellen der Zellen kommt DNA vor?
   - ☐ Zellkern und Mitochondrien
   - ☒ Zellkern und Ribosomen
   - ☐ Mitochondrien und ER

5.1 Bakterien sind Lebenskünstler

Bakterien zählen neben den Archaeen zu den ältesten Lebewesen auf unserer Erde. Sie sind etwa 3,5 Milliarden Jahre alt. Diese einzelligen **Mikroorganismen** gehören zu den Prokaryoten (▶ S. 49).

Mikroorganismen = mikroskopisch kleine Lebewesen, die mit wenigen Ausnahmen nur aus einer Zelle bestehen; dazu gehören: Bakterien, Algen, verschiedene Pilze, Protozoen (▶ S. 56); mehrzellige Mikroorganismen sind u. a. das Bakterium Spirulina sowie verschiedene Braunalgen

Bakterien sind über die **ganze Erde** verbreitet und leben
- im **Boden**,
- in der **Luft**,
- im **Wasser**,
- auf **allen Gegenständen**.

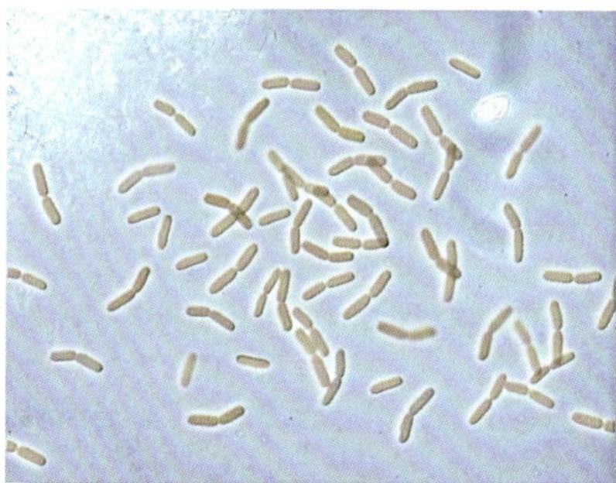

Abb. 29 *Stäbchenförmige Bodenbakterien*

Bakterien zeigen unterschiedliche Formen:
- **kugelig** (z. B. Streptokokken)
- **stäbchenförmig** (z. B. Tetanusbazillen)
- **kommaförmig** gebogen (z. B. Choleraerreger)
- **spiralig** gedreht (z. B. Borrelien)

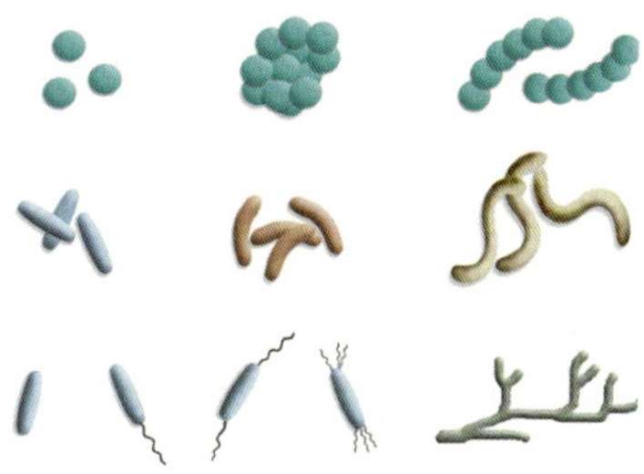

Abb. 30 *Verschiedene Formen der Bakterien: (jeweils v. l. n. r.)*
1. Zeile: kugelförmige Kokken: einzelne Kokken, Staphylokokken, Streptokokken
2. Zeile: gerade Stäbchen; gebogene Vibrionen; gedrehte Spirillen
3. Zeile: geißellose, einzeln begeißelte, mehrfach begeißelte Formen, verzweigte Formen

5.1.1 Vielfältige Überlebensstrategien

5.1.1.1 Hohe Vermehrungsrate durch Zweiteilung

Bei günstigen Lebensbedingungen wie feuchter Wärme (20 bis 30 °C), nährstoffreicher Umgebung und optimalem pH-Wert kann sich eine Bakterienzelle alle 20 Minuten teilen. Häufig lösen sich die Tochterzellen nicht voneinander. Dann entstehen mehr oder weniger lose Zellverbände, die man **Kolonien** nennt (▶ S. 60).

Kolonie = Verband von Einzellern, in dem die Einzelzellen auch alleine lebensfähig sind

Bakterien weisen auch eine sehr hohe **Mutationsrate** auf, die ihnen eine raschere ökologische Anpassung an geänderte Lebensbedingungen ermöglicht.

5.1.1.2 Anpassungsfähigkeit auch an extremste Lebensbedingungen

Bakterien leben meist **heterotroph**, weil sie kein Chlorophyll besitzen. Sie müssen energiereiche organische Stoffe (z. B. Detritus) als Nahrung aufnehmen. Indem sie diese Stoffe verdauen und **veratmen** bzw. **vergären** können sie die Energie der Nahrung nützen.

Das NAWI-XTRA **„Spirulina – eine wertvolle Nahrungsergänzung“** findest du online auf **www.hpt.at/nawi-1**.

Chemosynthese = Energiefreisetzung durch Oxidation anorganischer Stoffe

organische Stoffe = vielfältige Verbindungen, die immer Kohlenstoff enthalten

NAWI-XTRA

Alternativen zur heterotrophen Lebensweise

- **Fotoautotrophe** Formen können sich mit Hilfe der Lichtenergie ihre Nahrung selbst erzeugen. Bakterien mit so genanntem **Bakterienchlorophyll** (z. B. Schwefelbakterien) spalten nicht Wasser (wie bei der Fotosynthese grüner Pflanzen), sondern Schwefelwasserstoff (H_2S). Bei dieser speziellen Bakterienfotosynthese entsteht kein Sauerstoff, sondern **Schwefel**.
- Cyanobakterien wie etwa **Spirulina** besitzen bereits **Chlorphyll**, das auch in den Pflanzen vorkommt. Ihre Fotosynthese erfolgt wie bei diesen mit der Bildung von **Sauerstoff**.
- **Chemoautotrophe** Formen betreiben **Chemosynthese** und nutzen die Energie, die bei der Oxidation anorganischer Stoffe frei wird, zum Aufbau von organischen Stoffen. Sie benötigen dafür keine Lichtenergie. Für den Kreislauf der Stoffe in der Natur spielen die chemoautotrophen Bakterien eine wichtige Rolle. Bestimmte Bodenbakterien machen beispielsweise den Stickstoff des Bodens für Pflanzen verfügbar, indem sie Ammonium zu Nitrit und Nitrat oxidieren (**nitrifizierende Bakterien**). **Schwefelbakterien** oxidieren Schwefelwasserstoff zu Sulfat und tragen dabei zur Selbstreinigung der Gewässer bei.

aerob = mit Sauerstoff

anaerob = ohne Sauerstoff

fakultativ (lat.) = wahlweise, nicht zwingend

Bakterien können mit und/oder ohne Sauerstoff leben:

- **Aerobe** Bakterien brauchen den Sauerstoff zum Leben, um Energie freizusetzen.
- **Anaerobe** Formen können ohne Sauerstoff existieren. Sie beziehen ihre Energie durch Gärungsprozesse.
- **Fakultativ anaerobe** Bakterien können – je nach Lebensbedingung – sowohl mit als auch ohne Sauerstoff leben.

Manche Formen überdauern ungünstige Lebensbedingungen wie extreme **Hitze**, **Kälte**, **Wasser-** oder **Nahrungsmangel**, indem sie **Dauersporen** bilden. Ein Beispiel sind die **Tetanusbazillen** (Erreger des Wundstarrkrampfes). Als Dauerspore können sie über Jahre im Boden überleben.

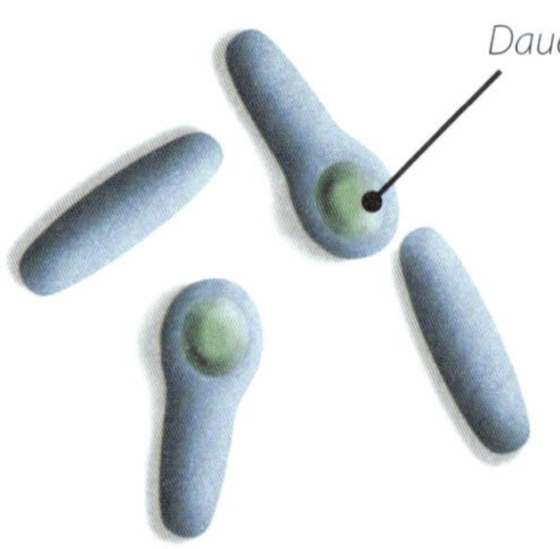

Abb. 31 *Bakteriensporen (Dauersporen)*

Bazillen = Sporen bildende, stäbchenförmige Bakterien

Tetanus = Wundstarrkrampf = Infektion des Nervensystems; Symptome: u. a. schwere Muskelkrämpfe

Symptom = Kennzeichen einer Krankheit

Soda = Na_2CO_3 = Natriumkarbonat

SPECIALS

- Bakterien-**Sporen** können Temperaturen bis plus 140 °C und minus 273 °C (absoluter Nullpunkt) aushalten. Damit könnten sie theoretisch sogar durchs All reisen.
- Man hat Bakterien in einem Eisbohrkern in der **Antarktis** in 3 500 m Tiefe gefunden.
- Sie leben bei aktiven **Vulkanen** und in heißen Quellen und überdauern auch die Einwirkung von Säuren bis etwa pH = 0,5 – 1 (etwa verdünnte Salzsäure) und zahlreichen **Giften**.
- Man kann Bakterien in **Salz- und Sodaseen** finden. Damit die Zellen nicht platzen, steigern sie die Salzkonzentration im Plasma auf bis zu 23 %. Das ist etwa achtmal so viel wie im Meerwasser.
- Bestimmte **Archaeen** überleben sogar starke **radioaktive Strahlung** (z. B. in Kühlbecken von Kernkraftwerken) – möglicherweise eine erhaltene Überlebensnotwendigkeit auf der jungen Erde vor etwa 3 Milliarden Jahren.

MINI 3

Bakterien sind Lebenskünstler

Suche mindestens fünf **Argumente** für die Behauptung im Titel.
Wo in deinem Alltag sind dir die Existenz von Bakterien und deren Bedeutung schon bewusst geworden? **Begründe** deine Beobachtungen und notiere.
Erkläre sie einer Partnerin/einem Partner und ergänze deine Notizen mit den Argumenten der Partnerin/des Partners.

5.1.2 Unterschiedliche Rollen im Ökosystem

Bakterien haben in den Ökosystemen der Erde unterschiedliche Bedeutung.

1. Als **Parasiten** leben sie in oder mit einem lebenden Organismus (Wirt). + - Beziehung
   - Sie sind häufig Krankheitserreger. **Infektionskrankheiten** wie Typhus, Ruhr, Cholera, Tuberkulose, Lungenentzündung und Meningitis werden durch Bakterien verursacht.
   - Sie schädigen den Wirt, indem sie Giftstoffe (**Toxine**) bilden und nützliche Bakterien verdrängen.
   - Zur Bekämpfung von Infektionskrankheiten dienen **Antibiotika** (z. B. Penicillin), welche die Zellwandbildung oder die Proteinsynthese von Bakterien hemmen.
   - Einige Bakterien, die z. B. durch Mutationen eine gewisse **Widerstandskraft** gegen ein Antibiotikum entwickelt haben, werden nicht so schnell abgetötet wie nicht mutierte Formen. Wird das Antibiotikum zu früh abgesetzt, so überleben die widerstandsfähigeren Keime im Körper und vermehren sich besonders schnell. Die erhöhte Widerstandskraft der mutierten Bakterien wird auf die Nachkommen vererbt und es entstehen immer mehr Keime, die gegen dieses Antibiotikum **resistent** sind. Damit wird das Antibiotikum wirkungslos. Daher sollte man **Antibiotika** nur sehr **gezielt einsetzen** und die Behandlung **nie zu früh absetzen**.
2. Als **Symbionten** leben Bakterien mit anderen Organismen in einer Lebensgemeinschaft. In der Regel ist diese Gemeinschaft für beide Partner vorteilhaft. + + Beziehung
   - Im menschlichen Dickdarm leben zahlreiche Bakterien (**Darmflora**), die u. a. schwer verdauliche Stoffe wie Cellulose zerlegen.
   - Im Pansen der Rinder wird die Verdauung der pflanzlichen Nahrung erst durch die Bakterien ermöglicht.
   - Viele Pflanzen beherbergen Bakterien in ihren Wurzeln (**Knöllchenbakterien**). Sie nützen der Pflanze, indem sie Luftstickstoff binden und diesen der Pflanze als Mineralstoff zur Verfügung stellen. Im Gegenzug erhalten sie von der Pflanze organische Nährstoffe.
3. Als **Fäulnisbewohner** (**Saprobionten**) sind sie gemeinsam mit anderen Mikroorganismen und Pilzen für das Leben auf der Erde unerlässlich.
   Saprobionten ernähren sich von abgestorbenem Tier- und Pflanzenmaterial, zerlegen die organischen Stoffe in anorganische Mineralstoffe und reichern damit den Boden an. Die Mineralstoffe ermöglichen das Leben und Wachstum grüner Pflanzen. Das für die Fotosynthese notwendige CO_2 wird von den Bakterien im Zuge der Verwesung an die Atmosphäre abgegeben.

Penicillin = ältestes Antibiotikum, von Schimmelpilzen (Penicillum notatum) gebildet, von Fleming entdeckt

Alexander Fleming (1881 – 1955), schottischer Bakteriologe; 1945 Nobelpreis für die Entdeckung des Antibiotikums **Penicillin**

Symbionten = Organismen, die in einer Symbiose leben

Symbiose = Lebensgemeinschaft, in welcher die Partner einen gegenseitigen Nutzen haben

Saprobionten = Fäulnisbewohner = heterotrophe Organismen, die in toter organischer Substanz leben

10^{10} = 10 000 000 000
10^{14} = 100 000 000 000 000

SPECIALS

- Auf der Haut deiner Arme leben wenige tausend, an der Stirn einige Millionen und in feuchten Regionen wie den Achseln mehrere **Milliarden Bakterien** pro cm². In deiner Mundhöhle befinden sich insgesamt etwa 10^{10} Bakterien. Deine gesamte **Haut** beherbergt bei durchschnittlicher Hygiene etwa eine **Billion** (10^{12}) Mikroorganismen.
- Diese Bakterien ernähren sich von Hautschuppen sowie von Mineralstoffen und Lipiden, die aus den Hautporen abgeschieden werden. Durch ihre Aktivität halten sie den **pH-Wert** auf den Schleimhäuten konstant und verhindern damit, dass sich Krankheitserreger ansiedeln können. So schützen sie dich vor Infektionen.
- Der Großteil aller in deinem Körper lebenden Mikroorganismen befindet sich in deinem Verdauungstrakt, vor allem im **Dickdarm**. Es sind mehr als 10^{14} mit mindestens 400 verschiedenen Arten.
- Die Mikroorganismen bilden im Darm deine **Darmflora**. Sie bauen Cellulose ab und erzeugen Vitamine (z. B. Vitamin K).

Fäulnis = Zerlegung von Proteinen durch **anaerobe** Mikroorganismen unter Luftabschluss. Dabei entstehen vor allem organische Säuren, Ammoniak (NH_3) und Schwefelwasserstoff (H_2S) = natürliche Form der Gärung.

Gärung = Abbau organischer Moleküle unter Sauerstoffmangel

Verwesung = Zersetzung organischer Stoffe unter Sauerstoffverbrauch; es entstehen Wasser und Mineralstoffe wie etwa Nitrate, Sulfate und Phosphate; Kohlenstoffdioxid (CO_2) wird an die Atmosphäre abgegeben

Fäulnis, **Gärung** und **Verwesung** werden durch saprobiontisch lebende Bakterien verursacht. Durch ihre Tätigkeit wird der **Kreislauf der Stoffe** in der Natur aufrechterhalten.

Abb. 32 *Laubverwesung (v. l. n. r.: von frischem Laub zur Erde)*

NAWI-XTRA

Pasteurisieren – was ist das?

Louis Pasteur erkannte Bakterien als Ursache von Verwesung und Fäulnis. Er entdeckte auch, dass Wein auf 55 °C erhitzt seinen Geschmack nicht verändert und nicht zu Essig wird, weil die Essigsäurebakterien getötet werden. Diese Konservierungsmethode heißt heute noch **Pasteurisieren** und wird auch für andere Flüssigkeiten, wie etwa Milch, angewendet. Louis Pasteurs Arbeiten lieferten wichtige Grundlagen für die Biotechnologie.

Abb. 33
Louis Pasteur
(1822 – 1895), frz. Chemiker und Mikrobiologe

Pasteurisieren = Konservierungsmethode durch kurzzeitiges Erhitzen von Substanzen auf 60 bis 90 °C

MINI 4

Was Bakterien lieben

Wende dein Wissen **an**, indem du folgende Fragen beantwortest.

- Welche Lebensbedingungen lieben Bakterien in der Regel besonders?
- Wozu führen optimale Bedingungen?
- Wie nützen wir das Wissen um die optimalen Lebensbedingungen von Mikroorganismen? Nenne Beispiele.

WISSENSBOX

- Zu den **Eukaryoten** gehören **Pflanzen**, **Tiere**, **Pilze** und **Protisten** (ein- bis wenigzellige Organismen, wie u. a. Algen und Protozoen).
- **Eucyten** nennt man die Zellen der Eukaryoten. Typisch sind: Zellkern mit Kernmembran und mehreren Chromosomen, membranumgrenztes Organell, zweischichtige Zellmembran.
- **Prokaryoten** sind u. a. die **Bakterien**.
- **Procyten** nennt man die Zellen der Prokaryoten. Typisch sind: Kernäquivalent ohne Membran, ringförmige DNA im Plasma, Zellmembran meist einschichtig, membranumgrenzte Organellen fehlen.
- **Viren** sind keine echten Lebewesen. Sie bestehen nur aus Protein und Erbsubstanz. Viren haben keinen eigenen Stoffwechsel. Sie benötigen eine Wirtszelle, um sich zu vermehren. Teilweise gefährliche Krankheitserreger.
- **Bakterien** leben überall, sind extrem anpassungsfähig und haben eine hohe Vermehrungsrate. Sie leben in der Regel **heterotroph** als **Parasiten** (dazu gehören Krankheitserreger wie z. B. das Tetanusbazillus) oder **Saprophyten** (sie bewirken Verwesung, Gärung und Fäulnis – damit ermöglichen sie den Kreislauf der Stoffe in der Natur). Als **Symbionten** sind sie u. a. in unserem Darm (Darmflora) und für die Speicherung von Luftstickstoff (Knöllchenbakterien) bedeutend. Alternativen zur heterotrophen Lebensweise stellen die **fotoautotrophen** und **chemoautotrophen** Formen dar.

6 Die formenreiche Welt der Einzeller

Einzeller haben große ökologische Bedeutung:

- Frei schwebende Algen (**Phytoplankton**) im Meer produzieren etwa die Hälfte des Sauerstoffs in der Atmosphäre und bilden eine wesentliche Basis für die Nahrungskette im Meer.
- Mehrzellige Algen und höhere Pflanzen spielen nur in den Küstenbereichen eine ökologisch wichtige Rolle.
- **Protozoen** sind als **Bodenorganismen** und als **Plankton** unersetzliche Bestandteile der Nahrungskette. Sie ernähren sich von Bakterien, Pilzen, Algen, pflanzlichem Material und organischen Teilchen (= Detritus) und stellen selbst Nahrung für viele größere Organismen dar.
- Einzeller spielen in nahezu allen **Ökosystemen** unserer Erde zur Erhaltung des Gleichgewichts in der Natur eine zentrale Rolle.
- **Algen** binden jährlich bis zu 50 Milliarden Tonnen CO_2 und bremsen dadurch die fortschreitende Klimaerwärmung.

Phytoplankton = im Wasser schwebende Algen

Plankton = im Wasser frei schwebende Kleinstlebewesen (Einzeller, Larven, Kleinkrebse, ...), Nahrungsgrundlage für viele Wassertiere

6.1 Sind Augentierchen tier- oder pflanzenähnlich?

Das **Augentierchen (Euglena)** ist ein einzelliger, mikroskopisch kleiner Organismus, der in Gewässern lebt.

- Im lichtmikroskopischen Bild findet man neben dem **Zellkern** noch zahlreiche **Chloroplasten** (▶ S. 46). Ist genügend Licht vorhanden, betreibt das Augentierchen Fotosynthese. Wenn es dunkel ist, kann es auch organische Stoffe aufnehmen und verdauen.
- Euglena lebt im Licht **autotroph** (▶ S. 46), bei Lichtabschluss aber **heterotroph**. Daher handelt es sich beim Augentierchen um einen Organismus, der sowohl pflanzen- als auch tierähnliche Eigenschaften besitzt.
- Am Vorderende der Zelle befindet sich ein **Plasmafortsatz (Geißel)**, welcher der Fortbewegung dient. Die Bewegung wird bei Euglena durch Lichtreize gesteuert, die durch einen **Fotorezeptor** an der Geißelbasis unterhalb des Augenflecks aufgenommen werden. Diese Fähigkeit, die **Lichtrichtung** erkennen zu können, erklärt den Namen „Augentierchen". Sie ermöglicht Euglena immer, die hellsten Bereiche des Tümpels anzusteuern und für die Fotosynthese zu nützen.

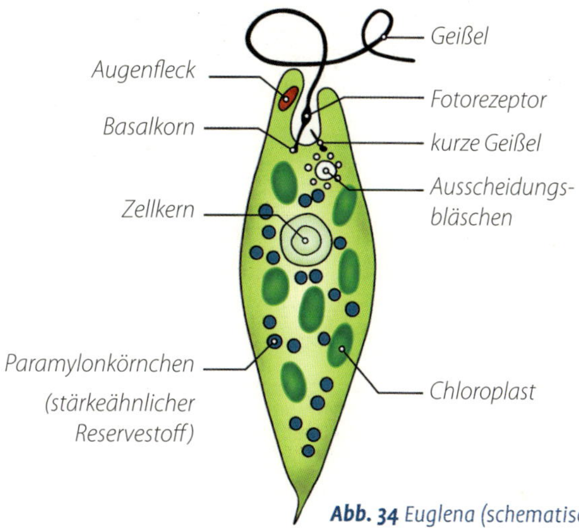

Abb. 34 Euglena (schematisch)

Abb. 35 Euglena (LM-Aufnahme)

autotroph = sich selbstständig ernährend

heterotroph = in der Ernährung ganz oder teilweise auf die Körpersubstanz oder die Stoffwechselprodukte anderer Organismen angewiesen

Fotorezeptor = Sinneszellen bzw. Sinnesorganellen bei Einzellern, die auf Lichtreize reagieren

NAWI-XTRA

Einzeller sind nicht alle miteinander verwandt!

Einzeller bilden **keine** geschlossene Verwandtschaftsgruppe. Sie sind lediglich Lebewesen, die immer nur aus einer einzelnen Zelle bestehen. Zu den Einzellern zählen die **Archaeen** (z. B. Methan-, Halobakterien), die meisten **Bakterien** (z. B. Cyanobakterien, Purpurbakterien, viele Krankheitserreger), einige **Pilze** (z. B. Hefe) und zahlreiche **Protisten** (z. B. Protozoen und einzellige Algen).

6.2 Protozoen sind tierähnliche Einzeller

Protozoen sind zumeist nur im Mikroskop sichtbar und leben heterotroph im **Wasser** oder in anderen **feuchten** Umgebungen. Sie besiedeln sogar **Extremstandorte** wie Schnee oder Salzseen. Fällt ihr Lebensraum, wie etwa ein kleiner Tümpel oder eine feuchte Wiese, trocken, so bilden manche Protozoen **Dauerformen**. Sie umgeben sich mit einer festen Schale und überstehen so als Cysten die Trockenperiode.

Zu den wichtigsten Vertretern der Protozoen gehören Geißel-, Wimper- und Sporentierchen sowie Foraminiferen und Wurzelfüßer.

NAWI AKTIV 5

Welche Einzeller leben im Heuaufguss?

Lernziele:

- Ich kann ein Lebendpräparat nach Anleitung herstellen und untersuchen. **A + B**, **N1**
- Ich kann Einzeller beobachten, beschreiben und benennen. **A**, **N1**

Material: Mikroskop, Objektträger, Deckgläser, Teich- oder Regenwasser, Heu, Becherglas

Vorgangsweise:

1. Herstellung eines Heuaufgusses:
   Man gibt eine Handvoll Heu in ein Becherglas und bedeckt es mit Regen- oder Teichwasser. Der Heuaufguss soll einige Tage stehen.
2. Herstellung eines Lebendpräparats:
   - Mit einer Pipette entnimmt man einen Tropfen von der feinen Haut an der Wasseroberfläche (Kahmhaut) des Heuaufgusses und gibt ihn auf einen Objektträger.
   - Man bedeckt den Wassertropfen mit einem Deckglas und fixiert den Objektträger auf dem Objekttisch.
   - Man stellt ein scharfes Bild ein (▶ NAWI aktiv 1).

Aufgaben:

Untersuche dein Präparat unter dem Mikroskop nach Einzellern und beobachte sie.

Beschreibe deine Beobachtungen und interpretiere sie.
- Welche Einzeller hast du gesehen?
- Woran hast du sie erkannt?

Anmerkung: *Man kann unter anderem Wimpertierchen, Geißeltierchen, Amöben und Kieselalgen sehen. Wimpertierchen und Geißeltierchen erkennt man an ihren typischen flinken, oft kreisenden Bewegungen mit Hilfe von* ***Fortsätzen*** *an der Zelloberfläche. Geißeltierchen besitzen einen bis wenige* ***lange*** *Fortsätze – die* ***Geißeln****. Wimpertierchen haben viele kleine Geißeln, die man* ***Wimpern*** *nennt. (Auch Schleimhautzellen in den Bronchien und in den Eileitern des Menschen haben derartige Wimpern.)*

SELBSTEINSCHÄTZUNG Ich habe die Aufgaben bearbeitet:			Feedback Lehrer/innen ↔ Schüler/innen
sehr gut	gut	weniger gut; folgendes muss ich nachholen	

6.2.1 Geißeltierchen (Flagellaten)

Flagellaten = Gruppe einzelliger eukaryotischer Lebewesen, die peitschenähnliche Zellfortsätze (Geißeln) besitzen

Tsetsefliegen = Stechfliegen; leben u. a. in Afrika

Sie bewegen sich mit Hilfe feiner Plasmafortsätze (**Geißeln** ▶ S. 55) und besiedeln nahezu alle Lebensräume. Sie leben u. a.

- in mineralstoffreichen Gewässern (z. B. **Euglena** ▶ S. 55),
- als Parasiten in verschiedenen Wirbeltieren (z. B. auch dem Menschen: **Trypanosomen** sind beispielsweise die Erreger der in den tropischen Gebieten Afrikas vorkommenden **Schlafkrankheit**. Die Parasiten werden von der **Tsetsefliege** übertragen.),
- in **Symbiose** mit **Termiten**. (In so genannten Gärkammern des Termitendarmes helfen sie, das gefressene Holz in verwertbare Stoffe umzuwandeln. Ohne die **Holz** verdauenden Enzyme der Geißeltierchen würden die Termiten vermutlich verhungern.)

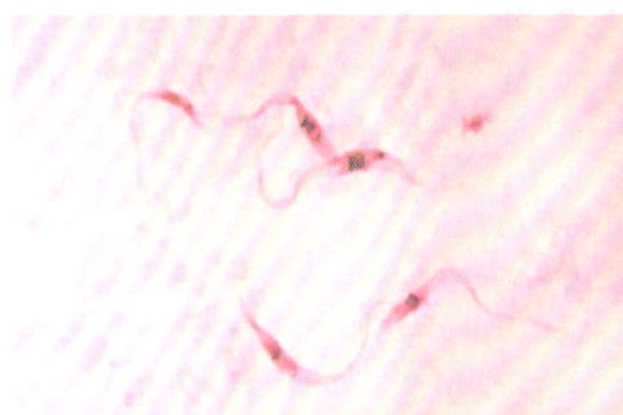

Abb. 36 *Trypanosom*

6.2.2 Wimpertierchen

Wimpertierchen, wie das **Pantoffeltierchen** (▶ S. 43) und das **Glockentierchen**, besitzen auf ihrer Oberfläche viele feine Fortsätze (**Wimpern**), die der Bewegung und der Nahrungsaufnahme dienen. Sie kommen häufig im Süßwasser und in feuchtem Boden, aber auch im Meer vor.
Da sie Bakterien und große Mengen **Detritus** (organische Abfallstoffe) aufnehmen und verdauen können, spielen sie eine wichtige Rolle bei der **Selbstreinigung** der **Gewässer**.

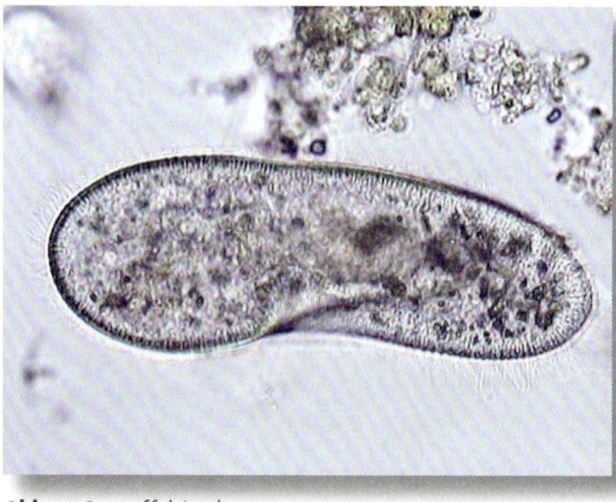

Abb. 37 *Pantoffeltierchen*

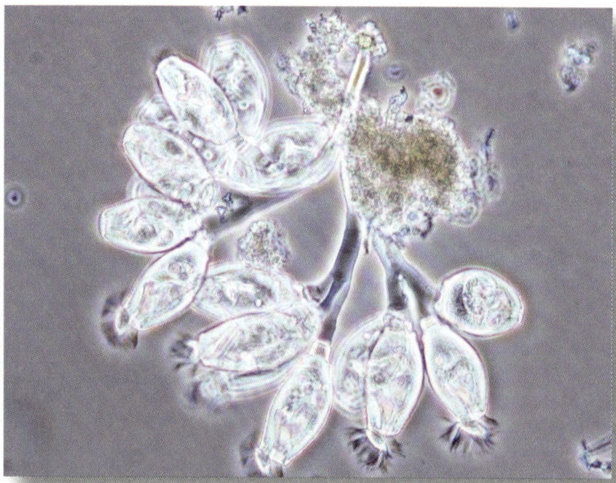

Abb. 38 *Glockentierchen*

6.2.3 Foraminiferen

Mit über 10 000 heute lebenden Arten zählen sie zu den **formenreichsten Protisten**. Der überwiegende Teil der Foraminiferen (auch **Kammerlinge** genannt) lebt auf dem Meeresboden, wenige bilden Meeresplankton und selten findet man auch Vertreter im Süßwasser. Zumeist liegt ihre Größe zwischen 0,2 und 0,5 mm. Sie besitzen ein vielkammeriges Gehäuse mit kleinen Poren, durch die zarte Scheinfüßchen austreten.

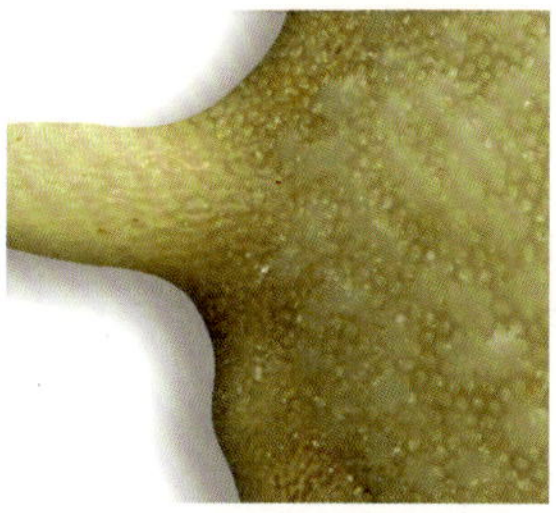

Abb. 39 *Poren im Detail*

Abb. 40 *Unterschiedliche Gehäuseformen von Foraminiferen*

6.2.4 Sporentierchen

Sie leben ausschließlich als **Parasiten**. Ein Beispiel sind die **Plasmodien** – die Erreger der **Malaria**, die in tropischen Gebieten verbreitet ist. Die Krankheit ist gekennzeichnet durch regelmäßige Fieberanfälle (Wechselfieber), die durch eine periodische Vermehrung der Parasiten in den roten Blutkörperchen ausgelöst werden. Die Übertragung der Parasiten erfolgt durch den Stich infizierter Fiebermücken (Anophelesmücken).
Ein weiterer Parasit unter den Sporentierchen sorgt für die Infektion der **Toxoplasmose**. Zumeist durch Katzenkot übertragen, ist sie besonders während der Schwangerschaft für den Embryo gefährlich.

6.2.5 Wurzelfüßer

Amöben (Wechseltierchen) kommen u. a. im Schlamm, in stehenden Gewässern und auf Wasserpflanzen vor.

- Amöben ernähren sich von Algen, Bakterien und Detritus, leben vereinzelt aber auch räuberisch von anderen Einzellern.
- Sie können als **Parasiten** auch Krankheiten auslösen (z. B. Amöbenruhr beim Menschen).
- Die Fortbewegung erfolgt durch **Plasmabewegungen** und die Bildung von Scheinfüßchen (**Pseudopodien**). Dabei heften sich diese Plasmafortsätze am Untergrund fest, verkürzen sich und ziehen den übrigen Zellkörper nach. Diese Art der Fortbewegung ist mit einem dauernden Gestaltwechsel verbunden (daher Wechseltierchen) und wird auch als **amöboide Bewegung** bezeichnet.
- Stößt die Amöbe auf ein Nahrungsteilchen, wie etwa eine kleine Alge, umfließt sie diese mit den Scheinfüßchen. Die Alge wird vom Plasma eingeschlossen und eine Nahrungsvakuole gebildet, in welcher die Verdauung erfolgt. Die Grundbausteine der Nahrung gelangen schließlich durch die Membran der **Nahrungsvakuole** in das Plasma und werden dort zu körpereigenen Stoffen aufgebaut. Im Zuge der Stoffumsetzungen in der Zelle entstehen unbrauchbare bzw. sogar schädliche Stoffe. Sie werden mit Hilfe der **kontraktilen Vakuole**, die sich regelmäßig füllt, nach außen durch die Zellmembran entleert.

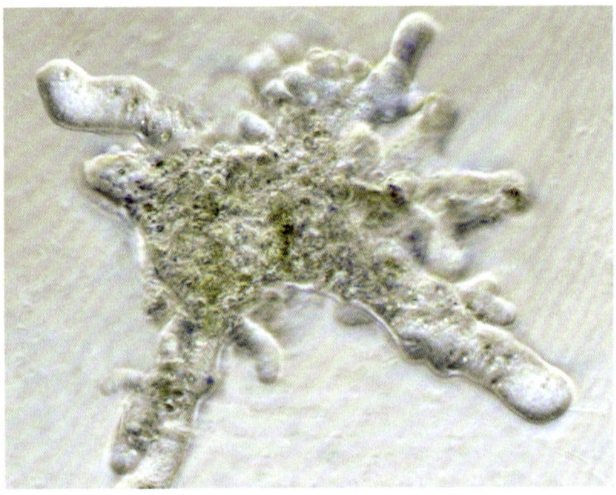

Abb. 41 Amöbe (Wechseltierchen) im LM (~ 200-fach vergrößert)

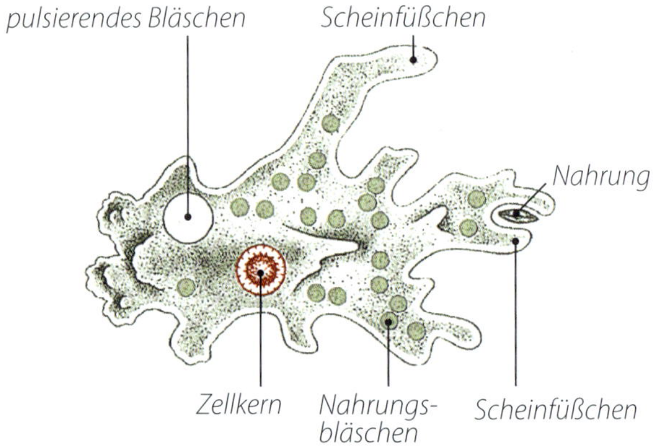

Abb. 42 Amöbe (schematisch)

SPECIALS

- **Amöben** können bis zu 0,5 mm groß werden, sind also mit dem freien Auge bereits sichtbar.
- Einige der **weißen Blutkörperchen** des Menschen bewegen sich durch Plasmabewegung, die der Bewegung von Amöben mit Scheinfüßchen gleicht. Diese Blutkörperchen erreichen eine Geschwindigkeit von etwa 5 mm/Stunde.
- Die **Spermienzellen** des Menschen bewegen sich mit Geißeln und erreichen dabei eine Geschwindigkeit von etwa 3 bis 4 mm/Minute. Umgerechnet auf Menschengröße wäre das etwa 7 km/h (langsames Joggen).

NAWI QUIZ

Wanted!

Um welche Einzeller handelt es sich bei den folgenden Steckbriefen?

1. Wanted!
   - roter Pigmentfleck
   - eine lange Geißel
   - Chloroplasten
2. Wanted!
   - Parasit verursacht eine Tropenkrankheit
   - von der Anophelesmücke verbreitet
   - Vermehrung in roten Blutkörperchen
3. Wanted!
   - Fortbewegung durch Plasmabewegung
   - heterotroph
   - wohnt in Schlamm und Tümpeln
4. Wanted!
   - länglich, gedrungene Form
   - Fortbewegung durch Wimpern
   - heterotroph

6.3 Einzellige Algen – Basis vieler Nahrungsketten

Algen gedeihen im Süßwasser, im Meer und an feuchten Orten.

- Ihre Zellen zeigen den typischen Aufbau einer Pflanzenzelle (▶ S. 33) und besitzen stets **Chlorophyll**. Sie können daher organische Stoffe selbst aufbauen – sie sind **autotroph** (▶ S. 46). Man zählt sie zu den **pflanzenähnlichen Protisten**.
- Bei guten Bedingungen (genügend Mineralstoffe, Wärme und Licht) können sie sich massenhaft vermehren. Damit bilden sie eine wichtige Basis der Nahrungskette in einem Ökosystem.
- Die Massenentwicklung von Algen ist aber auch oft ein Zeichen von **Wasserverschmutzung, z. B. durch Überdüngung (Eutrophierung)** des Gewässers, das beispielsweise auf das Einleiten von Abwässern zurückgeführt werden kann.

Abb. 43 *Einzellige Algen (v. l. n. r.): Jochalge, Schmuckalge, Kieselalge*

Algen = pflanzliche Einzeller und Vielzeller (vielzellige Formen dienen als Modell für den Übergang vom Einzeller zum Vielzeller)

Eutrophierung = Anreicherung von Mineralstoffen in einem Ökosystem (Überdüngung) führt u. a. durch die übermäßige Zunahme an Mikroorganismen zu einem Sauerstoffmangel im Gewässer

SPECIALS

- Algenprodukte liefern **Nahrungsmittel** mit hohem Eiweißgehalt, die neben Kohlenhydraten auch wertvolle Fette enthalten.
- Aktuell sind über **80 000** Algenarten bekannt, nur ca. 160 werden industriell genutzt.
- In Südostasien werden bereits jährlich etwa **9 Millionen Tonnen** Algen (Seetang) als Salat oder Gemüse konsumiert.
- Einige **Braunalgen** entwickeln vielzellige Riesenformen von bis zu 50 m Länge (z. B. Riesentang der Kelpwälder).
- Dieser **Riesentang** wächst bis zu 40 cm täglich.
- Aus verschiedenen Braunalgenarten wird **Alginsäure** gewonnen. Deren Alkalisalze (Alginate) besitzen ein hohes Quellvermögen und sind zum Eindicken u. a. von Fruchtsäften und Marmeladen geeignet.
- Alginate finden auch bei der Herstellung von Gummiwaren, Tabletten, Zahnpasten usw. Verwendung.
- Bestimmte **Rotalgen** liefern das Agar-Agar. Es wird wegen seines hohen Wasserbindungsvermögens als Geliermittel zum Klären von Weinen und Obstsäften und als Nährboden zum Anlegen von Bakterienkulturen in der Medizin verwendet.
- **Algen** binden jährlich bis zu 50 Milliarden Tonnen CO_2 und bremsen dadurch die fortschreitende Klimaerwärmung.

Kelp (engl.) = Braunalgen, z. B. Riesentang; bewohnen mineralstoffreiche Meere der gemäßigten Breiten, z. B. an der Westküste Amerikas

Alginsäure = Polysaccharid, wird von Algen und Bakterien gebildet

Alginate = Salze der Alginsäuren

Agar-Agar = Polysaccharid, vor allem aus Zellwänden von Rotalgen gewonnen; dient u. a. als Nährboden zum Züchten von Mikroorganismen

WISSENSBOX

- **Einzeller** haben große ökologische Bedeutung. Dazu gehören u. a. Algen und Protozoen.
- **Algen** bilden das Phytoplankton im Meer.
- **Protozoen** sind als **Bodenorganismen** und als **Plankton** Bestandteile der Nahrungskette.
- **Euglena** kann autotroph und heterotroph leben.
- **Protozoen** leben heterotroph im Wasser. Dazu gehören: Geißel-, Wimper- und Sporentierchen sowie Foraminiferen und Wurzelfüßer.

7 Vom Einzeller zum Vielzeller

Kolonie = Zellverband, dessen Zellen in der Regel auch alleine leben können

Gewebe = Zellverband, dessen Einzelzellen alleine nicht lebensfähig sind

Organ = Funktionseinheit vielzelliger Organismen, die aus Geweben aufgebaut sind

Am Anfang der Entwicklung des Lebens standen sicher einzellige Organismen, aus denen sich allmählich über den mehr oder weniger lockeren Zellverband der **Kolonie** die **Gewebe** und **Organe** der **Vielzeller** entwickelten.

Betrachtet man z. B. einen Laubwald etwas genauer, so erkennt man, dass er in mehreren Organisationsstufen (**hierarchisch**) aufgebaut ist.

- Als unterste Stufe bilden zahlreiche **Organellen** (z. B. Chloroplasten) Teile einer **Zelle** (z. B. Zelle eines Blattes).
- Viele gleichartige Zellen bilden ein **Gewebe** mit bestimmter Funktion (z. B. Gewebe für Fotosynthese in einem Blatt ▶ S. 46).
- Diese sind Bestandteile von **Organen** (z. B. einem Laubblatt).
- Aus zahlreichen Organen setzt sich ein **Organismus** (z. B. ein Laubbaum) zusammen.
- Unterschiedliche Organismen bilden in der obersten Stufe dieser Hierarchie die Organismengemeinschaft eines **Ökosystems** (z. B. eines Laubwaldes).

Abb. 44 *Hierarchische Stufen des Ökosystems Laubwald*

Die **Vielzelligkeit** dürfte sich im Laufe der Evolution mehrmals unabhängig voneinander entwickelt haben. Auch heute gibt es sowohl bei Blaualgen und Protozoen (z. B. Strauchglockentierchen) als auch bei Pilzen und Algen Formen, die einzeln und, wenn es für sie vorteilhaft ist, in Kolonien bzw. kolonieartigen Verbänden leben können.

Die Entwicklung von echter Vielzelligkeit erfordert die Differenzierung von Zellen und war die Voraussetzung für die Entstehung aller komplex gebauten Pflanzen, Pilze und Tiere.

Sehr eindrucksvoll ist diese Entwicklung bei bestimmten Algenarten nachvollziehbar.

7.1 Algenkolonien – vom pflanzlichen Einzeller zum Vielzeller

An den Grünalgen kann man die ersten Schritte der Entwicklung zur Vielzelligkeit beobachten.

Die kleine Grünalge **Chlamydomonas** tritt gewöhnlich als Einzelzelle auf. Sehr ähnliche Formen dieser Geißelalge bilden auch einfache **Kolonien** wie etwa **Gonium** (▶ Abb. 46). **Gonium** besteht aus 16 **selbstständig lebensfähigen** Einzellern, die lediglich durch eine **Gallerthülle** zusammengehalten werden.

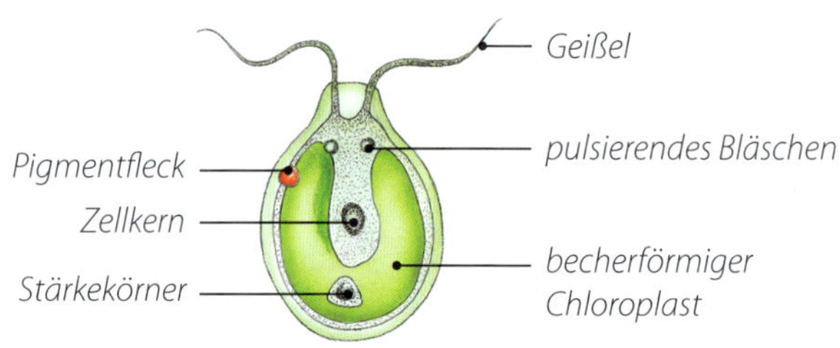

Abb. 45 *Chlamydomonas*

Durch **koordinierten Geißelschlag** kann sich Gonium sehr gezielt fortbewegen. Vermutlich liegt der Vorteil gegenüber einzeln lebenden Algen darin, dass sie auf Grund des Größenzuwachses weniger leicht von Fressfeinden verschluckt werden können.

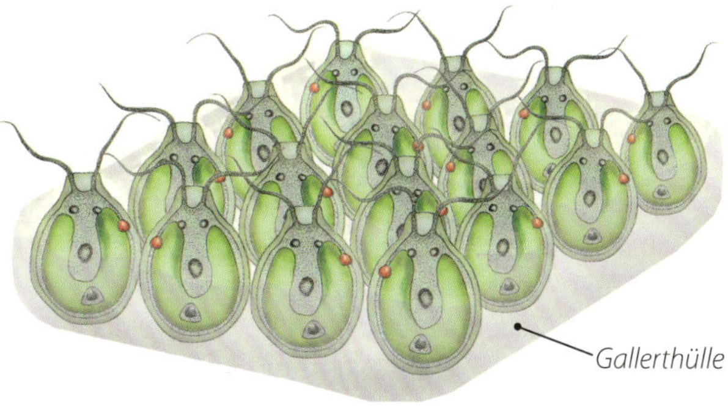

Abb. 46 Gonium

Die hochentwickelte **Kolonie** der **Kugelalge (Volvox)** stellt einen weiteren wichtigen Entwicklungsschritt vom Einzeller zum Vielzeller dar. Die Einzelzellen haben sich hier in ihren Funktionen bereits spezialisiert und stehen miteinander in Verbindung. Außerhalb der Volvoxkugel sind sie alleine nicht mehr lebensfähig.

In der Kolonie herrscht strenge Arbeitsteilung.

Es gibt **Körperzellen**, die für **Ernährung**, **Bewegung** und **Orientierung** zuständig sind. **Plasmabrücken** stellen eine enge Verbindung zwischen bis zu **20 000 Einzelzellen** her, die die Hohlkugel aufbauen. Diese Verbindungen ermöglichen Stoffaustausch, Erregungsleitung und ein koordiniertes Schlagen der Geißeln zur gezielten Fortbewegung. Am **vorderen** Pol sorgen **lichtempfindliche** Zellen für die Orientierung.

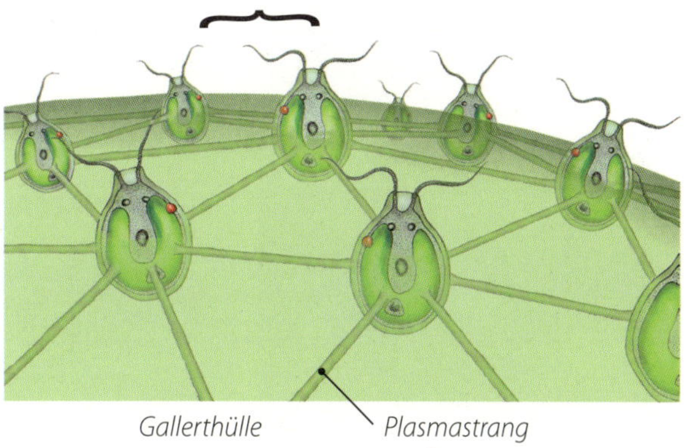

Abb. 47 Volvox-Oberfläche im Detail

Im **hinteren** Teil der Kugel fallen einige große **Fortpflanzungszellen** auf. Wenn sich diese teilen, gelangen sie in das Innere der Kugel. Sie wachsen dort zu eigenen kugelförmigen Tochterkolonien heran, die dann durch Platzen der **Mutterkugel** freigesetzt werden. Die Körperzellen der Mutterkolonie sterben.

Zum ersten Mal in der Entwicklung des Pflanzenreiches kann hier ein „natürlicher" **Alterstod** beobachtet werden – dies ist ein wesentlicher Nachteil der Zelldifferenzierung im Rahmen der Vielzelligkeit.

Neben der ungeschlechtlichen Vermehrung durch Zellteilung ist auch eine geschlechtliche Fortpflanzung möglich. Dabei werden **Ei- und Spermienzellen** gebildet, die miteinander verschmelzen und für eine genetische Neukombination der Gene sorgen. Das ermöglicht eine bessere Anpassung an mögliche Umweltänderungen.

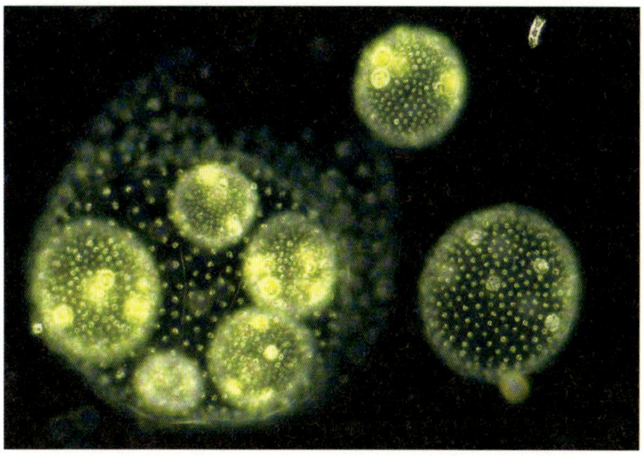

Abb. 48 Kugelalge (Volvox) mit Tochterkugeln (LM-Aufnahme)

NAWI-XTRA

Viele Algen bestehen aus mehreren Zellen
Wir finden unter den Algen mikroskopisch kleine Formen, die gemeinsam mit anderen Lebewesen (z. B. Bakterien, Protozoen, Pilzen) im Wasser schweben und das Plankton bilden. Algenzellen schließen sich jedoch auch häufig zu Kolonien zusammen und bilden dann deutlich größere, scheinbar vielzellige Organismen.

Da manche dieser Algen neben dem grünen Chlorophyll auch andere Farbstoffe enthalten, die das Grün überdecken, unterscheidet man **Grünalgen**, **Rotalgen** und **Braunalgen** (Tange).

Abb. 49 *Häufige Meeresalgen (von oben links nach unten rechts): Braunalgen (Blasenseil, Blasentang), Grünalgen (Meersalat, Schirmchenalge, Kriechsprossalge), Rotalge (Gracilaria)*

NAWI QUIZ

Zuordnungsrätsel

Ordnet die folgenden Eigenschaften der Amöbe bzw. dem Augentierchen zu, indem ihr **Am** (für Amöbe) bzw. **Au** (für Augentierchen) in das Kästchen neben der Eigenschaft eintragt! Wer hat die richtige Lösung am schnellsten?

bildet Scheinfüßchen aus	
lebt ausschließlich heterotroph	
besitzt Chlorophyll	
hat einen Fotorezeptor	
umfließt Nahrungsteilchen	
hat einen roten Pigmentfleck	
hat eine Nahrungsvakuole	
lebt auch im Schlamm	
keine feste Körperform	
besitzt Chloroplasten	
lebt autotroph und heterotroph	
zeigt deutliche Plasmabewegungen	
Fortbewegung durch Geißel	
betreibt Fotosynthese	
frisst Algen und Bakterien	
lebt nur im freien Wasser	

NAWI QUIZ

Wie nennt man es?
Finde den richtigen Fachbegriff zu den folgenden Umschreibungen bzw. Erklärungen.
Jeder richtige Begriff bringt einen Punkt.

1. Cyanobakterium, das Chlorophyll enthält –
2. Gesamtheit der Mikroorganismen, die im menschlichen Dickdarm leben –
3. Verband von Einzellern, in dem die Einzelzellen auch alleine lebensfähig bleiben –
4. Mikroorganismen, die Luftstickstoff binden und für Pflanzen nutzbar machen –
5. Organismen, die zur Gewässerreinigung beitragen, wenn sie Schwefelwasserstoff zu Sulfat oxidieren –
6. Energiefreisetzung durch Oxidation anorganischer Stoffe –
7. ältestes Antibiotikum, von Schimmelpilzen gebildet, von Fleming entdeckt –
8. Stoffe, die das Wachstum und die Vermehrung von Bakterien hemmen –
9. Lebensgemeinschaft, in welcher die Partner einen gegenseitigen Nutzen haben –
10. Zersetzung organischer Stoffe unter Sauerstoffverbrauch –

NAWI-XTRA

Kleine Pflanzensystematik

Zu den **Pflanzen** zählen die **Moose**, die **Sporenpflanzen** und die **Samenpflanzen**. Sie besitzen bereits **echte Gewebe** (▶ S. 60) und haben sich höchstwahrscheinlich aus vielzelligen Algen entwickelt. Aus dem stark vereinfachten Stammbaum der Pflanzen kannst du entnehmen, wie die wichtigsten heute bekannten Pflanzenvertreter miteinander verwandt sind.

Abb. 50 Stammbaum der Pflanzen

7.2 Einfache Vielzeller im Tierreich

Auch bei den Tieren lässt sich eine Entwicklung vom Einzeller zum Vielzeller beobachten. Als Übergangsformen können z. B. **Trichoplax** und die **Schwämme** angesehen werden, weil sie trotz **Vielzelligkeit** und **Zellspezialisierung** noch **keine richtigen Gewebe** besitzen.

7.2.1 Trichoplax – einfachster tierischer Vielzeller?

Ein eindrucksvolles Beispiel für die Entwicklung zur **tierischen Vielzelligkeit** stellt der einfachste Vielzeller **Trichoplax** dar. Er

- besitzt einen abgeflachten, scheibenförmigen Körper ohne bestimmte Form.
- erreicht nur etwa eine Größe von **2 bis 3 mm**.
- besteht nur aus **2 Zellschichten**, die aus wenigen spezialisierten Zelltypen bestehen. Er besitzt kein echtes Gewebe.
- **bewegt** sich ähnlich einer Amöbe und kriecht auf dem Meeresboden entlang.
- nimmt durch **Endocytose** Nahrungsteile in seinen Körper auf.
- vermehrt sich ungeschlechtlich durch **Zweiteilung** und fallweise durch Ausbildung von **Geschlechtszellen**.

Endocytose = Aufnahme von festen Teilchen durch die Bildung von Nahrungsbläschen, z. B. Nahrungsaufnahme beim Pantoffeltierchen (▶ S. 43)

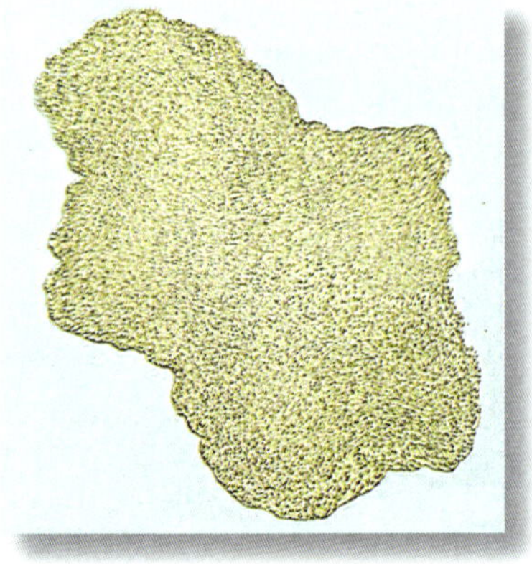

Abb. 51 Trichoplax

7.2.2 Auch Schwämme sind einfach gebaute Vielzeller

Schwämme sind **wasserlebende tierische Organismen**. Sie besitzen weder Muskulatur noch Nervensystem oder Sinnesorgane.
Die Zellschichten der Schwämme sind **keine echten Gewebe**, sondern locker organisierte Zellzusammenschlüsse, da die Zellen noch wenig spezialisiert und darüber hinaus in der Stützschichte **amöboid** beweglich sind.

Typische Merkmale der Schwämme:

- Die Körper der erwachsenen Tiere sind festgewachsen und gleichen einem zweischichtigen Becher, der an seinem oberen Ende eine **Ausfuhröffnung** besitzt.
- Die Wand wird innen von einer **Darmschicht** und außen von der **Hautschicht** gebildet.
- Zwischen Haut- und Darmschicht liegt eine gallertige **Stützschicht**, in welcher sich verschiedene Zellformen befinden (z. B. Bindegewebszellen, Ei- und Samenzellen und Skelettbildungszellen).
- Von den **Skelettbildungszellen** werden Skelettnadeln aus **Kalk** (z. B Kalkschwämme) oder **Kieselsäure** (Glasschwämme) ausgeschieden, die dem Schwamm eine stabile Form geben. Bei Hornschwämmen sind zusätzlich Sponginfasern vorhanden, welche die Skelettelemente auch vollständig ersetzen können (z. B. **Badeschwamm**).
- Die Darmschicht kleidet den inneren **Zentralraum** aus und besteht aus **Kragengeißelzellen**, die mit ihren Geißeln einen Wasserstrom erzeugen und dem Wasser Nahrungsteilchen entnehmen. Verbrauchtes Wasser wird durch die Ausfuhröffnung hinausgespült, frisches Wasser gelangt durch zahlreiche Öffnungen (**Poren**) in der Wand des Bechers herein. Schwämme zählen daher zu den **Strudlern** und haben eine wichtige ökologische Bedeutung bei der Reinhaltung der Gewässer.

Spongin = Strukturprotein aus Polypeptidketten; kommt nur bei Schwämmen vor

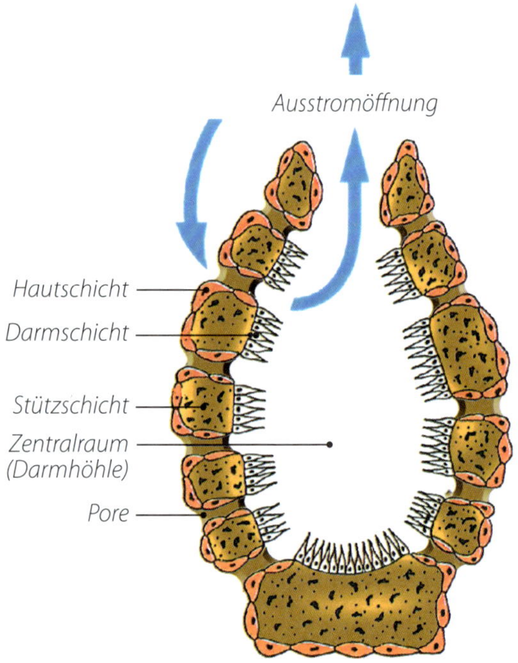

Abb. 52 Bau des Schwammes (schematisch)

- Die **Fortpflanzung** erfolgt geschlechtlich oder ungeschlechtlich. Bei der **geschlechtlichen** Fortpflanzung bildet das meist **zwittrige** Muttertier aus manchen Kragengeißelzellen **Spermien** und aus einzelnen Zellen der Stützschicht die **Eizellen**. Aus dem befruchteten Ei entsteht durch Zellteilungen eine Zellkugel. Diese wird aus dem Muttertier ausgeschieden und lebt zunächst freischwimmend als **Flimmerlarve**. Nach wenigen Tagen stülpt sich die Larve um, sodass die Geißelzellen innen zu liegen kommen. Dadurch wird die Larve unbeweglich, setzt sich fest und bildet einen neuen **sessilen Schwamm**.
  Die **ungeschlechtliche** Fortpflanzung erfolgt durch **Knospung**. Dabei bildet das Muttertier seitliche Auswüchse, die zu neuen Schwämmen heranwachsen, welche sich loslösen und selbstständig weiterleben können. Meist bleiben sie aber mit dem Muttertier verbunden und bilden ihrerseits wieder Tochtertiere, bis eine ganze **Schwammkolonie** (Tierstock) entsteht.

Besonders ausgeprägt ist bei solch einfach gebauten Organismen die **Regenerationsfähigkeit**. Aus wenigen Zellen kann ein vollständig neuer Organismus gebildet werden. Man spricht sogar von einer extremen Form der ungeschlechtlichen Fortpflanzung.

Echte Vielzeller unterscheiden sich von Kolonien durch die Ausbildung von echten **Zellgeweben**, einen gemeinsamen **Stoffwechsel** des Zellverbandes und eine deutliche **Aufgabenteilung** der spezialisierten Zellen. Alle Organismen, die höher als die Schwämme organisiert sind, z. B. die **Nesseltiere**, zählen bereits zu den echten Vielzellern.

Abb. 53 *Hornskelett eines Badeschwamms*

sessil = festsitzend, nicht frei beweglich

vegetative Fortpflanzung = ungeschlechtliche Fortpflanzung

Knospung = Form der vegetativen Vermehrung; Abschnürung von Membranen, Zellen oder Zellverbänden

Tierstock = dauerhafter Verband von Tieren, die sich nach vegetativer Fortpflanzung durch Knospung nicht voneinander gelöst haben (z. B. Korallen)

Zellgewebe = Ansammlung gleichartig oder unterschiedlich differenzierter Zellen, die ähnliche oder gleiche Funktionen erfüllen und durch eine Zwischenzellsubstanz (Interzellularsubstanz) verbunden sind

NAWI QUIZ

Begriffe bilden Paare

Im folgenden Wortsalat befinden sich zahlreiche Begriffe, die inhaltlich zusammengehören und ein Begriffspaar bilden.

1. Finde die Paare und trage die richtigen Buchstaben in die Paarkästchen ein. (Wenn Begriffe übrig bleiben, hast du falsch gepaart!)
2. Erkläre, warum die Begriffe zusammengehören.

A Augentierchen • **B** Scheinfüßchen • **C** Hooke • **D** Verdauung • **E** Plasma • **F** Elektronenmikroskop • **G** Chloroplasten • **H** Energie • **I** Geißel • **J** Zellatmung • **K** Nervenzellen • **L** Zellen • **M** schädliche Stoffe • **N** Euglena • **O** 1 m • **P** Stoffwechsel • **Q** Lichtmikroskop • **R** Fotosynthese • **S** 0,1 nm • **T** offene Systeme • **U** autotroph • **V** Enzyme

NAWI QUIZ

Zuordnungsrätsel – Vielfalt der Lebensformen

1. Ordne folgende Lebewesen den verschiedenen Lebensformen zu. Trage die Zahlen vor den Begriffen in der Tabelle ein. Eine Zahl kann auch in mehreren Spalten vorkommen.
   1 Bakterien, 2 Schwämme, 3 Amöben, 4 Algen, 5 Korallen, 6 Volvox, 7 Euglena, 8 Archaeen, 9 Pantoffeltierchen

	Einzeller	Vielzeller	autotroph	heterotroph
Prokaryoten				
Eukaryoten	4,			

2. Suche eine Partnerin/einen Partner. Vergleicht eure Ergebnisse und begründet eure Zuordnungen schriftlich (z. B. „Algen sind Eukaryoten, weil …“).

NAWI-XTRA

Nesseltiere sind lauernde „Jäger"

Nesseltiere (Hohltiere) sind **Vielzeller** mit echten **Geweben**.

- Sie haben eine mehr oder weniger radialsymmetrische Form.
- Der Körper besteht aus zwei Gewebeschichten (**Epidermis** und **Gastrodermis**), die einen Hohlraum (Gastralraum) umgeben. Zwischen diesen beiden Schichten liegt eine gallertartige Zone. Der **Gastralraum** besitzt eine einzige Öffnung (Mund und After) und ist von Fangarmen (**Tentakeln**) kranzartig umgeben, die Nesselzellen enthalten.
- Sie ernähren sich meist von **Planktonorganismen** und kleinen Wirbellosen, die an den Tentakeln mit Hilfe der **Nesselzellen** festgehalten werden. Bei der Berührung mit Beute oder Feinden schleudern die Nesselzellen aus einem aufgerollten Schlauch kleine Harpunenspitzen und/oder ätzende Flüssigkeit in den Körper des Gegners. Die rasch gelähmten Beutetiere (Protisten ▶ S. 49, Würmer, Krebse, andere Quallen oder Fische) hängen dadurch an den Fangarmen fest und werden durch Verkürzung der Fangarme zum Mund geführt. Sie gelangen so in den Gastralraum, wo sie mit Hilfe von Geißelzellen und Drüsenzellen verdaut werden.
- Die Nesseltiere haben verschiedene Formen der **Fortpflanzung** entwickelt. Viele Arten zeigen einen regelmäßigen Wechsel zwischen ungeschlechtlicher und geschlechtlicher Fortpflanzung (**Generationswechsel**). Die ungeschlechtliche Fortpflanzung erfolgt durch **Knospung** der festsitzenden Polypen. Wenn die Tochterpolypen sich nicht voneinander trennen, entstehen Tierstöcke. Aus den Kalkskeletten solcher Tierstöcke bilden sich die **Korallenriffe**.

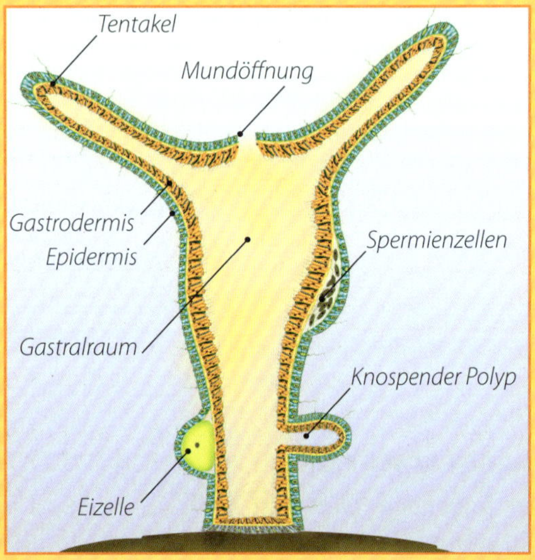

Abb. 54 *Polyp (schematisch im Längsschnitt)*

- Bei der geschlechtlichen Generation werden Ei- und Spermienzellen produziert, die nach der Verschmelzung freischwimmende Larven bilden. Aus ihnen entwickeln sich freibewegliche **Quallen (Medusen)**.
- Die wichtigsten Vertreter sind: **Korallen, Quallen und Süßwasserpolypen**

Viele **Korallenpolypen** leben mit Algen in einer **Symbiose** (▶ S. 53).
Diese Algen (**Zooxanthellen**) versorgen die Koralle mit Fotosyntheseprodukten und sind auch für die prächtigen Farben im lebenden Gewebe der Korallen verantwortlich.

Korallenriffe sind sensible Ökosysteme

- Die Zooxanthellen sind sehr **temperaturempfindlich**. Bei zu starker Erwärmung des Wassers bilden sie Giftstoffe, welche die Korallenpolypen zum Abstoßen der Algen veranlassen. Weil sie aber ohne Algen nur schwer überleben können, ist ein allmähliches Absterben der Korallenkolonie die Folge (**Korallenbleiche**). Aus diesem Grund stellt die Klimaerwärmung einen erheblichen Bedrohungsfaktor für Korallen dar.
- Die Zunahme des **Kohlenstoffdioxids** in der Atmosphäre führt zu einer Abnahme des pH-Wertes im Meerwasser. Diese Versauerung beeinträchtigt die Bildung der Kalkschalen.
- Korallenriffe gehören zu den organismenreichsten Ökosystemen der Erde. Sie beherbergen eine enorme Vielfalt an Fischen, Muscheln, Schnecken, Quallen und anderen Meeresbewohnern. **Korallenriffe sind daher äußerst schützenswert.**
- Die Kalkskelette fossiler Korallenriffe bilden heute mehrere tausend Meter hohe Gebirge, z. B. Dolomiten, Nördliche Kalkalpen.

Knospung = ungeschlechtliche Fortpflanzung. Zellkomplexe an der Oberfläche des Mutterindividuums (Mutterpolyp) wachsen zu kleinen Tochterindividuen (z. B. Tochterpolypen) heran.

Zooxanthellen = Algen, die mit Korallenpolypen in einer Symbiose leben

Korallenbleiche = durch Umweltbeeinträchtigung hervorgerufene Erscheinungsform der Korallenriffe, wenn die Polypen absterben und nur mehr die weißen Kalkmäntel erhalten bleiben

NAWI AKTIV 6

Korallenriffbestände sind weltweit bedroht

Lernziele:

- Ich kann Bedrohungsursachen interpretieren. C, N2
- Ich kann den Zusammenhang mit persönlichen Lebensgewohnheiten argumentieren. C, N2
- Ich kann Informationen über Maßnahmen zur Erhaltung diskutieren und zusammenfassen. B, N2

Aufgaben:

Informiere dich und formuliere fachlich fundierte Antworten auf folgende Fragen. Verwende verschiedene Quellen und gib diese genau an.

- Wie kommt es zur Entstehung der Korallenbleiche?
- Wie hängt die Übersäuerung des Meerwassers mit der Kalkskelettbildung der Korallenpolypen zusammen?
- Welche zusätzlichen Bedrohungsfaktoren sind bekannt?
- Mit welchen Maßnahmen wird versucht, das Absterben der Riffe zu verhindern?
- Wodurch kannst auch du selbst ein wenig dazu beitragen?

Vergleicht eure Antworten und **diskutiert** über allgemeine und persönliche Möglichkeiten, die Korallenriffe zu schützen. Verfasst eine Zusammenfassung der Diskussionsergebnisse.

Abb. 55 *Korallenriff*

SELBSTEINSCHÄTZUNG Ich habe die Aufgaben bearbeitet:			Feedback Lehrer/innen ↔ Schüler/innen
sehr gut	gut	weniger gut; folgendes muss ich nachholen	

WISSENSBOX

- **Kolonien** bestehen aus selbstständig lebensfähigen Einzelzellen.
- **Vielzeller** haben echte **Zellgewebe**, einen gemeinsamen **Stoffwechsel** des Zellverbandes und eine deutliche **Aufgabenteilung** der spezialisierten Zellen. Die Entwicklung zur Vielzelligkeit erfolgte vermutlich mehrmals unabhängig voneinander.
- Die hochentwickelte Kolonie der **Kugelalge (Volvox)** stellt einen wichtigen Entwicklungsschritt vom Einzeller zum pflanzlichen Vielzeller dar.
- **Schwämme** sind sehr einfach gebaute wasserlebende tierische Organismen. Sie bestehen aus Zellschichten, die **keine** echten **Gewebe**, sondern locker organisierte Zellzusammenschlüsse darstellen.
- **Korallen** sind Tierstöcke, die durch Knospung der Polypen entstehen. Durch die Ausbildung eines Kalkskeletts können sich Korallenriffe entwickeln.
- Korallenriffe sind wichtige Ökosysteme. Sie sind weltweit bedroht.

(VER)BINDUNG SCHAFFT NEUES

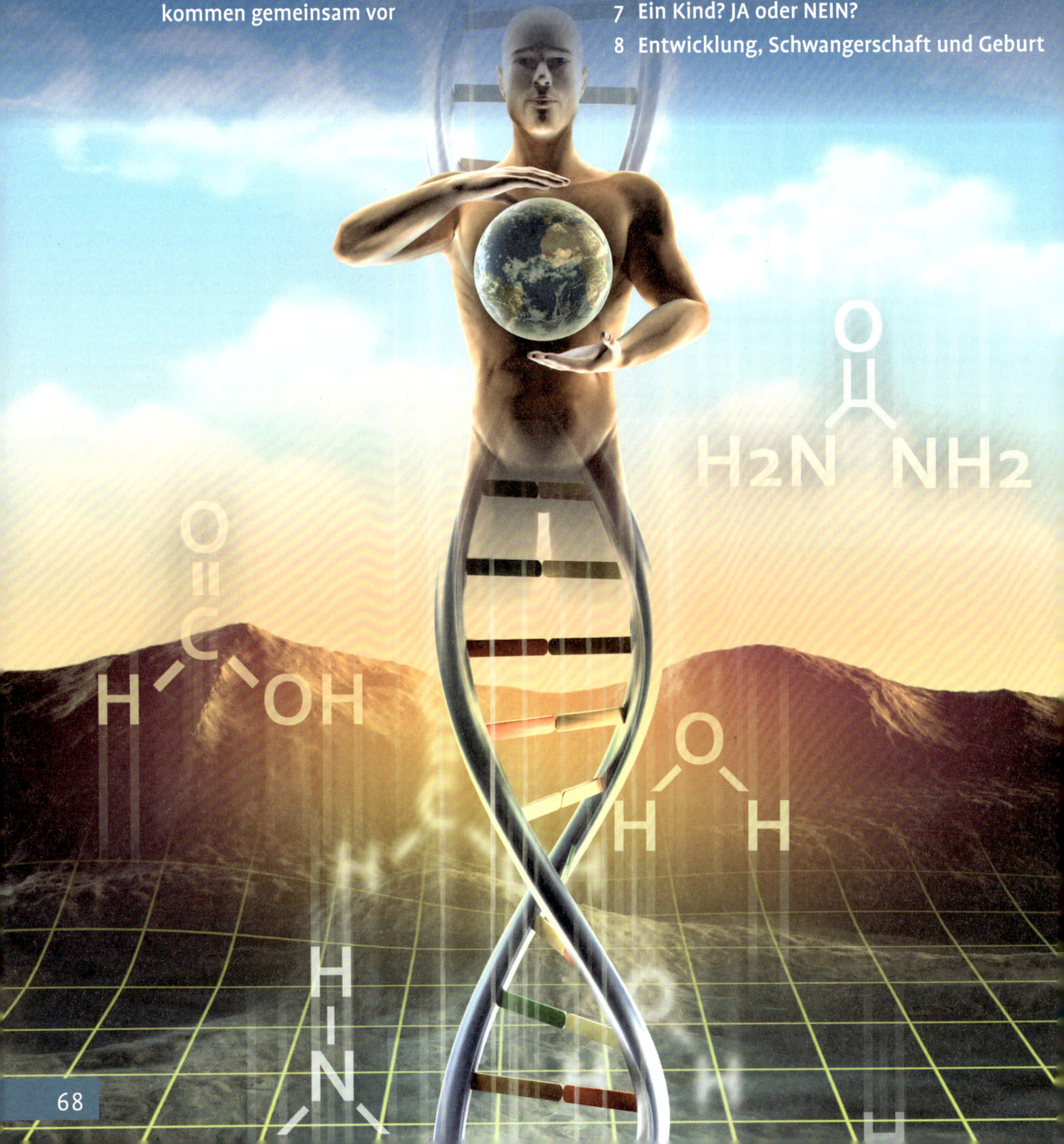

I CHEMIE ...

... ist Veränderung

In der Natur kommen nur Edelgase als Atome vor. Alle anderen Atome haben das Bestreben, sich zu verbinden. Dabei entstehen Moleküle bzw. Verbindungen, die zu neuen Produkten mit bestimmten Funktionen werden.

MINI 1

Woraus besteht ...?

Überlegt zu zweit, aus welchen Ausgangsstoffen folgende Produkte bestehen könnten:
Papier – Brot – Plastiksackerl – Deodorant – Mineralwasser – Körpercreme

1 Chemische Bindungen

Alle Atome streben den **Edelgaszustand** (▶ S. 26) an. Alle Edelgase besitzen acht Elektronen auf der äußersten Schale. Ausnahme ist Helium, es besitzt nur zwei Elektronen. Der Edelgaszustand ist so stabil, dass Edelgase keine Reaktionen eingehen.

Um den Edelgaszustand zu erreichen, gehen alle Atome, die weniger als acht Valenzelektronen besitzen, Verbindungen ein. Bei chemischen Reaktionen nehmen Atome entweder Elektronen auf, geben sie ab, oder verwenden Elektronen gemeinsam. Dadurch erhalten diese Atome in Verbindungen acht Valenzelektronen und erfüllen die **Edelgasregel**.

Edelgasregel = Atome, die nicht Edelgase sind, streben den Edelgaszustand an.

Die Art der Verbindung wird unter anderem durch die Bindungspartner bestimmt.
Man unterscheidet:

- **Ionenbindung**
- **Atombindung**
- **Metallbindung**

1.1 Die Ionenbindung

Es verbinden sich immer **Metalle** mit **Nichtmetallen**. Metalle geben Valenzelektronen ab, Nichtmetalle nehmen diese auf. Dadurch erhalten beide den Edelgaszustand.

Was geschieht bei dieser Verbindung?

Metalle haben wenige Außenelektronen (Periodensystem ▶ S. 23). Es würde sehr viel Energie kosten, die fehlenden Elektronen an sich zu ziehen. Daher geben sie ihre Außenelektronen ab. Die äußerste Schale des Metalls ist nun leer, die darunter liegende Schale besitzt alle acht Außenelektronen. Es entsteht ein **positives Ion**, da nun mehr Protonen im Kern als Elektronen in der Hülle sind.

Zum Beispiel: **Natrium (Na)**

Natrium hat 11 positiv geladene Protonen und 11 negativ geladene Elektronen (▶ S. 15). Es steht in der 1. Gruppe, daher besitzt es ein Außenelektron.
Es würde noch 7 weitere Elektronen für den Edelgaszustand benötigen. Um Energie zu sparen, wird das einzige Außenelektron an den Bindungspartner abgegeben.
Nun hat Natrium 11 Protonen und 10 Elektronen.

Natrium ist ein **positiv geladenes Ion**.

Als positives Ion besitzt Natrium 10 Elektronen. Dies entspricht genau der Elektronenanzahl des Edelgases Neon in der zweiten Atomhülle. Daraus ist ersichtlich, dass der Edelgaszustand für Natrium erreicht ist.

Man kann dies auch aufzeichnen, indem man nur die Außenelektronen darstellt. Entweder als **Punkt** (entspricht einem Elektron) oder als **Valenzstrich**. Ein Valenzstrich stellt ein Elektronenpaar zwischen zwei Atomen dar.

Valenzstrich = stellt ein Elektronenpaar zwischen Atomen dar und sieht aus wie ein Bindestrich

Na . ⟶ **Na^+** + **1 Elektron**

neutrales Atom	Na^+ ist das positive Ion
11 Protonen	11 Protonen
11 Elektronen	10 Elektronen

Nichtmetalle haben meist 4 bis 7 Außenelektronen. Ihnen fehlen nur wenige Elektronen zum Erreichen des Edelgaszustands. Daher nehmen sie die fehlenden Elektronen auf. Sie werden zu einem **negativen Ion**, da sie nun mehr Elektronen besitzen als zuvor.

Zum Beispiel: **Chlor (Cl)**

Chlor hat 17 positiv geladene Protonen und 17 negativ geladene Elektronen. Es steht in der 17. bzw. 7. Gruppe (je nach Beschriftung des Periodensystems), daher besitzt es 7 Außenelektronen. Nur ein Elektron fehlt, um den Edelgaszustand zu erhalten. Dieses fehlende Elektron wird vom Bindungspartner genommen, wodurch die Anzahl der negativ geladenen Elektronen nun überwiegt.
Cl ist somit ein **negativ geladenes Ion**.

$$Cl \quad + \quad 1\ \text{Elektron} \longrightarrow Cl^-$$

Neutrales Atom	*Cl^- ist das negative Ion*
17 Protonen	*17 Protonen*
17 Elektronen	*18 Elektronen*

Als negatives Ion besitzt Chlor 18 Elektronen. Dies entspricht genau der Elektronenanzahl des Edelgases Argon in der dritten Atomhülle. Daraus ist ersichtlich, dass der Edelgaszustand für Chlor erreicht ist.

Natrium und Chlor verbinden sich, indem
- **Natrium** ein Elektron an das **Chlor** abgibt,
- Natrium zu einem **positiv** geladenen Ion und Chlor zu einem **negativ** geladenen Ion wird,
- sich die ungleichen Ladungen gegenseitig anziehen.

Der Stoff, der dabei entsteht, ist **Natriumchlorid** (Kochsalz ▶ S. 80).

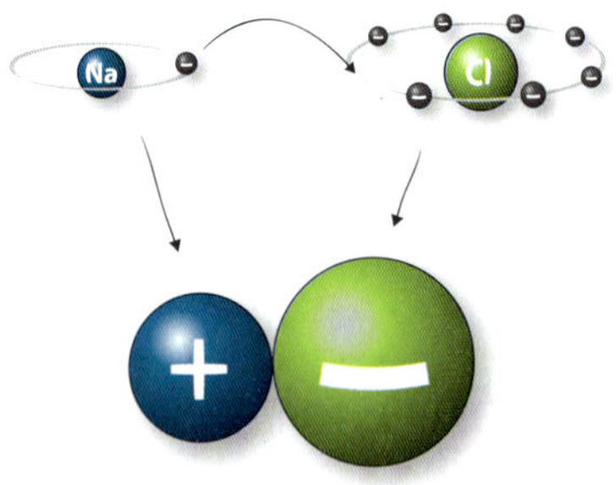

Abb. 1 Ionenbindung

In Abbildung 1 kann man erkennen, wie Natrium ein Valenzelektron an Chlor abgibt. Natrium wird positiv geladen (Kugel mit +), Chlor wird negativ geladen (Kugel mit –). Durch die unterschiedliche Ladung verbinden sich Natrium und Chlor zu Natriumchlorid.
In der chemischen Gleichung schreibt man:

$$Na^+ + Cl^- \longrightarrow NaCl$$

Natriumchlorid oder Kochsalz

Hier wird die gleiche Anzahl an Elektronen abgegeben wie aufgenommen (jeweils ein Elektron). Die Verbindung NaCl ist von der Ladung her neutral.
Die Summe der Anzahl der abgegebenen und aufgenommenen Elektronen innerhalb einer Verbindung muss immer Null ergeben. Damit die entstehende Verbindung neutral ist, muss ausgeglichen werden, wie dies bei Natrium und Chlor der Fall ist.

Wie ist das, wenn du Kalium (K) und Schwefel (S) verbinden willst?

Kalium (K) kann ein Elektron abgeben, um den Edelgaszustand zu erreichen. Es wird zu einem einfach positiven Ion (K^+).
Schwefel (S) muss zwei Elektronen aufnehmen, es wird zu einem zweifach negativen Ion. Man schreibt: S^{2-}
S^{2-} und K^+ besitzen 2 negative Ladungen und eine positive Ladung. Die Summe ist –1, nicht Null. Daher ist die Verbindung nicht neutral.
Um Neutralität zu erreichen, muss man ein Verhältnis der Atome von 2 : 1 berücksichtigen.

2 mal K zu 1 mal S
2 mal K^+ zu 1 mal S^{2-}

In der chemischen Gleichung schreibt man:

$$2\,K^+ + S^{2-} \longrightarrow K_2S$$

Kaliumsulfid

MINI 2

Ionen verbinden sich!

Versuche mit einer Partnerin/einem Partner, folgende Ionenbindungen zu erstellen:
Na + S
Ca + Br
Al + O

Protokolliert und begründet eure Ergebnisse. Berücksichtigt dabei die chemische Formelsprache.

1.1.1 Salze – eine wichtige Stoffgruppe

Durch die Ionenbindung entstehen Salze mit speziellen Eigenschaften. Du erkennst sie an den Endungen ihres Namens: **-id**, **-it**, oder **-at**, z. B. Natriumchlor**id** (Kochsalz), Eisenox**id** (Rost); Magnesiumox**id**, Natriumsulf**it**, Natriumsulf**at**.

Wichtige Eigenschaften:

- Salze sind bei Raumtemperatur **Feststoffe**, da die Ionen ein sogenanntes **Ionengitter** bilden. Dabei wechseln einander positive und negative Ionen immer ab und es entsteht ein **Kristall**.

Kristall = Körper, dessen Atome oder Moleküle regelmäßig in einem Gitter angeordnet sind
Achtung! Zucker bildet auch Kristalle, hat aber kein Ionengitter und ist daher, chemisch gesehen, kein Salz.

***Abb. 2** Salzkristalle*

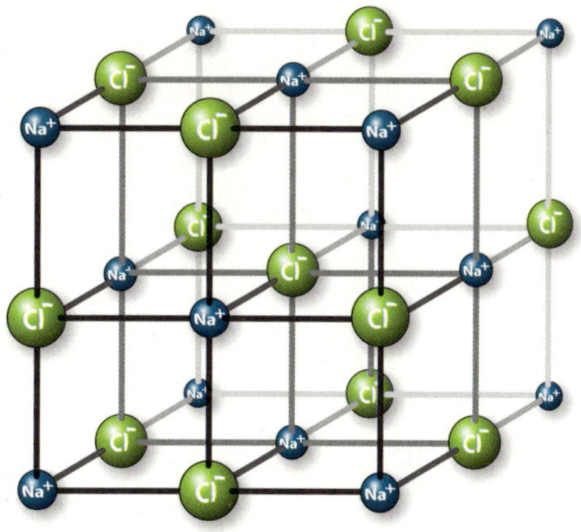

***Abb. 3** Ionengitter*

- In **Wasser** sind Salze **löslich**. Dabei zerfällt das Ionengitter in seine Einzelteile. Es entstehen Salzlösungen. Daher ist **Kochsalz** ein so beliebtes Würzmittel.
- Salzlösungen **leiten** den elektrischen **Strom**, da sich in ihnen frei bewegliche Ionen befinden. Salzlösungen werden auch als **Elektrolyte** bezeichnet.
- Im trockenen Zustand sind Salze **Isolatoren**. Sie leiten den elektrischen Strom nicht oder in nur sehr geringem Ausmaß.

Elektrolyte = Stoffe, die frei bewegliche Ionen besitzen
Isolatoren = Stoffe, die den Strom gar nicht oder in nur sehr geringem Ausmaß leiten

NAWI-XTRA

Elektrolyte sind lebenswichtig +

Für die Zelle sind biologische Elektrolyte wichtig. Dazu gehören u. a. Natrium, Kalium, Calcium; Magnesium, Chlorid; Phosphat und Hydrogencarbonat. Sie spielen eine besondere Rolle bei der Regulation des osmotischen Drucks (▶ S. 42).

- Alle Lebewesen halten ein **Elektrolytgleichgewicht** zwischen den Zellen oder außerhalb der Zellen aufrecht. Für die Funktion von Niere, Nerven- und Muskelzellen ist die richtige Elektrolytzusammensetzung im Körper wichtig. Elektrolyte regulieren u. a. den Wasserhaushalt im Körper. Bei Störungen (z. B. bei Durchfall, Erbrechen oder hohem Wasserverlust) können Kreislaufbeschwerden oder Herzrhythmusstörungen auftreten. Beim Arzt wird über Urin und Blut die Zusammensetzung des Elektrolytgleichgewichts gemessen. Bei einer schwerwiegenden Störung werden dann Kochsalzlösungen mit weiteren Salzen als **Infusion** verabreicht.

▶▶

Infusion = Verabreichung einer Flüssigkeit in die Vene

- Durch starkes Schwitzen (körperliche Arbeit, Sport), übermäßigen Alkoholgenuss, schweren Durchfall (vor allem bei Kleinkindern), Erbrechen und Unterernährung kann es zu einem starken Wassermangel oder Austrocknung (Dehydration) des Körpers kommen. Die Behandlung erfolgt u. a. mittels elektrolythaltiger Getränke.

Abb. 4 *Rennradfahrer in rasanter Kurvenfahrt*

- **Sport- oder Elektrolytgetränke** sind für Leistungssportler geeignet, da die Zusammensetzung der Elektrolyte auf die erhöhte körperliche Leistung abgestimmt ist. Sie enthalten auch sehr viel Zucker. Daher sind sie für Kinder und Jugendliche nicht für regelmäßigen Konsum geeignet.
- Ein gutes **Elektrolytgetränk** ist gespritzter Apfelsaft, evtl. mit etwas Salz.

MINI 3

Herstellung eines Elektrolytgetränks

Erstellt ein Rezept für ein Elektrolytgetränk.
Begründet die Wahl der Zutaten.
Stellt es selbst her und verkostet es.

NAWI AKTIV 1

Ionenbindung

Lernziele:
- Ich kann Fragen zur Ionenbindung richtig begründen. **C**, **N1**
- Ich kann chemische Gleichungen zur Ionenbindung erstellen. **A**, **N1**

Aufgaben:

Lies dir Frage für Frage durch. Beantworte diese Fragen in fünf Minuten.
- Wie viele Valenzelektronen besitzt das Sauerstoffatom?
- Welchen Zustand will das Sauerstoffatom erreichen?
- Wie könnte es zum Erfolg kommen?
- Welche Ladung besitzt das Sauerstoffatom nun?
- Warum ist das Magnesiumatom nach außen hin neutral?
- Welches Ion bildet das Magnesiumatom?
- Wie entsteht dieses Ion?
- Die Elektronenanzahl des Magnesium-Ions entspricht welchem Edelgas?

Überprüft die Antworten. Für jede richtige Antwort bekommt ihr einen Punkt. Am Ende ist derjenige Gruppensieger, der die höchste Punktezahl erreicht hat.

Schreibt dann gemeinsam die Antworten mit Begründungen ins Heft.

Erstellt die **chemischen Gleichungen** zur Bildung folgender Verbindungen:
- Magnesiumoxid (MgO)
- Kupferjodid (CuI)
- Aluminiumoxid (Al_2O_3)

SELBSTEINSCHÄTZUNG Ich habe die Aufgaben bearbeitet:			Feedback Lehrer/innen ↔ Schüler/innen
sehr gut	gut	weniger gut; folgendes muss ich nachholen	

WISSENSBOX

- Bei der **Ionenbindung** verbinden sich **Metall** und **Nichtmetall**.
- Es werden Elektronen übertragen.
- Dabei entstehen **positive** und **negative Ionen**.
- Die Anziehung der Ionen erfolgt aufgrund der **unterschiedlichen Ladung**.
- Die Stoffe, die entstehen, sind **Salze**. Sie besitzen ein **Ionengitter**.
- Lösen sich Salze auf, entstehen **Salzlösungen**, die den elektrischen Strom leiten.
- Salzlösungen werden auch als **Elektrolyte** bezeichnet.

1.2 Die Atombindung

Bei der Atombindung verbinden sich **Nichtmetalle** miteinander. Zwischen den Atomen bilden sich ein oder mehrere **Elektronenpaare**.
Diese Elektronenpaare stehen beiden Bindungspartnern zur Verfügung. Dadurch erreichen beide Atome in der Verbindung den Edelgaszustand.

Elektronenpaar = zwei Elektronen, die dieselbe Energiestufe besetzen, mit entgegengesetztem Spin (▶ S. 16)

Als Beispiel: **Fluor (F_2)**

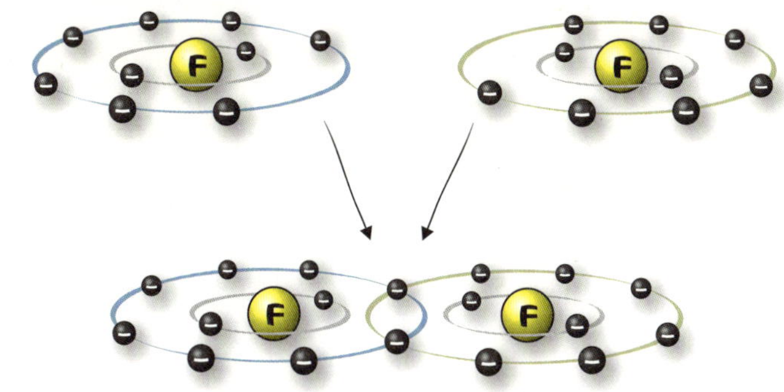

Abb. 5 *Einfachbindung von Fluor*

Abbildung 5 zeigt die Verbindung von zwei Fluoratomen. Beide besitzen je 7 Valenzelektronen in der äußersten Schale. Diese äußersten Schalen überlagern sich, sodass sich ein gemeinsames Elektronenpaar bildet. Das Elektronenpaar ist eine Modellvorstellung, weil die Elektronen sich ständig bewegen. Beide Fluoratome erfüllen die Edelgasregel.

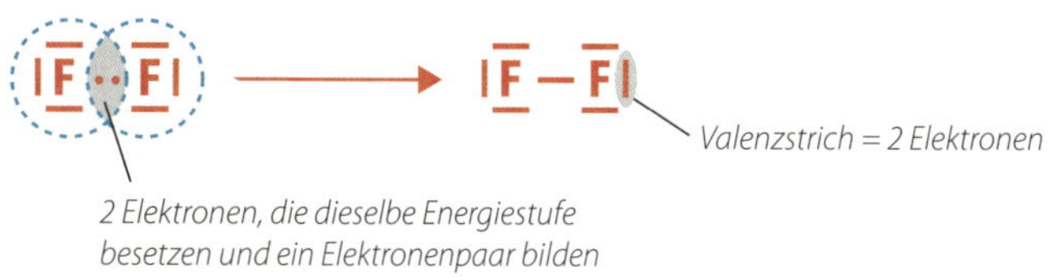

Die Punkte stellen jeweils ein Elektron dar. Der Strich (Valenzstrich) zwischen den beiden Fluoratomen ein Elektronenpaar. Man kann erkennen, dass sich die beiden Fluoratome ein gemeinsames Elektronenpaar teilen.

Valenzstrichformel = bindende Elektronenpaare werden als Strich zwischen den Atomen dargestellt; zeigt die Struktur einer Verbindung

Summenformel = gibt die Anzahl und die Art der Bindungspartner an

Durch diese **Valenzstrichformel** kann die Anordnung der Atome oder die Struktur einer Verbindung dargestellt werden.
Die chemische Formel oder **Summenformel** gibt hingegen die Anzahl und die Art der Bindungspartner an (hier: F_2).

In der Valenzstrich-Darstellung verfügen alle beteiligten Atome über den Edelgaszustand, wenn sie 4 Valenzstriche (4 · 2 Elektronen) um sich haben. Ausnahme: Wasserstoff.

1.2.1 Bei der Atombindung unterscheidet man:

- **Einfachbindungen**
  Zwischen den Atomen befindet sich jeweils nur **ein Valenzstrich**.

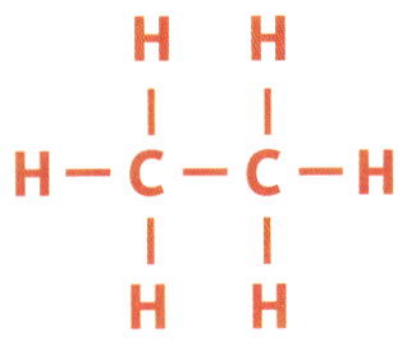

Abb. 6 *Ethan*

Abb. 7 *Chlor*

- **Doppelbindung**
  Zwischen den Atomen befinden sich **zwei Valenzstriche**.

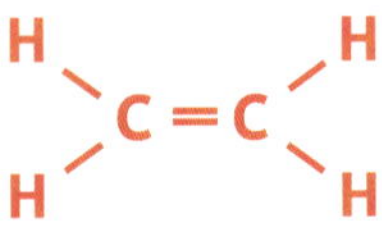

Abb. 8 *Ethen*

- **Dreifachbindung**
  Zwischen den Atomen befinden sich **drei Valenzstriche**.

$$H-C\equiv C-H$$

Abb. 9 *Ethin*

- **unpolare Atombindung**
  Bei der unpolaren Atombindung verbinden sich **gleichartige Atome** miteinander. Alle beteiligten Atome haben dieselbe Elektronegativität (▶ S. 25) und keines der bindenden Elektronen wird von einem Bindungspartner stärker angezogen. Dies ist bei den sogenannten **Elementverbindungen** der Fall.
  Beispiele: die Moleküle F_2 (Fluor) oder O_3 (Ozon)

Elektronegativität (EN) = Maß für die Fähigkeit von Atomen, innerhalb einer Bindung Elektronen anzuziehen

Elementverbindung = es verbinden sich zwei oder mehrere Atome eines einzigen Elementes

MINI 4

Wie könnten sich die Atome verbinden?

☺ Zeichne zuerst die Valenzstrichformel für folgende Atome auf.
- C (Kohlenstoff)
- H (Wasserstoff)
- N (Stickstoff)
- O (Sauerstoff)

☺☺ Überlegt, wie sich folgende Atome verbinden könnten. Zeichnet dazu wieder die Valenzstrichformel der Verbindung auf.
- C und H
- N und H
- C und C

- **polare Atombindung**
  Bei der polaren Atombindung verbinden sich **Atome verschiedener Elemente** miteinander. In diesen Verbindungen besitzen die Bindungspartner unterschiedliche Elektronegativität (▶ S. 25). Die bindenden Elektronen werden ungleichmäßig verteilt, weil sie stärker auf die Seite des elektronegativeren Bindungspartners gezogen werden.
  Innerhalb der Verbindung entsteht ein Ladungsunterschied. Der Partner, der das gemeinsame Elektronenpaar stärker an sich zieht, erhält eine negativere Ladung als der andere Partner.
  Die Ladungsdifferenz wird durch δ – (**Delta minus**) dargestellt.
  Beim anderen Bindungspartner überwiegt die Ladung seiner positiven Protonen im Atomkern. Diese Ladungsdifferenz wird durch δ + (**Delta plus**) dargestellt.
  Hier ein Beispiel: Fluorwasserstoff (HF)

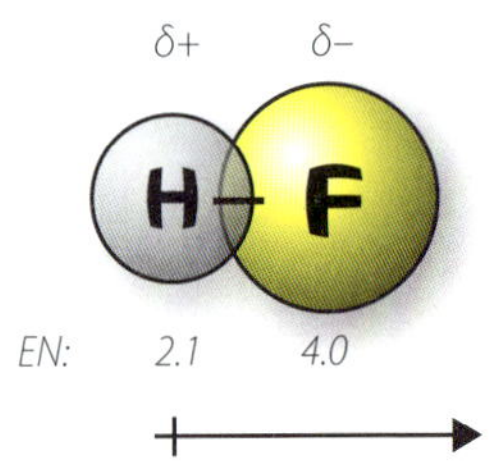

Abb. 10 *Polare Atombindung*
H = Wasserstoff; F = Fluor; EN = Elektronegativität
Der Pfeil zeigt die Richtung an, in die die Elektronen gezogen werden. Die höhere EN-Zahl deutet auf das elektronegativere Atom hin. Je höher der Unterschied der EN-Zahlen, desto polarer ist die Bindung.

1.2.2 Was ist ein Dipol?

Die polare Atombindung führt bei manchen Verbindungen dazu, dass ein **Dipolmoment** entsteht. Dabei sind innerhalb der Verbindung negative Ladung δ – und positive Ladung δ + räumlich voneinander getrennt. Es entsteht ein **Dipol**.

Ob eine polare Verbindung ein Dipolmoment besitzt, hängt auch von der Struktur der Verbindung ab. Bei Verbindungen, deren Struktur eine gewinkelte Form darstellt, kann ein größeres Dipolmoment entstehen. Es kann zur Addition der Ladungen kommen, die die Dipolwirkung verstärkt.

Einige Beispiele:

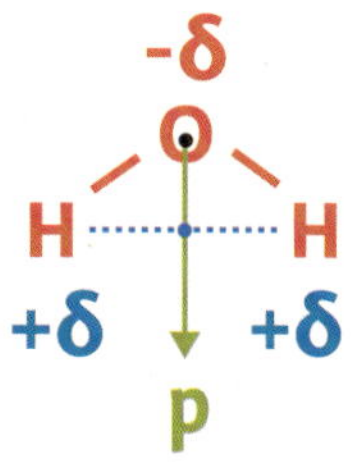

rot: *negative Teilladung*
blau: *positive Teilladung*
grün: *gerichteter Dipol*

Abb. 11 *Dipolmoment von Wasser (H_2O)*

Bei Abbildung 11 ist die gewinkelte Struktur des Wassermoleküls zu sehen. Die beiden Wasserstoffatome sind über je eine Einfachbindung mit dem Sauerstoff verbunden. Jedes Wasserstoffatom ist δ + geladen, während Sauerstoff δ – geladen ist. Das Wassermolekül besitzt daher Dipoleigenschaften.

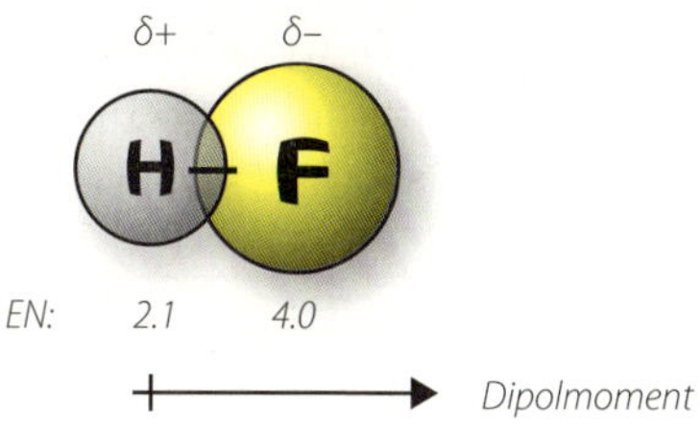

Abb. 12 *Dipolmoment von Fluorwasserstoff (HF)*

Abbildung 12 zeigt die lineare Struktur von Fluorwasserstoff. Da das Fluoratom eine höhere Elektronegativität (▶ S. 25) besitzt, wird das Elektron vom Wasserstoffatom in Richtung Fluoratom gezogen – dargestellt durch die Pfeilrichtung. Es entsteht ein Dipolmoment.

Dipolmoment = räumliche Trennung von negativer Ladung (Elektronen) und positiver Ladung (Protonen)

Dipol = Anordnung zweier Pole

NAWI AKTIV 2

Bindungen und Dipol

Lernziele:
- Ich kann die Begriffe „Ionenbindung", „polare und unpolare Atombindung" richtig zuordnen und meine Aussagen begründen. **A + C**, **N1**
- Ich kann mein Wissen über den Begriff „Dipol" anwenden. **C**, **N1**

Aufgaben:
- Versucht gemeinsam zu erkennen, um welche Form der Bindung es sich handelt, und schreibt eure Begründungen auf. O_3; Li_2O; H_2O; Cl_2; MgO
- Ordnet in folgenden Bindungen den Atomen die Ladungen δ + und δ – zu und begründet eure Ergebnisse. O – H; Na – S; O – O; Al – Br; O = C = O
- Wende dein Wissen um die polare Atombindung an, um den Dipolcharakter von Wasser zu erklären.
- Äußere Vermutungen über die Bedeutung von Wasser in der Natur.

SELBSTEINSCHÄTZUNG Ich habe die Aufgaben bearbeitet:			Feedback Lehrer/innen ↔ Schüler/innen
sehr gut	gut	weniger gut; folgendes muss ich nachholen	

Das **NAWI-XTRA** **„Diamant – Grafit – Fullerene"** findest du online auf **www.hpt.at/nawi-1**.

WISSENSBOX

- Bei der **Atombindung** verbinden sich **Nichtmetalle** miteinander.
- Sie teilen sich ein oder mehrere **Elektronenpaare**.
- Es gibt **mehrere Formen** der Atombindung (Einfach-, Doppel-, Dreifachbindung, unpolare und polare Atombindung).
- Bei **polaren Atombindungen** können Dipol-Verbindungen entstehen.
- Ein **Dipol** besitzt eine schwache Ladung innerhalb der Verbindung.

1.3 Die Metallbindung

Atomrumpf = positiv geladenes Metallion

Elektronengas (Elektronengaswolke) = frei bewegliche Elektronen zwischen den Atomrümpfen

dichteste Kugelpackung = Anordnung gleich großer Kugeln im dreidimensionalen Raum

Bei der Metallbindung verbinden sich **Metalle**. Die Valenzelektronen der Metalle sind locker gebunden und können sich leicht vom Atom ablösen.
Metalle bilden ein Metallgitter, das aus den positiv geladenen **Atomrümpfen** besteht. Die negativ geladenen Valenzelektronen schwirren zwischen den positiven Atomrümpfen umher und sind nicht mehr einem einzelnen Atom zugeordnet. Diese Valenzelektronen bilden ein **Elektronengas** (Elektronengaswolke).

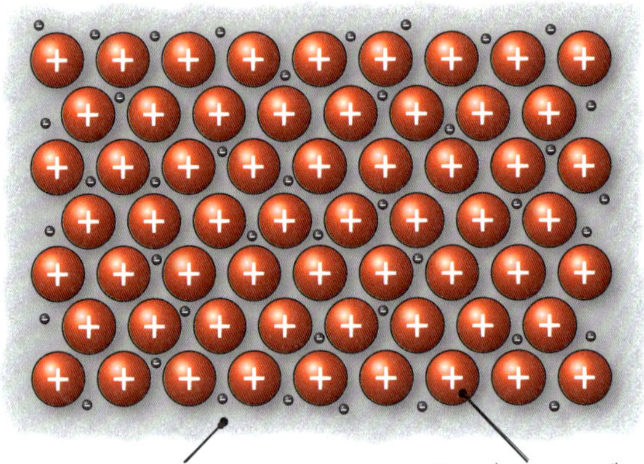

Wenn du dir die Abbildung 13 genau ansiehst, kannst du erkennen, dass die Atomrümpfe immer auf Lücke liegen – ähnlich Tennisbällen, die du in einem Korb aufeinander schlichtest. Diese Form des Gitters nennt man auch **dichteste Kugelpackung**. Zwischen diesen Atomrümpfen befinden sich frei bewegliche Elektronen, die die Elektronengaswolke bilden.

Abb. 13 *Metallgitter mit Atomrümpfen und Elektronengas*

Dieses Metallgitter mit den Atomrümpfen und der Elektronengaswolke bewirkt die **Eigenschaften der Metalle**. Diese sind:

- Metalle leiten den elektrischen Strom, da die Elektronen frei beweglich sind.
- Metalle lassen sich leicht verformen, da die Atomrümpfe wie Kugeln übereinander rollen.
- Metalle reflektieren das einfallende Licht, da das Gitter sehr dicht ist. Daher haben alle Metalle einen silbrigen Glanz.
  Ausnahme: Kupfer und Gold
- Das Metallgitter bewirkt die feste Zustandsform der Metalle bei Raumtemperatur.
  Ausnahme: flüssiges Quecksilber
- Metalle sind gute Wärmeleiter.

Dichte = Masse eines Körpers durch sein Volumen; die Einheit ist kg pro m^3

Toxizität = Giftigkeit einer Verbindung

Korrosion = Veränderung eines Stoffes durch äußere Einflüsse

elektrischer Kontakt = stellt eine leitende Verbindung zwischen Bauelementen in der Elektronik her

Metalle werden unterschieden in:
Schwermetalle (z. B. Blei): Für ihre Definition gibt es keine einheitliche Regelung. Sie werden entweder nach der **Dichte**, der **Ordnungszahl** (▶ S. 15), ihrer **Toxizität** oder der **Atommasse** (▶ S. 15) unterschieden. Als **Leichtmetalle** (z. B. Aluminium) werden jene Metalle bezeichnet, deren Dichte unter 5 g/cm^3 beträgt.

Eine weitere Unterscheidung kann zwischen **Edelmetallen** (z. B. Gold) und **unedlen Metallen** (z. B. Eisen) erfolgen. Edelmetalle sind besonders widerstandsfähig gegenüber äußeren Einflüssen (z. B. Luftsauerstoff). Daher werden sie schon seit dem Altertum zur Herstellung von Münzen und Schmuck verwendet.

Gold lässt sich sehr gut bearbeiten, ist sehr widerstandsfähig gegen **Korrosion** und wird in der Elektronikindustrie verwendet, weil es gute elektrische Kontakte gewährleistet. Ein elektrischer Kontakt ist eine leitende Verbindung zwischen Bauelementen (z. B. Kontakte auf Computerchips).

Unedle Metalle verändern sich durch äußere Einflüsse (z. B. Luftsauerstoff). Dies kann man an Eisen erkennen: es rostet.

Metalle kann man mischen. Diese Mischungen nennt man **Legierungen**. Diese Legierungen haben oft andere Eigenschaften als reine Metalle. Sie sind härter, widerstandsfähiger gegenüber äußeren Einflüssen, jedoch kann der **Schmelzpunkt** niedriger sein. Der Schmelzpunkt ist jene Temperatur, wo die feste Zustandsform in die flüssige Zustandsform eines Körpers übergeht.

Abb. 14 *Euromünzen*

Reine Metalle werden in elektrischen Leitungen genutzt. Sie haben die größte Leitfähigkeit. Elektrische Leitungen bestehen aus Kupferdrähten. Weitere gute elektrische Leitfähigkeit besitzen Platin, Gold und Silber.

Legierungen = Verbindungen von verschiedenen Metallen

Schmelzpunkt = Temperatur, bei der ein Körper von der festen in die flüssige Zustandsform übergeht

MINI 5

Woraus bestehen unsere Münzen?

- Nehmt verschiedene Münzen und legt sie auf den Tisch. Überlegt nun, aus welchen Metallen diese Münzen bestehen, und begründet eure Ergebnisse.
- Überlegt, warum elektronische Chips oder Speicherkarten aus Gold sind. Schreibt eure Erklärung auf.

WISSENSBOX

- Bei der **Metallbindung** verbinden sich **Metalle**.
- Die positiv geladenen Atomkerne bilden **Atomrümpfe**.
- Um diese Atomrümpfe schwirren Elektronen im **Elektronengas**.
- Metalle besitzen **typische Eigenschaften** (elektrische Leitfähigkeit, Verformbarkeit, Glanz, gute Wärmeleiter).
- Man unterscheidet **Schwer-** und **Leichtmetalle**.
- Man unterscheidet **Edelmetalle** und **unedle Metalle**.
- **Legierungen** sind Mischungen aus verschiedenen Metallen.

SPECIALS

- **Blattgold** ist eine sehr goldhaltige Legierung, die zu einer dünnen Folie verarbeitet wird. Diese Folie wird dann mit einem Pinsel auf verschiedene Gegenstände aufgebracht, damit diese ein goldenes Aussehen bekommen. Man vergoldet damit u. a. Holz bei Bilderrahmen und Figuren, oder auch Bücher.
- Die Aufnahme von Blattgold ist ungefährlich. Deshalb kann Blattgold zum **Vergolden von Speisen** verwendet werden. Auch Sekt kann Blattgold beinhalten.
- Als besonderer Effekt wird Blattgold beim Schminken und in der **Kosmetik** verwendet.
- In Atlanta (Georgia, USA) besitzt der Bank of America Plaza eine Turmspitze aus Blattgold. Der Wolkenkratzer ist 317 m hoch.

Abb. 15 *Blattgold mit Werkzeug*

NAWI AKTIV 3

Bindungen – So versteht es jede/r!

Lernziele:

- Ich verstehe die Ionen-, Atom- und Metallbindung. **C**, **N1**
- Ich kann mein Wissen in unterschiedlicher Form kommunizieren. **C**, **N2**

Aufgaben:

(1 Smiley) Bearbeite die Themen Ionenbindung, Atombindung und Metallbindung.

(3 Smileys) Bildet mehrere gleichgroße Gruppen.

1. Wählt aus folgenden Präsentationsmöglichkeiten eine aus:
   - Comic
   - Schummelzettel (auf Flipchart geschrieben für die Präsentation)
   - Mind map
   - Quiz
   - Organigramm
   - Rollenspiel
2. Präsentiert eure Ergebnisse vor der Klasse und lasst euch mit Farbpunkten bewerten. Jede/r Schüler/in der Klasse bekommt sechs Farbpunkte, die als Bewertung den Gruppen zugeordnet werden.
   Je mehr Farbpunkte eine Gruppe erhalten hat, desto erfolgreicher war die Präsentation.

SELBSTEINSCHÄTZUNG Ich habe die Aufgaben bearbeitet:			Feedback Lehrer/innen ↔ Schüler/innen
sehr gut	gut	weniger gut; folgendes muss ich nachholen	

NAWI QUIZ

Löse folgende Aufgaben, mehrere Antworten sind möglich.
Du hast 20 Minuten Zeit. Viel Erfolg!

1. Kreuze bei den folgenden Fragen die jeweils richtige Antwort oder die richtigen Antworten an:

- Welche Elemente gehen selten eine Verbindung ein?
  - ☐ Halogene
  - ☐ Erdalkalimetalle
  - ☐ Erdmetalle
  - ☐ Edelgase
- Welche der folgenden Elemente bilden keine Ionen?
  - ☐ Mg
  - ☐ He
  - ☐ F
  - ☐ C
- Welche Aussage zur Atombindung ist richtig?
  - ☐ Verbindungen mit Atombindungen lösen sich unter Bildung von Ionen im Wasser auf.
  - ☐ Durch die Atombindung wird das Wassermolekül aufgebaut.
  - ☐ Salzartige Verbindungen entstehen durch die Atombindung.

▶▶

NAWI QUIZ

2. Kreuze an, welcher Bindungstyp zutrifft:

Wasser H_2O
☐ Ionenbindung
☐ Atombindung
☐ Metallbindung

Magnesiumoxid MgO
☐ Ionenbindung
☐ Atombindung
☐ Metallbindung

Aluminium Al
☐ Ionenbindung
☐ Atombindung
☐ Metallbindung

Ethan C_2H_6
☐ Ionenbindung
☐ Atombindung
☐ Metallbindung

Ozon O_3
☐ Ionenbindung
☐ Atombindung
☐ Metallbindung

Salzsäure HCl
☐ Ionenbindung
☐ Atombindung
☐ Metallbindung

3. Ordne folgende Abbildungen dem jeweiligen Bindungstyp zu:

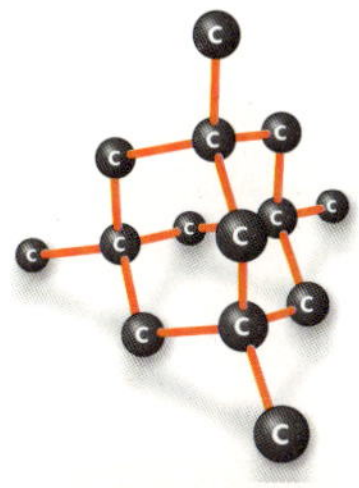

Diese Abbildung stellt eine ______________________________ dar.

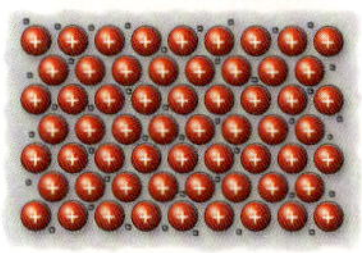

Diese Abbildung stellt eine ______________________________ dar.

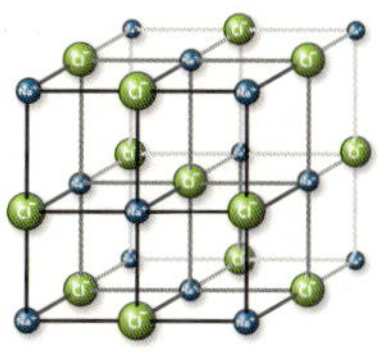

Diese Abbildung stellt eine ______________________________ dar.

2 Kochsalz – wichtig für Lebewesen und Industrie

Kochsalz kann folgendermaßen bezeichnet werden:

- Natriumchlorid – das ist der chemische Fachname
- Salinensalz – wird entweder aus dem Meer oder aus dem Salzbergwerk gewonnen
- Speisesalz – zum Würzen und Haltbarmachen von Speisen
- Industriesalz – zur Herstellung von Farbstoffen, Wasch- und Reinigungsmitteln

Steckbrief

Summenformel (▶ S. 73): NaCl
Ionenbindung (▶ S. 69) aus Natrium und Chlor
sehr spröde, weil das Ionengitter (▶ S. 71) unter Druck in kleinere Gitter zerfällt
würfelförmige (kubische) Kristalle
sehr gut in Wasser löslich
leitet als Lösung den elektrischen Strom (Elektrolyt ▶ S. 71, 119)
salziger Geschmack

Vorkommen

- Im **Meerwasser** ist Natriumchlorid in großen Mengen gelöst vorhanden.
- In den **Steinsalzlagerstätten** findet man es als Mineral **Halit**. Diese kristallartige Verbindung entstand im Laufe der Erdgeschichte in ausgetrockneten Meeresbuchten, die dann durch die Verformung der Erdkruste mit anderen Materialien überlagert wurden. Salzbergwerke findet man in Österreich in Bad Ischl, Hallstatt und Bad Aussee.

Abb. 16 *Kubischer Natriumchlorid-Kristall*

Sprödigkeit = gibt an, in welchem Maß sich ein Werkstoff *plastisch* verformen lässt, bevor er zerbricht

Mineral = kristallartige Verbindung, die durch geologische Prozesse entstanden ist

Halit = kubischer Natriumchlorid-Kristall

2.1 Wie kann Salz gewonnen werden?

Sole = Salz-Wasser-Lösung

Verdampfer = Apparat, der zur Verdampfung von Flüssigkeiten dient

Kochsalz wird aus Steinsalz und Meersalz gewonnen.

In den **Salzbergwerken** werden unterirdische Lagerstätten abgebaut.

- Entweder wird das salzhaltige Gestein zerbrochen und dann an die Oberfläche gebracht.
- Oder das Salz wird unterirdisch durch Wasser aus dem Gestein gelöst. Es entsteht die **Sole**, eine sehr salzhaltige Flüssigkeit. Die Sole gelangt anschließend in einen **Verdampfer**, in dem die Flüssigkeit verdampft. Die Salzkristalle bleiben als **sehr reines Salz** übrig.

In **Schaubergwerken**, z. B. in Hallein und Hallstatt, erfährt man in aufgelassenen Stollen mehr über die Gewinnung von Steinsalz.

Die **Meersalzgewinnung** ist nur in der Nähe der Meeresküste möglich, in Regionen mit viel Sonneneinstrahlung und wenig Regen. Es werden flache Becken angelegt, die mit Meerwasser gefüllt werden. Durch die Sonne verdunstet das Wasser und es bilden sich Salzkristalle. Diese werden zusammengeschoben und getrocknet.

Nur für die teure Speisesalzvariante **Fleur de sel** wird schwimmendes Salz abgeschöpft.

Abb. 17 *Meersalzgewinnung*

fleur de sel (frz.) = sehr teures Meersalz, das an der Wasseroberfläche der Meersalzbecken von Hand abgeschöpft wird

2.2 Verwendung von Kochsalz

Schilddrüse = Hormondrüse im Bereich des Halses. Wichtigstes Hormon ist das Thyroxin, ein jodhaltiges Eiweiß, das den Stoffwechsel reguliert.

Als **Speisesalz** war Natriumchlorid schon in vorgeschichtlicher Zeit ein wichtiges Handelsgut. Seine Bedeutung für die menschliche Ernährung wurde schon sehr früh erkannt. Für Menschen und Tiere ist Natriumchlorid ein wichtiger Mineralstoff (▶ S. 53, 83, 86). Speisesalz wurde und wird u. a. zum Würzen und zum Konservieren (▶ S. 81) von Lebensmitteln verwendet.

Speisesalz ist mit **Jod** angereichert. Dies soll einen Jodmangel beim Menschen vorbeugen. Jodmangel kann zu einer Vergrößerung der Schilddrüse (Kropf) führen.

SPECIALS +

- Der **menschliche Körper verliert** durch Ausscheidung und Schweiß täglich zwischen 3 und 20 Gramm **Salz**. Dies muss durch gewürzte Speisen oder Getränke ersetzt werden. Bei Leistungssportlern führen Elektrolytgetränke die fehlenden Salze zu (▶ S. 72).
- In der Medizin wird zur Auffüllung des Blutvolumens nach Operationen, einem Unfall oder bei Austrocknung des Körpers eine Kochsalzlösung als **Infusion** in die Vene verabreicht.
- In ehemaligen Salzbergwerken oder **Salzgrotten** werden Erkrankungen der Atemwege behandelt.
- Auch für **Nasenspülungen** werden Kochsalzlösungen verwendet.
- Der **menschliche Wasser- und Nährstoffhaushalt** würde ohne Salz nicht funktionieren. Salz hält den osmotischen Druck (▶ S. 42) in den Gefäßen aufrecht. Salz ist außerdem an der Übertragung von Nervenreizen, der Muskelentspannung und dem Knochenaufbau beteiligt.
- Ob erhöhter Salzkonsum zu Bluthochdruck führt, kann derzeit nicht eindeutig geklärt werden. Wissenschaftliche Untersuchungen zeigten, dass salzarme Kost nicht zu der gewünschten Senkung des Blutdrucks führt, sehr wohl aber die Verringerung des Gewichtes um drei bis vier Kilogramm.
- Die **tödliche Dosis Speisesalz** wird bei einem Erwachsenen mit 0,5 bis 5 Gramm je Kilogramm Körpergewicht angegeben. Bei Kleinkindern ist diese Menge erheblich geringer (12 Milligramm je Kilogramm).

Infusion = Verabreichung einer Flüssigkeit in die Vene

Bei **Industriesalz** handelt es sich vorwiegend um Steinsalz, selten wird Meersalz verwendet. Es ist ein wichtiger Rohstoff für die chemische Industrie und dient zur Herstellung vieler Produkte, wie z. B. Farbstoffe, Wasch- und Reinigungsmittel.

Im Straßenverkehr wird das **Auftausalz** im Winter verwendet, um Straßenglätte zu verhindern.

Viehsalz wird den Nutztieren (Rinder, Schafe, Ziegen) zum Futter beigemischt oder als Leckstein angeboten. Das stärkt ihre Gesundheit und fördert den Appetit.

Salz dient zur **Konservierung** von Lebensmitteln, weil es Feuchtigkeit entzieht und Krankheitserreger abtötet (z. B. Salzhering, Sauerkrautzubereitung). Auch Käse wird vor und während der Reifung mehrmals in eine Salzlösung getaucht, damit die Kruste hart wird.

Für den Geschirrspüler verwendet man **Regeneriersalz**. Es ist ein hoch gereinigtes Spezialsalz zur Wasserenthärtung. Dadurch können sich auf dem Geschirr keine Ablagerungen aus Kalk bilden.

Konservierung = Haltbarmachung von Lebensmitteln

MINI 6

Wozu wird Salz bei dir zu Hause verwendet?

Überlege dir, wozu du Salz zu Hause verwendest. Schreibe deine Ergebnisse auf.

Vergleiche deine Ergebnisse mit einer Partnerin/einem Partner. Diskutiert, welche Auswirkungen die Verwendung von zu viel Salz haben kann.

NAWI AKTIV 4

Elemente durch Flammenfarben erkennen

Lernziele:

- Ich verstehe eine Versuchsanleitung und kann sie ordnungsgemäß durchführen. **A + B**, **N1**
- Ich kann ein Versuchsprotokoll führen. **A**, **N2**
- Ich kann meine Versuchsergebnisse richtig deuten und erklären. **C**, **N2**

Arbeitsmittel:
Brenner, Metallstäbchen (Magnesiastäbchen), Becherglas mit Wasser, Erlenmeyerkolben mit 30 ml Salzsäure (10 %)

Stoffe:
Natriumchlorid, Calciumchlorid, Lithiumchlorid

Achtung! Salzsäure ist ätzend! Das Metallstäbchen könnte heiß werden!

Schutzbrille
Entsorgung: Behälter für anorganische Säuren und Basen, Behälter für Metalle

Aufgaben:

Setzt eure **Schutzbrillen** auf und legt euch einen Notizblock bereit, um die Versuchsanleitung aufzuzeichnen und die Ergebnisse zu dokumentieren. Schreibt eure Ergebnisse nach Abschluss der Untersuchungen in eure Schulhefte.
Versuchsablauf:

- Bereitet Brenner und Becherglas, sowie Erlenmeyerkolben vor.
- Gebt die zu untersuchenden Stoffe jeweils in ein kleines Becherglas.
- Verwendet nur wenig und verschließt die Aufbewahrungsbehälter wieder.

Führt die Versuche nach folgendem Schema durch:

1. Metallstäbchen in der Flamme ausglühen.
2. Metallstäbchen ins Wasser eintauchen.
3. Metallstäbchen in die Salzsäure eintauchen.
4. Anschließend in den zu untersuchenden Stoff eintauchen.
5. Nun haltet das Metallstäbchen wieder in die Flamme.
6. Notiert die entstandene Flammenfarbe. (Eventuell könnt ihr die Flammenfarben auch mit dem Handy fotografieren und als Foto eurem Protokoll beilegen.)

▶▶

Schreibt folgendes Protokoll in euer Heft:

Name des Stoffes	Flammenfarbe	Chemische Formel

7. Versucht zu analysieren, warum es zu unterschiedlichen Flammenfärbungen gekommen ist. Begründet eure Gedanken.
8. Entsorgt die Rückstände und die Salzsäure in die dafür vorgeschriebenen Abfallbehälter.

SELBSTEINSCHÄTZUNG Ich habe die Aufgaben bearbeitet:			Feedback Lehrer/innen ↔ Schüler/innen
sehr gut	gut	weniger gut; folgendes muss ich nachholen	

WISSENSBOX

- **Natriumchlorid** oder Kochsalz entsteht aus einer **Ionenbindung**.
- Dabei verbindet sich ein Natriumion mit einem Chlorion.
- Diese **Ionen** bilden ein **Ionengitter**.
- Dadurch entsteht der würfelige **Salzkristall**.
- **Salz löst sich** in Wasser sehr gut.
- Salzlösungen sind **elektrische Leiter**.
- Salz wird **vielfältig verwendet**: als Speisesalz, Industriesalz, Auftausalz, Regeneriersalz, Viehsalz.
- Bei der Gewinnung unterscheidet man **Meersalz** und **Steinsalz** aus dem Bergwerk.

3 Wasser ist Leben!

Ohne Wasser geht nichts!

Einige Beispiele für die Bedeutung von Wasser:

- Wasser ist für alle Lebewesen lebensnotwendig.
- Für Wirtschaft und Industrie ist Wasser ein wichtiger Faktor, z. B. für die Bewässerung in der Landwirtschaft, für den Tourismus oder für die Erzeugung von Strom aus Wasserkraft.
- Meere und Flüsse werden als Transportwege für Güter genutzt.
- In den Gewässern wird Fischfang oder Fischzucht betrieben.
- Wasser wird für die Freizeitindustrie benötigt, z. B. Bäder an Seen, Erzeugung von Schnee durch Schneekanonen.
- Wasser wird als Trinkwasser und Grundwasser genutzt.
- Wasserdampf spielt bei der Bildung von Wolken eine große Rolle (Wasserkreislauf).

NAWI-XTRA

Trinkwasser wird immer wertvoller!

Trinkwasser ist ein lebensnotwendiges Lebensmittel. Es ist besonders reines Süßwasser, das für die Zubereitung von Speisen und zum Trinken geeignet ist. Es darf keine Krankheitserreger enthalten und sollte bestimmte Mineralstoffe beinhalten. Die häufigsten Mineralstoffe sind Calzium-, Natrium- und Magnesiumionen, Carbonate, Chloride und Sulfate.

Der menschliche Wasserbedarf richtet sich nach der körperlichen Verfassung, der Körpermasse, dem Klima und der Aktivität. Wasser wird als Getränk und durch Speisen aufgenommen, und über Urin, Kot, Schweiß und Atemluft abgegeben. Beim Abbau von organischen Nahrungsstoffen im Körper entsteht ebenfalls Wasser.

Die **WHO (Weltgesundheitsorganisation)** empfiehlt einen täglichen Trinkwasserbedarf von etwa
zwei Litern für einen 60 kg schweren Erwachsenen,
einem Liter für ein 10 kg schweres Kind.

Neue Studien zeigen, dass auch durch Säfte, Milch und Kaffee ein Teil des täglichen Trinkwasserbedarfs gedeckt werden kann.

Wie wird Trinkwasser gewonnen?

- In Österreich stammt das Trinkwasser (Leitungswasser) aus **Quellen** oder aus dem **Grundwasser**.
- Das Leitungswasser wird genauestens untersucht und regelmäßig überprüft. Eine **Trinkwasserverordnung** bestimmt die maximal zugelassene Menge der Inhaltsstoffe im Wasser.
- **Meerwasserentsalzung** wird immer wichtiger, da durch Wassermangel oder Verschmutzung des vorhandenen Süßwassers eine Versorgung mit Trinkwasser vieler Menschen nicht mehr gesichert ist. Auf Schiffen, U-Booten, auf Inseln und in wüstennahen Gebieten (z. B. Dubai) wird die Entsalzung von Meerwasser durchgeführt. Es gibt verschiedenen Methoden, das Meerwasser zu entsalzen. Dabei fallen als Nebenprodukt häufig auch wichtige Salze für die Industrie an.
- Trinkwasser kann auch aus Oberflächenwasser durch chemische und physikalische Methoden gewonnen werden. Zur Entkeimung wird meistens **Chlor** oder **UV-Bestrahlung** verwendet. Durch die Verwendung von Chlor riecht und schmeckt das Trinkwasser mehr oder weniger intensiv nach Chlor. Nach Möglichkeit sollte man daher in diesem Fall bevorzugt **Mineralwasser** trinken.

Derzeit wird Leitungswasser auch fürs Wäschewaschen, für die Toilettenspülung, die Körperreinigung und Reinigung von Geschirr und Wohnung verwendet. Man könnte als Alternative **Brauchwasser** für diese Vorgänge verwenden.

Der tägliche Trinkwasserverbrauch in Österreich liegt bei durchschnittlich 150 Litern pro Person. Davon werden vier Liter zum Trinken und Kochen verwendet. In Italien beträgt der durchschnittliche Verbrauch 260 Liter pro Tag pro Einwohner, in Dubai 500 Liter pro Tag pro Einwohner.

Durch gezielte Anwendung von Trinkwasser kann jede/r den Wasserverbrauch verringern.
Beispiele:

- Duschen verbraucht weniger Wasser als ein Vollbad.
- Bei Verwendung eines Geschirrspülers ist das Vorwaschen von verschmutztem Geschirr nicht nötig.
- Im Garten könnte man eine Regentonne aufstellen, die das Regenwasser auffängt.

WHO = *World Health Organization;* eine Behörde, die für das öffentliche Gesundheitswesen zuständig ist

Ultraviolette Bestrahlung = ultraviolettes Licht (100 bis 380 Nanometer) ist für den Menschen nicht sichtbar; tötet Keime ab

Brauchwasser = kein Trinkwasser, muss aber Mindesthygiene besitzen

NAWI AKTIV 5

Werdet Spezialisten!

Lernziele:

- Ich kann ein ausführliches Thema erarbeiten und präsentieren. **B**, **N2**
- Ich kann Informationen aus verschiedenen Fachquellen beziehen. **B**, **N2**
- Ich kann die Bedeutung von Wasser für die Gesellschaft erkennen. **C**, **N2**
- Ich mache mir Gedanken über verantwortungsbewusstes Handeln. **B + C**, **N2**
- Ich kann Daten interpretieren. **C**, **N2**

Aufgaben:

Bildet mehrere Kleingruppen.

1. Wählt aus den untenstehenden Vorschlägen ein Thema zum Kapitel Wasser aus. Alle Informationsquellen und Fotos aus dem Internet müssen in einem Quellenverzeichnis bzw. Abbildungsverzeichnis aufscheinen.
2. Hier einige Vorschläge:
   - Bedeutung für uns Menschen
   - Wassermangel: Welche Auswirkungen hat Wassermangel auf die Umwelt und die Organismen?
   - Wasserverschmutzung: Wie kann es dazu kommen? Was kann jede/r einzelne dagegen tun?
   - Wie wird aus Abwasser wieder Trinkwasser? Wie kann man Trinkwasser aufbereiten?
   - Wasser als Ware: Welche Gefahr geht davon aus? Ist der Zugang zu Wasser ein Menschenrecht?
3. Arbeitet in der Gruppe das jeweilige Thema so aus, dass jede/r von euch dieses Thema präsentieren kann.
4. Erstellt gemeinsam einen Merkzettel und kopiert ihn, sodass jedes Gruppenmitglied einen Merkzettel erhält.
5. Als Zusammenfassung gestaltet einen Info-Folder mit Quellen- und Abbildungsverzeichnis.
6. Erarbeitet einen Fragenkatalog bestehend aus drei komplexen Fragen zum Thema.
7. Erstellt ein Plakat zum jeweiligen Thema.
8. Hängt nun die Plakate in der Klasse auf.
9. Die Gruppe löst sich auf. Es bilden sich neue Gruppen, wobei sich in jeder Gruppe je ein/e Spezialist/in zu je einem Thema befindet. Die neuen Gruppen stellen sich vor je einem Plakat auf.
10. Jede Gruppe wird von einem Spezialisten, der das Thema erarbeitet hat, zum Plakatthema informiert. Gruppe und Spezialist/in wandern nach der Erklärung weiter zum nächsten Plakat, sodass jedes Mal ein/e andere/r Spezialist/in erklären muss. Das geht so lange, bis alle Gruppen bzw. Themen präsentiert sind.
11. Nach Abschluss der Informationsrunden, stellt den Mitschülerinnen und Mitschülern die Fragen aus den Fragenkatalogen. Diskutiert über die einzelnen Themen.

SELBSTEINSCHÄTZUNG Ich habe die Aufgaben bearbeitet:			Feedback Lehrer/innen ↔ Schüler/innen
sehr gut	gut	weniger gut; folgendes muss ich nachholen	

Wasser kommt in der Natur in drei Zustandsformen vor:

- als Flüssigkeit in Flüssen, Seen und im Meer.
- in fester Form als Eis (z. B. Gletscher, Eisberge und Polkappen)
- als Gas in Form von Wasserdampf (z. B. als Wolken oder Nebel)

Chemisch betrachtet besteht Wasser aus zwei Wasserstoffatomen und einem Sauerstoffatom. Diese bilden über die Atombindung (▶ S. 73) ein Molekül Wasser. Viele Wassermoleküle bilden dann Wasser.

Das Wassermolekül kann folgendermaßen dargestellt werden:

- Als **Summenformel** (▶ S. 73): H_2O

- Als **Valenzstrichformel** (▶ S. 73):

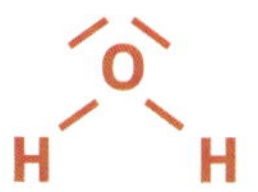

Abb. 18 *Valenzstrichformel von Wasser*

- Als **Kalottenmodell**: Dabei handelt es sich um eine 3D-Darstellung. Die Atome werden als Kugeln abgebildet, jedes Atom besitzt eine Farbe und einen Bindungswinkel, Atomgröße und Bindungslänge werden berücksichtigt.

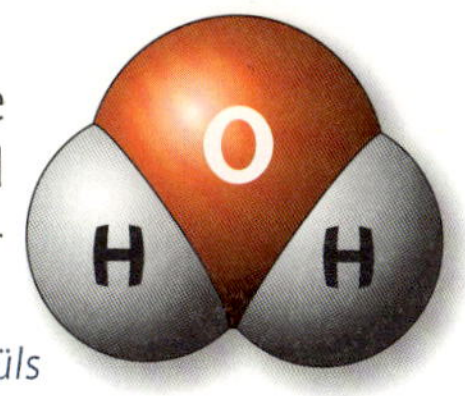

Abb. 19 *Kalottenmodell des Wassermoleküls*

Kalottenmodell = räumliche oder dreidimensionale Moleküldarstellung

Weil das Wassermolekül einen Dipol (▶ S. 75) bildet, können sich mehrere Wassermoleküle über eine schwache Bindung aneinanderreihen.
Diese Bindung, die zwischen den unterschiedlich geladenen Polen des Wassermoleküls auftritt, nennt man **Wasserstoffbrückenbindung**. Es entsteht eine Ansammlung von vielen Wassermolekülen, die man als **Cluster** bezeichnet.
Die Clusterform verändert sich ständig, Moleküle lösen sich und bilden wieder neue Cluster. Darauf beruhen die Eigenschaften des Wassers.

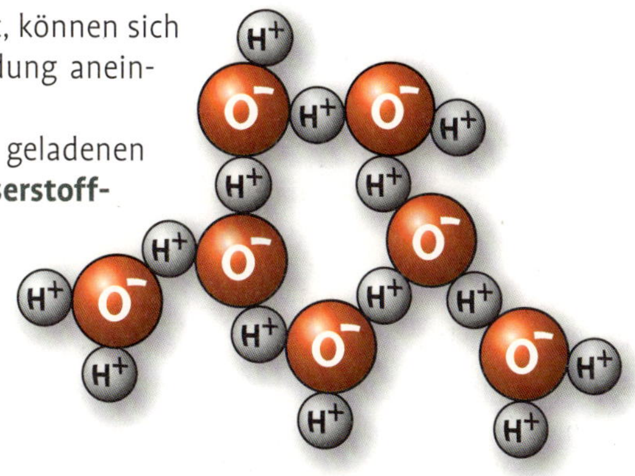

Abb. 20 *Cluster aus Wassermolekülen*

Wasserstoffbrückenbindung = Bindung zwischen Dipolmolekülen, wobei elektrostatische Anziehung zwischen δ + und δ − auftritt

Cluster = Ansammlung von Molekülen oder Atomen, deren Atomanzahl zwischen 3 und 50 000 liegt

3.1 Eigenschaften des Wassers

- Wasser hat eine **Dichte** von 1 000 kg/m³ (exakt 999,975 kg/m³) bei einer Temperatur von 3,98° Celsius. Bei rund 4° Celsius besitzt Wasser seine größte Dichte. Wasser mit dieser Temperatur befindet sich immer am Grund eines Sees. Kühlt das Wasser weiter ab, so wird es „leichter“, da sein Volumen zunimmt und es an Dichte verliert. Diese Eigenschaft nennt man **Dichteanomalie**. Das ist auch der Grund, warum Eis sich ausdehnt und an der Wasseroberfläche schwimmt.

Dichte = Masse (m) eines Körpers durch sein Volumen (V); eine typische Eigenschaft des Körpers

Dichteanomalie = Eigenschaft von Wasser, das sich bei Temperaturen unter 3,98° Celsius ausdehnt

MINI 7

Ein Versuch, den du nicht versuchen sollst

Was geschieht, wenn du eine gefüllte Wasserflasche einfrierst?

- Überlege und schreibe deine Vermutungen auf.
- Versuche deine Gedanken zu begründen und zu erklären, warum du diesen Versuch nicht durchführen sollst.

- Wasser hat eine hohe **Wärmekapazität**. Daher sind Ozeane sehr gute Wärmespeicher. Das Klima der Erde wird dadurch beeinflusst.
- Wasser hat eine hohe **Oberflächenspannung**. Du kannst es an der Tropfenbildung bei Wasser erkennen. Wasser ist immer bestrebt, die kleinste Oberfläche zu haben.

Wärmekapazität = wie viel Wärme ein Körper speichern kann

Oberflächenspannung = Fähigkeit von Flüssigkeiten, auf Grund der Molekülstruktur die Oberfläche klein zu halten

MINI 8

Oberflächenspannung – was ist das?!

- Nehmt ein Becherglas, eine Büroklammer und eine Pinzette zur Hand. Füllt das Becherglas mit Wasser und versucht, die Büroklammer vorsichtig auf die Wasseroberfläche zu legen. Sie darf nicht untergehen. Was könnt ihr beobachten?
- Schreibt eure Beobachtung auf. (Eventuell könnt ihr ein Foto mit dem Handy machen und am Computer noch genauer erkennen, was geschieht.)
- Versucht zu erklären, was ihr beobachtet habt.

- Wasser ist ein **gutes Lösungsmittel** für viele Stoffe. Je nach Temperatur des Wassers lösen sich die einzelnen Stoffe leichter oder schwerer.

MINI 9

Wenn sich Stoffe lösen

Setzt SCHUTZBRILLEN auf.
Füllt zwei Bechergläser mit kaltem Wasser und gebt jeweils die gleiche Menge Kochsalz dazu.
Erhitzt ein Becherglas, das andere lasst ihr stehen.
Notiert, was ihr beobachten könnt, und formuliert eine Erklärung.

Die Wassermoleküle dringen in das Ionengitter des Kochsalzes ein und lösen die Natriumionen und Chlorionen aus dem Gitter. Dies geschieht bei höherer Temperatur rascher, da sich durch die Zufuhr von Energie (Wärme) die Teilchen schneller bewegen und das Gitter zerbricht.

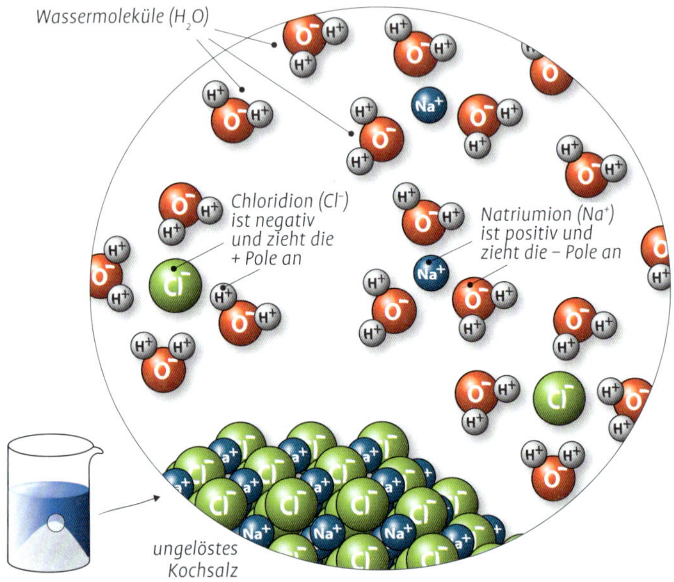

Abb. 21 *Auflösung eines Salzkristalles in Wasser*

3.2 Wie hart kann Wasser sein?

Als **Wasserhärte** wird die Konzentration der gelösten Ionen (vorwiegend der Erdalkalimetalle ▶ S. 25) bezeichnet.

Wasser ist nie rein. (Ausnahme: destilliertes Wasser ▶ S. 11, 87) Es enthält zahlreiche natürlich gelöste Inhaltstoffe. Die Ionen gelangen ins Wasser, wenn es durch verschiedene Gesteinsschichten fließt. Dabei löst es die Ionen aus dem Gestein und nimmt diese auf.

Kalkstein = feste Ablagerung von Kalk aus Wasser in Geräten

Kalkseifen = Verbindungen von Calcium und Magnesium mit Seifen oder Waschmitteln, die zur Verkalkung von Geräten führen

Grad deutscher Härte (°dH) = 10 mg Calciumoxid pro einem Liter Wasser

Im Wasser gelöstes **Calzium** und **Magnesium** sind im Wesentlichen jene Stoffe, die Wasser hart machen. Diese Mineralstoffe sind in der Lage, unlösliche Verbindungen zu bilden, die als **Kalkstein**, Kesselstein ($CaCO_3$) oder **Kalkseifen** in Erscheinung treten.

Diese Ablagerungen bewirken u. a.

- eine Graufärbung der Wäsche,
- Verkalken der Wasserleitungen und Geräte,
- eine Verringerung der Waschwirkung von Seifen und Waschmitteln.

Die Wasserhärte beeinflusst den Geschmack des Wassers und der Getränke (z. B. Tee, Kaffee).

Die Einheit der Wasserhärte in Österreich ist das **Grad deutscher Härte = °dH**. 1 °dH ist als 10 mg Calciumoxid in einem Liter Wasser definiert.

Allgemein unterscheidet man:

- **Weiches Wasser** (weniger als 8,4 °dH): Es enthält wenig gelöste Ionen. Das Wasser kommt aus Gebieten mit kristallinem Gestein (wie Granit, Gneis und Basalt). Auch Regenwasser ist weich. Bei weichem Wasser verkalken die Wasserleitungen und Geräte nicht. Es ist zum Gießen von Zimmerpflanzen gut geeignet. Ein Nachteil sind die starke Schaumbildung bei Seifen und Waschmitteln und der eher fade Geschmack.
- **Hartes Wasser** (mehr als 14 °dH): Es enthält viele gelöste Ionen. Das Wasser kommt aus Sand- oder Kalksteinregionen. Bei hartem Wasser kommt es zur Verkalkung von Haushaltsgeräten. Man benötigt einen Entkalker, damit die Leitungen und Geräte funktionstüchtig bleiben. Hartes Wasser reduziert die Wirkung von Waschmitteln, daher benötigt man mehr Waschmittel als bei weichem Wasser.

MINI 10

Wie hart ist das Leitungswasser bei dir zu Hause?

Erkundige dich, welche Wasserhärte das Leitungswasser bei dir zu Hause besitzt. Um die genaue Wasserhärte in der Region, Gemeinde oder Stadt zu erfahren, kannst du dich an das Wasserwerk oder die Gemeinde wenden. Auch im Internet gibt es Informationen.

Was tun bei hartem Wasser?

- **Zitronensäure oder Essig** zum Entkalken der Geräte verwenden. Danach mehrmals spülen. Bei Essig besteht allerdings die Gefahr, dass Gummidichtungen porös werden.
- Bei Waschmaschine und Geschirrspüler **Wasserenthärter** zum Waschvorgang dazugeben. (Nur nötig bei hartem Wasser, daher solltest du die Wasserhärte deines Leitungswassers kennen.)

SPECIALS

- Jeder Organismus besteht aus Wasser – der Anteil ist unterschiedlich.
  - Der **Mensch** besteht aus ca. **70 % Wasser**.
  - Die **Qualle** besteht aus ca. **98 – 99 % Wasser**.
  - Eine **Wassermelone** besteht aus ca. **90 % Wasser**.
- Der Wassergehalt bei Mikroorganismen liegt zwischen 70 – 98 %.
- Im Wasser entstanden vor 4,2 bis 3,8 Milliarden Jahren zuerst organische Verbindungen und daraus Zellen. Daher ist **Wasser der Ursprung des Lebens**.
- Die **Erdoberfläche** ist zu ca. 72 % mit Wasser bedeckt, davon sind nur ca. **2,5 % Süßwasserreserven** und davon wiederum sind nur 0,3 % Trinkwasser.
- Wenn Wasser durch Gestein sickert, können unterirdische **Tropfsteinhöhlen** entstehen. Man kennt zwei typische Tropfsteine: Jene, die von der Höhlendecke hängen, werden **Stalagtiten** genannt. Jene, die vom Boden der Höhle nach oben wachsen, werden **Stalagmiten** genannt. Das Material, aus dem die Tropfsteine bestehen, ist Calcit.
- Tropfsteine wachsen sehr langsam (oft weniger als einen Millimeter pro Jahr).
- Manche Tropfsteinhöhlen sind öffentlich zugänglich und ein gesichertes Wegenetz führt an wunderschönen Formen vorbei.

Stalagtiten = Tropfsteine, die von der Höhlendecke hängen

Stalagmiten = Tropfsteine, die vom Boden der Höhle nach oben wachsen

3.3 Schadstoffe im Wasser

MINI 11

Welche Schadstoffe gelangen ins Wasser?

Überlegt paarweise, welche Schadstoffe zu Hause, in der Schule und in der Stadt ins Wasser gelangen.

Schreibt sie auf und versucht Lösungen zu finden, wie man die Schadstoffe verringern könnte.

Diskutiert mit einem anderen Paar über die Problematik „Trinkwasser".

Nur destilliertes Wasser ist rein. Viele Stoffe gelangen ins Wasser, wenn das Regenwasser über die Erdoberfläche und durch Erd- und Gesteinsschichten abfließt. Diese Schadstoffe können Tieren, Menschen und Pflanzen schaden, vor allem wenn es sich um giftige Stoffe handelt.

Schwebteilchen = Stoffe, die eine so geringe Größe besitzen, dass sie im Wasser schweben

- Flüsse haben nach Unwettern eine braune Farbe, da Sand und **Schwebteilchen** im Wasser aufgewirbelt sind. Schwebteilchen sind sehr kleine Teilchen, die durch die Fließbewegung des Wassers transportiert werden. Dadurch wird das Wasser auch trüb.
- Aber nicht nur diese festen Bestandteile werden vom Wasser aus dem Boden gespült. Auch Dünger, Mineralien, Salze und Abfälle werden aufgelöst und gelangen ins Wasser.
- Müll, der sich am Ufer eines Flusses befindet, kann Schadstoffe ans Wasser abgeben. Es kann zur Anreicherung von giftigen Stoffen im Trinkwasser kommen. Dies gefährdet die Gesundheit von Mensch und Tier.
- Unter bestimmten Umständen können auch Bakterien und andere Krankheitserreger ins Wasser gelangen. Escherichia-Coli-Bakterien (auch E. Coli) leben im Darm und gelangen durch Ausscheidungen von Mensch und Tier ins Grund- bzw. Trinkwasser.
- Bei Industrieanlagen kann es durch einen Fehler im Abwassersystem zu einer Verseuchung des Wassers mit giftigen Stoffen kommen. Diese führen zu einem Absterben der Kleinstlebewesen und Fische.
- Werden Medikamente verabreicht, scheidet der Körper einen Teil der Wirkstoffe über die Ausscheidungen aus. In der Kläranlage (▶ S. 89) können diese Stoffe nicht entfernt werden und gelangen zu einem geringen Anteil ins Wasser.

Escherichia Coli = Bakterienart, die im Darm von Mensch und Tier lebt

SPECIALS

- **Wirkstoffe der Antibabypillen** (▶ S. 160) wie Östrogen (▶ S. 152) gelangen in geringen Mengen **ins Abwasser**. Auch im Trinkwasser konnten sie nachgewiesen werden.
- Bei einigen Fisch- und Schneckenarten führte dies zu einem **veränderten Paarungsverhalten**. Männliche Tiere zeigten Tendenzen zur Verweiblichung, vor allem in Regionen unterhalb von Kläranlagen.
- Ob diese Östrogene im Trinkwasser Auswirkungen auf den Menschen haben, muss noch erforscht werden.

In Österreich gibt es ein sehr gutes Kanalsystem, um Abwässer aus Haushalt, Industrie und Umwelt richtig abzuleiten.

3.4 Aufbau einer Kläranlage

Kläranlage = Anlage, die das Abwasser aus der Kanalisation reinigt

Abwässer gelangen in eine **Kläranlage**. Eine Kläranlage oder auch Abwasserreinigungsanlage hat die Aufgabe, das Abwasser aus der Kanalisation zu reinigen. Derzeit produziert laut Statistik jeder Erwachsene ca. 130 Liter Abwasser pro Tag.

MINI 12

Wie viel Abwasser produzierst du?

- Suche im Internet Angaben, die dir Auskunft geben, wie viel Abwasser du z. B. beim Duschen, Baden, Kochen usw. erzeugst.
- Zähle die Mengen zusammen und vergleiche sie mit einer Schulkollegin/einem Schulkollegen.
- Überlege dir, wie du deinen persönlichen Wasserverbrauch verringern kannst.

In einer Kläranlage werden drei Verfahren zur Wasserreinigung verwendet:

1. Die **mechanische Reinigung**: Dabei wird das Wasser durch eine Art **Rechen** geleitet. Feste Bestandteile, wie z. B. Laub, Äste, Monatshygiene, Kondome, tote Tiere, Dosen, bleiben hängen. Die Rechen werden immer feiner, sodass nach dem Vorgang keine Grobteile mehr im Abwasser sind. Anschließend gelangt das Abwasser in ein **Absetzbecken**, wo die noch in Schwebe befindlichen Teile Zeit haben abzusinken, z. B. Gemüsereste, Sand, Glassplitter.

Als nächstes kommt das Wasser in ein **Vorklärbecken**, wo Fäkalien und andere organische Stoffe, z. B. Öl, entfernt werden. Am Boden des Beckens bildet sich der sogenannte Faulschlamm. Dieser kommt zur weiteren Verarbeitung in den **Faulturm**. Dabei entstehen Faulgase, die aufgefangen werden und über ein **Blockheizkraftwerk** Energie und Wärme erzeugen.

2. Die **biologische Reinigung**: Hier werden mit Hilfe von bestimmten Bakterien und Luftzufuhr die restlichen organischen Stoffe im Abwasser abgebaut. Die Luft muss zugeführt werden, damit einige Bakterienarten das Abwasser besser reinigen können.
3. Die **chemische Reinigung**: Chemische Schadstoffe, z. B. Geschirrspülmittel, Shampoo, werden in dieser Stufe aus dem Abwasser entfernt.

Fäkalien = feste Ausscheidungen von Tier und Mensch

Faulturm = Turm, in dem der Faulschlamm weiterverarbeitet wird

Blockheizkraftwerk = eine Anlage zur Gewinnung von Energie und Wärme

organische Stoffe = Verbindungen aus Kohlenstoffatomen

***Abb. 22** Luftbildaufnahme einer Kläranlage*

Manche Kläranlagen wenden noch ein viertes Reinigungsverfahren an. Dies ist die **Entkeimung** des Wassers. Hierbei werden alle noch im Wasser befindlichen Mikroorganismen abgetötet.

Das geklärte und gereinigte Wasser wird schließlich abgeleitet, z. B. in einen Fluss.

Entkeimung = Vorgang, bei dem Stoffe, Materialien oder Geräte von Mikroorganismen befreit werden

MINI 13

Jeder kann was tun!

- Überlegt euch, was jeder einzelne tun kann, um eine Verschmutzung des Abwassers zu vermindern. Denkt an verschiedene Situationen im Alltag, z. B. in der Küche, im Bad, im Garten, am See, beim Autowaschen.
- Erstellt eine Liste und schreibt sie auf ein Plakat.

NAWI-XTRA

Eutrophierung

Unter **Eutrophierung** versteht man die meist durch den Menschen verursachte Anreicherung von Nährstoffen in Gewässern. Diese Nährstoffe, z. B. Dünger aus der Landwirtschaft, gelangen über das Oberflächen- oder Grundwasser in Flüsse, Seen und ins Meer.

In vielen südlichen Ländern gibt es keine Kläranlagen. Das Abwasser gelangt ungeklärt in die Gewässer. Zuerst kommt es zu einer **Überdüngung** der Gewässer. Durch diese Anreicherung der Nährstoffe gedeihen Algen und Wasserpflanzen sehr gut. Sie wuchern stark, dadurch benötigen sie viel Sauerstoff und der Sauerstoffgehalt im Gewässer nimmt ab. Dies führt zum Absterben der im Wasser lebenden Organismen.

Eutrophierung = Anreicherung von Nährstoffen in einem Ökosystem

Ökosystem = verschiedene Lebewesen in einem bestimmten Lebensraum

Überdüngung = Anreicherung von Nährstoffen

Quecksilber = einziges flüssiges Metall bei Raumtemperatur, hochgiftig

SPECIALS

- In einigen Ländern wird **Gold** mit Hilfe von Quecksilber aus dem Sand gewaschen.
- Das **Quecksilber** gelangt in Flüsse und Seen.
- Dadurch wird auch das **Trinkwasser** verseucht.
- Auswirkungen sind **Quecksilbervergiftungen** bei Tier und Mensch. Die ersten Symptome sind Kopfschmerzen, Übelkeit, Schwindel. Langzeitschäden sind Nieren- und Leberschäden.

3.5 Gewässergüteklassen

Gewässergüteklassen = System zur Qualitätsermittlung von Gewässern

Bioindikator = Lebewesen, das auf Einflüsse des Menschen mit einer Veränderung der Lebensfunktion oder des Vorkommens reagiert

Alle Gewässer in Österreich werden mit Hilfe der **Gewässergüteklassen** klassifiziert. Es wird eine biologische Beurteilung mit Hilfe von bestimmten Insektenlarven, Krebsarten und Einzellern erstellt. Diese Lebewesen sind **Bioindikatoren**, die mit einer Veränderung im Vorkommen oder der Lebensfunktion auf Verschmutzung reagieren. Dadurch ergibt sich ein Zusammenhang mit der Gewässerverunreinigung und bestimmten Organismen im Gewässer, welche in **Gewässergütestufen** dargestellt werden.

Es gibt **vier Gewässergütestufen**, die in Karten farblich dargestellt werden.

- Güteklasse 1: kaum verunreinigt; blaue Farbe
- Güteklasse 2: mäßig verunreinigt; grüne Farbe
- Güteklasse 3: stark verunreinigt; gelbe Farbe
- Güteklasse 4: außergewöhnlich stark verunreinigt; rote Farbe

In anderen Ländern gibt es ähnliche Güteklassen. Man kann im Internet Gewässergütekarten von Flüssen, Seen und vom Meer finden und so die jeweilige Wasserqualität mit Hilfe der Karte feststellen.
Die Wasserqualität österreichischer Gewässer hat sich in den letzten zwei Jahrzehnten stark verbessert. Zurückzuführen ist dies auf den vermehrten Bau von Kläranlagen, ein stärkeres Umweltbewusstsein in der Bevölkerung und strengere Auflagen für die Abwasserentsorgung der Industrie.

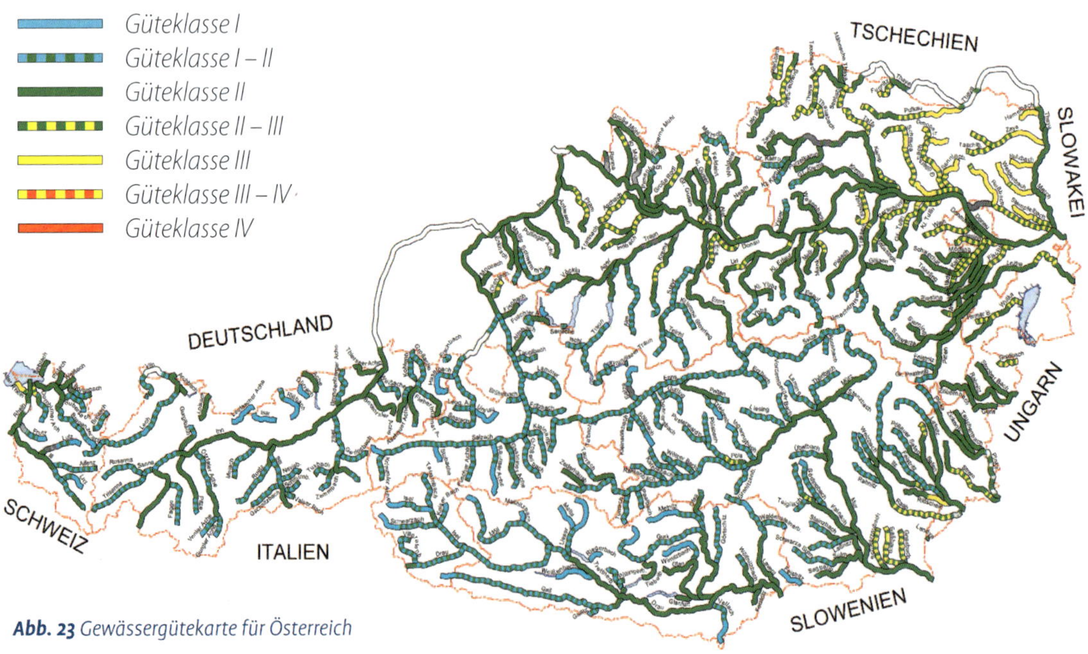

Abb. 23 Gewässergütekarte für Österreich

WISSENSBOX

- **Wasser** kommt in **drei Zustandsformen** vor (Eis, Flüssigkeit, Wasserdampf).
- Wasser ist ein **Dipolmolekül**.
- Diese Dipole bilden **Cluster** über **Wasserstoffbrückenbindungen**.
- Wasser hat **viele Eigenschaften** (Dichteanomalie, Wärmekapazität, Oberflächenspannung, Lösungsmittel).
- Die **Wasserhärte** entsteht durch gelöste Ionen.
- Der Grad deutscher Härte bestimmt, wie hart oder weich Wasser ist.
- Bei zu **hartem Wasser** kommt es zur Bildung von **Kalkablagerungen**.
- Wasserenthärter verhindern diese Ablagerungen bei Haushaltsgeräten.
- Durch verschiedene Vorgänge gelangen **Schadstoffe** ins Wasser.
- Mit Hilfe der **Kläranlage** wird verschmutztes Wasser gereinigt.
- Eine Kläranlage hat **drei bis vier Reinigungsstufen** (mechanische, biologische, chemische Stufe und Entkeimung).
- Die Qualität der Gewässer in Österreich wird mit vier **Gewässergüteklassen** bestimmt.

4 Was geschieht bei chemischen Reaktionen?

Chemische Reaktionen laufen ständig in unserer Umgebung und in allen Lebewesen ab. Dabei treten die Reaktionspartner in Beziehung und wirken auf die Umgebung.
Es bildet sich ein **System** – ein abgegrenzter Bereich, der durch Größen wie Temperatur, Druck, Volumen, Teilchenzahl und Geschwindigkeit dieser Teilchen gekennzeichnet wird. Die einzelnen Größen des jeweiligen Systems stehen in Beziehung zueinander.

System = Einheit, die aus vielen Elementen zusammengesetzt ist, die in Beziehung zueinander stehen

Man unterscheidet:

1. Isoliertes System: Weder Energie noch Materie werden mit der Umgebung ausgetauscht. (Beispiel: Inhalt einer gut verschlossenen Thermosflasche)

2. Geschlossenes System: Mit der Umgebung wird nur Energie ausgetauscht. Die Materie bleibt erhalten.

3. Offenes System: Energie, Materie oder beide können mit der Umgebung ausgetauscht werden. Alle lebenden Organismen sind offene Systeme.

MINI 14

Offen oder isoliert – was ist häufiger?!

☺ Überlege:
- Warum handelt es sich beim Beispiel mit der Thermosflasche um ein isoliertes System?
- Kann die Aussage „Das Universum ist ein geschlossenes System" stimmen?

Begründe deine Antworten genau.

☺☺ Sucht nach geschlossenen und offenen Systemen in eurem Alltag. Welches System ist das häufigste? Diskutiert eure Ergebnisse mit einer anderen Gruppe.

Reaktionsgeschwindigkeit = Maß für die Anzahl der Teilchen, die innerhalb einer bestimmten Zeit umgesetzt werden

Akkumulator = **Akku** = wiederaufladbarer Speicher für elektrische Energie

Entropie = Maß für die Unordnung in einem System

Enthalpie = auftretende Energie bei chemischen Reaktionen

Joule = Einheit für Energie, Arbeit und Wärmemenge

Chemische Reaktionen laufen in offenen Systemen ab.
Dabei werden:

- chemische Bindungen gelöst und neue gebildet,
- die Eigenschaften der Ausgangsstoffe verändert, sodass die Produkte andere Eigenschaften besitzen (z. B. Farbe, Geruch, Geschmack).

Der Ablauf einer chemischen Reaktion wird in der Reaktionsgleichung (▶ S. 27) dargestellt. Jede Reaktion benötigt eine bestimmte Zeit, in der sie abläuft. Die **Reaktionsgeschwindigkeit** gibt an, wie viele Teilchen innerhalb eines Zeitabschnittes miteinander reagieren.
Das Auflösen und Verknüpfen chemischer Bindungen ist mit einer **Energieumwandlung** verbunden.

Je nach Art der Energieform lassen sich verschiedene Reaktionsarten unterscheiden:

- **Thermochemische Reaktionen:** Hier unterscheidet man:
  - Exotherme Reaktion: Energie wird meist in Form von Wärme an die Umgebung abgegeben.
  - Endotherme Reaktion: Energie wird aus der Umgebung aufgenommen.
- **Elektrochemische Reaktionen:** Sie laufen unter Mitwirkung elektrischer Energie ab, z. B. Akkumulator im Handy.
- **Fotochemische Reaktionen:** Licht oder Lichterscheinungen lösen diese Reaktionen aus, z. B. Fotosynthese (▶ S. 46, 113), Aushärten von Kunststofffüllungen beim Zahnarzt.

Erwünscht sind: ein energiearmer Zustand und ein hoher Unordnungsgrad.

Jedes System versucht, einen energiearmen Zustand und einen hohen Unordnungsgrad zu erreichen.

Den Unordnungsgrad nennt man **Entropie**. In einem Kristall (▶ S. 71) ist die Ordnung der beteiligten Teilchen groß, daher hat er eine geringe Entropie. Bei Gasen sind die beteiligten Teilchen frei im Raum verteilt, sie besitzen eine hohe Entropie.
Den Energiegehalt eines thermochemischen Systems nennt man **Enthalpie**. Die Enthalpie wird mit dem Buchstaben H dargestellt, H stammt vom englischen *heat content*. Die Einheit für die Enthalpie ist **Joule** (J) pro Mol (▶ S. 19).
Chemische Reaktionen kann man danach unterscheiden, ob die Enthalpie einen positiven oder negativen Wert hat. Es gibt exotherme und endotherme Reaktionen.

4.1 Ablauf einer exothermen Reaktion

Exotherme Reaktionen sind jene Reaktionen, bei denen Energie (meist in Form von Wärme) frei wird (z. B. Verbrennen von Holz).
Die Enthalpie ist negativ (– ΔH). Diese Reaktion kann man in einem Diagramm darstellen:

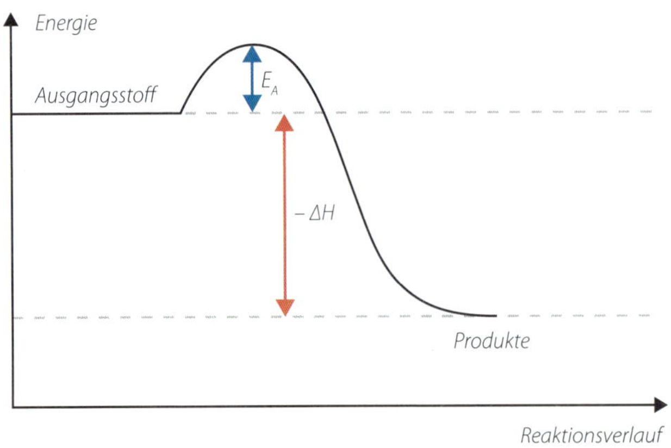

Abb. 24
Diagramm einer exothermen Reaktion
E_A = Aktivierungsenergie
–ΔH = die frei werdende Menge an Energie

MINI 15

Exotherme Reaktionen?

Denkt an Reaktionen im Alltag. Welche davon sind exotherme Reaktionen? Schreibt einige auf und begründet.

Was zeigt das Diagramm in Abbildung 24?

Die Ausgangsstoffe haben einen höheren Energiegehalt als die Produkte.
Damit die Reaktion ablaufen kann, muss zuerst **Aktivierungsenergie** (E_A) zugeführt werden.
Sie ist nötig, damit die Teilchen der Ausgangsstoffe beginnen, miteinander zu reagieren. Anschließend läuft die Reaktion ohne weitere Energiezufuhr selbständig ab. Die Produkte haben einen energieärmeren Zustand als die Ausgangsstoffe. Es wurde Energie an die Umgebung abgegeben.
Wenn die notwendige Aktivierungsenergie sehr gering ist, kann eine Reaktion auch spontan ohne zusätzliche Energiezufuhr ablaufen. Die Aktivierungsenergie wird aus der Umgebung bezogen.

Aktivierungsenergie (E_A) = jene Energie, die zugeführt werden muss, damit eine Reaktion ablaufen kann

Exotherme Vorgänge sind:
- jede Form von Verbrennung
- Explosionen
- die Zellatmung (▶ S. 45, 113)

4.2 Ablauf einer endothermen Reaktion

Endotherme Reaktionen sind jene Reaktionen, bei denen Energie (meist in Form von Wärme) zugeführt werden muss (z. B. erfolgt die Zersetzung von Wasser durch Zufuhr von Energie). Deshalb ist die Enthalpie positiv (+ΔH).
Diese Reaktion kann in einem Diagramm dargestellt werden.

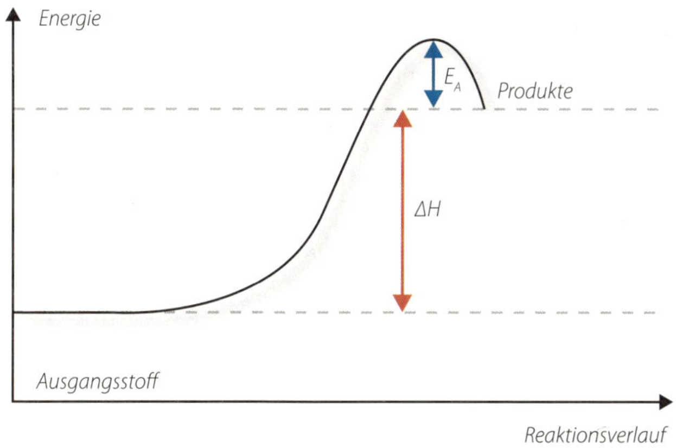

Abb. 25
Diagramm endotherme Reaktion
E_A = Aktivierungsenergie
ΔH = die zugeführte Menge an Energie

Was drückt das Diagramm in Abbildung 25 aus?

- Die Ausgangsstoffe haben einen niedrigeren Energiegehalt als die Produkte.
- Damit die Reaktion ablaufen kann, muss Energie (ΔH) zugeführt werden.
- Hat diese zugeführte Energie einen bestimmten Wert überschritten, reagieren die Teilchen.
- Es kann im Zuge des Reaktionsablaufes Aktivierungsenergie (E_A) auftreten, die schließlich zur Entstehung der Produkte führt.
- Die Produkte besitzen einen höheren Energiewert als die Ausgangsstoffe.

Endotherme Vorgänge sind:
- die Fotosynthese (▶ S. 46, 113)
- die Elektrolyse von Wasser (▶ S. 119, 120)

Das NAWI-XTRA **„Enthalpie kann man berechnen“** sowie eine **„Tabelle der Standard-Enthalpien“** findest du online auf **www.hpt.at/nawi-1**.

MINI 16

Diagramme im Vergleich

- Schau dir die beiden Diagramme (Abb. 24 und Abb. 25) an.
- Analysiere sie und formuliere in einem Text, was dir dabei auffällt.

4.3 Ein Katalysator beschleunigt

Katalysator = Stoff, der eine Reaktion beschleunigt, ohne sich dabei zu verändern

Ein **Katalysator** ist ein Stoff, der durch Senkung der Aktivierungsenergie (▶ S. 93) eine Reaktion beschleunigt. Er selbst verändert sich dabei nicht.

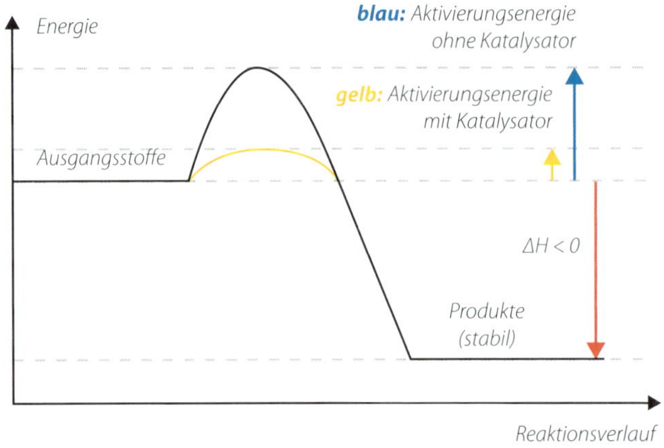

Abb. 26
Exotherme Reaktion mit Katalysator

Die Abbildung 26 zeigt eine exotherme Reaktion (▶ S. 92). Die Wirkung des Katalysators ist mit der gelben Kurve dargestellt, die geringere Aktivierungsenergie mit einem gelben Pfeil. Die Reaktionsenthalpie (▶ S. 92) bleibt gleich.

Wenn bei Reaktionen mehrere Produkte entstehen, hat der Katalysator eine **Auswahlrolle**. Er beschleunigt jene Reaktion, deren Produkt erwünscht ist. Die anderen Reaktionen laufen langsamer ab und können unterbunden werden.

Bedeutung von Katalysatoren

Bei fast allen chemischen Reaktionen in lebenden Zellen ist ein Katalysator beteiligt. Meist sind es **Enzyme** (▶ S. 12), die als Katalysatoren arbeiten, wie z. B. bei der Fotosynthese oder der Zellatmung (▶ S. 45, 46, 113).

In der **Industrie** ist die Verwendung von Katalysatoren von hoher wirtschaftlicher Bedeutung. Viele großtechnische Vorgänge würden ohne Katalysator viel langsamer ablaufen und mehr Energie verbrauchen.

Bei der Herstellung von Ammoniak ermöglicht ein Katalysator (ein Gemisch aus Aluminiumoxid und Eisenoxid) z. B. die Reaktion von Stickstoff und Wasserstoff. Diese Methode nennt man Haber-Bosch-Verfahren.

Der **Abgaskatalysator** spielt für den Umweltschutz eine wichtige Rolle.

Nicht nur die Abgasbehandlung in Industrieanlagen sorgt für saubere Luft, auch der Fahrzeugkatalysator.

Wenn man im Motor 1 Liter Benzin verbrennt, werden rund 10 000 Liter frische Luft in Abgase verwandelt. Diese enthalten schädliche Verbindungen, unter anderem Kohlenstoffmonoxid (CO), Oxide des Stickstoffs (NO_x) und Kohlenwasserstoffe (CH-Verbindungen).

Diese Schadstoffe können mit dem Fahrzeugkatalysator um bis zu 90 % verringert werden, indem sie zu Kohlenstoffdioxid (CO_2), Stickstoff (N_2) und Wasser (H_2O) umgewandelt werden.

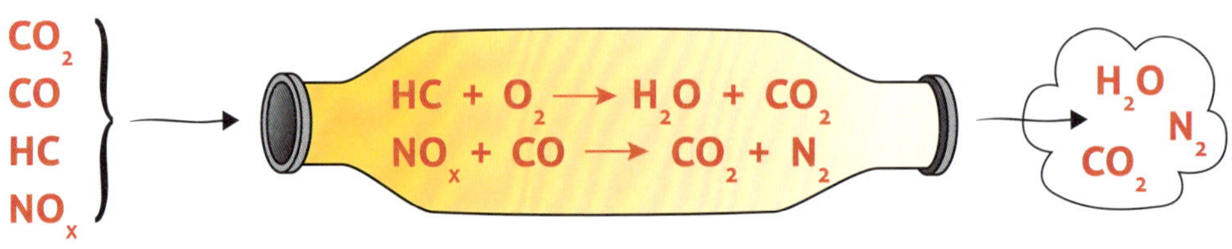

***Abb. 27** Fahrzeugkatalysator*

Die Abbildung 27 zeigt die Reaktionen, die im Inneren des Katalysators ablaufen. Die Kohlenwasserstoffe reagieren mit Sauerstoff zu Wasser und Kohlenstoffdioxid. Die Oxide des Stickstoffs und Kohlenmonoxid reagieren zu Kohlenstoffdioxid und Stickstoff.

MINI 17

Warum wird der Apfel braun?

Schneidet einen Apfel auf und lasst ihn einige Stunden liegen.
Analysiert, was ihr beobachtet, und formuliert Hypothesen zu den möglichen Ursachen der Veränderungen.

NAWI AKTIV 6

Exotherm oder endotherm?

Lernziele:

- Ich kann die beiden Reaktionstypen voneinander unterscheiden. **A**, **N1**
- Ich kann einen Versuch durchführen und protokollieren. **B**, **N2**
- Ich kann ein Diagramm erstellen. **A**, **N1**
- Ich kann meine Ergebnisse erklären und präsentieren. **B + C**, **N2**

Arbeitsmittel:

Brenner, 1,5 cm Magnesiumband, Zange, Porzellanschale, 1 Becherglas (150 ml, hohe Form), Löffel, Thermometer (Anzeige auch unter 0 Grad), Spatel, feste Kristallsoda ($Na_2CO_3 \cdot 10\ H_2O$), Zitronensäure

Schutzbrillen aufsetzen! Alle Geräte auf eine Unterlage stellen!

Aufgaben:

Führt folgende Versuche laut Anleitung durch.
Protokolliere den Versuchsablauf (eventuell auch Fotos mit Handy).
Erstellt (unter Einbeziehung des Wissens aus Kapitel 5.4) die chemische Gleichung zu Versuch 1.
Welcher der beiden Versuche war exotherm und welcher endotherm? Begründet die Antwort.
Erstellt zu beiden Versuchen das passende Diagramm mit allen Beschriftungen auf einem Informationsblatt.
Tauscht eure Informationsblätter in der Gruppe aus und erklärt die fremden/eigenen Informationsblätter.

Versuchsanleitung:

Versuch 1: Verbrennen von Magnesium

Bevor ihr mit dem Versuch beginnt, müsst ihr entscheiden, wer A und wer B ist.

- A zündet den Brenner an.
- B nimmt 1,5 cm Magnesiumband mit der Zange und hält es einige Zeit in die Flamme. ACHTUNG: Es entsteht eine grelle Flamme, nicht direkt in die Flamme schauen!
- B hält das brennende Magnesium über die Porzellanschale.
- A macht ein Foto.
- Beobachtet und beschreibt, was geschieht.

Versuch 2: Reaktion von Kristallsoda mit Zitronensäure

- Füllt mit einem Löffel ungefähr 2 cm Zitronensäure in das Becherglas.
- Schichtet ungefähr die gleiche Menge Kristallsoda darüber.
- Rührt mit dem Thermometer ununterbrochen vorsichtig um und beobachtet dabei die Temperatur.
- Seid leise bei diesem Versuch. Beobachtet und beschreibt, was geschieht.

Entsorgt nach den Versuchen die Rückstände in die entsprechenden Entsorgungsbehälter.

SELBSTEINSCHÄTZUNG Ich habe die Aufgaben bearbeitet:			Feedback Lehrer/innen ↔ Schüler/innen
sehr gut	gut	weniger gut; folgendes muss ich nachholen	

Entsorgung:
Behälter für flüssige organische Abfälle, Behälter für Metalle

WISSENSBOX

- Im Alltag und in Organismen laufen ständig **chemische Reaktionen** ab.
- Es bilden sich **Systeme**, deren Teilchen in Beziehung untereinander und zur Umwelt stehen.
- Man unterscheidet **geschlossene** und **offene Systeme**.
- Chemische Reaktionen laufen mit einer bestimmten **Reaktionsgeschwindigkeit** ab.
- Chemische Systeme versuchen, den größten **Unordnungsgrad** zu erreichen.
- Ein Maß für die Unordnung ist die **Entropie**.
- Den Energiegehalt eines Systems nennt man **Enthalpie**.
- Jedes chemische System versucht, den **energieärmsten Zustand** zu erreichen.
- Es wird bei chemischen Reaktionen Energie frei oder zugeführt.
- Reaktionen, bei denen **Energie frei** wird, nennt man **exotherme Reaktionen**.
- Reaktionen, bei denen **Energie zugeführt** wird, nennt man **endotherme Reaktionen**.
- Beide Reaktionsarten kann man in **Diagrammen** darstellen.

5 Säuren und Basen – sind sie gefährlich?

Im Alltag kommt man immer wieder mit Säuren und Basen in Kontakt. Vielen ist nicht bewusst, dass z. B. die Seife eine Base oder der Essig eine Säure ist.

MINI 18

Welche Säuren und Basen kennst du?

- Überlege dir, welche Säuren und Basen in deinem unmittelbaren Umfeld vorkommen, z. B. in der Küche, im Bad oder beim Frisör. Welche kennst du aus dem Chemieunterricht? Schreibe deine Ergebnisse auf.
- Begründe, woran du erkennen kannst, dass es sich um eine Säure oder eine Base handelt.
- Vergleiche deine Aufzeichnungen mit einer Schulkollegin/einem Schulkollegen.

5.1 Wann bezeichnet man einen Stoff als Säure?

Johannes Nicolaus Brønsted (1879 – 1947), dänischer Chemiker

Thomas Lowry (1874 – 1936), englischer Chemiker

Säuren geben H^+-Ionen an den Reaktionspartner ab.

In den Anfängen der Chemie wurden alle Stoffe, die sauer schmeckten, als Säure bezeichnet. Erst 1923 definierten **Brønsted** und **Lowry** unabhängig voneinander eine Säure. Sie beschrieben **Säuren** als Teilchen, die Protonen (▶ S. 15) in Form von **H^+-Ionen** abgeben.

Betrachten wir **Chlorwasserstoff (HCl)** in wässriger Lösung:

- Es handelt sich um eine polare Atombindung (▶ S. 74).
- Chlor hat eine höhere Elektronegativität (▶ S. 25) als Wasserstoff.
- Bei der Spaltung dieser Bindung wird das Elektron (▶ S. 14) des Wasserstoffatoms vom Chloratom angezogen.
- Wasserstoff hat nur mehr ein Proton (▶ S. 15) und ist daher positiv geladen – also ein positives Ion (▶ S. 22) H^+, d. h. **Proton**.
- Das Chlor-Ion bildet den sogenannten **Säurerest**.

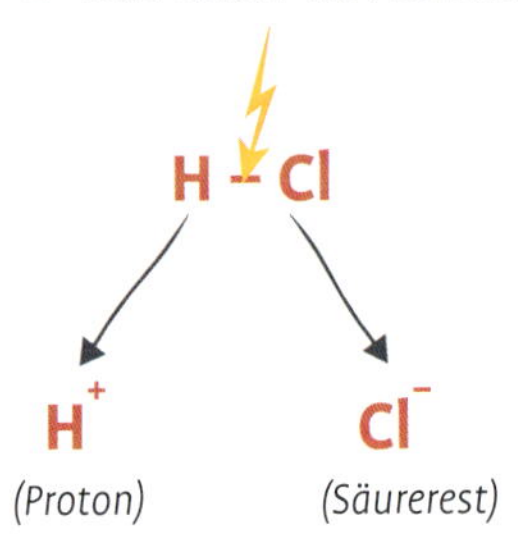

Abb. 28 *Spaltung von HCl*

Für Säuren gilt, dass sie

- Protonen abgeben. Sie sind **Protonenspender** (Protonendonatoren).
- mit unedlen Metallen (▶ S. 76) unter Bildung von Wasserstoff reagieren. Es bilden sich dabei **Salze** (▶ S. 71).
- saure Lösungen bilden. Diese Lösungen sind gute elektrische Leiter, da die Ionen sich frei bewegen können.

Einige wichtige anorganische Säuren und ihre Salze

anorganische Moleküle = vorwiegend kohlenstofffreie Verbindungen

Name	Formel	Name des Salzes	Beispiele von Salzen	
Salzsäure	HCl	Chlorid	$NaCl$	Natriumchlorid
Schwefelige Säure	H_2SO_3	Sulfit	Na_2SO_3	Natriumsulfit
Schwefelsäure	H_2SO_4	Sulfat	Na_2SO_4	Natriumsulfat
Kohlensäure	H_2CO_3	Carbonat	$CaCO_3$	Kalziumcarbonat
Phosphorsäure	H_3PO_4	Phosphat	Na_3PO_4	Trinatriumphosphat
Salpetersäure	HNO_3	Nitrat	$NaNO_3$	Natriumnitrat
Salpetrige Säure	HNO_2	Nitrit	$NaNO_2$	Natriumnitrit

Neben diesen anorganischen Säuren gibt es **organischen Säuren**. Du erkennst sie an ihrer typischen Formelschreibweise, z. B. Essigsäure = CH_3COOH.

Wenn du dir die Formeln der anorganischen Säuren ansiehst, kannst du erkennen, dass manche mehrere Wasserstoffatome besitzen. Diese Säuren werden als **mehrprotonige Säuren** bezeichnet, da sie mehrere Protonen (H^+-Ionen) abgeben können.

mehrprotonige Säuren = Säuren, die mehrere Protonen (H^+-Ionen) abgeben können

5.2 Wann bezeichnet man einen Stoff als Base?

Als Base werden Stoffe bezeichnet, die in der Lage sind, sogenannte **Hydroxid-Ionen (OH^--Ionen)** zu bilden. Die Hydroxid-Ionen der Base nehmen Protonen (H^+-Ionen), die von der Säure abgegeben werden, auf.

Brønsted und Lowry (▶ S. 96) beschrieben Basen als Teilchen, die in der Lage sind, Protonen (H^+-Ionen) aufzunehmen.

Betrachten wir die **Natronlauge (NaOH)** in wässriger Lösung:

- Es handelt sich um eine Ionenbindung (▶ S. 69).
- Bei der Spaltung dieser Bindung entsteht ein positives Natrium-Ion (Na^+) und ein negatives Hydroxid-Ion (OH^-).

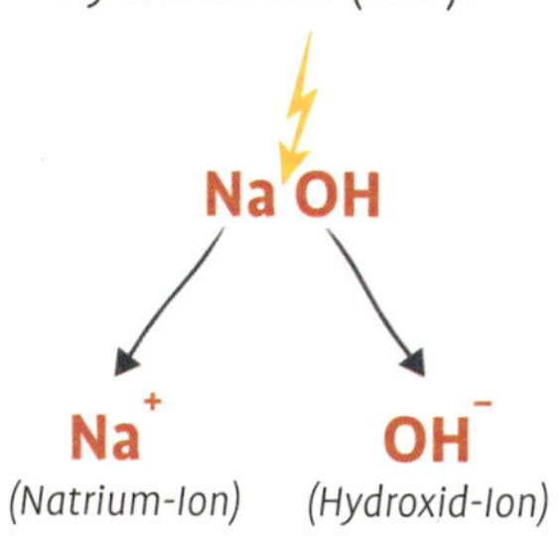

Für Basen gilt, dass sie

- **Hydroxid-Ionen** (OH^-) bilden.
- Protonen aufnehmen. Sie sind **Protonenempfänger** (Protonenakzeptoren).

Abb. 29 *Spaltung von NaOH*

Basen = alkalische Lösungen = Laugen = Stoffe, die in wässriger Lösung Protonen (H^+) aufnehmen; sie bilden Metall-Ionen und Hydroxid-Ionen (OH^--Ionen)

Einige Basen

Formel	Chemische Bezeichnung	Trivialname
$NaOH$	Natriumhydroxid	Natronlauge
KOH	Kaliumhydroxid	Kalilauge
$Ca(OH)_2$	Calciumhydroxid	Kalkwasser
$Mg(OH)_2$	Magnesiumhydroxid	

Viele Stoffe besitzen neben der chemischen Bezeichnung noch einen **Trivialnamen**, der in der Alltagssprache gebräuchlicher ist.

Wie du aus den Formeln erkennen kannst, besitzen die meisten Basen eine oder zwei Hydroxid-Gruppen (OH).

Trivialname = Begriff aus der Alltagssprache

Was haben Säuren und Basen gemeinsam?

- Beide sind **ätzend** und werden mit dem entsprechenden **Piktogramm** (▶ S. 9) gekennzeichnet. Daher muss beim Arbeiten mit Säuren oder Basen eine Schutzbrille getragen werden. Bei stark ätzenden Lösungen sollten sogar Handschuhe verwendet werden.
- Beide leiten den elektrischen Strom, da sie frei bewegliche Ionen in der Lösung besitzen.

WISSENSBOX

- **Säuren** geben Protonen an den Reaktionspartner (Base bzw. Wasser) ab.
- Sie sind **Protonenspender**.
- Säuren reagieren unter **Bildung von Wasserstoff** mit unedlen Metallen.
- Es bilden sich dabei **Salze**.
- **Basen** nehmen Protonen auf, sie sind Protonenempfänger.
- Basen bilden **Hydroxid-Ionen**.
- Säuren und Basen **leiten den elektrischen Strom**, da sie frei bewegliche Ionen besitzen.
- Säuren und Basen sind **ätzend** und werden mit dem entsprechenden Piktogramm gekennzeichnet.

5.3 Wenn Säuren und Basen miteinander reagieren

Protolyse = Reaktion, bei der ein Proton (H^+) zwischen zwei Reaktionspartnern übertragen wird

Bei der **Säure-Base-Reaktion** werden Protonen (H^+) zwischen den Reaktionspartnern übertragen. Man nennt diese Reaktion auch **Protolyse**.
Säuren sind Protonenspender, Basen sind Protonenempfänger.

NAWI-XTRA

Wasser reagiert als Säure oder als Base

Reines Wasser kann die sogenannte **Autoprotolyse** durchführen. Dabei zerfällt das Wasser zu gleichen Teilen in Oxonium-Ionen (H_3O^+) und Hydroxid-Ionen (OH^-).
Durch diese Eigenschaft der Autoprotolyse ist auch destilliertes Wasser elektrisch leitfähig.

$$H_2O + H_2O \rightleftharpoons H_3O^+ + OH^-$$

Man kann an den beiden Reaktionspfeilen erkennen, dass das Oxonium-Ion (H_3O^+) in der Lage ist, ein Proton abzugeben und mit dem Hydroxid-Ion wieder Wasser zu bilden. Es reagiert als Säure.

Ebenfalls kann das Hydroxid-Ion (OH^-) ein Proton aufnehmen. Es reagiert als Base.

Wasser ist neutral, da die Konzentration der H_3O^+ gleich groß ist wie die der OH^-.

Ampholyt = Verbindung, die sowohl als Säure als auch als Base reagieren kann

Bei Reaktionen mit Säuren bzw. Basen kann Wasser einmal als Protonenempfänger (Base) oder als Protonenspender (Säure) reagieren. Wasser ist ein **Ampholyt**.

Stellt man eine Säure durch das allgemeine Symbol HA dar und die Base durch B, so lässt sich die Protolyse wie folgt formulieren:

$$HA \longrightarrow A^- + H^+$$

Säure → konjugierte Base

1. Die Säure hat ein Proton abgegeben.

konjugierte Säure-Basen-Paare = zugehörige Säure-Basen-Paare, zwischen denen Protonen übertragen werden

$$H^+ + B \longrightarrow HB^+$$

Base → konjugierte Säure

2. Die Base hat ein Proton aufgenommen.

$$HA + B \longrightarrow A^- + HB^+$$

Säure | Base | konjugierte Base | konjugierte Säure

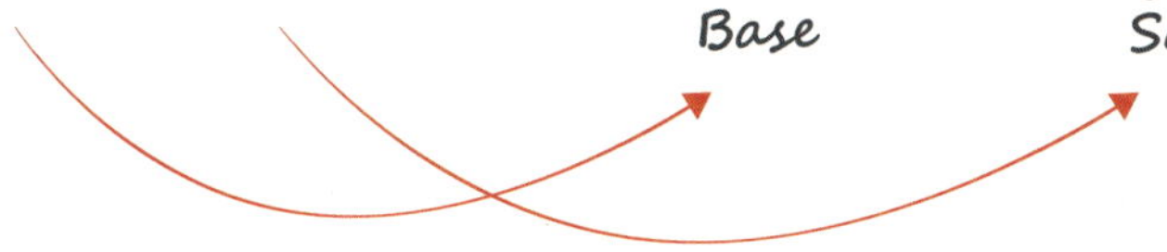

In der unteren Gleichung wurden die beiden Schritte zusammengefügt.
Wie man erkennen kann, stehen Säure und Base im Gleichgewicht zur zugehörigen (konjugierten) Base und zugehörigen (konjugierten) Säure.
Es existieren immer **Säure-Basen-Paare**.

Säure-Basen-Reaktionen lassen sich in zwei Teilschritte zerlegen, die beide als Protolyse bezeichnet werden.

5.3.1 Säuren und Basen reagieren mit Wasser

Beim Auflösen von Salzsäure (HCl) in Wasser kann man folgende Protolysereaktionen darstellen:

1. Protonenabgabe: $HCl \longrightarrow Cl^- + H^+$
2. Protonenaufnahme: $H_2O + H^+ \longrightarrow H_3O^+$

HCl gibt ein Proton (H^+) ab und wird zum Cl^--Ion. Dies ist der **Säurerest** der Salzsäure.
Das frei gewordene H^+ wird vom Wassermolekül aufgenommen, das damit zu H_3O^+, dem **Oxonium-Ion**, wird. Das Wassermolekül reagiert in diesem Beispiel als Base.
Das HCl-Molekül wurde gespalten, es ist **dissoziiert**.

Dissoziation = Spaltung eines Moleküls

Zusammenfassend erhält man folgende Gleichung:

$$HCl + H_2O \longrightarrow H_3O^+ + Cl^-$$

Mehrprotonige Säuren (▶ S. 97) zerfallen in so vielen Einzelschritten, wie sie Protonen zur Verfügung haben. Der Zerfall von Schwefelsäure (H_2SO_4), einer zweiprotonigen Säure, als Beispiel:

$$H_2SO_4 + H_2O \longrightarrow H_3O^+ + HSO_4^- \quad \text{1. Teilreaktion}$$

$$HSO_4^- + H_2O \longrightarrow H_3O^+ + SO_4^{2-} \quad \text{2. Teilreaktion}$$

Durch diese beiden Teilschritte entstanden in Summe zwei Oxonium-Ionen (H_3O^+) und ein zweifach negativer Säurerest (SO_4^{2-}).

$$H_2SO_4 + 2\,H_2O \longrightarrow 2\,H_3O^+ + SO_4^{2-}$$

Wenn man das Gas **Ammoniak** (NH_3) in Wasser auflöst, reagiert das Wassermolekül als Säure. Es gibt ein Proton an das Ammoniakmolekül ab.

$$NH_3 + H_2O \longrightarrow NH_4^+ + OH^-$$

Das Hydroxid-Ion (OH^-) weist auf den basischen Charakter der Lösung hin.

Bis jetzt wurden nur die Reaktion der Säure oder der Base mit Wassermolekülen betrachtet.

5.3.2 Was geschieht, wenn eine Säure mit einer Base reagiert?

Mischt man Säure mit Base, wird ihre Wirkung aufgehoben. Man spricht von einer **Neutralisationsreaktion**.

Neutralisation = Aufhebung der Wirkung (z. B. ätzende Wirkung) von Säuren und Basen

Normalerweise läuft diese Neutralisationsreaktion in wässrigen Lösungen ab.

Man kann also sagen:

Säure + Base ⟶ Wasser + Salz

Bei der Neutralisation wird Energie freigesetzt (exotherme Reaktion ▶ S. 92).

Eine Säure und eine Base sind vollständig neutralisiert, wenn

- alle Oxonium-Ionen und Hydroxid-Ionen Wasser bilden.
- sich der Säurerest und Basenrest zu dem dazugehörigen Salz verbinden.
- sich beim Verdampfen der Flüssigkeit ein Salz mit entsprechendem Ionengitter bildet.

Beispiel: Reaktion von **Salzsäure** (HCl) und **Natronlauge** (NaOH) in wässriger Lösung:

1. Teilschritt: $HCl + H_2O \longrightarrow H_3O^+ + Cl^-$

2. Teilschritt: $NaOH \longrightarrow Na^+ + OH^-$

Die Zusammenfassung der Teilschritte zeigt die Neutralisationsreaktion:

$$H_3O^+ + Cl^- + Na^+ + OH^- \longrightarrow 2\,H_2O + Na^+ + Cl^-$$

Natriumchlorid

Bei **mehrprotonigen Säuren** (▶ S. 97) läuft die Neutralisation stufenweise ab, z. B. Neutralisation von **Schwefelsäure (H_2SO_4)**:

$$H_3O^+ + HSO_4^- \quad + \quad Na^+ + OH^- \longrightarrow 2\,H_2O + Na^+ + HSO_4^-$$

Schwefelsäure — *Natronlauge* — *Natriumhydrogensulfat*

HSO_4^- ist nochmals in der Lage als Säure zu wirken und ein Proton abzugeben. Dies erfolgt in einem zweiten Schritt:

$$Na^+ + HSO_4^- \quad + \quad Na^+ + OH^- \longrightarrow H_2O + 2\,Na^+ + SO_4^{2-}$$

Natriumhydrogensulfat — *Natronlauge* — *Natriumsulfat*

Auch die Neutralisation einer mehrprotonigen Säure läuft in so vielen Einzelschritten ab, wie ein Molekül Protonen zur Verfügung hat.

Beispiel für Neutralisation im menschlichen Körper

Im menschlichen Körper findet u. a. im Magen eine Neutralisation statt.

Der Magensaft, der von der Magenschleimhaut produziert wird, besteht aus Schleim, Salzsäure, Wasser und Enzymen (▶ S. 12). Die Enzyme sind für die Eiweißverdauung zuständig. Die Salzsäure tötet Bakterien ab. Damit der Magensaft die Magenwand nicht angreifen kann, bildet die oberste Schichte der Magenwand eine undurchdringliche Schleimschicht. Darunterliegende Drüsenzellen produzieren Natriumhydrogencarbonat ($NaHCO_3$), das die eindringende Salzsäure neutralisiert.

MINI 19

Wie neutralisiere ich?

☺ Schreibe die einzelnen Schritte der Neutralisation auf:
- Phosphorsäure mit Kalilauge
- Natriumhydrogencarbonat mit Salzsäure

☺☺ Begründe die Anwendung von Basenpulver bei Sodbrennen.

SPECIALS +

- Bei **Stress** bewirken die Stresshormone über das Nervensystem eine vermehrte Bildung von Magensäure, die die Magenwand angreift.
- Ebenso können erhöhter Konsum von fettigen Speisen, Alkohol oder die Einnahme von Medikamenten die **Schutzschicht der Magenwand** angreifen. Die Magensäure kann in die Schleimschicht eindringen.
- Dies kann zu einer **Magenschleimhautentzündung** (**Gastritis**) führen. Es besteht außerdem die Gefahr der Bildung eines Magengeschwürs.
- Gegen die Gastritis gibt es eine Reihe von Medikamenten, die die Magensäure neutralisieren.
- Eine **Änderung der Ess- und Lebensgewohnheiten** kann ebenfalls zu einer Verringerung der Beschwerden führen.
- Solche Änderungen wären:
  - langsam essen,
  - auf fettiges Essen verzichten oder es reduzieren,
  - keine eiskalten Getränke konsumieren,
  - stark gewürzte Speisen meiden,
  - Alkoholkonsum reduzieren.

Hormone = Botenstoffe mit bestimmten Wirkungen in Zellen

WISSENSBOX

- Bei **der Säure-Basen-Reaktion** werden **Protonen übertragen**.
- Diese Reaktion wird auch **Protolyse** genannt.
- Es entstehen immer **Säure-Basen-Paare**.
- Die Spaltung der Säuremoleküle nennt man **Dissoziation**.
- Mehrprotonige Säuren dissoziieren so oft, wie sie Protonen zur Verfügung haben.
- Eine Sonderform der Säure-Basen-Reaktion ist die **Neutralisation**.
- Dabei verbinden sich **Säure und Base** unter Bildung von **Wasser und Salz**.

5.4 Der pH-Wert als Maßzahl für sauer oder basisch

pH-Wert = Maßzahl für den sauren oder basischen Charakter einer wässrigen Lösung

dekadischer Logarithmus = Zehnerlogarithmus. In der Mathematik kann man mit dem Logarithmus sehr stark wachsende Zahlenreihen übersichtlich darstellen.

Ionenprodukt = Produkt der Stoffmengenkonzentration aller in einem Medium durch Dissoziation (▶ S. 99) gelösten Ionen

Autoprotolysekonstante = Ionenprodukt eines Moleküls Wassers

Der **pH-Wert** gibt an, wie sauer oder basisch eine Lösung ist.
Er wird durch eine Zahl ausgedrückt und hat keine Einheit, man spricht von einer **dimensionslosen Zahl**.

Bei verdünnten Lösungen entspricht der pH-Wert in etwa dem negativen dekadischen Logarithmus der H_3O^+-Ionen-Konzentration in Mol pro Liter.

Zur Ermittlung der Maßzahl des pH-Wertes dient die **Autoprotolyse** (▶ S. 98) des Wassers bei einer Temperatur von 25 °C.

$$2\,H_2O \rightleftharpoons H_3O^+ + OH^-$$

Zwei Moleküle H_2O zerfallen in je *ein* Oxonium-Ion und *ein* Hydroxid-Ion. Dadurch kann man das **Ionenprodukt** berechnen. Das Ionenprodukt ergibt die **Autoprotolysekonstante**. Durch sie wird der pH-Wert bestimmt.

Das Ionenprodukt von reinem Wasser wird als K_w bezeichnet. Dafür gilt:

$$K_w = c(H_3O^+) \cdot c(OH^-)$$

K_W = Ionenprodukt von Wasser
c = Konzentration

Die Konzentrationen der beiden Ionensorten betragen bei 25 °C jeweils $1{,}004 \cdot 10^{-7}$ mol/l, das Ionenprodukt also $1{,}008 \cdot 10^{-14}$ mol^2/l^2, auch folgendermaßen dargestellt:

$$K_w = 10^{-7}\,\frac{mol}{l} \cdot 10^{-7}\,\frac{mol}{l} = 10^{-14}\,\frac{mol^2}{l^2}$$

Um die Hochzahlen zu umgehen, definiert man den pH-Wert als den negativen dekadischen Logarithmus der Oxonium-Ionen-Konzentration.

$$pH = -\log c(H_3O^+) = 7$$

Wenn man nun eine Konzentration der Lösung kennt, so kann man mit Hilfe der Gleichung die unbekannte Konzentration einer Säure oder Base berechnen.

Für den pH-Wert gilt daher folgendes:

- Ist $c(H_3O^+)$ größer als $c(OH^-)$, dann ist der pH-Wert kleiner als 7. Dies gilt für saure Lösungen.
- Ist $c(H_3O^+)$ gleich $c(OH^-)$, dann ist der pH-Wert 7. Dies gilt für neutrale Lösungen, z. B. Wasser.
- Ist $c(H_3O^+)$ kleiner als $c(OH^-)$, dann ist der pH-Wert größer als 7. Dies gilt für basische Lösungen.

Beispiele für die Berechnung des pH-Wertes:

Wie groß ist der pH-Wert einer Lösung mit $c(H_3O^+) = 0{,}05$ mol/l?
$c(H_3O^+) = 5 \cdot 10^{-2}$ mol/l
$\log c(H_3O^+) = \log 5 + \log 10^{-2}$
$= 0{,}7 + 2{,}0 = 1{,}3$
pH = 1,3
Es ist eine saure Lösung.

Wie groß ist der pH-Wert einer Lösung mit $c(OH^-) = 0{,}03$ mol/l?
$c(OH^-) = 3 \cdot 10^{-2}$ mol/l
$\log c(OH^-) = \log 3 + \log 10^{-2}$
pOH = 0,48 − 2,0 = −1,52
= −1,52 + 14 = 12,48
pH = 12,48

Da hier die $c(OH^-)$ oder pOH berechnet wurde, muss man zu den −1,52 noch 14 addieren, um auf den pH-Wert zu kommen. Es gilt

pH + pOH = 14.

Dies ergibt dann den definitiven pH-Wert der Lösung, die in diesem Fall basisch ist.

MINI 20

Welchen pH-Wert hat ...?

Berechne den pH-Wert folgender Lösungen:
- Lösung mit $c(OH^-) = 0{,}01$ mol/l
- Lösung mit $c(H_3O^+) = 0{,}06$ mol/l

Analysiere, ob es sich um eine starke Säure oder Base handelt.

5.4.1 Der Indikator hilft uns, den pH-Wert von Säure und Base zu erkennen

Indikator = Stoff, der durch Farbveränderung eine Säure oder Base in wässriger Lösung anzeigt

Ein **Indikator** verändert seine Farbe, wenn er mit sauren oder basischen Lösungen in Kontakt kommt. Die Farbveränderung beruht auf der chemischen Reaktion zwischen Indikator und zu untersuchender Lösung. Sie kann mit einer Farbskala verglichen werden. Diese kann in Verbindung mit dem pH-Wert (▶ S. 102) gebracht werden. Für den Alltag wird der pH-Wert in einer **pH-Wert-Skala** von 0 bis 14 dargestellt.

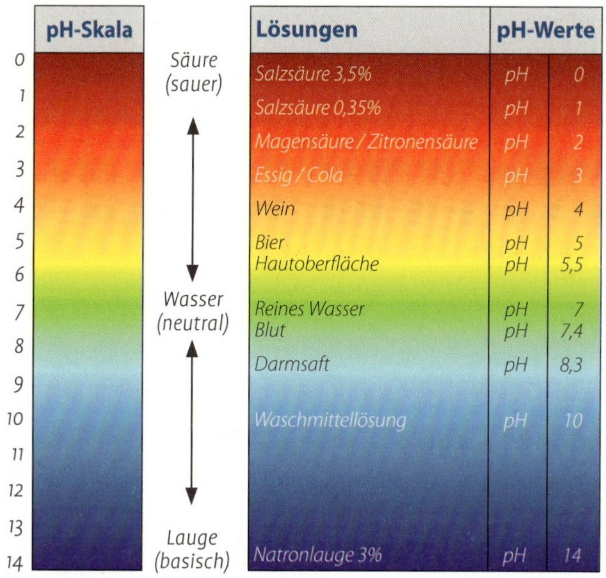

Abbildung 30 zeigt eine pH-Wert-Skala, die durch die Verwendung eines Mischindikators in Farbstufen eingeteilt ist. Die roten bis gelben Farben kennzeichnen Säuren, die blauen Farben Basen.

Abb. 30 *Färbige pH-Wert-Skala eines Mischindikators mit Beispielen*

Man unterscheidet:

- **Indikatorpapierstreifen**

Die Papierfarbe ist beim Lackmusindikator rosa, beim Universalindikator orange. Die Indikatorpapierstreifen dienen zur groben pH-Wert-Bestimmung. Bei Lackmus verändert sich die Farbe bei Säure auf rot und bei Base auf blau. Beim Universalindikator werden Säuren durch Rotfärbungen und Basen durch Grün- bis Blaufärbungen angezeigt.

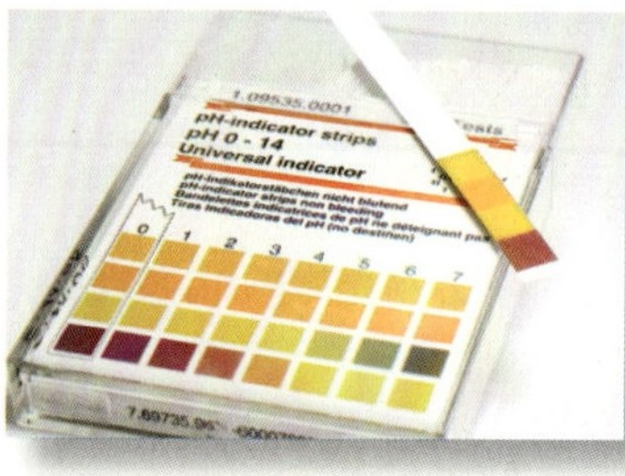

Abb. 31 *Indikatorstreifen*

- **Flüssigindikatoren**

Dies sind verschiedene Flüssigkeiten entweder mit Eigenfarbe oder wasserklar. Sie unterscheiden sich durch die Farben, die sie bei sauren, neutralen oder basischen Lösungen anzeigen, z. B. Methylorange und Bromthymolblau.

- **Bioindikatoren**

Es handelt sich um Indikatoren aus der Natur, wie z. B. Rotkraut- oder Blaukrautsaft und schwarzen Tee. Durch Zugabe von Essig verfärbt sich Rotkraut rötlich, bei Zugabe von Geschirrspülmittel (Base) kommt es zu dunkelblauer Verfärbung.

Abb. 32 *Vergleich einer Probe mit einer Indikatorskala*

pH-Meter = elektronisches Messgerät zur Anzeige des pH-Wertes

Das NAWI-XTRA **„Die Titration – ein chemisches Verfahren"** findest du online auf **www.hpt.at/nawi-1**.

Eine weitere Möglichkeit zur pH-Wert-Bestimmung ist das **pH-Meter**. Das pH-Meter muss vor Messungen auf eine Standardlösung mit bestimmtem pH-Wert eingestellt werden.

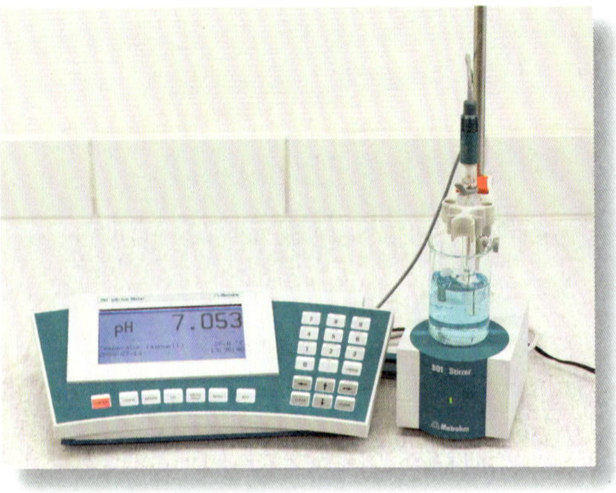

Abb. 33 pH-Meter

NAWI-XTRA

Warum verändert der Indikator seine Farbe?

Die Moleküle der Säure-Base-Indikatoren sind selbst schwache Säuren oder Basen. Das Indikatorsäuremolekül wird vereinfacht HInd bezeichnet. Es kann ein Proton abgeben, dann bleibt Ind^-, die Indikatorbase, zurück. Diese Indikatorbase kann aber wiederum ein Proton aufnehmen.

$$HInd_{aq} + H_2O_l \rightleftharpoons Ind^-_{aq} + H_3O^+_{aq}$$

In einer sauren Lösung erhöht sich die Konzentration von H_3O^+-Ionen, die Reaktion läuft verstärkt nach links ab. Dadurch ist die Konzentration von HInd größer als jene von Ind^-.

Bei einer basischen Lösung ist die Konzentration von H_3O^+-Ionen gering, die Reaktion läuft verstärkt nach rechts ab. Dadurch ist die Konzentration von Ind^- größer als jene von HInd.

Die Farbwirkung des Indikators beruht darauf, dass die Verbindung HInd eine andere Farbe besitzt als Ind^-. In saurer Lösung überwiegt die Konzentration HInd und die Farbe dieser Verbindung. In basischer Lösung überwiegt Ind^- und daher ist die Farbe eine andere.

SPECIALS

- Das **Blaukraut** besitzt den Farbstoff Cyanidin. Dieser kommt in der Natur in vielen Pflanzen vor und gehört zur Farbgruppe der **Anthocyane**.
- Auch rote Rosenblüten und die blauen Blüten der Kornblume besitzen denselben Farbstoff.
- Verbindet sich der **Farbstoff mit Eisen** oder Aluminium entsteht die **blaue Farbe**. Steht der Pflanze kein Eisen oder Aluminium in der Erde zur Verfügung, ist ihre Blütenfarbe Rot.
- Gärtner/innen nutzen dieses Wissen bei der **Erzeugung** unterschiedlicher **Blütenfarben** von Hortensien. Sollen die Blüten blau statt rot werden, gießen sie die Pflanze während der Blütenentwicklung mit Aluminium- oder Eisensalzen. Oder sie vergraben rostige Nägel in den Wurzelbereich.

Abb. 34 Blaue und rote Hortensien

NAWI AKTIV 7

Die Farbe zeigt es!

Lernziele:

- Ich kann eine Indikator-Farbskala erstellen. A, N1
- Ich kann Stoffproben untersuchen. B, N1
- Ich kann die Untersuchungsergebnisse bewerten. C, N1

Arbeitsmittel:

Blaukrautsaft verdünnt, mehrere Reagenzgläser, Reagenzglasgestell, Pipette, verschiedene Stoffproben – z. B. Mineralwasser, Waschmittellösung (für Wäsche), Haushaltsessig, Salmiakreiniger, Leitungswasser, Klar- oder Glanzspüler, Eistee usw., verdünnte Salzsäure und verdünnte Natronlauge

ACHTUNG: Schutzbrillen aufsetzen, Schutzhandschuhe und Arbeitsmantel anziehen!

Entsorgung: Behälter für anorganische Säuren und Basen

Aufgaben:

Erstellt eine Indikator-Farbskala mit dem Blaukrautsaft.

1. Nehmt drei Reagenzgläser und stellt diese in das Reagenzglasgestell.
2. Füllt die Reagenzgläser ca. 1 cm hoch mit Blaukrautlösung.
3. Gebt nun 5 Tropfen von folgenden (a, b, c) Lösungen in je ein Reagenzglas.
   a) verdünnte Salzsäure
   b) destilliertes Wasser
   c) verdünnte Natronlauge
4. Dokumentiert, was ihr beobachten könnt.

Untersucht die verschiedenen Stoffproben.

1. Zeichnet eine Tabelle nach folgendem Muster:

Stoffprobe	Farbe	Gehört zur Gruppe

2. Füllt alle Reagenzgläser ca. 1 cm hoch mit Blaukrautlösung.
3. Gebt je 5 Tropfen einer Stoffprobe in je ein Reagenzglas.
4. Beobachtet die Farbveränderung und schreibt die Ergebnisse in die Tabelle.
5. Versucht, die Stoffproben in Gruppen zu ordnen.
6. Dokumentiert die gemeinsam erarbeiteten Ergebnisse und interpretiert sie in einem kurzen Text.

Vergleicht eure Gruppeneinteilung der Stoffproben mit einer anderen Schüler-/innengruppe und erklärt in Stichworten, wie ihr zu euren Ergebnissen gekommen seid.

Erklärt, welche Funktion der Blaukrautsaft erfüllt.

Entsorgt die Rückstände in die entsprechenden Behälter.

SELBSTEINSCHÄTZUNG Ich habe die Aufgaben bearbeitet:			Feedback Lehrer/innen ↔ Schüler/innen
sehr gut	gut	weniger gut; folgendes muss ich nachholen	

5.4.2 pH-Wert im Alltag

MINI 21

Wo ist der pH-Wert wichtig?

Überlegt euch, wo der pH-Wert im Alltag wichtig ist.
Schreibt euch Beispiele auf. Vielleicht hat der eine oder die andere schon einmal den pH-Wert bestimmt. Überlegt, wo das war, und berichtet.

Für den Ablauf vieler chemischer und biochemischer Reaktionen ist der pH-Wert wichtig.

Einige Beispiele:

- Für das Wachstum der Pflanzen ist der **pH-Wert des Bodens** von großer Bedeutung. Es gibt Pflanzen, die saure Böden bevorzugen (Torfmoos: pH 3 – 4, Kartoffel: pH 4 – 5). Andere lieben basische Böden (Huflattich: pH 8). Gelangen von außen oder durch Prozesse im Boden mehr Protonen in den Boden, sinkt der Boden-pH-Wert ab. Wenn es zu keiner Neutralisationsreaktion im Boden kommt, entsteht eine Versauerung. Dies kann die Pflanzen erheblich schädigen.
- Im **Schwimmbad** muss ebenfalls der pH-Wert kontrolliert werden. Die eingesetzten Chemikalien, die zur Desinfektion dienen, sind nur in einem bestimmten pH-Wert wirksam. Der pH-Wert des Beckenwassers muss daher von Zeit zu Zeit durch Zugabe von Säuren oder Basen korrigiert werden.
- Auch in einem **Aquarium** muss der pH-Wert gemessen werden. Erstens, um den Fischen ideale Lebensbedingungen zu gewährleisten, und zweitens, um eine Algenvermehrung zu verhindern.
- Im **menschlichen Körper** spielt der pH-Wert ebenfalls eine wichtige Rolle, z. B. der pH-Wert des Blutes von 7,4. Er steht in engem Zusammenhang mit der Aufnahme des Sauerstoffes in das Gewebe (▶ S. 60). Das Hämoglobin in den roten Blutkörperchen kann mehr Sauerstoff binden, je näher der pH-Wert bei 7,4 liegt. Eine Senkung des pH-Wertes im Blut verringert die Aufnahmefähigkeit von Hämoglobin für Sauerstoff, sodass dieser leichter von den roten Blutkörperchen an die Gewebezellen abgegeben werden kann.

Desinfektion = Reduktion von krankheitserregenden Keimen

Hämoglobin = roter Blutfarbstoff

SPECIALS +

- Der **Mundspeichel** besitzt einen **pH-Wert** von **6,8 bis 7**, damit das Enzym Amylase arbeiten kann. Im **Magen** hat der Mensch einen **pH-Wert** von 2 – zum Abtöten von Bakterien und ebenso für die bessere Wirkung von Enzymen, die Eiweiße spalten. Im **Darm** ist der **pH-Wert 8**, also basisch, damit hier andere Enzyme ihre Arbeit verrichten können.
- Der sogenannte **Säureschutzmantel** der Haut bezieht sich auf einen pH-Wert von 5,5. Dieser Schutzmantel verhindert das Eindringen von Bakterien und hemmt ihr Wachstum. Normale Seifen zerstören diesen Schutz, da sie einen pH-Wert von 9 haben. Es kommt beim Waschen mit diesen Seifen zu einer Neutralisation und die Haut benötigt danach zwei bis drei Stunden, um den natürlichen Schutzmantel wieder aufzubauen. Deshalb sollte man **pH-neutrale Seifen** zum Waschen verwenden.

Amylase = Enzym, das Stärke spaltet

5.4.3 Pufferlösungen dämpfen

Ein bestimmter pH-Wert kann den Ablauf vieler Reaktionen sehr stark beeinflussen.
Oft ist es daher notwendig, dass der pH-Wert konstant bleibt.
Dazu verhelfen wässrige **Pufferlösungen** (Puffer), die in der Natur vorkommen und in der Chemie gezielt hergestellt werden.
Pufferlösungen bestehen aus einer Mischung einer schwachen Säure mit ihrer zugehörigen Base bzw. des jeweiligen Salzes oder einer schwachen Base und ihrer zugehörigen Säure. Auch Ampholyte (▶ S. 98) können als Puffer wirken.

Puffer = Stoffgemisch, dessen pH-Wert bei Zugabe von Säure oder Base wenig ändert

Beispiele für Puffer:

Carbonatpuffer

- regelt die CO_2-Konzentration zwischen Atmosphäre, Ozeanen und der Biosphäre.
- wirkt auch als Blutpuffer. Er hält den pH-Wert des Blutes zwischen pH 7,35 und 7,45 und gleicht die Schwankungen, die durch den Stoffwechsel entstehen, aus. Liegt der pH-Wert unter 7,35, liegt eine Azidose vor. Steigt er über pH 7,45, liegt eine Alaklose vor. Der Tod tritt bei pH-Werten unter 6,8 bzw. über 8,0 ein.
- **Puffersysteme in Gewässern** sorgen besonders in hartem Wasser (▶ S. 86) für einen gleichbleibenden pH-Wert.

Biosphäre = jener Raum auf der Erde, in dem Leben vorkommt

Azidose = Übersäuerung

Alkalose = Basenüberschuss im Blut

WISSENSBOX

- Der **pH-Wert** ist eine **Maßzahl** für die Bestimmung von Säuren und Basen.
- Die pH-Wertskala geht von **0 bis 14**.
- pH-Werte von **0 bis 6,9** bezeichnen eine **saure Lösung**, **7** eine **neutrale Lösung**, **7,1 bis 14** eine **basische Lösung**.
- Indikatoren helfen, den pH-Wert zu bestimmen.
- Es gibt **verschiedene Indikatoren** (Papierindikatoren, Flüssigindikatoren, Stoffe aus der Natur).
- Indikatoren helfen bei der Titration, die Neutralisationsphase zu erkennen.
- Der **pH-Wert** spielt im Alltag eine **große Rolle** (Pflanzenwachstum, Schwimmbad, im menschlichen Körper, als Säureschutzmantel).
- **Puffer** garantieren einen konstanten pH-Wert.

NAWI QUIZ

Löse folgende Aufgaben. Du hast 10 Minuten Zeit. Viel Erfolg!

1. Gleiche molare Mengen Salzsäure und Natronlauge werden zur Reaktion gebracht. Welche der Aussagen trifft/treffen zu?
   a) Die Lösung der Mischung reagiert neutral.
   b) Bei der Reaktion entstehen NaCl und Wasser.
   c) Durch Eindampfen der Lösung erhält man festes Kochsalz.
   Wähle die Antwort:
   A: a) und b) sind richtig.
   B: Alle sind richtig.
   C: b) ist richtig.
   D: c) ist richtig.
2. Welche Konzentration an Oxonium-Ionen enthält eine Lösung mit einem pH-Wert von 3?
   Wähle die Antwort:
   A: 10^3 mol/l
   B: 10^{-3} mol/l
   C: 10^3 g/l
   D: 10^{-3} g/l
   E: 0,003 mol/l
3. Welche Aussage/n zur Autoprotolyse von Wasser ist/sind richtig?
   a) Es entstehen dabei Oxonium- und Hydroxidionen.
   b) Wasser reagiert dabei sowohl als Säure als auch als Base.
   c) Wasser wird als Ampholyt bezeichnet.
   d) Es entstehen Wasserstoff- und Sauerstoff-Gas.
   Wähle die Antwort:
   A: d) ist richtig.
   B: Alle sind richtig.
   C: a), b) und c) sind richtig.
   D: a) und c) sind richtig.
   E: b), c) und d) sind richtig.

6 Oxidation und Reduktion kommen gemeinsam vor

MINI 22

Warum rostet Eisen?

Stellt eine Hypothese auf.

Versucht folgende Fragen zu beantworten:
- Wann rostet es schneller?
- Womit verbindet sich Eisen?

Schreibt eure Antworten auf und vergleicht sie mit einer anderen Gruppe.

Korrigiert eure Hypothesen und formuliert eine gemeinsame zur Frage, warum Eisen rostet.

Abb. 35
Antoine Laurent de Lavoisier (1743 – 1794), französischer Chemiker

Oxide = Sauerstoffverbindungen, die in der Regel entstehen, wenn brennbare Stoffe mit Sauerstoff reagieren

Oxidation = Reaktion, bei der von einem Molekül Elektronen abgegeben werden

Coenzym = niedermolekulares organisches Molekül, das an ein Enzym (▶ S. 12) gebunden ist

Knallgasreaktion = eine exotherme (▶ S. 92) Reaktion von Wasserstoff mit Sauerstoff

6.1 Definition von Oxidation und Reduktion

Der Name „Oxidation" wurde von **Lavoisier** geprägt.

- **Oxidation** ist eine Vereinigung von Elementen und chemischen Verbindungen mit Sauerstoff. Dabei entstehen **Oxide**.

Neuere Forschungsmethoden führten zu einer Erweiterung des Begriffs:
- **Oxidation** ist eine Reaktion, bei der einem Molekül Wasserstoffatome entzogen werden.
- Heute bezeichnet man als **Oxidation** jene Reaktion, bei der von einem Reaktionspartner **Elektronen abgegeben** und auf den anderen übertragen werden.

Hier einige Beispiele für Oxidation:
- Alle Arten von **Verbrennungen** kohlenstoffhaltiger Verbindungen unter Luftsauerstoff (z. B. Verbrennung von Kohle, Holz, Erdgas, Benzin im Motor, Kerzen). Dabei werden vier Elektronen des Kohlenstoffs an zwei Sauerstoffatome übertragen. Es entsteht **Kohlenstoffdioxid**.
- Bei vielen biochemischen Vorgängen, z. B. der **Zellatmung**, werden organischen Verbindungen (▶ S. 45) Wasserstoffatome entzogen. Dies erfolgt mit Hilfe von **Coenzymen**. Diese an Überträgerstoffe gebundenen Wasserstoffatome werden in den Mitochondrien (▶ S. 45) oxidiert, indem eine gesteuerte Knallgasreaktion abläuft. Die freiwerdende Energie wird entweder gespeichert oder für Körperprozesse benötigt.
- Die **Sauerstoffkorrosion** (▶ S. 114) von Metallen führt zur Bildung von Metalloxiden, z. B. Eisenoxid (Rost).
- Bei der **Knallgasreaktion**, bei der sich Wasserstoff mit Sauerstoff verbindet, entsteht Wasserstoffoxid oder Wasser.

$$2\,H_2 + O_2 \longrightarrow 2\,H_2O$$

Wasserstoff und Sauerstoff (Knallgas) reagieren zu Wasser.

Reduktion = Reaktion, bei der Elektronen von einem Molekül aufgenommen werden

Die **Reduktion** ist der gegengleiche Vorgang zur Oxidation.

- Eine Reduktion ist die Abgabe von Sauerstoff.
- Bei einer Reduktion wird Wasserstoff aufgenommen.
- **Reduktion** ist jene Reaktion, bei der **Elektronen aufgenommen** werden.

6.2 Redoxreaktion – Partnerschaft von Oxidation und Reduktion

Im Alltag kommen immer viele Oxidationen und Reduktionen gemeinsam vor. Man spricht von **Redoxreaktionen**. Dabei findet eine **Elektronenübertragung** statt.

Bei Redoxreaktionen reagiert immer eine Verbindung A, die Elektronen abgibt, mit mindestens einer Verbindung B, die Elektronen aufnimmt.
Die Verbindung A ist ein **Reduktionsmittel**, Verbindung B ist ein **Oxidationsmittel**.

Daraus ergibt sich folgendes Reaktionsschema:

$$A \longrightarrow A^{+} + e^{-}$$

Oxidation: Stoff A gibt als Reduktionsmittel ein Elektron ab.

$$B + e^{-} \longrightarrow B^{-}$$

Reduktion: Das Elektron wird vom Oxidationsmittel B aufgenommen.

$$A + B \longrightarrow A^{+} + B^{-}$$

Redoxreaktion: Stoff A gibt ein Elektron an Stoff B ab.

Redoxreaktion = chemische Reaktion, bei der ein Reaktionspartner Elektronen auf den anderen überträgt

Reduktionsmittel = Verbindung, die Elektronen abgibt oder die einem Oxid Sauerstoff entzieht

Oxidationsmittel = Verbindung, die Elektronen aufnimmt oder Sauerstoff abgibt

6.3 Die Oxidationszahl als Hilfsmittel

Die **Oxidationszahl** hilft uns, zu erkennen, ob es sich bei einer Reaktion um eine Oxidation oder eine Reduktion handelt. Sie wird mit einer ganzen Zahl und einem Plus oder Minus davor angegeben. Diese Zahl zeigt die (fiktive) Ladung der Atome innerhalb einer Verbindung an.

Oxidationszahl = formale Größe; sie hilft zu erkennen, ob es sich um eine Oxidation oder Reduktion handelt

Die Oxidationszahlen können einfach bestimmt werden:
- Bei Atomen und Elementen ist sie immer Null.
- Bei Ionen entspricht die Oxidationszahl der Ionenladung, z. B. Cu^{2+} hat die Oxidationszahl +2; Cl^{-} hat die Oxidationszahl −1.
- Bei Atombindungen wird angenommen, dass alle Valenzelektronen vom elektronegativeren Atom gebunden werden. Bei HCl besitzt z. B. Cl die höhere Elektronegativität (▶ S. 25). Seine Oxidationszahl ist daher −1, während H eine Oxidationszahl von +1 hat.

Die Summe aller Oxidationszahlen in einer Verbindung ist gleich Null.

Viele Elemente können in mehreren Oxidationsstufen auftreten.
Um die richtige Oxidationszahl zu erkennen, kann man diese berechnen, indem man bekannte Oxidationszahlen von Elementen vergleicht.

Beispiel Kaliumpermangant ($KMnO_4$):
- K hat die Oxidationszahl +1.
- O hat die Oxidationszahl −2.
- Die Verbindung enthält vier O. Daher: $4 \cdot -2$ ergibt einen Wert von −8.
- Da die Summe aller Oxidationszahlen in einer Verbindung Null ergeben muss, kann Mn nur eine Oxidationszahl von +7 haben. Denn +7 von Mn und +1 von K ergibt +8.

Bei Redoxreaktionen verändert sich die Oxidationszahl der beteiligten Atome.
- Bei einer Oxidation wird die Oxidationszahl größer.
- Bei einer Reduktion wird die Oxidationszahl kleiner.

Man kann also folgendes zusammenfassen:

Reaktion	Was passiert?	Wie verändert sich die Oxidationszahl?
Oxidation	Elektronenabgabe	Oxidationszahl wird größer
Reduktion	Elektronenaufnahme	Oxidationszahl wird kleiner

6.3.1 Rezept für die Erstellung einer Redoxreaktion

Wenn du folgende Schritte berücksichtigst, kommst du zum Erfolg. Überspringst du allerdings einen Schritt, wird das Ergebnis falsch sein.

Bevor du beginnst, überlege, ob die Formeln, die du erstellt hast, überhaupt logisch sind.

Zum Beispiel:
$CH_4 + O_2$ verbrennt *nicht* zu CH_4O_2, sondern zu $CO_2 + H_2O$.
Nun gehe Schritt für Schritt vor:

1. Stelle eine Gleichung aus Ausgangsstoffen und Produkten auf.
2. Bestimme die Oxidationszahlen.
3. Stelle Teilgleichungen auf.
4. Ermittle die jeweils aufgenommenen und abgegebenen Elektronen.
5. Gleiche die Ladungen aus.
6. Korrigiere die Stoffbilanz der Teilgleichungen mittels Wasser.
7. Gleiche die Elektronenanzahl der Teilgleichungen durch Multiplikation aus.
8. Füge Teilgleichungen zusammen und stelle so die Gesamtgleichung auf.

Überprüfe durch eine **Probe**, ob deine Gleichung stimmt!
Dazu zählst du, wie oft jedes Element und jede Ladung auf beiden Seiten vorkommt. Die Zahlen müssen immer gleich sein.

Als Beispiel:
Eine Kupfermünze reagiert mit Salpetersäure unter Bildung des giftigen Stickstoffdioxids.
Kupfer + Salpetersäure ⟶ Kupferoxid + Stickstoffdioxid

Nun gehst du nach den oben genannten Schritten vor.

1. Ausgangsstoffe, Endstoffe = $Cu + HNO_3 \quad CuO + NO_2$
2. Bestimme die Oxidationszahlen.
3. Stelle Teilgleichungen auf.
   Oxidation: $Cu \longrightarrow CuO$
   Reduktion: $HNO_3 \longrightarrow NO_2$
4. Ermittle die abgegebenen oder aufgenommenen Elektronen.
   Oxidation: $Cu \longrightarrow CuO + 2\,e^-$
   Reduktion: $HNO_3 + e^- \longrightarrow NO_2$
5. Gleiche die Ladungen aus.
   $Cu \longrightarrow CuO + 2\,H_3O^+ + 2\,e^-$
   $HNO_3 + H_3O^+ + e^- \longrightarrow NO_2$
6. Korrigiere die Stoffbilanz der Teilgleichungen mittels Wasser.
   $Cu + 3\,H_2O \longrightarrow CuO + 2\,H_3O^+ + 2\,e^-$
   $HNO_3 + H_3O^+ + e^- \longrightarrow NO_2 + 2\,H_2O$
7. Gleiche die Elektronenanzahl der Teilgleichungen durch Multiplikation aus (Reduktion mal 2).
   $Cu + 3\,H_2O \longrightarrow CuO + 2\,H_3O^+ + 2\,e^-$
   $2\,HNO_3 + 2\,H_3O^+ + 2\,e^- \longrightarrow 2\,NO_2 + 4\,H_2O$
8. Füge die Teilgleichungen zusammen und stelle die Gesamtgleichung auf.
   $Cu + 2\,HNO_3 \longrightarrow CuO + 2\,NO_2 + H_2O$

Probe: Cu 1/1; H 2/2; O 6/6; N 2/2

MINI 23

Du kannst es!

Überlege dir die Reaktionsgleichung für folgende Reaktion:
Verbindung von Aluminium mit Fluor zum Salz.

Erstelle die korrekte Reaktionsgleichung mit Hilfe des Rezepts für Redoxreaktionen.

Vergleicht eure Ergebnisse. Wer hat es richtig gelöst?

NAWI-XTRA

Redoxreaktion ja oder nein?

Um eine Redoxreaktion zu erkennen, verwendet man die Oxidationszahlen.

Beispiel 1:
Zink und Schwefelsäure reagieren unter Bildung von Wasserstoff.

Oxidationszahlen 0   +1 +6 −2   0   +2 +6 −2

$$Zn + H_2SO_4 \longrightarrow H_2 + ZnSO_4$$

Die Oxidationszahl von Zink wird von 0 auf +2 größer, das Atom gibt Elektronen ab, es findet eine Oxidation statt.

Die Oxidationszahl von Wasserstoff wird von +1 auf 0 kleiner, das Atom nimmt Elektronen auf, es findet eine Reduktion statt.

Es handelt sich also um eine Redoxreaktion.

Beispiel 2:
Natriumcarbonat reagiert mit Salzsäure.

+1 +4 −2   +1 −1   +1 −1   +1 −2   +4 −2

$$Na_2CO_3 + 2\,HCl \longrightarrow 2\,NaCl + H_2O + CO_2$$

Die Oxidationszahl ändert sich bei keinem Atom, daher ist dies keine Redoxreaktion.

NAWI AKTIV 8

Wir stellen Eisenoxid her

Lernziele:
- Ich kann eine Versuchsanleitung umsetzen. **B**, **N1**
- Ich kann den Versuch analysieren und interpretieren. **B + C**, **N2**
- Ich kann den Reaktionsverlauf in einer chemischen Gleichung darstellen. **A**, **N1**
- Ich kann an Hand dieses Versuches ähnliche Reaktionen erklären. **C**, **N2**

Arbeitsmittel: Brenner, Dreifuß mit Asbestgitter, Digitalwaage, feuerfeste Porzellanschale, Eisenwolle

ACHTUNG: Schutzbrillen aufsetzen!

Entsorgung:
Behälter für Metalle

Aufgaben:

- Lest die Versuchsanleitung genau durch:
  Versuchsanleitung:
  1. Eisenwolle in die Porzellanschale geben
  2. Auf der Waage das Gewicht bestimmen und notieren
  3. Eisenwolle auf Dreifuß mit Asbestgitter über den Brenner erhitzen bis sie glüht
  4. Erneut abwiegen und Gewicht notieren
  5. Reaktionsprodukte in den Restmüll entsorgen
- Führt den Versuch aus, macht eventuell Fotos.
- Analysiert und interpretiert das Ergebnis. Versucht folgende Fragen zu beantworten: Was hat sich bei der Eisenwolle verändert? Warum gab es diese Veränderung? Wodurch könnte diese Reaktion ausgelöst worden sein?
- Schreibt die chemische Gleichung auf. Markiert in der Gleichung, welcher der Reaktionspartner eine Oxidation bzw. eine Reduktion durchlief.
- Überlegt euch zwei ähnliche Reaktionen, erstellt Gleichungen und schreibt auf, was dabei passiert.

Entsorgt die Rückstände in die dafür vorgesehenen Behälter.

SELBSTEINSCHÄTZUNG Ich habe die Aufgaben bearbeitet:			Feedback Lehrer/innen ↔ Schüler/innen
sehr gut	gut	weniger gut; folgendes muss ich nachholen	

6.4 Was hat Galvani mit dem Galvanischen Element zu tun?

Luigi Galvani (1737 – 1798), italienischer Arzt, Biophysiker

Muskelkontraktion = aktive Verkürzung des Muskels

Galvanisches Element = Vorrichtung zur spontanen Umwandlung von chemischer Energie in elektrische Energie

Elektrolyt = Flüssigkeiten oder Schmelzen, die frei bewegliche Ionen besitzen

Gleichspannung = elektrische Spannung, die sich längere Zeit und in der Polarität nicht ändert

Elektrode = Elektronenleiter; elektrisch leitendes Teil in einem elektrischen oder elektronischen Bauelement (z. B. Dioden, Transistoren, Batterien, Akkus), das einen Übergang vom leitergebundenen Strom in ein anderes Medium übernimmt. Elektroden dienen der Erzeugung, Steuerung und Sammlung von Elektronen.

Halbzelle = Raum, der aus Metallelektrode und entsprechendem Elektrolyt besteht

Ionenleiter = eine Flüssigkeit, die den Transport von Ionen ermöglicht

Elektronenleiter = elektrischer Leiter, der frei bewegliche Elektronen transportiert

Voltmeter = Messgerät zur Messung der elektrischen Spannung

Luigi Galvani entdeckte durch Versuche an Froschschenkelnerven die Muskelkontraktion, wenn diese Nerven von Kupfer- und Eisenteilen berührt wurden. Diese beiden Metalle mussten allerdings verbunden sein.

Galvani stellte, ohne es zu wissen, einen Stromkreis her, der aus
- zwei verschiedenen Metallen,
- einem Elektrolyt (Salzlösung im Froschschenkel)
- und einem „Stromanzeiger" (Muskel) bestand.

Mit diesem Versuch legte Galvani die Grundlage für die Entwicklung des **Galvanischen Elements**.

Im Galvanischen Element läuft eine Redoxreaktion ab, durch die elektrische Energie erzeugt wird. Es besteht aus zwei verschiedenen Metallen, die in einen **Elektrolyt** eintauchen. Dadurch wirkt das Galvanische Element als **Gleichspannungsquelle**. Die beiden Metalle werden als **Elektroden** bezeichnet.

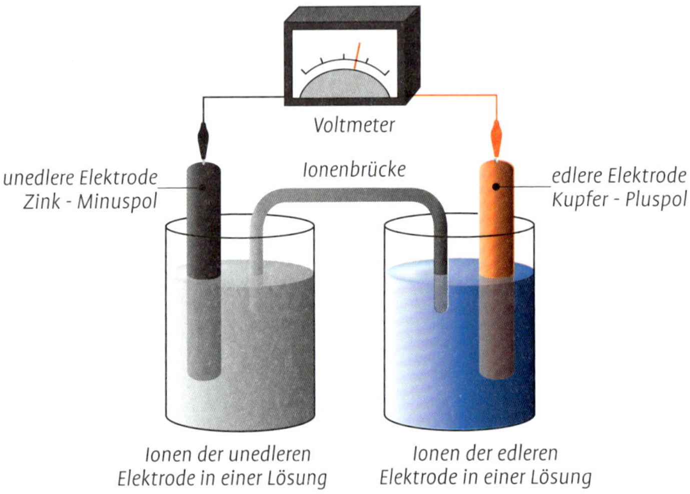

Abb. 36 Aufbau Daniell-Element

Die Abbildung 36 zeigt den Aufbau eines Daniell-Elements, eine historische Form des Galvanischen Elements. Die Reaktionen, die im Inneren dieses Elementes ablaufen, sind Redoxreaktionen. Dabei laufen Oxidation und Reduktion räumlich getrennt je in einer **Halbzelle** ab. Durch die Verbindung der Halbzellen mit einem **Ionenleiter** (Ionenbrücke) und einem **Elektronenleiter** ist der Stromkreis geschlossen. Das unedlere Metall bildet den Minuspol, weil es Elektronen abgibt. Hier findet die Oxidation statt. Das edlere Metall bildet den Pluspol und nimmt Elektronen auf. Es findet die Reduktion statt.

Dadurch entsteht ein Elektronenfluss über den Elektronenleiter und eine elektrische Spannung, die man mit dem **Voltmeter** messen kann.

NAWI AKTIV 9

Erstellen eines Galvanischen Elements

Lernziele:
- Ich kann einen Versuchsablauf grafisch darstellen. **A**, **N2**
- Ich kann das Ergebnis des Versuches begründen. **C**, **N1**

Materialien: einen sauren Apfel oder eine Zitrone, zwei gleich lange Metallstücke – eines aus Kupfer, das andere aus Zink, ein Voltmeter

ACHTUNG: Das Obst nach dem Versuch nicht mehr essen, sondern im Restmüll entsorgen!

Aufgaben:

Führt folgenden Versuch durch:
1. Steckt die beiden Metallstücke in einem Abstand von ca. 3 – 4 cm in das Obst.
2. Nehmt das Voltmeter und schließt je eine Klemme an ein Metallstück.
3. Schaltet das Voltmeter ein und lest es ab. Notiert.
4. Zeichnet eine Versuchsanordnung.
5. Analysiert den Versuch und beschreibt die Ursachen des Versuchsergebnisses.

SELBSTEINSCHÄTZUNG Ich habe die Aufgaben bearbeitet:			Feedback Lehrer/innen ↔ Schüler/innen
sehr gut	gut	weniger gut; folgendes muss ich nachholen	

6.5 Bedeutung der Redoxreaktion

Redoxreaktionen kommen in vielen Bereichen vor, z. B. bei der:

- **Zellatmung** (▶ S. 45, 93): Hier wird Traubenzucker (Glukose) zu Kohlenstoffdioxid oxidiert und Sauerstoff zu Wasser reduziert.
- **Fotosynthese** (▶ S. 46): Sie ist die Umkehrreaktion der Zellatmung.
- **Metallgewinnung** aus Erzen
- **Korrosion** (▶ S. 114) von Metallen
- **Elektrolyse** (▶ S. 119)
- Stromerzeugung durch **Batterien** oder **Akkumulatoren**

Erz = Mineralgemenge aus verwertbarem Metall und nichtverwertbarem Material

6.5.1 Vom Eisenerz zum Roheisen – Metallgewinnung

In Eisenhütten wird aus aufbereiteten Eisenerzen durch Reduktions- und Schmelzprozesse in **Hochöfen** flüssiges **Roheisen** hergestellt. Als Reduktionsmittel dient der Kohlenstoff.
Der Kohlenstoffüberschuss wird durch Einblasen von Sauerstoff aus dem Roheisen entfernt. Dadurch entsteht **Stahl**. Stahl ist in der Bauindustrie einer der wichtigsten Rohstoffe.

Abb. 37 *Arbeit mit Roheisen*

Hochofen = großtechnische Anlage zur Herstellung von Roheisen

Stahl = Eisen mit einem Kohlenstoffgehalt unter 2 %

6.5.2 Korrosion – gibt es einen Schutz?

In der **Geologie** spricht man von Korrosion, wenn das gesteinsbildende Material in Lösung geht. Es entstehen dadurch Hohlräume und Rillen an der Erdoberfläche oder in der Tiefe. Dieser Landschaftstyp ist der **Karst**.

Abb. 38 *Karstgebirge*

Geologie = Wissenschaft vom Aufbau, der Zusammensetzung und Struktur der Erde

Karst = typische Geländeformen im Carbonatgestein

In der **Chemie** versteht man unter Korrosion die chemische Reaktion eines Werkstoffes, meistens Metalle, mit der Umgebung. Es tritt eine messbare Veränderung am Werkstoff ein. Meist kommt es zu einer Zunahme der Masse. Metalle verändern ihr Aussehen (z. B. Farbe, Form) und können typische Eigenschaften verlieren (z. B. Härte, Festigkeit).

Abb. 39 *Rostiger VW-Käfer*

MINI 24

Warum rostet ein Mofa/ein Auto?

- ☺ Überlege dir, warum ein Mofa/Auto rostet. Wann rostet es schneller?
- ☺ Was geschieht beim Rosten? Welche Reaktion läuft hier ab?
- ☺☺ Überlegt, wie man Rosten verhindern kann. Schreibt drei Vorschläge auf und diskutiert darüber.

Die unedlen Metalle (▶ S. 76) sind chemischen Angriffen stärker ausgesetzt als Edelmetalle (▶ S. 76). Je reiner ein Metall ist, desto widerstandsfähiger ist es gegen Korrosion.

Einige Metalle (z. B. Aluminium, Kupfer) überziehen sich an Luft mit einer **Oxidschicht**, die vor Witterungseinflüssen und chemischen Einwirkungen schützt. Dieser Vorgang wird **Passivierung** genannt. Bei Eisen ist diese Oxidschicht porös, Sauerstoff kann weiter in das Metall eindringen. Eisen rostet und wird zerstört.

Oxidschicht = Schutzschicht an der Oberfläche von Metallen

Passivierung = Erzeugung einer Schutzschicht auf Metallen, die Korrosion verhindert oder verlangsamt

Bei Konstruktionen mit Metallen, die der Witterung ausgesetzt sind, sollten nicht zwei verschiedene Metalle verwendet werden (z. B. die Aufhängung der Dachrinne aus Zink und die Dachrinne aus Kupfer). Das Regenwasser reicht aus, um das unedlere Zink schneller zu korrodieren als das Kupfer.

NAWI-XTRA

Korrosion hat verschiedene Ursachen

Sauerstoffkorrosion (▶ Abb. 39)
Das ist ein Korrosionsvorgang bei vielen Metallen, der in Gegenwart von Wasser (Luftfeuchtigkeit) und Sauerstoff abläuft, z. B. Korrosion von Eisen. Es ist eine Redoxreaktion mit Sauerstoff als Oxidationsmittel. Der Vorgang läuft mit Hilfe von Wasser oder einer Elektrolytlösung (▶ S. 71) schneller ab.

Wasserstoffkorrosion (Säurekorrosion)
Eine Reaktion bei Metallen in Anwesenheit von Wasser, jedoch bei Sauerstoffmangel. Diese Reaktion führt zur Bildung von elementarem Wasserstoff, z. B. Korrosion im Inneren von Wasserleitungen.

Wasserstoffversprödung
Dabei ändert sich die Verformbarkeit von Metallen, da Wasserstoff in die Metallstruktur eindringt. Der Wasserstoff entsteht durch Schweißen. Dadurch kommt es zur Entstehung von Rissen und zur **Materialermüdung**.

Materialermüdung = langsamer Schädigungsprozess bei einem Werkstoff

Glaskorrosion (Glasrost)
Es kommt dabei zu einer Veränderung der Struktur von Glas. Die Oberfläche des Glases wird durch chemische (z. B. durch Bestandteile des Geschirrspülmittels) oder physikalische (Kontakt mit rauen Oberflächen) Einflüsse verändert. Es kommt zu einer Trübung des Glases.

Abb. 40 *Glaskorrosion*

Welche Schutzmaßnahmen gegen Korrosion gibt es?

Hier sind alle **Maßnahmen** geeignet, die den Zutritt von Sauerstoff, Wasser und chemischen Stoffen zum Werkstoff verhindern. Dies wären u. a.:

- Nur reine Metalle als Baumaterial verwenden.
- Metallverbindungen (Schrauben, Schweißnähte, Lötstellen) benötigen besonderen Schutz (z. B. dicke Lackschichte, Kunststoffüberzug).
- Eine nichtmetallische Schicht (Lack) auf ein Metall auftragen (z. B. Auto).
- Die Oxidschicht (▶ S. 113) verstärken (z. B. bei den Aluminiumverschlüssen von Joghurtverpackungen). Dies geschieht unter anderem durch das **Eloxal-Verfahren**. Diese Oxidschicht schützt, so lange sie keine Lücken durch mechanische Beschädigung aufweist.
- Ein unedleres Metall mit einem edleren Metall (Chrom, Nickel) überziehen, z. B. bei Modeschmuck.
- Aktiven Korrosionsschutz anwenden. Dabei wird das zu schützende Metall (meist Eisen) mit einem unedleren Metall in Kontakt gebracht. Kommt es zur Korrosion, so löst sich das unedlere Metall schneller auf und das edlere Eisen bleibt erhalten.
- Glaskorrosion kann man verringern, indem man beim Kauf auf hochwertige Gläser achtet, im Geschirrspüler ein Spülmittel mit Glasschutz verwendet, die örtliche Wasserhärte (▶ S. 86) kennt und bei hartem Wasser Entkalker (▶ S. 87) einsetzt, um eine Verkalkung der Glasoberfläche zu verhindern. (Weil sich bei hartem Wasser Kalk in die eventuell vorhandenen Mikrorisse des Glases ablagert und die Korrosion verstärkt.)

Eloxal-Verfahren = Methode, mit der die Oxidschicht eines Metalls dicker gemacht wird

Abb. 41 *Auftragen eines Korrosionsschutzes am Unterboden des Autos*

SPECIALS +

- Jeansknöpfe, Modeschmuck, Gürtelschnallen und viele andere metallische Gegenstände werden zum Schutz vor Korrosion vernickelt. Durch den Kontakt mit der Haut kann **Nickel** eine sogenannte **Kontaktallergie** auslösen. Der Schweiß kann Nickelionen aus dem Metall lösen. Diese Ionen sind in der Lage, in die Haut des Menschen einzudringen. Das menschliche Abwehrsystem reagiert darauf und erkennt Nickel als schädlich. Die Folgen sind Hautbeschwerden wie Juckreiz und Hautveränderungen.
- Als **Vorbeugung** sollte man schon beim Kauf darauf achten, nickelfreie Produkte zu erstehen. Bei Jeansknöpfen kann man die Seite, die mit der Haut in Kontakt kommt, mit Stoff abdecken.

6.6 Batterie und Akkumulator – worin liegt der Unterschied?

Eine **Batterie** (Primärzelle) besteht aus mehreren Galvanischen Elementen (▶ S. 112), die zusammengeschaltet sind. Sie erzeugt Gleichstrom und ist nicht wieder aufladbar.
Es gibt verschiedene Typen, die nach den eingesetzten Materialien bezeichnet werden.

Batterie = Primärzelle, Gerät zur Erzeugung von Gleichstrom. Es besteht aus mehreren zusammengeschalteten Galvanischen Elementen und ist nicht aufladbar.

Beispiele sind:
- **Zink-Kohle-Batterie** mit 1,5 Volt
- **Alkali-Mangan-Batterie** mit 1,5 Volt (▶ Abb. 43): Die Alkali-Mangan-Batterie müsste eigentlich Zink-Braunstein-Batterie mit basischem Elektrolyt heißen. Denn die negative Elektrode besteht aus Zink, die positive Elektrode aus Mangandioxid (Braunstein). Beide sind über Kalilauge als Elektrolyt verbunden.
- **Knopfzellen** kommen in Uhren, Taschenrechnern und Hörgeräten zur Anwendung. Sie bestehen aus einer Kombination von Silberoxid (Silberoxid/Zink) oder Lithium (Lithium/Mangandioxid), wie die Abb. 42 zeigt. Ihre Spannung beträgt 3,4 Volt.

Abb. 42 *Aufbau einer Knopfzelle*

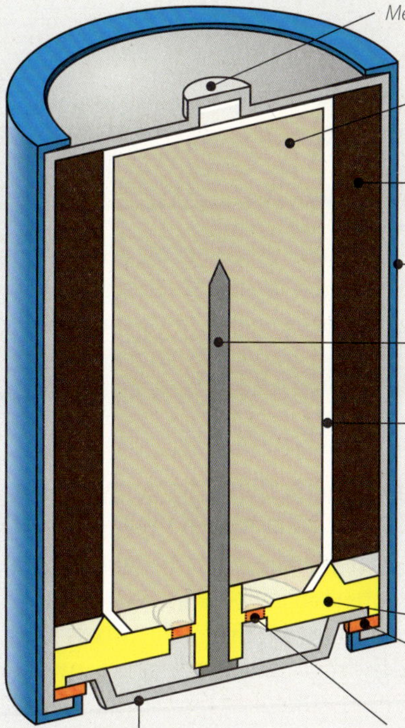

Abb. 43 *Aufbau einer Alkali-Mangan-Batterie*

Nach längerer Zeit können Batterien auslaufen. Vor allem wenn Batterien lange in ungenutzten Geräten verbleiben, kann der Mantel der Batterie porös werden und der Elektrolyt ausrinnen. Es kommt zur Korrosion (▶ S. 113) der Kontakte und das Gerät kann geschädigt werden. Bei Verwendung von Kalilauge können weiße Kristalle als Ablagerungen (Pottasche) entstehen.

Abb. 44 *Ausgelaufene Batterien*

Volt = Maßeinheit für die elektrische Spannung

Elektrische Spannung entsteht durch den Ladungsunterschied zwischen zwei Polen.

Pottasche = Kaliumcarbonat (K_2CO_3)

Um ein Auslaufen der Batterie zu verhindern, sollte man sie immer aus dem Gerät nehmen, wenn man dieses länger nicht mehr verwendet.

Leuchtdiode = elektronisches Bauelement, das in der Lage ist, Licht auszusenden

NAWI AKTIV 10

Eine Leuchtdiode zum Leuchten bringen

Lernziele:
- Ich kann einen Versuch darstellen und erarbeiten. **A + B**, **N1**
- Ich kann die Ergebnisse des Versuches begründen. **C**, **N1**

Aufgaben:

Wendet euer Wissen aus NAWI aktiv 9 an, indem ihr Möglichkeiten erörtert, wie man eine Leuchtdiode zum Leuchten bringen könnte. Dokumentiert eure Überlegungen.

Baut auf Grund eurer Überlegungen eine Versuchsanordnung auf. Bedenkt, dass die Diode eine höhere Spannung benötigt, als ihr bei NAWI aktiv 9 mit dem Voltmeter gemessen habt. Euer Versuch ist geglückt, wenn die Diode leuchtet.

Stellt den Versuchsaufbau grafisch dar. Interpretiert das Ergebnis und versucht folgende Fragen zu beantworten:
- Wann hat die Leuchtdiode geleuchtet?
- Wodurch konntet ihr die Diode zum Leuchten bringen?
- Welcher Vorgang bringt die Diode zum Leuchten?

SELBSTEINSCHÄTZUNG Ich habe die Aufgaben bearbeitet:			Feedback Lehrer/innen ↔ Schüler/innen
sehr gut	gut	weniger gut; folgendes muss ich nachholen	

SPECIALS

- Den Unterschied zwischen Alkali-Mangan- und Zink-Kohle-Batterien erkennt man an der Bezeichnung **LR (Alkali-Mangan)** und **R (Zink-Kohle)**. Diese Bezeichnungen findet man aufgedruckt hinter der Spannungsangabe der Batterie.
- Der aus Batterien gewonnene **Strom** ist in der Erzeugung **sehr teuer**, weil die Herstellung der Rohstoffe für die Batterie viel Energie kostet.

Akkumulator = Sekundärzellen; aufladbares Galvanisches Element, das elektrische Energie speichert

Akkumulatoren (Sekundärzellen) bestehen aus mehreren Galvanischen Elementen, die zusammengeschaltet sind. Sie sind **aufladbar** und erzeugen Gleichstrom.

Sie wurden in den Jahren 1850 – 1886 entwickelt.
Die am häufigsten verwendeten Akkumulatoren findet man als Autobatterie. Es handelt sich dabei um einen Bleiakkumulator. Die Entlade- und Ladevorgänge werden in folgender Reaktionsgleichung dargestellt:

$$PbO_2 + Pb + 2\,H_2SO_4 \underset{\text{laden}}{\overset{\text{entladen}}{\rightleftharpoons}} 2\,PbSO_4 + 2\,H_2O + \text{Energie}$$

$$\text{Bleidioxid} + \text{Blei} + \text{Schwefelsäure} \underset{\text{laden}}{\overset{\text{entladen}}{\rightleftharpoons}} \text{Bleisulfat} + \text{Wasser} + \text{Energie}$$

aufladbare Batterie = Akkumulator (Akku)

Weitere Akkumulatoren (z. B. Lithium-Ionen-Akkumulator) kommen in Laptops, Handys und als aufladbare Batterien im Handel vor.

Abb. 45 Autobatterie

Abb. 46 Handyakkumulator

Für das **Aufladen** eines Handy- oder Laptopakkumulators benötigt man ein **Ladegerät**.

Der Bleiakkumulator wird während der Autofahrt geladen.

Durch den Ladevorgang wird elektrische Energie in chemische Energie umgewandelt. Gibt man nach dem Ladevorgang den Akkumulator in ein Gerät, so wird die chemische Energie wieder in elektrische Energie zurückgewandelt.

Beim Aufladen und Entladen des Akkumulators wird Wärme freigesetzt, wodurch ein Teil der aufgewandten Energie verloren geht. Auch das Ladegerät erwärmt sich. Es sollte daher nur für den Ladevorgang angesteckt werden, um **unnötigen Energieverbrauch** zu vermeiden.
Wenn man keine Steckdose für das Ladegerät zur Verfügung hat, kann man auch **Solarzellen** oder die Buchse für den Zigarettenanzünder im Auto verwenden, um den Akkumulator zu laden.

Solarzellen = Energiewandler, der Sonnenlicht in elektrische Energie umwandelt

SPECIALS

- Wenn ein Akkumulator längere Zeit nicht verwendet wird, verliert er einen Teil seiner gespeicherten Energie durch **Selbstentladung**. Wie stark diese Selbstentladung ist, hängt von Typ und Alter des Akkumulators sowie von der Umgebungstemperatur ab.
- Ein Bleiakkumulator, der längere Zeit entladen ist, wird zerstört, weil sich an den Bleiplatten Schwefelsulfat-Kristalle ablagern. Dadurch wird die Leistung des Galvanischen Elements verringert.
- Bei sehr häufiger **Teilentladung** kommt es zum sogenannten **Memory-Effekt** (nur bei Nickel-Cadmium- und Nickel-Metallhydrid-Akkumulatoren). Der Akku „merkt" sich den Energiebedarf mit der Zeit und stellt nur mehr eine dementsprechende Energiemenge zur Verfügung an Stelle der möglichen Gesamtenergie. Dadurch verringert sich die Nutzungsdauer.
- Man kann dem Memory-Effekt vorbeugen, in dem man nach ca. 45 Teilentladungen den Akkumulator vollkommen entleert und wieder auflädt.

6.6.1 Elektrofahrzeuge im Aufwind

In **Elektroautos** und **E-Bikes** werden Akkumulatoren für den Antrieb verwendet.

Elektrofahrzeuge
- erzeugen keine Schadstoffe.
- sind geräuscharm.
- benötigen Ladestationen (Ladedauer etwa 3,5 bis 9 Stunden). Spezielle Parkplätze mit Ladestationen gibt es bereits in vielen österreichischen Städten.
- haben derzeit nur eine **Reichweite** von etwa 100 bis 200 km und sind daher eher für den Nahverkehr geeignet.

Reichweite = Strecke, die mit Ladung des Akkumulators oder Treibstoff zurückgelegt werden kann

Abb. 47 *Parkplatz mit Ladestation für Elektroauto*

In vielen Städten werden unter anderem die öffentlichen Buslinien auf E-Busse umgestellt, um die Schadstoffbelastung der Luft zu verringern.
Um die Reichweite zu vergrößern, entwickelte man **Hybrid-Autos**. Diese besitzen zusätzlich zum Elektromotor einen Verbrennungsmotor.
Sowohl Elektrofahrzeuge als auch Hybrid-Fahrzeuge sind in der Anschaffung noch relativ teuer, aber im Betrieb billig. Der Nutzen für die Umwelt hängt von der Art der Energiebereitstellung ab. Er ist umso größer, je höher der Anteil an erneuerbaren Energieträgern ist.

Verbrennungsmotor = Maschine, die durch Verbrennung von Kraftstoff Arbeit verrichtet

Brennstoffzelle = Galvanisches Element, in dem durch Oxidation eines Brennstoffes chemische Energie in elektrische Energie umgewandelt wird

6.6.2 Die Brennstoffzelle

Eine weitere Möglichkeit, ein Fahrzeug zu betreiben, sind **Brennstoffzellen**. In diesem Galvanischen Element entsteht durch Oxidation eines Brennstoffes chemische Energie, die in elektrische Energie umgewandelt wird.

Die **Brennstoffzelle** besteht aus **Elektroden** (▶ S. 112) und einem **Elektrolyt** (▶ S. 71).

- Die **Elektroden** sind voneinander getrennt und bestehen meist aus Metall oder Kohlenstoffröhrchen. Sie sind mit einem **Katalysator** (▶ S. 94) beschichtet, z. B. Platin.
- Als **Elektrolyt** dienen gelöste Säuren oder Basen.

Die Energie wird durch eine Reaktion von Sauerstoff mit einem Brennstoff, meist Wasserstoff, geliefert. Beide Reaktionspartner werden ununterbrochen über die Elektroden zugeführt. Es findet eine Knallgasreaktion (▶ S. 108) statt.

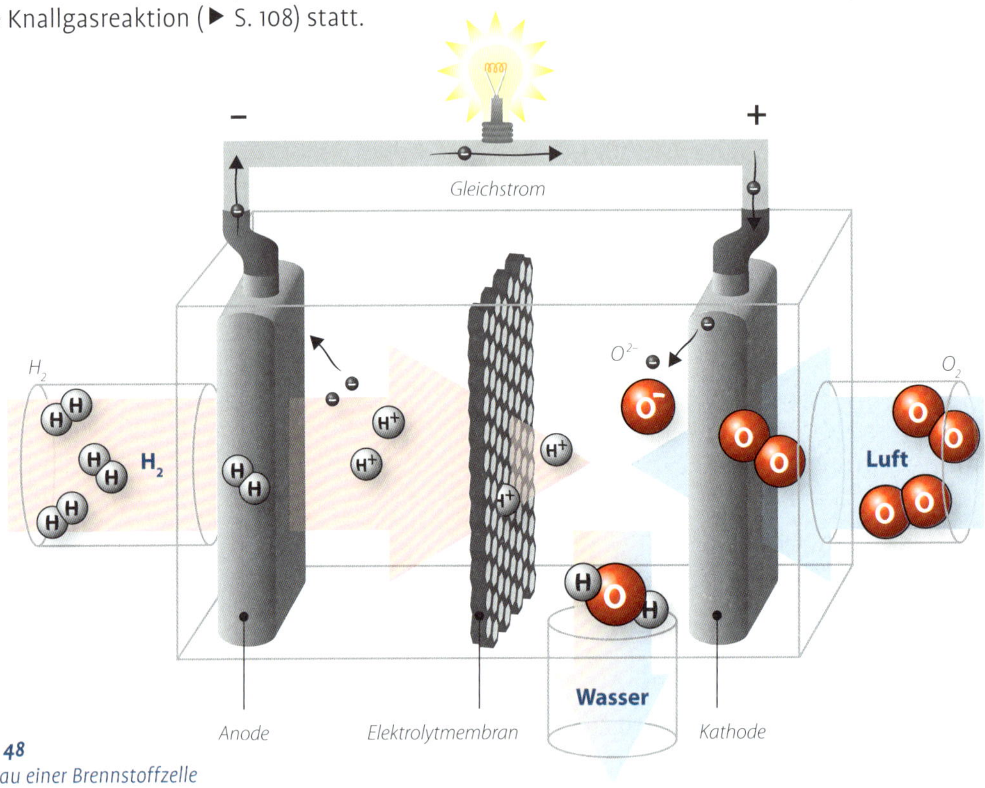

Abb. 48
Aufbau einer Brennstoffzelle

Die Abbildung 48 zeigt die Reaktion des Wasserstoffmoleküls, welches am Minuspol (Anode) Elektronen abgibt. Die entstehenden Protonen befinden sich im Elektrolyt und gehen durch die Trennwand (Elektrolytmembran) hindurch. Am Pluspol (Kathode) nimmt das Sauerstoffmolekül Elektronen auf und reagiert mit den Protonen. Es entstehen Wasser und elektrische Energie.

Folgende Reaktionen laufen daher ab:

$2\,H_2 \longrightarrow 4\,H^+ + 4\,e^-$	*Minuspol oder Anode*
$O_2 + 4\,e^- \longrightarrow 2\,O^{2-}$	*Pluspol oder Kathode*
$2\,H_2 + O_2 \longrightarrow 2\,H_2O + \text{Energie}$	*Gesamtreaktion*

Anders als Akkumulator und Batterie kann die Brennstoffzelle keine Energie speichern. Sie ist ein Energieumwandler. Die Reaktion ist die Umkehrung der Elektrolyse von Wasser.

Arten von Brennstoffzellen:

- Bei der **Membranbrennstoffzelle (PEM)** besteht der Elektrolyt aus einer Kunststofffolie, die mit einer Platinschicht überzogen ist. Durch die Verwendung von Platin ist diese Brennstoffzelle sehr teuer. Jedoch arbeitet die PEM-Brennstoffzelle mit Luftsauerstoff, den man leichter speichern kann. Sie wird in verschiedenen Fahrzeugen eingesetzt.
- Die **Direkt-Methanol-Brennstoffzelle (DMFC)** arbeitet mit Hilfe einer Kunststoffmembran, als Brenngas verwendet man Methanol. Methanol zählt zu den Alkoholen und lässt sich ähnlich transportieren wie Benzin. Bei der Verarbeitung wird allerdings das klimaschädliche Treibhausgas Kohlendioxid freigesetzt.

Warum wird die Brennstoffzelle in Fahrzeugen kaum eingesetzt?

- Die Brennstoffzellentypen arbeiten nur in einem **begrenzten Temperaturbereich**, z. B. alkalische Brennstoffzelle unter 80 °C.
- Wasserstoff im Druckbehälter verflüchtigt sich leicht, da die Moleküle so klein sind. Daher ist die Speicherung sehr schwierig.
- Die Lebensdauer einer Brennstoffzelle ist niedrig. Sie muss bald ersetzt werden, wodurch die Kosten steigen.
- Es fehlen Wasserstofftankstellen.
- Die PEM-Brennstoffzelle ist in der Herstellung teuer.
- Die DMFC-Brennstoffzelle gibt das klimaschädigende Treibhausgas Kohlendioxid ab.
- Durch die bessere Batterietechnik sehen Experten größere Chancen für batteriebetriebene Elektroautos als für Brennstoffzellenfahrzeuge.

6.7 Was ist Elektrolyse?

Bei der **Elektrolyse** wird mit Hilfe von elektrischem Strom eine Redoxreaktion erzwungen.
Als Stromlieferant wird eine Gleichstromquelle (Batterie) verwendet. Ein Teil der elektrischen Energie wird in chemische Energie umgewandelt.
Bei der Elektrolyse findet also der umgekehrte Vorgang von Batterie, Akkumulator und Brennstoffzelle statt (▶ S. 115 ff.).

Elektrolyse = Prozess, bei dem elektrischer Strom eine Redoxreaktion erzwingt

Die Elektrolyse dient unter anderem zur

- Herstellung von Verbindungen, deren Gewinnung mittels rein chemischer Prozesse teuer oder kaum möglich wäre, z. B. Wasserstoff, Natronlauge,
- Gewinnung von Metallen, z. B. Aluminium,
- Erzeugung von Metallschichten auf verschiedenen Gegenständen, z. B. Verchromen von Türgriffen.

Bei den chemischen Reaktionen der Elektrolyse werden Elektronen übertragen. Die Redoxreaktionen sind räumlich voneinander getrennt. Die Oxidation läuft am Pluspol (Anode), die Reduktion am Minuspol (Kathode) ab.

Prinzip der Elektrolyse

An die beiden Elektroden wird Gleichspannung angelegt. Dadurch entsteht am **Pluspol (Anode)** der Elektrode ein **Elektronenmangel** und am **Minuspol (Kathode)** der Elektrode ein **Elektronenüberschuss**.
Der **Elektrolyt** enthält zwischen den beiden Polen positiv und negativ geladene **Ionen** (▶ S. 22). Die positiv geladenen Ionen (Kationen) nehmen am Minuspol (Kathode) Elektronen auf und werden reduziert. Am Pluspol (Anode) ist der Vorgang umgekehrt. Es erfolgt eine Abgabe von Elektronen in die Elektrode, die negativ geladenen Ionen (Anionen) werden oxidiert.
Die Menge der abgegebenen und aufgenommenen Elektronen ist an beiden Polen gleich. Bei der Elektrolyse gibt es **zwei Ladungsträger – Elektronen und Ionen**. Der Strom kann nur fließen, wenn sich die Elektronen und auch die Ionen bewegen können. Es werden daher Lösungen von Elektrolyten oder Schmelzen für den Transport der Teilchen eingesetzt.

Schmelze = verflüssigtes Metall

Isolator = Stoff, der eine geringe Leitfähigkeit besitzt

Die **Elektronen** fließen durch **Metalle**, die **Ionen** bewegen sich **im Elektrolyt**.

Die Elektrolyse läuft nur ab, wenn eine bestimmte elektrische Spannung (**Zersetzungsspannung**) erreicht wird. Wird diese nicht erreicht, wirkt die Grenzfläche des Elektrolyts zu den Elektroden als Isolator. Es finden weder Stromfluss noch Elektrolyse statt.

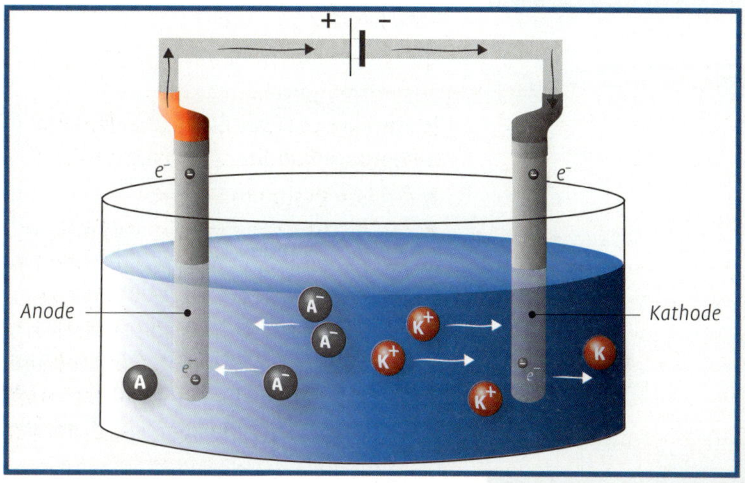

Abb. 49 Schema einer Elektrolyse
Die Abbildung zeigt den Fluss der Elektronen (e^-) vom Pluspol (Anode) zum Minuspol (Kahtode). Die Kationen (K^+) bewegen sich im Elektrolyt Richtung Minuspol (Kathode). Sie nehmen die Elektronen auf. Die Anionen (A^-) bewegen sich Richtung Pluspol (Anode) und geben die Elektronen ab.

6.7.1 Elektrolyse zur Herstellung von Wasserstoff

Bei der Elektrolyse von **Wasser** werden Wassermoleküle in die Elemente Sauerstoff und Wasserstoff zerlegt.

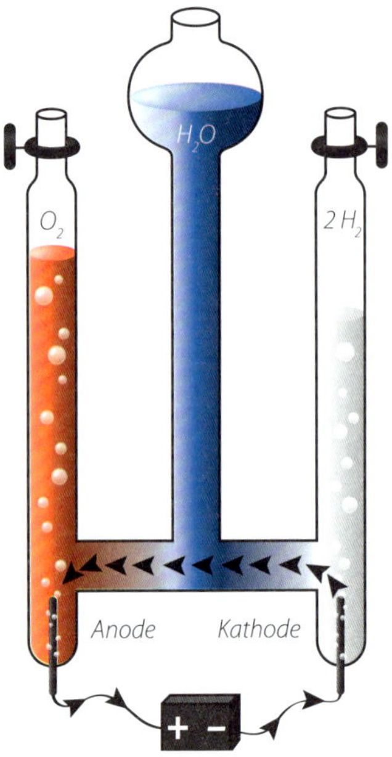

Dieser Vorgang läuft z. B. im **Hoffmann'schen Zersetzungsapparat** ab (Abb. 50) und besteht aus zwei Teilreaktionen, die an den beiden Elektroden ablaufen.
Die Elektroden tauchen in einen Elektrolyt ein, der aus Wasser und Säure (oder Base) besteht.

Abb. 50
Hoffmann'scher Zersetzungsapparat

Bei Verwendung von Wasser und Base als Elektrolyt läuft die Reaktion folgendermaßen ab:

$$2\,H_2O + 2\,e^- \longrightarrow H_2 + 2\,OH^- \qquad \text{läuft am Minuspol ab}$$

$$4\,OH^- \longrightarrow O_2 + 2\,H_2O + 4\,e^- \qquad \text{läuft am Pluspol ab}$$

Man erkennt die kennzeichnenden Ionen, nämlich Oxonium-Ionen für Säuren und Hydroxid-Ionen für Basen.

Die Gesamtreaktion lautet:

$$2\,H_2O_{(l)} \;\; \text{Elektrolyse} \longrightarrow 2\,H_{2(g)} + O_{2(g)}$$

flüssig/liquid — *gasförmig*

erneuerbare Energieformen = Energieträger, die praktisch unerschöpflich zur Verfügung stehen oder sich schnell erneuern

Die Elektrolyse von Wasser spielt in Verbindung mit den erneuerbaren Energieformen, wie z. B. Windkraft, Solarenergie, eine große Rolle.
Es kann bei der Nutzung dieser Energieformen zu vorübergehendem Energieüberschuss kommen. Diese Energie wird für die Elektrolyse genutzt, entweder zur Herstellung von Wasserstoff oder nach einer zusätzlichen chemischen Reaktion zur Erzeugung von Erdgas.

6.7.2 Elektrolytische Kupferraffination

Durch diese Form der Elektrolyse wird sehr reines Kupfer gewonnen, das in der Elektronikindustrie zum Einsatz kommt.

Die Elektrolyse findet in großen Elektrolysewannen statt, in denen einige hundert Elektroden parallel zusammengeschaltet sind.

- Unreines Kupfer bildet den Pluspol.
- Reinkupfer bildet den Minuspol.
- Beide Elektroden tauchen in eine angesäuerte Kupfersulfatlösung als Elektrolyt.
- Am Pluspol erfolgt eine Oxidation, die Kupferionen und die unedleren Metallionen, z. B. Nickel, wandern in den Elektrolyt.
- Die Anode löst sich mit der Zeit auf.
- Weitere Verunreinigungen des Kupfers sind unter anderem edlere Metalle. Sie bilden nach Auflösung des Pluspols den sogenannten Anodenschlamm und setzen sich am Boden ab.
- Am Minuspol werden Kupferionen (Cu^{2+}) reduziert. Es lagert sich reines **Kupfer** ab.
- Alle unedlen Metallionen, z. B. Nickel, bleiben in Lösung.

Der **Anodenschlamm** ist ein wertvolles Nebenprodukt bei der Erzeugung von reinem Kupfer. Nach weiterer Bearbeitung des Schlamms gewinnt man daraus reines Silber, Gold, Palladium und Platin. Der hohe Marktpreis aller gewonnenen Metalle wiegt die Kosten des hohen Energieaufwandes auf.

Anodenschlamm = wertvolles Abfallprodukt bei der Metallherstellung

Galvanik = elektrochemische Abscheidung von Metallüberzügen auf Gegenständen

6.7.3 Wie kommt der Metallüberzug auf einen Gegenstand?

Gegenstände können durch die **Galvanik** (Galvanotechnik) mit Metall überzogen werden.
Am Pluspol des Elektrolyseapparates befindet sich das Metall, z. B. Chrom, Nickel, das auf einen Gegenstand kommen soll. Den Minuspol bildet der Gegenstand, der einen Überzug erhalten soll.

Beide Elektroden tauchen in einen Elektrolyt, ins sogenannte elektrolytische Bad.
Der elektrische Strom löst die Metallionen von der Elektrode ab und lagert sie am Gegenstand ab. So wird der Gegenstand gleichmäßig mit dem Metall, z. B. Chrom, überzogen. Die Dicke der Metallschicht hängt von der Aufenthaltsdauer des Gegenstandes im elektrolytischen Bad und von der Stärke des Stroms ab.

Die **Galvanoplastik** dient zur Herstellung von metallischen Gegenständen oder zur Erzeugung von Formen, die für die Herstellung von Kunststoffgegenständen benötigt werden.

MINI 25

Galvanik im Alltag?

- ☺ Suche Gegenstände, die deiner Meinung nach mit Metall überzogen sein könnten.
- ☺☺ Stellt Vermutungen an, um welches Metall es sich bei dem Überzug handelt.
- ☺☺ Diskutiert, warum dieser Gegenstand einen Metallüberzug bekommen hat.
- ☺☺ Erörtert mögliche Vor- und Nachteile eines Metallüberzugs mit Nickel.

SPECIALS

- Durch die **Galvanoplastik** können Skulpturen, z. B. Engel, Reiterstandbilder, kostengünstig und in Masse hergestellt werden, da sie hohl sind. Sie sind billiger als Figuren aus Stein oder Bronze.
- Kaiser Napoleon III. ließ sich bereits 1853 mit Silber galvanisierte Messer (versilberte Messer) herstellen.
- Die Galvanoplastik eignet sich auch, um **Kopien** von archäologischen Metallfunden (Münzen, Schmuck und metallenes Geschirr) herzustellen. Die Originale werden sicher aufbewahrt, die Kopien in Ausstellungen präsentiert.

Abb. 51 *Galvanoplastik von Hagen von Tronje, der den Nibelungenschatz im Rhein versenkt*

WISSENSBOX

- Eine **Oxidation** ist eine Reaktion, bei der Elektronen abgegeben werden.
- Jede Art von Verbrennung ist eine Oxidation.
- Eine **Reduktion** ist eine Reaktion, bei der Elektronen aufgenommen werden.
- Beide Reaktionen laufen immer gemeinsam ab (Redoxreaktion).
- Bei **Redoxreaktionen** werden Elektronen übertragen.
- **Oxidationszahlen** helfen zu erkennen, wo eine Oxidation und wo eine Reduktion abläuft.
- Bei der Oxidation wird die Oxidationszahl größer. Bei der Reduktion wird die Oxidationszahl kleiner.
- Für die Erstellung der Gleichung einer Redoxreaktion gibt es ein „Rezept".
- Im **Galvanischen Element** läuft eine Redoxreaktion ab. Dadurch wird Gleichspannung erzeugt.
- Redoxreaktionen kommen im Alltag z. B. bei Zellatmung, Fotosynthese, Metallgewinnung, Korrosion, Batterie, Akkumulator, Brennstoffzelle oder Elektrolyse vor.
- **Korrosion** ist mit einer chemischen Veränderung eines Körpers verbunden, z. B. Rosten.
- Es gibt verschiedene Korrosionsarten (Sauerstoff-, Wasserstoff-, Glaskorrosion und Wasserstoffversprödung).
- Durch gezielte Maßnahmen kann man Gegenstände vor Korrosion schützen, z. B. Lackieren, Passivierung, Metallüberzug.
- Batterien, Akkumulatoren und Brennstoffzellen sind Galvanische Elemente.
- In **Galvanischen Elementen** wird chemische Energie in Gleichstrom umgewandelt.
- Die Batterie ist im Gegensatz zu Akkumulator und Brennstoffzelle nicht aufladbar.
- Der Akkumulator findet Verwendung u. a. im Auto, Laptop, Handy.
- Die Brennstoffzelle kann keine Energie speichern, sie wandelt lediglich Energie um.
- Bei der **Elektrolyse** wird durch elektrischen Strom eine Redoxreaktion erzwungen.
- Durch die Elektrolyse können unter anderem Wasserstoff und/oder reine Metalle gewonnen werden.
- Die **Galvanik** nützt die Elektrolyse. Dabei werden Gegenstände mit Metallen überzogen.

NAWI QUIZ

Löse folgende Aufgaben. Du hast 10 Minuten Zeit. Viel Erfolg!

1. Welche Vorgänge sind als Redoxreaktion zu verstehen?
   - ☐ Kernreaktionen
   - ☐ Elektrolysen
   - ☐ Verätzungen
2. Redoxreaktionen sind
   - ☐ Protonenwanderungen.
   - ☐ Neutralisationen.
   - ☐ Elektronenübergänge.
3. Bei einer Redoxreaktion finden
   - ☐ Oxidation und Reduktion nacheinander statt.
   - ☐ Oxidation und Reduktion gleichzeitig statt.
   - ☐ Oxidation und Reduktion unabhängig voneinander statt.
4. Die Redoxreaktion spielt eine Rolle bei der
   - ☐ Korrelation.
   - ☐ Korrespondenz.
   - ☐ Korrosion.
5. Ein Hybrid-Auto fährt
   - ☐ an Land und im Wasser.
   - ☐ mit zwei verschiedenen Antriebsarten.
   - ☐ mit Zwei- oder Vierradantrieb.

II Sexualität, Fortpflanzung ...

... und Entwicklung

Im Zuge der **Fortpflanzung** gehen aus Zellen eines Organismus neue Lebewesen der gleichen Art hervor, indem die Erbanlagen an die Nachkommen weitergegeben werden. Fortpflanzung ist eine Grundeigenschaft aller Lebewesen, die für den Fortbestand der Art verantwortlich ist.

Im Laufe der Evolution haben sich zahlreiche **Fortpflanzungsstrategien** entwickelt. Der Erfolg einer Strategie richtet sich immer nach dem Grundsatz: „Maximaler Nachwuchserfolg mit minimalem Energieaufwand".

Zwei grundsätzlich unterschiedliche Formen der Fortpflanzung sind die

- **asexuelle (ungeschlechtliche) Fortpflanzung** ohne Geschlechtszellen (Gameten) und die
- **sexuelle (geschlechtliche) Fortpflanzung** mit Geschlechtszellen (Gameten), deren Zellkerne bei der Befruchtung miteinander verschmelzen.

Weil beide Formen Vor- und Nachteile haben, kommt bei sehr vielen Pflanzenarten und manchen Tierarten sowohl sexuelle als auch asexuelle Fortpflanzung vor.

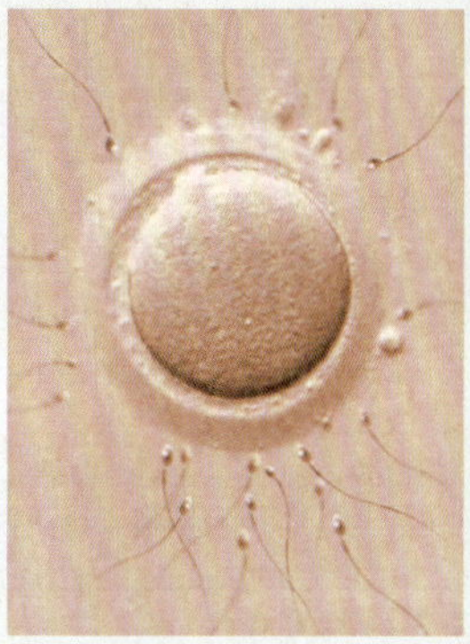

Abb. 1 *Eizelle und Spermienzellen des Menschen*

Art = Gruppe von Organismen, die sich untereinander fortpflanzen können und deren Nachkommen fortpflanzungsfähig sind

Evolution = stetige Entwicklung aller Lebewesen im Laufe der Erdgeschichte

Gameten (Geschlechtszellen, Keimzellen) = Zellen mit einem einfachen Chromosomensatz (haploide Zellen ▶ S. 131), die bei der Befruchtung verschmelzen

Klon = genetisch idente Nachkommen

Sexuell und asexuell im Vergleich

	Vorteile	Nachteile
asexuell	geringer Energieaufwand ▪ keine Partnersuche ▪ keine Bildung von Geschlechtszellen dadurch: ▪ viele Nachkommen in kurzer Zeit	▪ Nachkommen sind genetisch ident (Klone) ▪ die Erbanlagen werden nicht neu kombiniert ▪ dadurch ergibt sich eine geringe Anpassungsfähigkeit an neue Umweltsituationen
sexuell	Neukombination der Erbanlagen ▪ Nachkommen sind nicht ident dadurch: ▪ Fähigkeit der Anpassung an veränderte Lebensbedingungen	höherer Energie- und Zeitaufwand ▪ Partnersuche und Paarung ▪ Ausbildung von Geschlechtsmerkmalen

1 Teilen als Grundprinzip des Lebens

Zellteilung ist bei allen vielzelligen Pflanzen, Tieren und natürlich auch den Menschen die Voraussetzung für Wachstum, Vermehrung und den Ersatz von abgestorbenen Zellen.
Zellteilung ist ein Grundvorgang der Entwicklung von Lebewesen.

Um die **Erbinformation** von einer Mutterzelle auf zwei Tochterzellen vollständig weiterzugeben, findet vor jeder Zellteilung eine Kernteilung (**Mitose**) statt.

Bei allen **Eukaryoten** sind die Erbinformationen vor allem in den Chromosomen enthalten, die bei jeder Art in einer gleichbleibenden Anzahl vorhanden sind (**Chromosomensatz** ▶ S. 37).
Ein kleinerer Teil der Erbinformationen befindet sich in den Mitochondrien und den Ribosomen (▶ S. 43, 45).

1.1 Die Zellteilung als Zyklus

Die Ereignisse der Zellteilung verlaufen bei Eukaryoten zyklisch.
Man unterscheidet zwei Phasen:

- **Interphase** (Zwischenphase), in der die Zelle ihre normale Funktion ausübt und wächst
- **Mitose**, in der Kernteilung (**Karyokinese**) und Zellteilung (**Zytokinese**) erfolgen

Mitose = Vorgang der Zellkernteilung bei Eukaryoten

Eukaryoten = Lebewesen, deren Zellen einen abgegrenzten Zellkern besitzen. Lebewesen ohne Zellkern werden als Prokaryoten bezeichnet (▶ S. 49).

Chromosomen = Zellstrukturen, die Erbinformation enthalten

Chromosomensatz = Anzahl der Chromosomen in einem Zellkern (artcharakteristisch)

Karyokinese = Teilung des Zellkerns

Zytokinese = Teilung des Zellkörpers nach der Kernteilung

Identische Reduplikation = identische Verdoppelung der DNA, siehe auch Abb. 12 auf Seite 39

Chromatiden = identische DNA-Doppelketten im Chromosom

Zentromer = Verbindungspunkt der beiden Chromatiden während der Kernteilung

In der **Interphase** findet die **identische Reduplikation** der **DNA** statt.

Sie ist die Voraussetzung für die Teilung des Zellkerns.

- Dabei öffnet sich die Doppelkette der DNA wie ein Reißverschluss.
- Neue **Nukleotide** ergänzen jeweils die beiden aufgebrochenen Stränge.
- So entstehen zwei identische Doppelketten (**Chromatiden**).
- Die Chromosomen bestehen nach der Reduplikation aus je zwei **Chromatiden**, die durch das **Zentromer** zusammenhängen.

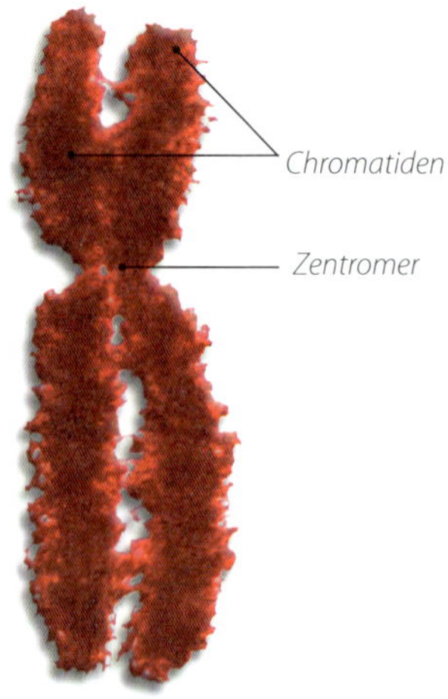

Abb. 2 *Chromatiden eines Chromosoms*

Mitochondrien = Organellen, die von einer Doppelmembran umgrenzt sind und eigene DNA besitzen (▶ S. 45)

Chloroplasten = Organellen grüner Pflanzenzellen. Sie dienen der Fotosynthese (▶ S. 46)

Organellen = begrenzte Bereiche der Zelle mit bestimmten Funktionen

Gene = Abschnitt auf einer DNA, enthält die Information zur Herstellung einer biologisch aktiven Ribonukleinsäure (RNA)

Mutation = Veränderung des Erbguts, durch mutagene (carcinogene) Einflüsse (z. B. Strahlen, Chemikalien) ausgelöst

Im Zuge der **Mitose** werden die Chromatiden getrennt und auf die Kerne der Tochterzellen aufgeteilt. So erhalten am Ende der Mitose die beiden Tochterzellen wieder die gleiche artcharakteristische Chromosomenanzahl wie die Mutterzelle.

Während der Kernteilung teilen sich auch die **Mitochondrien** sowie in grünen Pflanzenzellen die **Chloroplasten**, so dass jede Tochterzelle die erforderlichen **Organellen** enthält.

Die richtige Teilungsrate ist lebenswichtig.

Wenn der Zellzyklus gestört ist, können schwerwiegende Schäden auftreten.

- So sinkt im **Alter** die Zellteilungsrate ab und verlangsamt damit die notwendige Erneuerung von Geweben.
- Bei der Entwicklung von **Krebszellen** laufen die Teilungen unkontrolliert und ungebremst ab. Sie reagieren nicht auf Signale zur Hemmung der Teilung. Die Ursache ist eine Veränderung der Gene (**Mutation**), welche die Zellteilung steuern.

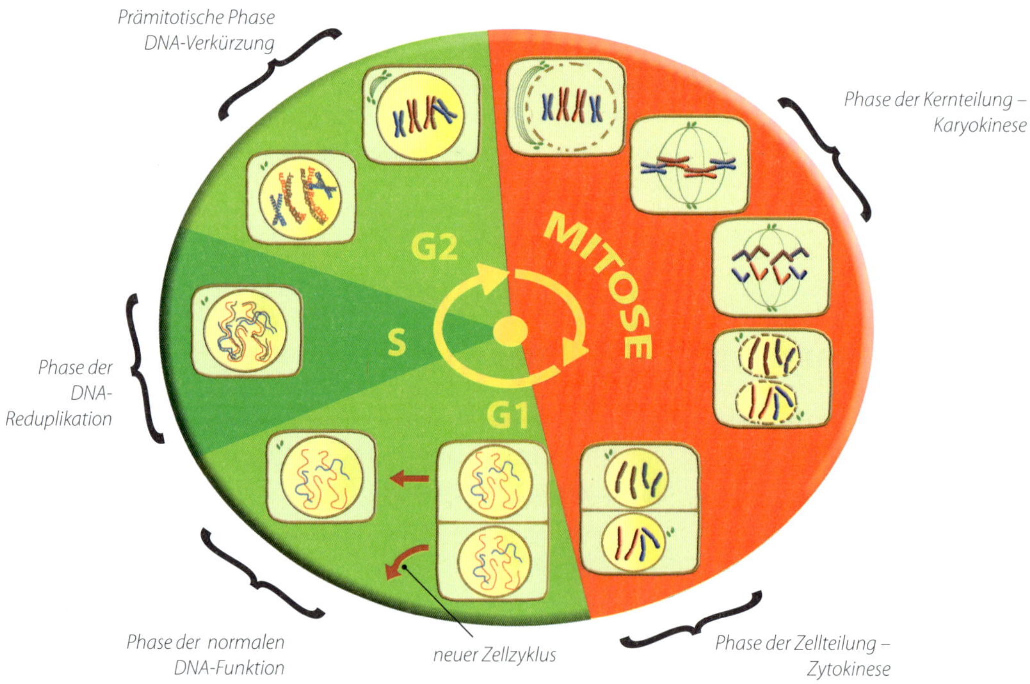

Abb. 3 *Schema des Zellzyklus. G = Zwischenphase, S = Synthesephase*

Checkpoint (engl.) = Kontrollpunkt

Apoptose = Form des programmierten Zelltods, kann von den betreffenden Zellen aktiv durchgeführt, von außen angeregt (z. B. durch Immunzellen) oder von zellinternen Prozessen ausgelöst werden (z. B. nach starker Schädigung der DNA)

Der Zellzyklus wird von äußeren und inneren Faktoren bestimmt.

- **Äußere Faktoren** sind u. a. Zellgröße, Nährstoffangebot, Anzahl der Nachbarzellen, Wachstumsfaktoren.
- **Innere Faktoren** sind Steuerungsmechanismen (**Kontrollpunkte**), die Phasenübergänge und kritische Prozesse (z. B. die Chromosomentrennung in der Metaphase) regulieren. An diesen Stellen (**Checkpoints**) kann der Zyklus unterbrochen oder ein programmierter Zelltod (**Apoptose**) eingeleitet werden. Ein Beispiel dafür ist der Checkpoint für DNA-Schäden während der Interphase, der bei einer Beschädigung den Zelltod auslöst.

NAWI-XTRA

Wie ein Zellzyklus abläuft

Während der **Interphase** arbeitet die Zelle normal, nimmt an Größe zu und bereitet sich auf die nächste Teilung vor. Es lassen sich drei Phasen unterscheiden: G1-, S- und G2-Phase (▶ Abb. 3).

- Die **G1-Phase** (postmitotische Phase) folgt unmittelbar auf eine Mitose. Dabei werden u. a. Zellbestandteile ergänzt und die Produktion von Reduplikationsenzymen, m-RNA und DNA-Bausteinen vorbereitet. Die **Zentriolen** im Zentrosom teilen sich.
- In der **S-Phase** (Synthesephase) erfolgt die Reduplikation der DNA. Danach besteht jedes Chromosom aus zwei **Chromatiden**.
- Die **G2-Phase** (prämitotische Phase) dient der Vorbereitung auf die nächste Mitose. In Geweben lösen sich die Kontakte zu den Nachbarzellen; RNA-Moleküle und zellteilungsspezifische Proteine werden verstärkt produziert.
- Von **G0-Phase (Ruhephase)** spricht man, wenn ausgereifte, nicht mehr teilungsfähige Zellen in der G1-Phase verharren.

G-Phase (von engl. *gap*) = Lücke, Abstand

Zentriolen = zylinderförmige Strukturen in vielen lebenden Zellen, bilden gemeinsam mit einer Matrix das **Zentrosom**, erfüllen Transport- und Stützaufgaben, z. B. Bildung des Spindelapparates zur Trennung der Chromosomen bei der Zellteilung

Die **Mitosephase (M-Phase)** besteht aus der

- Teilung des Zellkerns (**Karyokinese**) mit der Teilung der Chromosomen in die Chromatiden (Sie wird in Prophase, Metaphase, Anaphase und Telophase unterteilt.)
- und der Teilung der Zelle (**Zytokinese**), die im Anschluss an die Karyokinese stattfindet.

Die einzelnen Phasen der Karyokinese (▶ Abb. 4 in MINI 1):

1. Prophase

Die Chromosomen werden deutlich erkennbar. Sie bestehen aus je zwei Chromatiden, die durch das **Zentromer** zusammengehalten werden. Kernmembran und Kernkörperchen (Nucleoli) lösen sich auf. Die **Zentrosome** wandern an die entgegengesetzten Pole der Zelle und bilden feine **Spindelfäden** zwischen einander aus, die hauptsächlich aus Mikrotubuli bestehen.

Nukleolus (Mehrzahl: Nucleoli) = Kernkörperchen

Mikrotubuli = röhrenförmige Proteinstrukturen (Proteinfilamente) in der Zelle

2. Metaphase

Die Chromosomen haben sich vollständig verkürzt und bilden in der Zellmitte eine sternförmige Figur. Von den Zentrosomen spannen sich die Spindelfäden auf, an denen die Zentromere der Chromatiden anheften.

3. Anaphase

Die Chromatiden jedes Chromosoms trennen sich und werden von den Spindelfäden auseinander gezogen. Die eine Hälfte wandert an den oberen, die andere an den unteren Zellpol.

4. Telophase

Die aus den Chromatiden hervorgehenden **Tochterchromosomen** sammeln sich an den Zellpolen und werden von einer neu gebildeten Kernhülle umgeben (Tochterkern). Die Chromosomen wickeln sich ab, bis sie wieder ein Netzwerk (Chromatingerüst) bilden.
Anschließend schnürt sich die Zelle durch (**Zytokinese**).

telos (griech.) = Ende

Chromatingerüst = aktive Form der Chromosomen in der Interphase; bildet ein Netzwerk aus DNA und Protein

MINI 1

Kennst du den Ablauf einer Mitose?

Abb. 4 *Mitosephasen*

- Ordne die einzelnen Mitose-Phasen zu und beschrifte in Abb. 4 die Grafiken.
- Begründe deine Zuordnung und erkläre die Vorgänge in den einzelnen Phasen.

WISSENSBOX

- Zwei grundsätzlich unterschiedliche Formen der **Fortpflanzung** sind die **asexuelle** (ungeschlechtliche) Fortpflanzung ohne Geschlechtszellen (Gameten) und die **sexuelle** (geschlechtliche) Fortpflanzung mit Geschlechtszellen (Gameten), deren Zellkerne bei der Befruchtung miteinander verschmelzen.
- **Zellteilung** ist ein Grundvorgang der Entwicklung von Lebewesen.
- Ein bei **Eukaryoten** typischer **Zellzyklus** besteht aus **Interphase** (Zwischenphase), in der die Zelle ihre normale Funktion ausübt und wächst, und **Mitose**, in der Kernteilung (**Karyokinese**) und Zellteilung (**Zytokinese**) erfolgen.
- In der Interphase erfolgt die **identische Reduplikation** der DNA.
- Am Ende der Mitose haben die beiden Tochterzellen wieder die gleiche **artcharakteristische** Chromosomenanzahl (**Chromosomensatz**) wie die Mutterzelle.
- Während der Kernteilung teilen sich auch die **Mitochondrien** sowie in grünen Pflanzenzellen die Chloroplasten, so dass jede Tochterzelle die erforderlichen **Organellen** enthält.

2 Es geht ganz ohne Sex

Einzeller, viele Pflanzen und manche Tiere können sich ohne Bildung von Geschlechtszellen nur durch **Mitosen** fortpflanzen. Die Tochterindividuen sind genetisch ident (**Klone** ▶ S. 123). (Genetische Unterschiede können allerdings durch Mutationen entstehen.)

Beispiele für diese **asexuelle** (ungeschlechtliche, vegetative) Fortpflanzung:

- Zellteilung bei **Einzellern**, einzelligen **Algen** und **Bakterien**

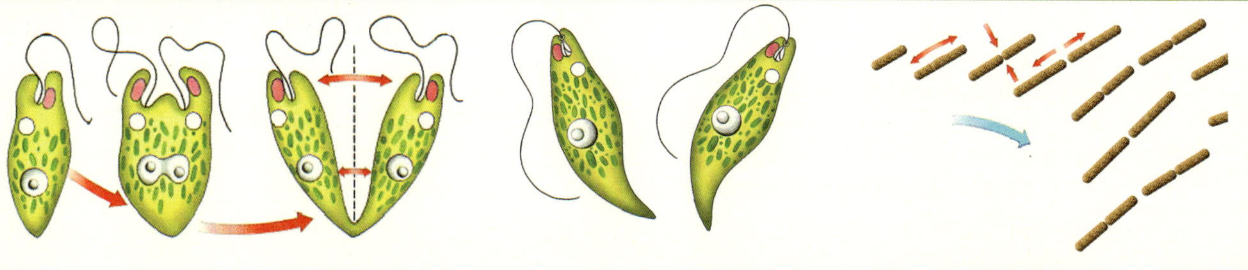

Abb. 5 *Zellteilung* ***a)*** *Algen* ***b)*** *Bakterien*

- Mitosen von **Pilzfäden** (Hyphen) führen zur Ausbreitung des Pilzes und sind auch für die Ansteckung mit Fußpilzen, z. B. in Schwimmbädern, verantwortlich.
- **Schimmelpilze** bilden durch Mitose Sporen, die aus dem Pilzgeflecht (Myzel) herausragen und mit freiem Auge sichtbar sind.

Hyphen = Zellfäden der Pilze

Myzel = Geflecht aus Hyphen, die das Substrat, auf dem der Pilz lebt, durchziehen

- Sprossung bei **Hefepilzen**

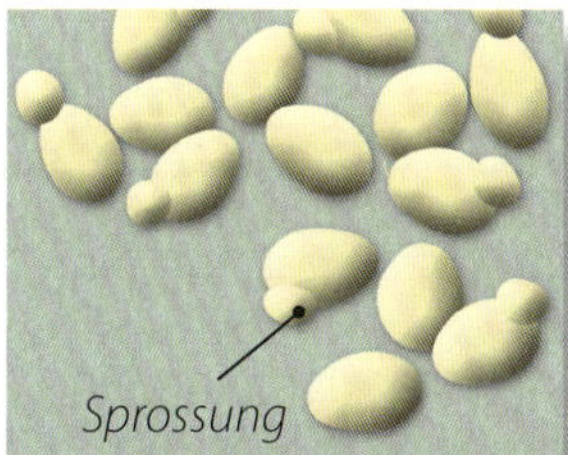

Abb. 7 *Hefepilze vermehren sich durch Sprossung.*

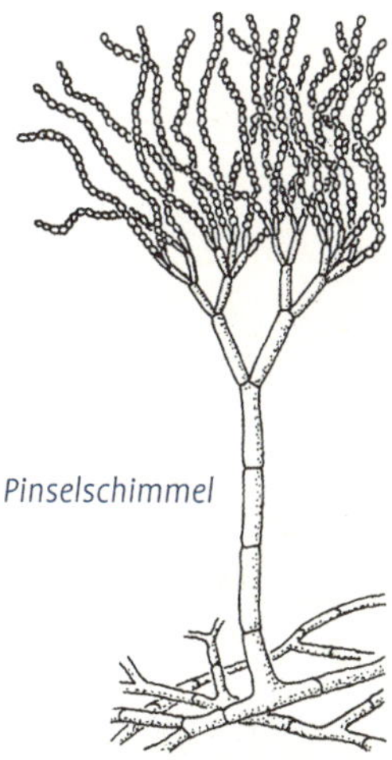

Abb. 6 *Pinselschimmel*

- Bei vielen höheren Pflanzen dienen **Stecklinge** aus Blättern oder Zweigen der Fortpflanzung. Ein Beispiel ist der Efeu, der mit Kopfstecklingen (Triebspitze mit Stängel und einigen Blättern) vermehrt werden kann.

Abb. 8 *Efeu*

Steckling = abgeschnittener Sprossteil, der zu einer eigenständigen Pflanze heranwächst

- Pflanzen mit oberirdischen oder unterirdischen **Ausläufern** (z. B. Erdbeere, kriechender Hahnenfuß) bilden Tochterpflanzen in einiger Entfernung.

Abb. 9 *Erdbeerpflanze*

- Aus den unterirdischen **Sprossknollen** der Kartoffel und den **Wurzelknollen** der Dahlien entstehen in der folgenden Blühperiode neue Pflanzen.

Abb. 10 *Dahlie*

Nesseltiere = einfach gebaute wirbellose Tiere, die im Wasser leben. Nesselkapseln an ihren Fangarmen dienen dem Beutefang und der Verteidigung. Beispiele sind: Schirm- und Würfelquallen, Seeanemonen und Korallen.

Das NAWI-XTRA „Moose und Farne entwickeln sich mit Generationswechsel" findest du online auf **www.hpt.at/nawi-1**.

Polyp = festgewachsenes Entwicklungsstadium der Nesseltiere

- Polypen der **Nesseltiere** bilden **Knospen**, die sich vom Elterntier lösen und zu einem neuen Polypen heranwachsen. Bleiben die Tochtertiere miteinander verbunden, entstehen Tierstöcke, wie z. B. bei den riffbildenden Korallen (▶ S. 66).

Abb. 11 *Riffkoralle mit Anemonenfisch*

Asexuell und sexuell im Wechsel

Bei manchen Meerestieren wechseln geschlechtliche und ungeschlechtliche Fortpflanzung ab. Diesen Generationswechsel kann man zum Beispiel bei Quallen und Korallen beobachten. Festsitzende **Korallenpolypen** bilden von Zeit zu Zeit freischwimmende Larven, die sich zu Quallen entwickeln. In den freischwimmenden Quallen entstehen Geschlechtszellen, die nach der Befruchtung über Larvenstadien wieder zu einem Polypen heranwachsen (▶ Abb. 12).

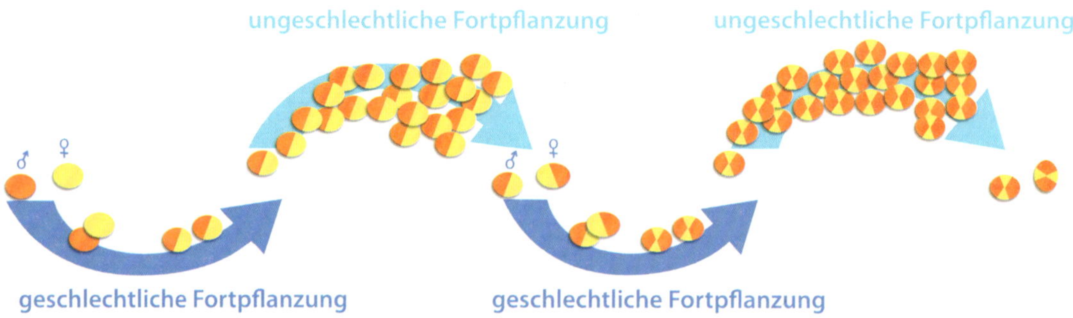

Abb. 12 a) *Generationswechsel (Schema)*

Abb. 12 b) *Generationswechsel bei Quallen (Schema)*

Abb. 12 c) *Quallen*

MINI 2

Ist ein Generationswechsel sinnvoll?

Betrachtet den Generationswechsel der **Korallentiere** und versucht, Antworten auf folgende Fragen zu formulieren:

1. Welchen Vorteil bringt der Generationswechsel?
2. Viele Polypen vermehren sich lange Zeit nur ungeschlechtlich. Welchen Vorteil hat dieses Verhalten für die Tierart?

Notiert eure **Argumente**, begründet sie möglichst genau und diskutiert die Antworten. Notiert die Ergebnisse der Diskussion.

NAWI-XTRA

Klonen – Gegenstand intensiver Forschung

1. Das Klonen von **Kulturpflanzen** hat in der Landwirtschaft als vegetative Vermehrung lange Tradition. Dabei wird das Erbgut von Kulturpflanzen, das die gewünschten Eigenschaften besitzt, durch die Vermehrung nicht verändert. Beispiele sind: Kartoffel, Zwiebelpflanzen, Weinrebe und alle veredelten Obstsorten.
2. Das **reproduktive Klonen** hat zum Ziel, genetisch idente Nachkommen zu erzeugen. Dies wird heute bereits bei Hunden, Zuchtpferden und anderen Nutztieren eingesetzt, um erfolgreiche Züchtungen zu vermehren. Beim reproduktiven Klonen wird der durch Klonen erzeugte Embryo eines **Tieres** von einer Leihmutter ausgetragen. Die Erfolgsquote ist nach wie vor gering und die Risiken von Fehlgeburten und Fehlbildungen sind sehr hoch.

Reproduktives Klonen am Menschen ist in Österreich verboten.

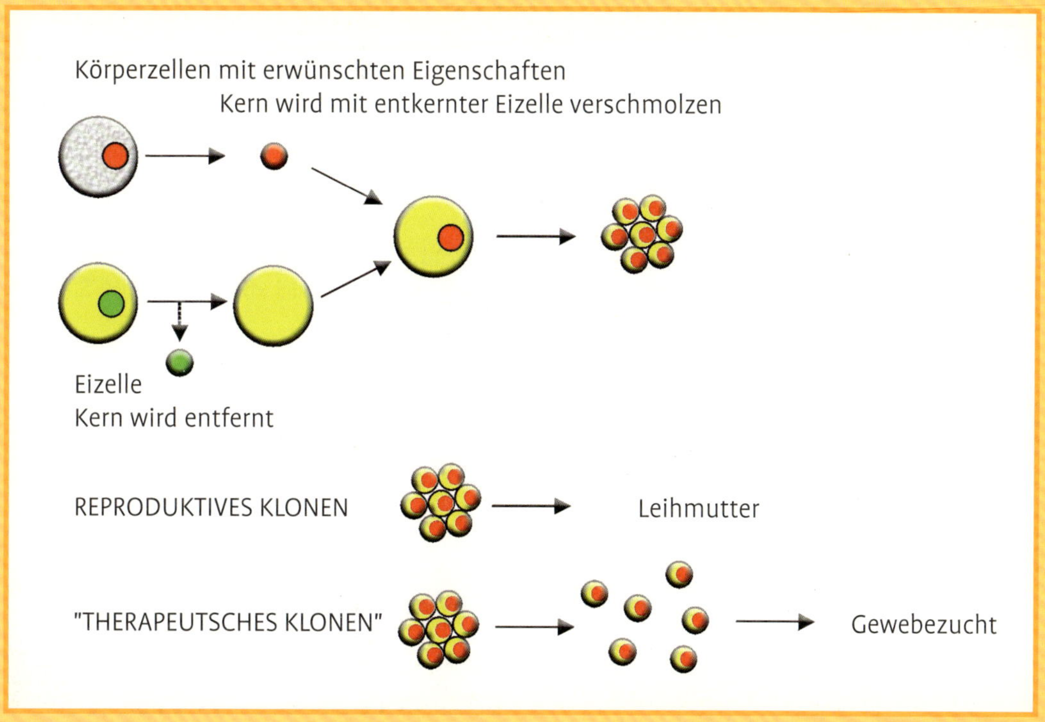

Abb. 13 *Klonen aus Körperzellen (Schema)*

3. Von **therapeutischem Klonen** spricht man, wenn aus dem durch Klonen erzeugten Embryo undifferenzierte (**omnipotente**) Zellen entnommen und in Zellkulturen vermehrt werden. Mit Hilfe geeigneter Wachstumsfaktoren versucht man, aus diesen **Stammzellen** unterschiedlichste Gewebearten, eventuell ganze Organe, zu züchten. Eine andere Möglichkeit ist es, die Stammzellen direkt in den Körper des Patienten einzubringen.
Derzeit werden bereits blutbildende Stammzellen des Knochenmarks bei **Leukämie**patienten und -patientinnen erfolgreich eingesetzt.

Vorteile geklonter **embryonaler** Stammzellen:

- Die Vielfalt der Gewebearten, die daraus gezüchtet werden können, ist viel größer als bei **adulten pluripotenten Stammzellen**.
- Der Empfänger zeigt nahezu keine Abwehrreaktionen, weil die Stammzellen weitgehend mit seinem Erbgut genetisch ident sind (nur die Gene in den Mitochondrien, ca. 0,002 % des Gesamtgenoms variieren). Das ist bei embryonalen Stammzellen, die aus überzähligen Embryonen von IVF-Versuchen gewonnen werden, nicht der Fall.

▶▶

Klonen = Erzeugung eines oder mehrerer genetisch identischer Individuen

Reproduktion = Fortpflanzung

Das NAWI-XTRA **„Klonschaf Dolly"** findest du online auf **www.hpt.at/nawi-1**.

Stammzellen = nicht ausdifferenzierte Zellen, die sich zu unterschiedlichen Geweben entwickeln können

embryonale Stammzellen = undifferenzierte Zellen eines Embryos. Sie sind **omnipotent**.

adulte Stammzellen = Stammzellen eines voll ausgebildeten Organismus. Sie sind **pluripotent**.

omnipotente Zellen = Zellen, aus welchen sich nahezu alle Gewebearten des betreffenden Organismus bilden können

pluripotente Zellen = Zellen, aus welchen sich mehrere Gewebearten bilden können

IVF = In-vitro-Fertilisation (▶ S. 166) = künstliche Befruchtung

Tumore = Geschwülste

Ethik = Lehre vom sittlichen Handeln

Klonen am Menschen

Gefahren	Hoffnungen	offene Fragen
Das Risiko von **Fehlgeburten** und **Entwicklungsschäden** ist sehr hoch. Die Bildung von **Tumoren** und **Krebs** durch diese Stammzellen kann nicht gänzlich ausgeschlossen werden.	Ersatz erkrankter Gewebe oder Organe ohne Abstoßungsreaktionen	Viele **ethische** und **rechtliche** Fragen sind ungeklärt, z. B.: Gilt der frühe Embryo vom Augenblick der Befruchtung oder erst ab der Einnistung in die Gebärmutter als Mensch? Darf ein Embryo zur Stammzellentnahme getötet werden?

Während derzeit weltweit das reproduktive Klonen von Menschen verboten ist, wird über die Zulässigkeit des therapeutischen Klonens heftig diskutiert.

In Österreich wurde eine **Ethik-Kommission** einberufen, deren Aufgabe es ist, medizinische Forschungsprojekte zu begutachten und die Gesetzgeber in ethischen Fragen zu beraten.

In der **Stammzellforschung** wird derzeit ständig nach neuen Methoden zur Gewinnung menschlicher Stammzellen gesucht. Große Hoffnungen setzen Wissenschaftler/innen in sogenannte **iPS-Zellen**. Sie sollen in Zukunft eine Alternative zu den ethisch umstrittenen embryonalen Stammzellen darstellen.
Dabei handelt es sich um **induzierte pluripotente Stammzellen**. Das sind künstliche Stammzellen, die aus adulten Zellen erzeugt werden.
Im Jahre 2006 war es erstmals gelungen, iPS-Zellen herzustellen. Dabei werden z. B. Hautzellen durch das Einschleusen von Genen so verändert, dass sie Stammzellen ähneln. Ein Problem war bisher die Gefahr, dass dadurch Chromosomen verletzt werden und Krebs ausgelöst wird.
Neuesten Meldungen zufolge haben japanische Forscher nun eine Methode gefunden, iPS-Zellen zu erzeugen, die 30-mal effektiver ist als bisher und zudem nur ein geringes Risiko nach sich zieht, dass die Zellen Krebs entwickeln.

WISSENSBOX

- **Asexuelle Fortpflanzung** erfolgt nur durch Mitosen ohne Bildung von Geschlechtszellen.
- Die Tochterindividuen sind genetisch ident (**Klone**).
- Beispiele sind u. a.: Zweiteilung bei Einzellern, Sprossung bei Hefepilzen, Stecklinge oder Ausläufer bei höheren Pflanzen, **Knospen** der Polypen der **Nesseltiere** (Wenn sie sich vom Elterntier lösen, wachsen sie zu einem neuen Polypen heran. Bleiben die Tochtertiere miteinander verbunden, entstehen **Tierstöcke**, wie z. B. bei den riffbildenden Korallen.)
- **Reproduktives Klonen** nennt man die Erzeugung eines oder mehrerer genetisch identer Individuen.
- Das Klonen von **Kulturpflanzen** hat in der Landwirtschaft als vegetative Vermehrung schon lange Tradition. Das reproduktive Klonen hat heute auch bei **Nutztieren** Bedeutung.
- Reproduktives Klonen am **Menschen** ist in Österreich **verboten**.
- Von **therapeutischem Klonen** spricht man, wenn aus dem durch Klonen erzeugten Embryo undifferenzierte (**omnipotente**) Zellen entnommen und in Zellkulturen vermehrt werden.
- Mit Hilfe geeigneter Wachstumsfaktoren versucht man, aus diesen **Stammzellen** unterschiedlichste Gewebearten, eventuell ganze Organe, zu züchten.

3 Sexuelle Fortpflanzung – Motor für die Evolution

Die Mehrzahl der eukaryotischen Organismen vermehrt sich durch sexuelle Fortpflanzung. Dabei wird in der Regel das Genom von zwei verschiedengeschlechtlichen Lebewesen der gleichen Art (Eltern) an die Nachkommen weitergegeben.

Bei der **zweigeschlechtlichen** (heterosexuellen) Fortpflanzung entwickeln sich die Nachkommen aus dem Verschmelzungsprodukt (**Zygote**) der Geschlechtszellen (Gameten). Das genetische Material beider Eltern wird miteinander vermischt.

Worin liegt der **Vorteil** der **heterosexuellen Fortpflanzung** für die **Evolution**?

- Bei der Verschmelzung der Gameten werden väterliche und mütterliche Erbanlagen kombiniert. Diese **Kombinationsmöglichkeiten** steigern die **genetische Variation** und begünstigen die Entwicklung neuer Eigenschaften. Sie erhöhen die Chancen des Lebewesens, sich an neue Umweltbedingungen anpassen zu können.
- Die Nachkommen besitzen in jeder Körperzelle zwei Gene desselben Typs. Eine nachteilige **Mutation** in einem Gen muss für das Lebewesen nicht immer zum Tragen kommen, da die Chance besteht, dass die Funktion durch das andere Gen ersetzt wird.

Evolution = Entwicklung der Lebewesen im Laufe der Erdgeschichte

3.1 Bei der Meiose wird der Chromosomensatz halbiert

Die Körperzellen des Menschen haben wie die der meisten Lebewesen einen **diploiden** Chromosomensatz (2n). Je ein väterliches und ein mütterliches Chromosom bilden ein Chromosomenpaar. Beide Chromosomen enthalten Gene für die gleichen Merkmale. Man sagt, sie sind **homolog**. Die Anlagen für ein bestimmtes Merkmal in den homologen Chromosomen des Paares müssen aber nicht übereinstimmen.

- **reinerbig (homozygot)** = die entsprechenden Anlagen auf den homologen Chromosomen sind gleich
- **mischerbig (heterozygot)** = die entsprechenden Anlagen auf den homologen Chromosomen sind verschieden

Da bei der **Befruchtung** die Geschlechtszellen der Eltern miteinander verschmelzen, würde sich der Chromosomensatz von Generation zu Generation verdoppeln. Deshalb muss der Chromosomensatz im Laufe der Entwicklung einmal reduziert werden.

Dies geschieht im Zuge der **Meiose** (Reduktionsteilung).

Sie erfolgt meist bei der **Bildung der Geschlechtszellen** (Gameten) und vollzieht sich in zwei kurz aufeinander folgenden Teilungsschritten.

haploider Chromosomensatz (n) = einfacher Chromosomensatz

diploider Chromosomensatz (2n) = doppelter Chromosomensatz

n = Anzahl der Chromosomen im Kern

homolog = gleichartig

homozygot = reinerbig

heterozygot = mischerbig

Befruchtung = Verschmelzung der Zellkerne von Ei- und Spermienzelle

Meiose = Reduktionsteilung, führt zu einer Halbierung des diploiden Chromosomensatzes auf einen haploiden, findet meist bei der Bildung der Gameten statt

Ablauf der Meiose:

1. **Erste Reifeteilung**
   Der Zellkern durchläuft dieselben Teilungsphasen wie bei der **Mitose** (▶ S. 125).
   - In der **Prophase** ordnen sich die entsprechenden mütterlichen und väterlichen Chromosomen (homologe Chromosomen) paarweise nebeneinander. Jedes Chromosomenpaar besteht aus vier Chromatiden.
   - In den folgenden Teilungsphasen werden aber im **Gegensatz zur Mitose** nicht einzelne Chromatiden, sondern ganze **Chromosomen** von den Spindelfäden an die Pole der Zelle gezogen. Die **Chromosomenpaare** werden **getrennt**.
     Dabei bleibt es dem Zufall überlassen, welches der beiden homologen Chromosomen zu welchem Pol gelangt. Dadurch kommt es zu einer Durchmischung des elterlichen Erbgutes und zur Möglichkeit der **Kombinierbarkeit** der Gene.
   - In dieser Phase werden auch **homologe Abschnitte** der mütterlichen und väterlichen Chromosomen **ausgetauscht (Crossing-over)**. Wenn sich die Chromosomen überkreuzen, können Bruchstellen entstehen und die DNA-Stränge tauschen ihre Plätze.
   - Am Ende der ersten Reifeteilung haben die beiden Tochterzellen nur noch die halbe Anzahl der Chromosomen (**haploid, n**) der Mutterzelle.
     Der **haploide Chromosomensatz** weist für jedes Merkmal nur eine Anlage auf.

Crossing-over (engl. *cross* = kreuzen) = Austausch von Chromosomenteilen von mütterlichen und väterlichen Chromosomen

2. Zweite Reifeteilung

- Sie läuft ganz nach dem Schema einer Mitose ab. Der Chromosomensatz der Tochterzellen entspricht dem der Mutterzelle.
- Am Ende der zweiten Reifeteilung sind **4 haploide Zellen** entstanden.

Zygote = befruchtete Eizelle

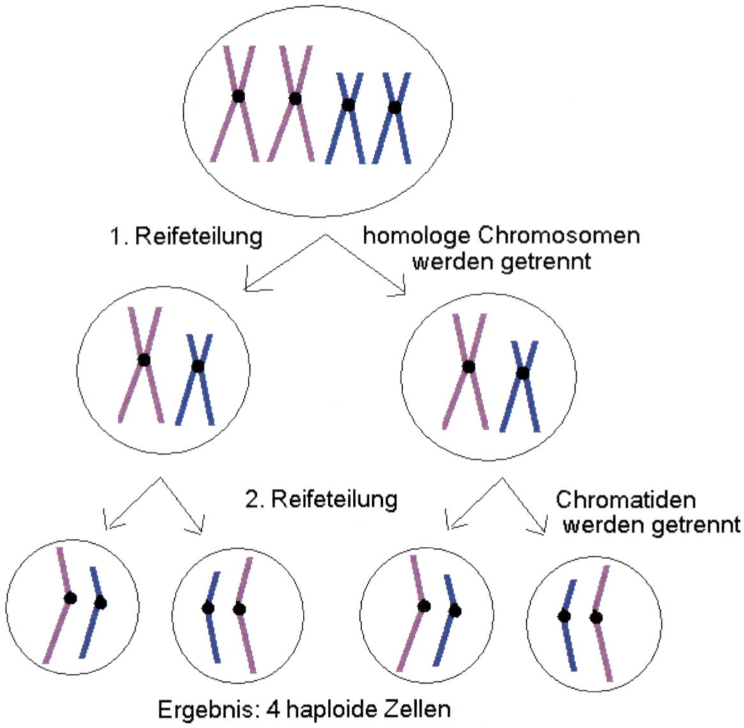

Durch die **Meiose** erhalten Ei- und Spermienzelle einen **haploiden Chromosomensatz** (beim Menschen: 23). Bei der Befruchtung verschmelzen die Kerne von Ei- und Spermienzelle und die befruchtete Eizelle (**Zygote**) ist wieder diploid. Aus ihr gehen durch Mitosen alle diploiden Körperzellen des Organismus hervor.

Abb. 14 *Schematische Darstellung der Meiose*

NAWI AKTIV 1

Zellteilung muss gelingen

Lernziele:

- Ich kann Zellteilungsvorgänge verstehen. **B**, **N1**
- Ich kann die biologische Bedeutung von Mitose und Meiose verstehen und kommunizieren. **B**, **N1**
- Ich kann die Notwendigkeit der Regulation des Zellzyklus begründen. **C**, **N1**

Aufgaben:

- **Vergleiche** die Mitose mit der Meiose unter folgenden Aspekten:
  - In welchen Zellen des menschlichen Körpers finden die Vorgänge (immer, sehr oft, manchmal, nie) statt?
  - Wodurch unterscheiden sich die Ergebnisse?
  - Worin liegt die jeweilige Bedeutung für den Organismus und die Art?
- **Zieht Schlüsse** aus euren Antworten und **begründet** die biologische Bedeutung von Mitose und Meiose in einem kurzen Text.
- **Formuliert** eine **Begründung** für die Notwendigkeit der Regulation des Zellzyklus. Notiert eure Argumente.

SELBSTEINSCHÄTZUNG Ich habe die Aufgaben bearbeitet:			Feedback Lehrer/innen ↔ Schüler/innen
sehr gut	gut	weniger gut; folgendes muss ich nachholen	

NAWI QUIZ

Qual der Wahl

Welche Vorgänge spielen sich während der **Mitose** ab?

1. Die Chromosomen werden deutlich sichtbar.
2. Ein diploider Chromosomensatz (2n) wird auf einen haploiden (n) reduziert.
3. In der Metaphase bilden sich Spindelfasern zwischen den Zentromeren.
4. Die homologen Chromosomen werden in der Anaphase getrennt und wandern zu den Zellpolen.
5. In der Telophase kann es zu einem Crossing-Over zwischen den Schwester-Chromatiden kommen.
6. Während der Kernteilung teilen sich auch die Mitochondrien.

Wähle die richtige Antwort:

a) 1., 2. und 3. sind richtig.
b) 1., 4. und 5. sind richtig.
c) 2., 3. und 4. sind richtig.
d) 4. und 6. sind richtig.
e) 1., 3. und 6. sind richtig.

Wanted!

Finde den richtigen **Fachbegriff** zu den folgenden Umschreibungen bzw. Erklärungen. Jeder richtige Begriff bringt einen Punkt.

1. Genetisch idente Organismen:
2. Fortpflanzung mit Bildung einer Zygote:
3. Methode der Erzeugung genetisch identer Pflanzen oder Tiere:
4. Aus Stammzellen zu medizinischen Zwecken Gewebe züchten:
5. Chromosomensatz nach der Befruchtung:

NAWI QUIZ

Das **„Richtig oder falsch"** findest du online auf **www.hpt.at/nawi-1**.

3.2 Wie treffen sich die Geschlechtszellen?

Für den Erfolg der sexuellen Fortpflanzung ist es notwendig, dass sich Ei und Spermium möglichst sicher treffen und eine Befruchtung stattfindet.

Im Laufe der Evolution haben sich daher viele **Fortpflanzungsstrategien** entwickelt, die das Überleben der Nachkommen sichern.

Spermium = Spermienzelle = männliche Geschlechtszelle = männlicher Gamet

3.2.1 Wie sich Sexualpartner finden können

- **Zeitpunkt der Fortpflanzungsbereitschaft wird synchronisiert**
  Da die Tierarten nicht über das ganze Jahr fortpflanzungsfähig sind, muss der Zeitpunkt des Zusammentreffens der Partner **synchronisiert** werden. Die Steuerung erfolgt meist durch **Hormone** und wird durch **Umwelteinflüsse** wie Tageslänge, Nahrungsangebot, Wassertemperatur oder Mondphasen beeinflusst.

synchronisieren = in zeitliche Übereinstimmung bringen

- **Anlocken der Partner mit unterschiedlichen Mitteln**
  Damit sich die Sexualpartner finden, bedienen sich Tiere vielfältiger Strategien. Bei vielen Insekten erleichtern **Sexuallockstoffe** das Zusammentreffen der Partner. Der **Gesang** (bei Singvögeln, Grillen, Zikaden, Fröschen und Kröten) und die **Hochzeitskleider** vieler Vögel und Fische dienen ebenfalls dem Anlocken des Partners.

Abb. 15
Singende Blaumeise: Gesang dient der Revierbegrenzung sowie dem Anlocken des Partners

- **Paarung nach Ritualen**
  Nach dem Zusammentreffen dienen häufig definierte **Paarungsrituale** dazu, beide Partner möglichst zur gleichen Zeit in Fortpflanzungsstimmung zu bringen (zu stimulieren). Sie beeinflussen außerdem die **Partnerwahl** und bauen bei monogamen Tieren eine Bindung zwischen den Sexualpartnern auf. Dabei sind es meist die Weibchen, die sich einen Partner aussuchen. Im Laufe der Evolution haben sich viele teils spektakuläre visuelle oder akustische **Balzsignale** entwickelt. Bekannte Beispiele sind der kunstvolle Gesang vieler Singvögel und das Prachtkleid des Pfaus.

Abb. 16 Pfau

MINI 3

Wozu balzen?

Das Balzverhalten ist bei vielen Tierarten sehr aufwendig und kostet viel Energie. Sie verändern Farben und Zeichnungen, führen komplizierte Tänze auf und bringen sich dabei sogar oft in die Gefahr, von Fressfeinden entdeckt zu werden. Wenn sich das Verhalten im Laufe der Evolution durchgesetzt hat, muss es der Tierart irgendeinen Vorteil bringen.

☺ Argumentiere:
1. Worin könnte dieser Vorteil bestehen?
2. Warum suchen die Weibchen meist farbige, bewegliche, große Männchen aus?

☺ Notiere und begründe deine Antworten.

☺☺☺ Diskutiert die Antworten in einer Gruppe und präsentiert sie im Plenum.

SPECIALS

- Bei Tieren gibt es unterschiedliche Formen der **Paarbeziehung**.
- Sperlinge führen z. B. eine **Jahresehe**. Männchen und Weibchen bleiben eine ganze Fortpflanzungsperiode zusammen.
- Die Geschlechtspartner bei Gänsen, Schwänen, Adlern und vielen Nagetieren bleiben über viele Jahre zusammen. Sie leben in einer **Dauerehe** und ziehen ihre Jungen meist gemeinsam auf.
- In beiden Fällen handelt es sich um **Monogamie** im Gegensatz zur **Polygamie**, die durch einen Wechsel der Geschlechtspartner gekennzeichnet ist.
- Die **Polygynie** ist die häufigste Paarungsart bei Tieren. Männchen paaren sich während einer Fortpflanzungsperiode hintereinander mit verschiedenen Weibchen (z. B. Trauerschnäpper, Pelzrobben).
- Es gibt aber auch die **Polyandrie**, z. B. bei Nandus und Blatthühnchen, wo sich ein Weibchen mit mehreren Männchen paart.
- **Promiskuität** nennt man die Paarungsart, wenn sich beide Geschlechter mit wechselnden Partnern paaren. Sie ist z. B. bei Bären und Gnus zu beobachten.

Abb. 17 *Nanduweibchen paaren sich mit verschiedenen Männchen*

Abb. 18 *Schwäne leben meist in einer Dauerehe*

Monogamie = Lebensgemeinschaft mit einem Sexualpartner

Polygamie = mehrere Sexualpartner, Vielehe

Polygynie = ein Männchen paart sich mit mehreren Weibchen

Polyandrie = ein Weibchen paart sich mit mehreren Männchen

Promiskuität = häufiger Wechsel der Sexualpartner

3.2.2 Möglichkeiten der Befruchtung

- **Äußere Befruchtung erfordert feuchte Umgebung**

Wenn die Eier und Spermien ins Freie abgegeben werden und die Befruchtung außerhalb der Tiere erfolgt, spricht man von einer **äußeren Befruchtung**. Diese Form der Fortpflanzung ist nur bei Tieren verbreitet, die im Wasser oder in feuchter Umgebung leben, da die Geschlechtszellen rasch austrocknen können.

Eine **freie äußere Befruchtung** findet bei Tieren statt, die keinen direkten Kontakt zueinander haben (z. B. bei Muscheln, Stachelhäutern und Hohltieren). Dabei erfolgt meist ein Massenlaichen einer ganzen Population. Dadurch erhöht sich die Wahrscheinlichkeit, dass Ei- und Spermienzellen zusammenfinden. Das Laichgeschehen wird von Umweltfaktoren (z. B. Wassertemperatur, Mondphase) ausgelöst.

Bei Fischen und Amphibien erfolgt das Ablaichen unter teils sehr aufwändigen Ritualen. Man spricht dann von einer äußeren Befruchtung mit **Begattung**.

Abb. 19 *Erdkröten bei der Begattung*

Befruchtung = Verschmelzung der Zellkerne von Ei und Spermium

Laichen = Abgabe von Geschlechtszellen ins Freie

Population = Gruppe von Lebewesen einer Art, die zur gleichen Zeit am selben Ort leben und sich miteinander fortpflanzen können

Begattung = Kopulation = Paarung = körperlicher Kontakt der Geschlechtspartner während der Ei- und Spermienabgabe

Besamung = Zusammentreffen von Ei und Spermienzelle

- **Innere Befruchtung verbessert die Überlebenschancen**

Bei der inneren Befruchtung erfolgen Besamung und Befruchtung im Körper des Weibchens. Dadurch ist eine geringere Zahl von Eizellen erforderlich.

Die **Überlebenschancen** der Embryonen werden erhöht, weil ...
  - dotter- oder proteinreiche Eier mit Kalkschalen die Ernährung während der Entwicklung sicherstellen (bei Vögeln, Reptilien und eierlegenden Säugetieren) oder
  - die Entwicklung des Embryos im Körper des Muttertieres optimalen Schutz bietet und die Ernährung sichert (Säugetiere, Kreuzotter, Alpensalamander, lebend gebärende Blattläuse).

Abb. 20 *Die Kreuzotter bringt lebende Junge zur Welt*

- **Zwitter erhöhen die Fortpflanzungsrate**

Wenn beide Partner sowohl männliche als auch weibliche Fortpflanzungsorgane besitzen, erhöht sich die Anzahl der befruchteten Eier. Bei einer wechselseitigen Begattung geben z. B. Weinbergschnecken Spermien ab und werden gleichzeitig durch die vom Partner abgegebenen Spermien befruchtet.

Beim Bandwurm kommt es zur Selbstbefruchtung.

Abb. 21 *Weinbergschnecken bei der Paarung*

Zwitter = Lebewesen mit männlichen und weiblichen Geschlechtsorganen

3.2.3 Brutpflege steigert den Fortpflanzungserfolg

Bei Vögeln und Säugetieren dauert es relativ lange, bis die Nachkommen selbständig sind. Die Eltern füttern ihre Jungen, schützen sie vor Feinden und lehren sie, Gefahren zu erkennen und zu meiden. Das Brutpflegeverhalten wird durch besondere Reize (Schlüsselreize) ausgelöst. Beispiele sind die Lockrufe junger Küken oder das Schnabelaufsperren junger Amseln.

Während Brutpflege bei **Vögeln** und **Säugetieren** die Regel ist, kommt sie bei Fischen, Reptilien, Amphibien und Wirbellosen nur in Ausnahmefällen vor.

Beispiele: Stichling, Nil-Krokodil, Geburtshelferkröte und staatenbildende Insekten (Bienen und Ameisen füttern und pflegen ihre Larven)

Abb. 22 *Nil-Krokodil*
Krokodile vergraben die Eier in eigens gebauten Nesthügeln aus Sand. Ein weinerliches Geräusch der frisch geschlüpften Jungen veranlasst die Mutter, die Jungen auszugraben. Sie trägt die etwa 30 cm großen Jungtiere auf ihrem Rücken zu einer geeigneten Wasserstelle.

Abb. 23 *Stichling*
Das Männchen baut ein Nest, vollführt dann komplizierte Balzrituale zum Anlocken eines Weibchens und beschützt nach dem Schlüpfen die Jungfische.

Abb. 24 *Geburtshelferkröte*
Das Krötenmännchen trägt den Laich um die Beine gewickelt herum.

Parthenogenese = eingeschlechtliche Fortpflanzung = Jungfernzeugung

NAWI-XTRA

Parthenogenese: Es geht auch ohne Männer

Die Nachkommen entwickeln sich aus **unbefruchteten Eizellen**. Der Vorteil dieser Fortpflanzungsmethode liegt in der überaus **schnellen Vermehrung** der Individuenzahl.

Deshalb ist diese Art der Vermehrung häufig dann zu finden, wenn günstige Lebensbedingungen schnell genutzt werden sollen.

Ein Beispiel sind die **Blattläuse**, die sich sehr schnell vermehren, wenn das Nahrungsangebot hoch ist. Daher produzieren die Blattlausweibchen im Frühjahr und Sommer aus unbefruchteten Eiern nur **Weibchen**, die lebendgeboren werden. Erst im Herbst bringen sie dann auch **Männchen** auf die Welt, die für eine zweigeschlechtliche Fortpflanzung (und damit für eine Rekombination der Gene) sorgen.

Wasserflöhe ernähren sich von einzelligen Algen, die oft nur für kurze Zeit ein reichhaltiges Nahrungsangebot bilden. In dieser Periode bilden die Wasserflöhe durch Parthenogenese weibliche Nachkommen, die in einem Brutraum ausgetragen werden.

Abb. 25 *Blattlaus*

Abb. 26 *Wasserfloh mit Eiern*

Die in Asien lebenden **Blumentopfschlangen** vermehren sich nur parthenogenetisch. Sie leben in Laubstreu oder Erde zwischen Pflanzenwurzeln und ernähren sich von Insekten.

WISSENSBOX

- Bei der **zweigeschlechtlichen** (heterosexuellen) Fortpflanzung entwickeln sich die Nachkommen aus dem Verschmelzungsprodukt (**Zygote**) der Gameten.
- Im Zuge der **Meiose** (Reduktionsteilung) wird der Chromosomensatz von 2n (diploid) auf n (haploid) reduziert. Damit wird verhindert, dass sich der artcharakteristische Chromosomensatz bei der Befruchtung von Generation zu Generation verdoppelt.
- Die Meiose besteht aus 1. und 2. Reifungsteilung. In der 1. Teilung werden im **Gegensatz zur Mitose** nicht einzelne Chromatiden, sondern ganze **Chromosomen** von den Spindelfäden an die Pole der Zelle gezogen. Dabei wird die Anzahl der Chromosomen in den Tochterkernen halbiert. Die 2. Teilung verläuft wie eine Mitose.
- Im Laufe der Evolution haben sich viele **Fortpflanzungsstrategien** entwickelt, die das Überleben der Nachkommen sichern (z. B. Sexuallockstoffe, Balz, Brutpflege, Zwittrigkeit, äußere und innere Befruchtung, Parthenogenese).

SPECIALS

- Es gibt Tiere, die im Laufe ihres Lebens das **Geschlecht wechseln.**
- Bestimmte **Meeresfische** (z. B. Lippfische), die in einem Harem leben, schlüpfen zuerst als Weibchen.
- Der Tod des Männchens bewirkt im Revier, dass sich das größte Weibchen in ein Männchen verwandelt, Spermien produziert und das Revier verteidigt.
- Manche **Austern** sind zuerst Männchen, die sich mit zunehmender Körpergröße zu Weibchen entwickeln.

4 Auch Pflanzen haben ein „Liebesleben"

Einer der wichtigsten Vorgänge der geschlechtlichen Fortpflanzung ist auch bei den Pflanzen das Zusammentreffen und **Verschmelzen** von Ei- und Spermienzelle (**Befruchtung**).
Bei den **Samenpflanzen** befinden sich die **Fortpflanzungsorgane** in der **Blüte**, welche aus unterschiedlichen Blättern besteht, die entsprechend ihren Aufgaben umgestaltet sind.

Samenpflanzen (Blütenpflanzen) = Gefäßpflanzen, die immer aus Wurzel, Stängel und Blättern aufgebaut sind; sie bilden Blüten mit Fortpflanzungsorganen sowie Samen für die Verbreitung (▶ S. 63)

Abb. 27 *Bau einer Insektenblüte – Stängellose Primel (Längsschnitt)*

- ♂ Die **Staubblätter** (Staubgefäße) sind die **männlichen Fortpflanzungsorgane.**
  Sie bestehen aus **Staubfaden** und **Staubbeutel**. Im Staubbeutel entstehen die **Pollenkörner**, die als Blütenstaub zumeist entweder mit dem **Wind** (windblütige Pflanzen) oder durch Tiere (tierblütige Pflanzen) auf die weiblichen Teile einer anderen Pflanze gebracht werden (**Bestäubung**). Die männlichen Geschlechtszellen (Spermien) werden im Pollenschlauch (▶ S. 139), der aus dem Pollenkorn entsteht, gebildet.
- ♀ Die **Fruchtblätter (Stempel)** sind die **weiblichen Fortpflanzungsorgane.**
  Der Stempel besteht aus **Fruchtknoten**, **Griffel** und **Narbe**. Bei den bedecktsamigen Pflanzen (z. B. Wiesenblumen) schließt der Fruchtknoten die **Samenanlage** mit der **Eizelle** und den **Hilfszellen** ein. Bei den nacktsamigen Pflanzen (z. B. Nadelhölzern) liegen die Samenanlagen offen auf den Fruchtblättern.
- Die **Kronblätter** können die Funktion der Fortpflanzung unterstützen.
  Häufig sind sie auffällig gefärbt oder ausgestaltet, um **Bestäuber** anzulocken. Meist sind es Insekten, die Nahrung in Form von Pollen oder Nektar in den Blüten suchen und von den bunten Farben angelockt werden. Bei nicht von Tieren bestäubten Blüten sind die Kronblätter unscheinbar.
- Die **Kelchblätter** an der Unterseite der Blüte sind meist grün und in der Regel nicht unmittelbar an der Fortpflanzung beteiligt, dienen aber besonders im Knospenzustand dem **Schutz** der restlichen Fortpflanzungsorgane.

Bedecktsamige = Samenpflanzen, deren Samenanlagen im Fruchtknoten eingeschlossen sind

Nacktsamige = Samenanlagen liegen offen auf den Fruchtblättern, z. B. Nadelhölzer

Zwittrige Blüten = Blüten, die männliche und weibliche Organe enthalten. Eingeschlechtige Blüten sind nur weiblich oder nur männlich.

Zweikeimblättrige = Samenpflanzen, deren Keimling zwei Keimblätter bildet

Blütenstaub = die Pollenkörner, der Pollen einer Blüte

Bestäubung = Übertragung des Pollens auf die weiblichen Blütenteile

MINI 4

Blütenanalyse
Material: Tulpenblüten, Pinzette

- **Betrachtet** die Blüte und benennt die einzelnen Teile.
- **Zeichnet** eine Skizze eurer Blüte und beschriftet sie mit Hilfe der Abb. 29.
- **Zerlegt** die Blüte mit einer Pinzette in männliche und weibliche Teile und **erklärt** die jeweiligen Aufgaben. Stellt dabei eine Verbindung zwischen Bau und Funktion her.

Abb. 28 Tulpenblüte

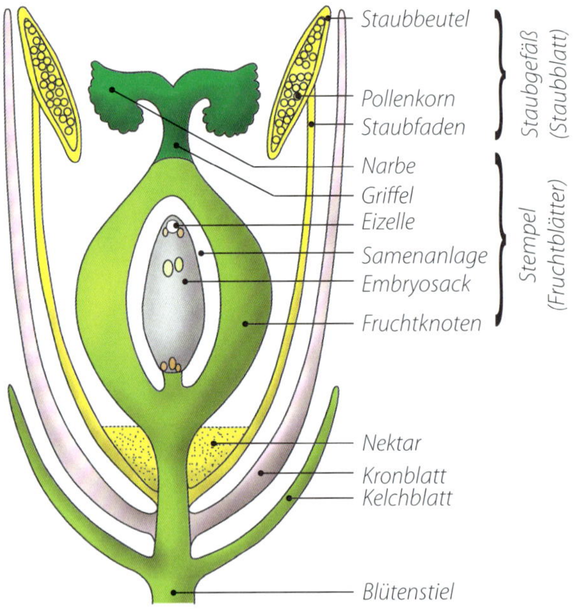

Abb. 29
Schema des Blütenaufbaus der zwittrigen Blüte einer zweikeimblättrigen Blütenpflanze

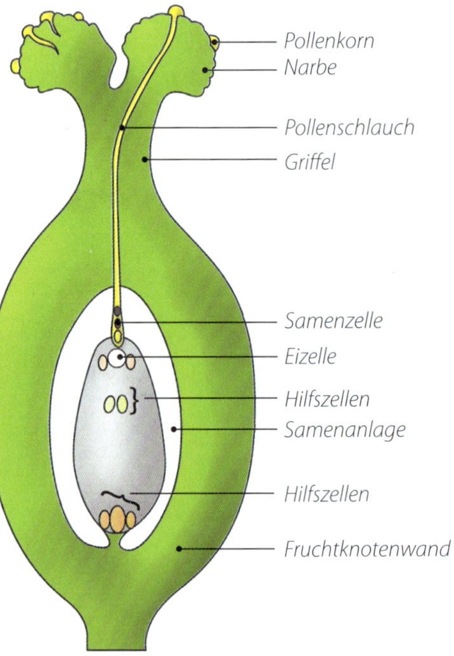

Abb. 30 Bestäubung und Befruchtung einer Blüte

SPECIALS

- Manchmal ziehen Blüten mit Hilfe von **Aasgeruch** Fliegen an, die für die Bestäubung sorgen.
- Es gibt Blüten, die mit Farbe, Form und Geruch ein weibliches Insekt imitieren (**Weibchenattrappe**), um damit begattungsbereite Männchen dieser Insektenart anzulocken.
- Bei manchen Pflanzenarten können auch Vögel, kleine Reptilien und Kleinsäuger die Funktion der Bestäubung erfüllen.
- Zu den bekanntesten Blumenvögeln gehören die in Amerika heimischen **Kolibris**. Sie nehmen den Nektar im Schwirrflug auf.

NAWI AKTIV 2

Wer bestäubt wen?

Lernziele:

- Ich kann biologische Wechselbeziehungen in der persönlichen Umgebung beobachten, beschreiben und analysieren. **A + B**, **N2**
- Ich kann Schlussfolgerungen ziehen und Lösungsstrategien entwickeln. **C**, **N2**

Aufgaben:

Ihr habt sicher schon Pflanzen und Tiere in Gärten, Parks oder auf der Wiese beobachtet. Versucht mit Hilfe eurer Erfahrungen je drei Pflanzen zu beschreiben, die
- von Insekten bestäubt werden. Benennt auch die Insektennamen.
- von anderen Tieren bestäubt werden. Benennt auch die Namen dieser Tiere.

Stellt Vermutungen an über die **Zusammenhänge** zwischen dem Blütenbau eurer Pflanzen und der jeweiligen Bestäubungsart.

Beschafft euch Informationen, um die folgenden Aufgaben lösen zu können.
- Erläutert zwei Gründe, die diese **Wechselbeziehung** gefährden können.
- Beschreibt als Schlussfolgerung zwei eigene Beiträge, um diesen **Gefährdungen** entgegenwirken zu können.

SELBSTEINSCHÄTZUNG Ich habe die Aufgaben bearbeitet:			Feedback Lehrer/innen ↔ Schüler/innen
sehr gut	gut	weniger gut; folgendes muss ich nachholen	

Was nach der Bestäubung geschieht:

- Aus dem Pollenkorn, das auf die Narbe gefallen ist, wächst der **Pollenschlauch** durch den Griffel zur Samenanlage.
- Im Pollenschlauch bilden sich die **Spermazellen**.
- Die **Befruchtung** (Verschmelzung von Ei- und Spermazelle) findet in der Samenanlage statt.
- Die befruchtete **Eizelle (Zygote)** teilt sich und wird zum **Keimling (Embryo)**.
- Aus der **Samenanlage** entsteht der **Samen**. Er besteht in der Regel aus Embryo, Nährgewebe (Stärke, Fette, Proteine) und Samenschale als Austrocknungsschutz.
- Bei den Bedecktsamigen bildet der **Fruchtknoten** (teilweise von anderen Blütenteilen unterstützt) eine **Frucht**, die einen oder mehrere Samen enthält. Die Frucht dient dem Schutz, vor allem aber der Verbreitung der Samen. Zum Beispiel lockt die saftige, rot leuchtende Kirsche Vögel an, die sie fressen und den Samen (Kern) anderenorts wieder ausscheiden.

Das **NAWI-XTRA** **„Systematik der Samenpflanzen"** findest du online auf **www.hpt.at/nawi-1**.

Abb. 32 *Aus dem Fruchtknoten der Kirschblüte entwickelt sich eine Frucht. Die anderen Blütenorgane vertrocknen.*

Der **Same keimt** unter geeigneten Bedingungen (z. B. optimale Temperatur, genügend Feuchtigkeit, geringe Konkurrenz) und entwickelt sich zur neuen Pflanze.

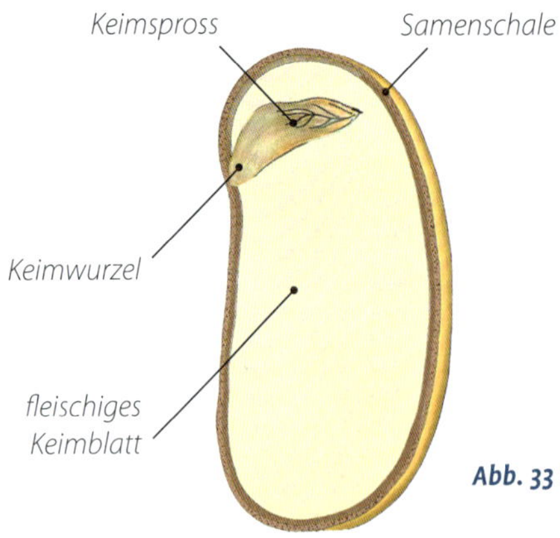

Abb. 33 *Bohnensamen (Schema)*

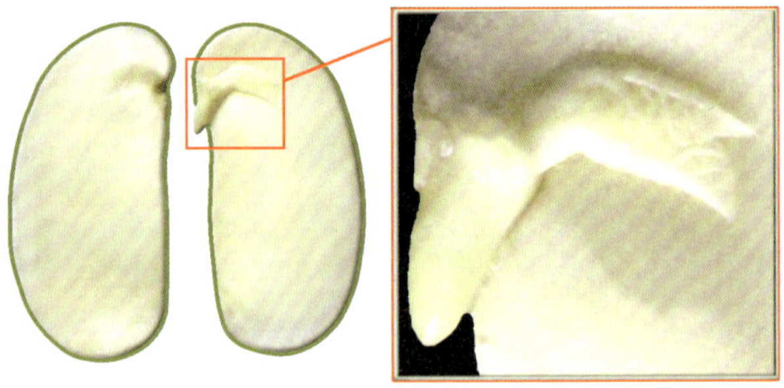

Abb. 34 *Hälften einer Bohne mit Keimling und Nährgewebe*

Giberelline = pflanzliche Wachstumshormone

Die Keimung einer Bohne in Teilschritten:

1. Die Quellung der Samenschale bewirkt ihr Aufplatzen.
2. Der Embryo bildet Wachstumshormone (z. B. Giberelline).
3. Nährstoffe werden mit Hilfe von Enzymen aufgespalten (z. B. Stärke durch Amylase zu Malzzucker).
4. Diese Nährstoffe, z. B. Zucker, dienen dem Embryo zum Wachsen, bis sich die ersten Laubblätter entwickeln und die Fotosynthesetätigkeit beginnen kann.

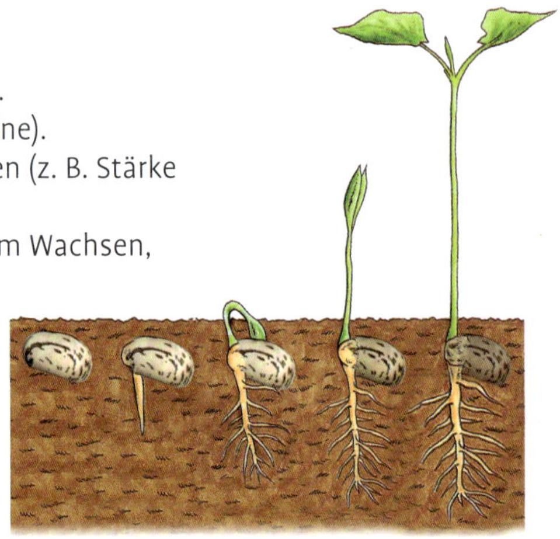

Abb. 35 *Bohnen keimen innerhalb weniger Wochen*

4.1 Verbreitung von Früchten und Samen

Direkt unter der Mutterpflanze könnte die junge Pflanze nur schwer gegen die **Konkurrenz** um Wasser, Nährstoffe und Licht bestehen. Daher haben sich im Laufe der Evolution die mannigfaltigsten Strategien zur Verbreitung der Früchte und Samen entwickelt. Form und Struktur der Früchte unterstützen die jeweilige Verbreitung, die mit Hilfe von **Tieren**, **Wind**, **Wasser** oder durch Spezialmechanismen der Pflanze selbst erfolgen kann.

A Tierverbreitung	
Früchte haften auf Tieren und fallen andernorts ab	z. B. Klette
Früchte werden von Tieren gefressen und andernorts mit dem Kot ausgeschieden (gleichzeitige Düngewirkung!)	z. B. Ribisel (▶ Abb. 37)
B Windverbreitung	
Haarige Anhängsel an den Samen – fliegen mit dem Wind davon	z. B. Löwenzahn (▶ Abb. 38)
Flügelartige Bildungen an der Frucht verlangsamen durch schnelle Rota-tionen den Fall – bessere Verdriftungsmöglichkeit	z. B. Ahorn
Samen staubfein – fliegen lange und weit	z. B. Orchideen
Ganze Pflanze inkl. Früchte vom Wind verfrachtet	z. B. Mannstreu
C Wasserverbreitung	
Unbenetzbare Schwimmfrucht mit Luftkammern treibt lange Zeit auf dem Wasser	z. B. Kokosnuss
D Selbstverbreitung	
Früchte zerplatzen bei Berührung und schleudern Samen davon	z. B. Springkraut
Überdruck in der Frucht entlädt sich bei Berührung mit den Samen	z. B. Spritzgurke (▶ Abb. 39)
Samen werden durch Hebeln der Frucht katapultartig weggeschleudert	z. B. Geranien

Abb. 36 *Übersicht über Mechanismen der Samenverbreitung*

Abb. 37–39 *Beispiele für Samenverbreitung (v. l. n. r.): Ribisel, Löwenzahn, Spritzgurke*

WISSENSBOX

- Die Fortpflanzungsorgane der Samenpflanzen befinden sich in den **Blüten**.
- **Staubgefäße** (Staubblätter) nennt man die **männlichen Fortpflanzungsorgane**. Hier entstehen die Pollenkörner. Die Staubblätter sind für die Bildung der männlichen **Spermazellen** verantwortlich.
- Die **Pollenkörner** gelangen u. a. durch Wind oder durch **Tiere** auf die weiblichen Teile einer anderen Pflanze. Diesen Vorgang nennt man **Bestäubung**.
- **Fruchtblätter (Stempel)** sind die **weiblichen Fortpflanzungsorgane**. Der Stempel besteht aus Fruchtknoten, Griffel und Narbe.
- Die **Kronblätter** können die Funktion der Fortpflanzung unterstützen. (Zum Beispiel wenn sie auffällig gefärbt oder ausgestaltet sind, um **Bestäuber**, u. a. Insekten, anzulocken.)
- **Kelchblätter** dienen besonders im Knospenzustand dem **Schutz** der restlichen Fortpflanzungsorgane.
- Aus dem Pollenkorn, das auf die Narbe gefallen ist, wächst der **Pollenschlauch** durch den Griffel zur Samenanlage. Im Pollenschlauch bilden sich die **Spermazellen**.
- Die **Befruchtung** findet in der Samenanlage statt. Aus der **Zygote** entwickelt sich durch zahlreiche Mitosen der **Embryo**.
- Aus der **Samenanlage** entsteht der **Samen**, der in der Regel aus Embryo, Nährgewebe und Samenschale besteht.
- Bei den Bedecktsamigen bildet der **Fruchtknoten** eine **Fruchthülle** um einen oder mehrere Samen. Die **Frucht** dient dem Schutz und der Verbreitung der Samen.

NAWI QUIZ

Multiple Choice

Finde die richtigen Antworten und kreuze sie an. Achtung, es können auch mehrere Antworten richtig sein!

Auswertung: Jede richtige Antwort bringt einen Punkt, jede falsche Antwort einen Punkteabzug. Du hast drei Minuten Zeit – viel Erfolg!

1. Die typische zwittrige Blüte besitzt/bildet:
- ☐ Fruchtknoten und Staubgefäße.
- ☐ Eizellen und Spermien.
- ☐ Pollen.
- ☐ keinen Nektar.

2. Mit Bestäubung ist gemeint:
- ☐ das Zusammentreffen von Eizelle und Spermienzelle.
- ☐ das Übertragen von Pollenkörnern auf die Narbe.
- ☐ die Verbreitungsart des Pollens.
- ☐ die Verbreitung der männlichen Geschlechtszellen.

3. Die befruchtete Eizelle ist ein/e:
- ☐ diploide Zelle.
- ☐ Pollenkorn.
- ☐ Zygote.
- ☐ haploide Zelle.

4. Unter Parthenogenese versteht man:
- ☐ sexuelle Fortpflanzung.
- ☐ Jungfernzeugung.
- ☐ Entwicklung aus unbefruchteten Eizellen.
- ☐ asexuelle Fortpflanzung.

5. Parthenogenese kommt vor bei:
- ☐ Quallen.
- ☐ Säugetieren.
- ☐ Blattläusen.
- ☐ Wasserflöhen.

5 Sexualität ist mehr als Sex

Sexualität bedeutet beim Menschen nicht nur Fortpflanzung, sondern ebenso Liebe, Lust und Partnerschaft. Sie verpflichtet uns, Verantwortung für sich, den/die Partner/in und eventuell auch für ein Kind zu übernehmen.

Sexuelles Verhalten und sittliche Normen sind kulturabhängig und verändern sich im Wandel der Zeit. So wird heute offener über Fragen der Sexualität gesprochen als etwa vor 50 Jahren. Vielfältige Methoden der **Empfängnisverhütung** ermöglichen, Sexualität weitgehend unabhängig von Fortpflanzung zu erleben.

Aktuelle Umfragen zeigen, dass **Liebe** und Sexualität auch heute bei Jugendlichen eng verknüpft sind.

Abb. 40 *Verliebtes Paar*

Psyche = Gefühls- und Gedankenwelt des Menschen

Sexualität betrifft immer Körper und **Psyche**. Gedanken und Gefühle beeinflussen entscheidend die Bereitschaft zum Geschlechtsakt.

Wenn dieser Umstand verkannt wird, sind Konflikte zwischen den einander liebenden Partnern unvermeidlich und die Sexualität wird zur rein genitalen Angelegenheit degradiert.

Health Behaviour in School-aged Children (HBSC) = Studie der WHO, an der im Schuljahr 2001/02 36 Länder teilgenommen haben. Die Studie untersuchte den Gesundheitszustand und das Gesundheitsverhalten von 11-, 13- und 15-Jährigen

SPECIALS

- In einer Umfrage geben über 80 % der weiblichen und etwa 50 % der männlichen Jugendlichen an, dass **Liebe** das Motiv für ihren ersten Geschlechtsverkehr war.
- 95 % der Jugendlichen streben eine beständige Partnerschaft und eine Familiengründung an.
- **Promiskuität** wird bei Jugendlichen überwiegend gering geschätzt.
- Laut einer Studie der WHO (Health Behaviour in School-aged Children 2001/02) haben etwa 80 % der 15-Jährigen noch keinen Geschlechtsverkehr gehabt.

MINI 5

Sexualität ist Teil unseres Lebens

Sexualität bedeutet Geschlechtlichkeit. Wir erleben uns als Mann oder Frau. Daher verhalten wir uns nicht nur gegenüber dem/der Geschlechtspartner/in als männlich oder weiblich, sondern in jeder Beziehung (z. B. zwischen Mutter und Sohn/Tochter, Vater und Sohn/Tochter, Chef/in und Arbeitnehmer/in etc.).

☺ Beschreibe zwei alltägliche Beziehungssituationen (nicht mit dem/der Sexualpartner/in), in welchen du das Gefühl hast, dass dein „Mann-/Frau-Sein“ eine Rolle spielt.

☺☺☺ Besprecht eure Überlegungen und einigt euch auf ein oder zwei Szenen.

☺☺☺ Stellt eure Szene auf einem Plakat grafisch dar oder bereitet ein kurzes Rollenspiel vor.

☺☺☺ Diskutiert eure Plakate oder Rollenspiele im Plenum.

Die Grundlage der Sexualität ist der **Geschlechtstrieb**, der darauf hinzielt, ein befriedigendes Verhalten auszulösen.

Ziele von sexuellen Beziehungen sind u. a.
- Erreichen des **Orgasmus** durch beide Partner,
- Stärkung der **Partnerbindung**,
- **Fortpflanzung**.

Vereinfacht lassen sich zwei Phasen des **Geschlechtsaktes** unterscheiden:
- Das **Vorspiel** besteht in Liebkosungen und Manipulationen der **erogenen Zonen** und hat das Ziel, die Partner physisch und psychisch auf den Geschlechtsakt vorzubereiten.
- Der **Koitus** beginnt mit dem Einführen des männlichen Gliedes in die Scheide, erreicht im Idealfall seinen Höhepunkt mit dem **Orgasmus** bzw. der **Ejakulation** und endet mit dem Herausziehen des männlichen Gliedes.

Orgasmus = Höhepunkt des sexuellen Lusterlebens im Zuge des Koitus oder der Masturbation

Koitus = Geschlechtsverkehr, sexuelle Vereinigung

erogene Zonen = Körperbereiche, deren Berührung sexuelle Erregung hervorrufen oder steigern kann

Ejakulation = Samenerguss = Ausschüttung der Spermienflüssigkeit beim Orgasmus

Können wir sexuelle Erregung kontrollieren?
- Der **Orgasmus** ist eine unwillkürliche Reaktion und Voraussetzung für die sexuelle Befriedigung. Bei der Frau ist er durch rhythmische Kontraktionen der **Scheidenmuskeln** gekennzeichnet, beim Mann kommt es dabei durch Muskelkontraktionen zur **Ejakulation**.
- Die Reizung erogener Zonen setzt **Reflexe** in Gang, die einerseits die Versteifung der Schwellkörper des **Penis** und der **Klitoris** (▶ S. 151) bewirken, andererseits die Muskelkontraktionen der Scheide und des Samenleiters auslösen.
- Beide **Reflexbögen** stehen durch Nervenbahnen mit dem **Gehirn** in Verbindung. Dies erklärt, warum reine Vorstellungen und Wahrnehmungen in der Lage sind, geschlechtliche Erregungen hervorzurufen.
  Ebenso können diese durch bewusste Steuerung bzw. Hemmung unterdrückt werden. Diese Fähigkeit, geschlechtliche Erregungen und Triebe kontrollieren zu können, kann als **Eigenart des Menschen** betrachtet werden, die ihn vom Tier unterscheidet.

Reflex = unwillkürliche, rasche und immer gleichartig erfolgende Reaktion, die durch einen bestimmten Reiz ausgelöst wird

Reflexbogen = kürzeste Verbindung eines Erregungskreises im Nervensystem

SPECIALS

- **Erogene Zonen** sind Körperbereiche, die für sexuelle Reize sehr empfänglich sind.
- Dazu gehören z. B. Zunge, Lippen, Nabel und der gesamte Genitalbereich.
- Die Empfindlichkeit dieser Bereiche ist aber individuell sehr verschieden.
- Beim Geschlechtsverkehr werden im Gehirn Glückshormone (**Endorphine**) freigesetzt.
- Das Hormon **Oxytocin** bewirkt die Kontraktionen der Scheidenmuskulatur und den Samenerguss.
- Vor allem in der **Pubertät** versuchen viele Jugendliche, den Geschlechtstrieb ohne Partner/in zu befriedigen. Das Streicheln der Geschlechtsorgane oder/und der erogenen Zonen bereitet ein Lustgefühl.
- Diese Selbstbefriedigung nennt man Onanie oder **Masturbation**.
- **Petting** bedeutet, sich durch Küssen und Streicheln ohne Geschlechtsverkehr sexuell zu befriedigen.

Oxytocin = Hormon, wichtig bei der Geburt und für Beziehungen u. a. zwischen Mutter und Kind

Pubertät = Entwicklungsabschnitt des jungen Menschen, durch die Reifung der Geschlechtsdrüsen und das Erreichen der Fortpflanzungsfähigkeit geprägt, verstärkte Bildung von Geschlechtshormonen (u. a. Testosteron bzw. Östrogen ▶ S. 152)

Masturbation = Onanie = eine Form der Selbstbefriedigung

Petting = Handlungen, die zu einer sexuellen Stimulation führen ohne Vollzug des Geschlechtsverkehrs

MINI 6

Eigenschaften, die Partnerschaft gelingen lassen

Zähle möglichst viele derartige Eigenschaften auf. (Vorschläge findest du online auf **www.hpt.at/nawi-1**.)

Ordne sie nach ihrer Wichtigkeit.

Argumentiert und diskutiert eure Ergebnisse.

5.1 Was ist normal?

Heterosexualität = auf das jeweils andere Geschlecht ausgerichtete Sexualität

Gesellschaft und Natur bestimmen, was normal ist. **Heterosexualität** ermöglicht Fortpflanzung und garantiert damit die Arterhaltung. Sie wird als die für den Menschen normale Form der Sexualität betrachtet.
Von der Norm abweichendes Sexualverhalten wird von der Gesellschaft entweder akzeptiert, toleriert, geduldet oder verboten.

Homosexualität = gleichgeschlechtliche Liebe

5.1.1 Homosexualität

lesbisch (von Lesbos = griechische Insel, auf welcher die Dichterin Sappho lebte, die in ihren Liedern die Liebe zwischen Frauen besang) = Frauen, die Frauen lieben

Neben der Heterosexualität gibt es in jeder Bevölkerung einen mehr oder weniger großen Prozentsatz von Männern und Frauen, die sich zu gleichgeschlechtlichen Partnern/Partnerinnen hingezogen fühlen. Die homosexuelle Beziehung zwischen Frauen wird in Anlehnung an die antike Dichterin Sappho als lesbisch bezeichnet.
Die Häufigkeit lässt sich sehr schwer feststellen, da viele homosexuelle Menschen ihre Neigung geheimhalten. Mögliche biologische Ursachen der Homosexualität sind nach wie vor nicht genau erforscht.

Abb. 41 *Sappho (Gemälde der Manchester Art Gallery)*

Bisexualität = sexuelle Neigung zu beiden Geschlechtern

Bisexuelle Menschen haben sexuellen Kontakt zu beiden Geschlechtern.

AIDS (engl. *Acquired Immune Deficiency Syndrome* = erworbenes Immundefektsyndrom) = Zerstörung des Immunsystems durch die Infektion mit dem HI-Virus (HIV = Humanes Immundefizienz-Virus)

Analverkehr = Analsex = Einführen des Penis in den After des/der Sexualpartners/-partnerin

Oft wird Homosexualität mit einem erhöhten **AIDS-Risiko** in Verbindung gebracht. Dies trifft dann zu, wenn Menschen ungeschützten Analverkehr bzw. häufig Verkehr mit wechselnden Sexualpartnern haben (Promiskuität). Die Infektionsgefahr ist beim Analverkehr drastisch höher. Promiskuität gilt allgemein als Risikoverhalten für sexuell übertragbare Krankheiten – auch bei heterosexuellem Geschlechtsverkehr.
AIDS kann behandelt, aber nicht geheilt werden, weil die HI-Viren nicht vollständig aus dem Körper entfernt werden können.
Homosexualität wird heute im Großteil Europas akzeptiert. In vielen Ländern (z. B. Österreich, Deutschland) besteht die Möglichkeit, amtlich anerkannte „eingetragene Partnerschaften“ oder Ehen einzugehen. Im Gegensatz dazu sind in vielen vom Islam geprägten Ländern (z. B. Jemen oder Saudi-Arabien) Homosexuelle von der Todesstrafe bedroht.

Perversion = krankhafte Abweichung vom Normalen

5.1.2 Perverses Sexualverhalten

Manche Sexualpraktiken werden als krankhaft betrachtet (sexuelle **Perversionen**). Sie sind in Österreich **erlaubt**, sofern beide Partner damit einverstanden sind.

Sexueller Fetischismus = sexuelles Verhalten, bei welchem ein meist unbelebter Gegenstand, der sogenannte Fetisch, als Reiz für die sexuelle Erregung und Befriedigung dient

Beispiele:
Sexueller Fetischismus: Betroffene benötigen bestimmte Gegenstände (Fetische), um zum Orgasmus zu kommen. Der Fetisch ist dabei wichtiger als der/die Partner/in.
Sadismus: Manche Menschen erfahren sexuelle Lust, wenn sie dem/der Partner/in Schmerzen zufügen.
Masochismus: Sexuelle Befriedigung wird durch Erniedrigung oder Misshandlung erreicht.

Exhibitionismus = Neigung, sich durch öffentliches Darbieten der Geschlechtsteile sexuell zu befriedigen

Verboten sind in Österreich:
- **Exhibitionismus:** Menschen empfinden sexuelle Lust, wenn sie ihre Geschlechtsteile öffentlich zur Schau stellen.
- **Vergewaltigung und sexuelle Nötigung:** Strafbare sexuelle Handlungen (sexueller Missbrauch), die meist nicht nur der sexuellen Befriedigung, sondern auch einer Machtdemonstration dem Opfer gegenüber dienen. Sexuelle Nötigung steht häufig mit Abhängigkeitsverhältnissen in Beruf, Familie oder Bekanntenkreis in Verbindung. Betroffen sind vor allem Frauen, Jugendliche und Kinder.

Wie kann man sich vor derartigen Übergriffen schützen?
- Lernen, bewusst **„Nein“** zu sagen.
- Bei Verdacht rechtzeitig **Hilfe holen**, indem man sich vertrauten Personen oder professionellen Helfern/Helferinnen in Beratungsstellen anvertraut.
- **Strafanzeige** erstatten.

5.1.3 Sex als Geschäft

- **Pornografie:** Die Darstellung menschlicher Sexualität (Sexualakt, Geschlechtsorgane) in Texten, Bildern und Filmen dient der sexuellen Erregung des Betrachters. Sexualität wird auf eine rein körperliche Angelegenheit reduziert. Pornografische Filme oder Zeitschriften dürfen in Österreich nicht an Jugendliche verkauft werden.
- **Prostitution:** Sexuelle Handlungen werden gegen Bezahlung ausgeführt. Prostitution ist in Österreich grundsätzlich erlaubt. Ihre Ausübung wird durch eigene **Gesetze** geregelt, die unter anderem eine regelmäßige ärztliche Untersuchung auf **Geschlechtskrankheiten** vorschreibt. Halten sich Prostituierte nicht an die Gesetze (wilde Prostitution), besteht bei ungeschütztem Geschlechtsverkehr eine große Gefahr der Infektion mit Geschlechtskrankheiten.

WISSENSBOX

- **Sexualität** bedeutet beim Menschen nicht nur Fortpflanzung, sondern ebenso Liebe, Lust und Partnerschaft. Sie verpflichtet, Verantwortung zu übernehmen.
- Ziele sexueller Beziehungen sind u. a. **Orgasmus**, Stärkung der **Partnerbindung**, **Fortpflanzung**.
- Der Geschlechtsakt besteht aus Vorspiel und **Koitus**.
- **Erogene Zonen** sind Körperbereiche, die für sexuelle Reize sehr empfänglich sind.
- **Heterosexualität** ermöglicht Fortpflanzung und garantiert damit die Arterhaltung. Sie wird als die für den Menschen normale Form der Sexualität betrachtet. Abweichungen sind u. a. Homosexualität und Bisexualität.
- Sexuelle Perversionen (z. B. Sadismus, Masochismus) werden als krankhaft betrachtet.
- Verboten sind u. a. sexuelle Nötigung und Vergewaltigung.

NAWI AKTIV 3

Was stellt ihr euch unter ♂ oder ♀ vor?

Lernziele:

- Ich kann meine persönliche Vorstellung über den Aufbau der männlichen/weiblichen Geschlechtsorgane grafisch darstellen. **A**, **N1**
- Ich kann den einzelnen Teilen Funktionen zuordnen. **A**, **N1**
- Ich kann typisch männliche/weibliche Eigenschaften diskutieren. **B**, **N2**

Aufgaben:

- (1 Person) Aktiviere dein Wissen über den Aufbau und die Funktionen der weiblichen/männlichen Geschlechtsorgane und notiere dieses in Stichworten.
- (Gruppe) Zeichnet die männlichen/weiblichen Geschlechtsorgane auf ein Plakat.
- (Gruppe) Tauscht eure Plakate aus und beschriftet die fremden Plakate.
- (Gruppe) Erklärt die wichtigsten Funktionen der einzelnen Teile der Geschlechtsorgane und ergänzt eure Beschriftungen.
  (**Anmerkung:** *Arbeitsblätter findet ihr online auf* ***www.hpt.at/nawi-1***.)
- (1 Person) Nenne möglichst viele menschliche Eigenschaften, die dir als typisch männlich oder weiblich erscheinen. Belege deine Ansichten mit Argumenten.
- (Gruppe) Diskutiert eure Meinungen und notiert Ansichten und Argumente.
  Tipp: Online-Test **http://www.philognosie.net/index.php/tests/testsview/45/**

SELBSTEINSCHÄTZUNG Ich habe die Aufgaben bearbeitet:			Feedback Lehrer/innen ↔ Schüler/innen
sehr gut	gut	weniger gut; folgendes muss ich nachholen	

6 Männlich ♂ oder weiblich ♀?

Sind es Gene und Hormone oder Erziehung und Umwelt, die den Mann zum Mann und die Frau zur Frau machen?

Gender-Forschung = befasst sich mit der sozialen Geschlechterrolle

Die **Gender-Forschung** beschäftigt sich mit dem Einfluss der Umwelt an der Geschlechterdifferenzierung. Wie groß dieser auch sein mag, ohne Geschlechtschromosomen und ohne Geschlechtshormone gibt es keinen Geschlechtsunterschied.

Geschlechtschromosomen = 2 Chromosomen im diploiden Chromosomensatz des Menschen bestimmen das Geschlecht, XX = weiblich, XY = männlich

Die Chromosomen (**X oder Y**) entscheiden über die Ausbildung der Geschlechtsorgane, die für die Bildung der entsprechenden **Hormone** verantwortlich sind. Diese **primären** Geschlechtsmerkmale sind also genetisch bestimmt.

Die **sekundären** Geschlechtsmerkmale entwickeln sich in der **Pubertät**. Es handelt sich um äußerliche Merkmale, welche die Geschlechtsreife signalisieren und das geschlechtliche Erscheinungsbild als Mann oder Frau vervollständigen. Als **tertiäre** Geschlechtsmerkmale bezeichnet man u. a. psychische, sich im Verhalten äußernde Geschlechtsmerkmale.

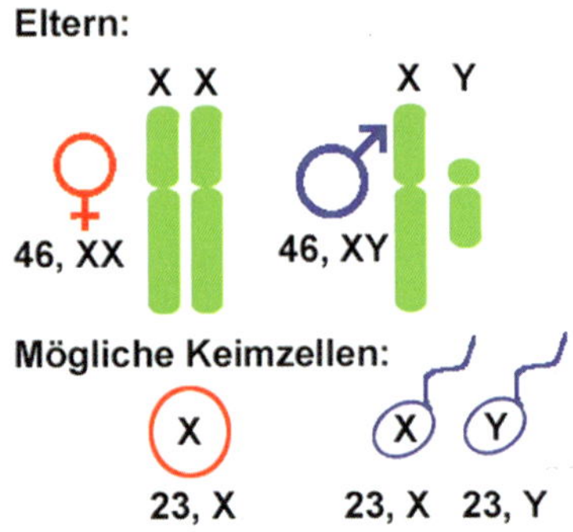

Abb. 42 *Geschlechtschromosomen (46 bzw. 23 = Körperchromosomen)*

6.1 Männliche Geschlechtsorgane

Innere Geschlechtsorgane:
Hoden, Nebenhoden, Spermienleiter, Prostata, Bläschendrüse, Cowper'sche Drüse

Äußere Geschlechtsorgane:
Penis, Hodensack

Hoden = männliche Gonade = männliche Geschlechtsdrüsen

Enrico Sertoli (1842 – 1910), italienischer Arzt

Franz Leydig (1821 – 1908), deutscher Arzt

Androgene = männliche Sexualhormone

Testosteron = wichtiges Androgen, wird beim Mann in den Leydig'schen Zwischenzellen in den Hoden produziert

- Die **Hoden** sind paarige ovale Gebilde, die zahlreiche gewundene **Hodenkanälchen** enthalten. Während der Embryonalentwicklung wandern sie aus der Bauchhöhle in den **Hodensack**. In der Wand der Hodenkanälchen liegen die **Spermienstammzellen** sowie Ernährungs- und Stützzellen (**Sertoli-Zellen**).
- Aus den **Stammzellen** werden die **Spermien** gebildet.
- Zwischen den Kanälchen liegen die **Leydig'schen Zwischenzellen**. Sie produzieren die männlichen Hormone (Adrogene, z. B. **Testosteron**).

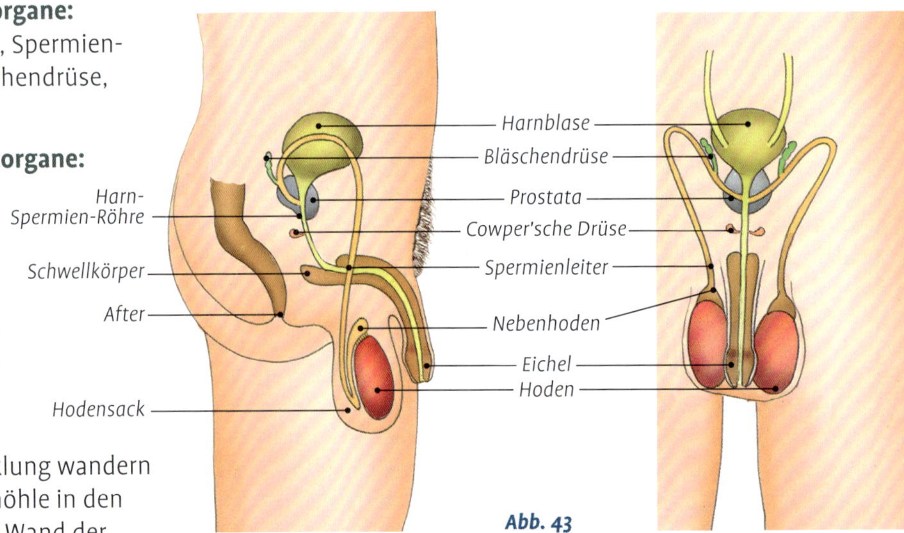

Abb. 43
Männliche Geschlechtsorgane (Schema)

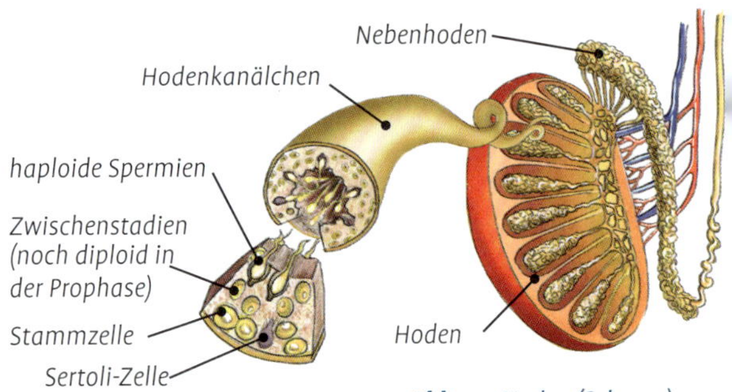

Abb. 44 *Hoden (Schema)*

SPECIALS

- Die Hodenkanälchen haben pro Hoden etwa eine Länge von **300 m**.
- Die **Erektion** wird durch eine mechanische Reizung der sensiblen Bereiche des Penis und durch psychische Einflüsse ausgelöst.
- Dabei wird **reflexartig** Blut in die Gefäße der **Penisschwellkörper** gepresst und der Blutabfluss gedrosselt. Das Gewebe schwillt an und der Penis wird aufgestellt.
- Die **Erektion** ist eine Voraussetzung für das Einführen des Penis in die Scheide.

Erektion = Versteifung des männlichen Gliedes durch reflektorisches Anschwellen der Schwellkörper, Voraussetzung für den Geschlechtsverkehr

- In den **Nebenhodenkanälchen** erfolgt die Reifung und Speicherung der Spermien. Die saure Umgebung und der Sauerstoffmangel bewirken, dass die Spermien unbeweglich bleiben.
- Die **Spermienleiter** verbinden die Nebenhoden mit der unpaaren Harn-Spermien-Röhre.
- Die **Harn-Spermien-Röhre** beginnt in der **Prostata** und führt durch das männliche Glied (Penis) nach außen.
- Der Penis besteht aus **Schwellkörpern**, die eine wichtige Rolle beim Aufrichten des männlichen Gliedes (Erektion) spielen. Eine verschiebbare Haut (**Schafhaut**) überzieht das Glied. Sie bildet im vorderen Bereich eine zurückstreifbare Hautfalte (**Vorhaut**).
- **Prostata** (Vorsteherdrüse), **Bläschendrüsen** und **Cowper'sche Drüsen** produzieren ein Sekret, das die Spermaflüssigkeit alkalisch und damit die Spermien beweglich macht und die Harnreste neutralisiert. → basisch
- \+ Eine angeborene Verengung der Vorhautöffnung (**Phimose**) löst sich meist bis zum Schulalter. Ist dies nicht der Fall, muss sie durch einen chirurgischen Eingriff erweitert werden.
- \+ **Prostatakrebs** (bösartiger Tumor) ist die häufigste Krebsart bei Männern über 60 Jahren. Der Verlauf der Erkrankung kann durch eine Früherkennung im Rahmen regelmäßiger **Vorsorgeuntersuchungen** (durch Tasten und Blutproben) sehr verbessert werden.

Prostata = Vorsteherdrüse

William Cowper (1666 – 1709), englischer Chirurg

Phimose = verengte Öffnung der Vorhaut des Penis

SPECIALS

- Unter **Beschneidung** versteht man die Entfernung der männlichen **Vorhaut**.
- Sie wird aus religiösen, medizinischen, hygienischen, aber auch kosmetischen Gründen vorgenommen.
- Sie ist **medizinisch** nur notwendig, wenn die Funktion des Penis durch eine Vorhautverengung beeinträchtigt ist.
- Schon die alten **Ägypter** betrachteten die Beschneidung als Mittel zur Hygieneverbesserung.
- Heute ist weltweit etwa jeder vierte Mann beschnitten.
- Die Beschneidung gehört für **Juden** und **Muslime** seit jeher zur religiösen Pflicht.

Altes Ägypten = Ägypten im Altertum (ca. 3000 bis 300 v. Chr.)

Spermien entstehen durch Meiose (▶ S. 131) aus den Stammzellen in den Hodenkanälchen. Die Produktion setzt in der **Pubertät** (▶ S. 143) ein und hält bis ins hohe Alter an. Die Entwicklung von der Stammzelle bis zum reifen Spermium ist sehr kompliziert und dauert etwa zwei Monate. Die Temperatur im Hoden soll dabei nicht mehr als 35 °C betragen.

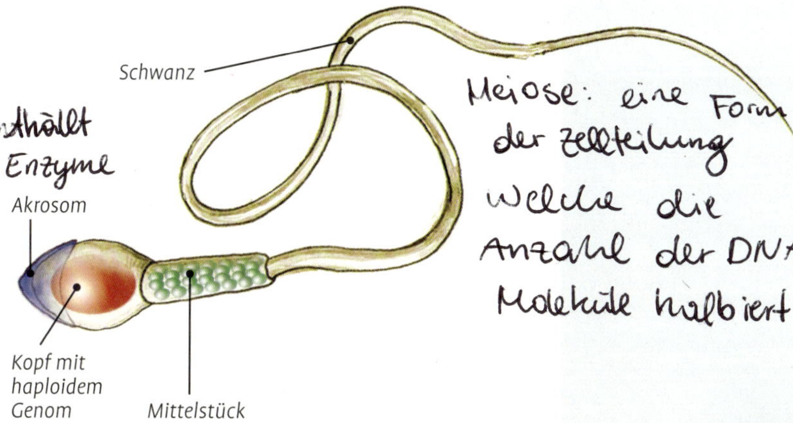

enthält Enzyme

Meiose: eine Form der Zellteilung welche die Anzahl der DNA Moleküle halbiert

Abb. 45 Spermien

menschl. Samenzelle hat 23 DNA-Moleküle

Akrosom = Lysosom am Kopf der Spermienzelle

Lysosom = bläschenartige Zellorganellen, die Enzyme enthalten

Peristaltik = Muskeltätigkeit verschiedener Hohlorgane, wie u. a. Spermienleiter, Eileiter, Uterus, Magen, Darm

Spermien sind bewegliche Zellen, die aus dem Kopf, einem Mittelstück und dem Schwanz aufgebaut sind. Der **Kopf** enthält den Zellkern und birgt daher das Erbmaterial. An der Spitze liegt das **Akrosom**, das eine wichtige Rolle beim Eindringen in die Eizelle spielt. Im **Mittelstück** befinden sich viele Mitochondrien. Sie liefern die Energie für die mithilfe des **Schwanzes** erfolgende Bewegung der Spermien.

Der **Samenerguss** (**Ejakulation** ▶ S. 143) erfolgt durch eine peristaltische Kontraktion der Nebenhodenmuskulatur und des Spermienleiters. Dadurch wird die Samenflüssigkeit (**Ejakulat**) in die Harn-Spermien-Röhre gepresst und durch Kontraktion der Beckenbodenmuskulatur ausgestoßen.
Die Samenflüssigkeit setzt sich aus den Spermien und den Sekreten von Prostata (Vorsteherdrüse), Bläschendrüsen und Cowper'schen Drüsen zusammen. Erfolgt über einige Zeit keine Ejakulation, werden die Spermien mehrere Wochen gelagert und dann im Nebenhoden abgebaut.

SPECIALS

- **Spermien** können sich mit einer Geschwindigkeit von **3 mm pro Minute** bewegen.
- Eine Spermienzelle erreicht eine Länge von etwa 0,05 mm. Dabei ist der Kopf nur 0,005 mm groß.
- In 2 bis 3 cm^3 Ejakulat befinden sich bis zu **300 Millionen** Spermien.
- Spermien sind nicht immer befruchtungsfähig.
- Etwa jedes zehnte Spermium hat einen **Defekt**.
- Die **Spermienentwicklung** kann negativ beeinflusst werden, u. a. durch fieberhafte Erkrankungen, übermäßigen Alkohol- und Nikotingenuss, Tragen zu enger Jeans.

MINI 7

Warum muss es im Hoden kühl sein?

Die Hoden befinden sich im Hodensack außerhalb des Körpers. Daher liegt die Temperatur in den Hoden etwas unter der normalen Körpertemperatur.

Erkläre:

1. Wie kommt es zu der Temperaturdifferenz zwischen Körperinnerem und Hoden?
2. Warum ist die Temperatur im Hoden wichtig und wodurch kann sie verändert werden?

WISSENSBOX

- **Gene** (vor allem auf den X- und Y-Chromosomen), **Hormone** sowie in weiterer Folge **Erziehung** und **Umwelt** bestimmen die Sexualität des Menschen.
- Die **Gender-Forschung** beschäftigt sich mit dem Einfluss der Umwelt auf die Geschlechterdifferenzierung.
- **Hoden** liegen im **Hodensack** und enthalten die **Hodenkanälchen**.
- In der Wand der Hodenkanälchen werden aus **Stammzellen** die **Spermien** gebildet. Optimale Spermienentwicklung bei 35 °C.
- Die **Leydig'schen Zwischenzellen** produzieren die männlichen Hormone (z. B. **Testosteron**).
- In den **Nebenhodenkanälchen** erfolgen Reifung und Speicherung der Spermien. Die saure Umgebung und der Sauerstoffmangel bewirken, dass die Spermien unbeweglich bleiben.
- Die alkalischen Sekrete von **Prostata**, **Bläschendrüsen** und **Cowper'schen Drüsen** machen die Spermien beweglich und neutralisieren die Harnreste.
- Der **Penis** besteht aus **Schwellkörpern**, die eine wichtige Rolle bei der Erektion spielen. Die **Schafhaut** überzieht als verschiebbare Haut das Glied und bildet im vorderen Bereich die **Vorhaut**.
- Die **Ejakulation** erfolgt durch eine peristaltische Kontraktion der Nebenhodenmuskulatur und der Spermienleiter.

6.2 Weibliche Geschlechtsorgane

Innere Geschlechtsorgane:
Eierstöcke (Ovarien), Eileiter, Gebärmutter (Uterus), Scheide (Vagina)

Äußere Geschlechtsorgane (Vulva): große und kleine Schamlippen, Kitzler (Klitoris), Scheidenvorhof mit Drüsen und Schwellkörpern

MINI 8

Kennst du die weiblichen Organe?

Ordne den richtigen Buchstaben in der Abbildung 46 folgende Begriffe zu:
Kitzler (Klitoris), Eierstock (Ovar), Eileiter, Gebärmutter (Uterus), Harnblase, Harnleiter, Darm, Harnröhre, Scheide (Vagina)
(Die Lösung findest du online auf **www.hpt.at/nawi-1**.)

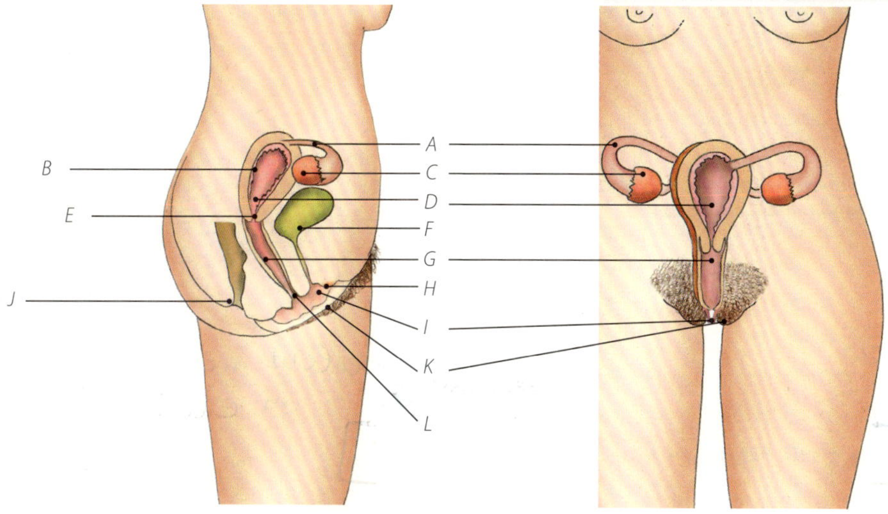

Abb. 46 Weibliche Geschlechtsorgane (Genitalien) (Schema)

Genitalien = Geschlechtsorgane

Klitoris = Kitzler = aus Schwellkörpern aufgebauter sensibler Bereich der Vulva

Vulva = äußere weibliche Geschlechtsorgane

6.2.1 Im Eierstock reift die Eizelle

Die paarigen **Eierstöcke** (Ovarien) sind etwa mandelgroße Organe, die im Beckenteil der Bauchhöhle mit elastischen Bändern aufgehängt sind. Ihr Inneres besteht aus Drüsengewebe, Bindegewebe, Blutgefäßen und Nerven.

Im **Drüsengewebe** der Eierstöcke befinden sich die Eibläschen (**Follikel**). Sie sind für die Reifung der Eizellen und für die Bildung weiblicher Hormone verantwortlich.

- Die **Follikelreifung** erfolgt über mehrere Stadien (▶ Abb. 48). Die Eistammzelle durchläuft im Follikel die Teilungsschritte der **Meiose** und wird zur reifen Eizelle, deren Zellkern 23 Chromosomen (haploider Chromosomensatz) enthält.
- Der **reife Tertiärfollikel** (Graaf'scher Follikel, Bläschenfollikel) enthält die Follikelflüssigkeit mit weiblichen Geschlechtshormonen (**Östrogenen**). Der Bläschenfollikel wandert an die Wand des Eierstockes, die schließlich platzt und die **Eizelle** ausstößt = **Follikelsprung** (Eisprung, Ovulation).
- Bei der **Ovulation** wird die Eizelle mit der Follikelflüssigkeit aus dem Eierstock ausgeschwemmt und vom Eileiter aufgenommen.
- Die **Follikelreste** im Eierstock werden zum **Gelbkörper** umgebaut. Von ihm werden **Hormone** (Gestagene) gebildet, die für die Vorbereitung und Aufrechterhaltung einer Schwangerschaft sorgen. findet keine Befruchtung statt baut sich der Gelbkör ab!

Der beschriebene Vorgang wird hormonell gesteuert und wiederholt sich alle **25 bis 32 Tage** (Menstruationszyklus ▶ S. 154). Dabei reift in der Regel jeweils nur eine Eizelle in einem Eierstock. Die Eierstöcke wechseln in ihrer Aktivität ab. ♀ Babies: werden bereits mit ca. 400 000 unreifen Eizellen geboren

ein Eierstock

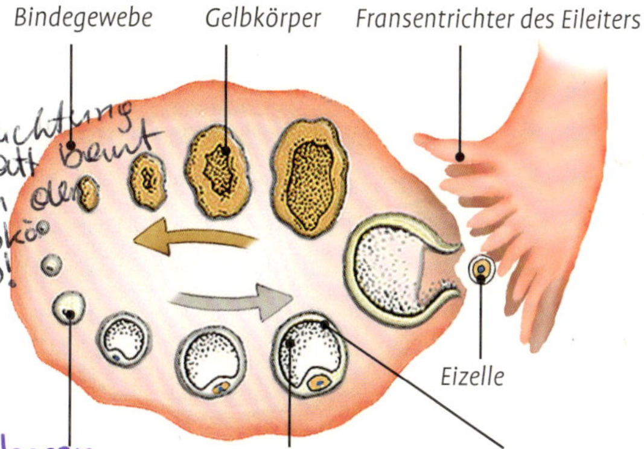

Abb. 47 Schema des Ovariums

Ovarien = weibliche Keimdrüsen = Eierstöcke

Follikel = Eibläschen, Eizelle mit Hilfszelle

Meiose (▶ S. 131) = Reifeteilung, bei der aus dem diploiden Chromosomensatz der unreifen Ei- (bzw. Spermienzelle) die haploide Ei- bzw. Spermienzelle entsteht

Reinier de Graaf (1641 – 1673), niederländischer Arzt und Forscher

Östrogene = weibliche Geschlechtshormone

Ovulation = Follikelsprung, Eisprung

SPECIALS

- Der **reife Tertiärfollikel** kann bis zu 2 cm groß werden.
- Die menschliche **Eizelle** ist etwa 0,11 bis 0,14 mm groß.
- Man kann sie gerade noch mit freiem Auge sehen.
- Sie hat ein etwa **250 000-mal** größeres Volumen als die Spermienzelle und speichert große Mengen an Nährstoffen.
- Eine Eizelle ist nach dem Eisprung nur etwa 6 bis 15 Stunden befruchtungsfähig.
- Die reife Eizelle enthält ebenso wie die reife Spermienzelle beim Menschen 23 Chromosomen. Der Chromosomensatz ist **haploid**.

Tuba = Erweiterung des Eileiterendes, häufiger Ort der Befruchtung

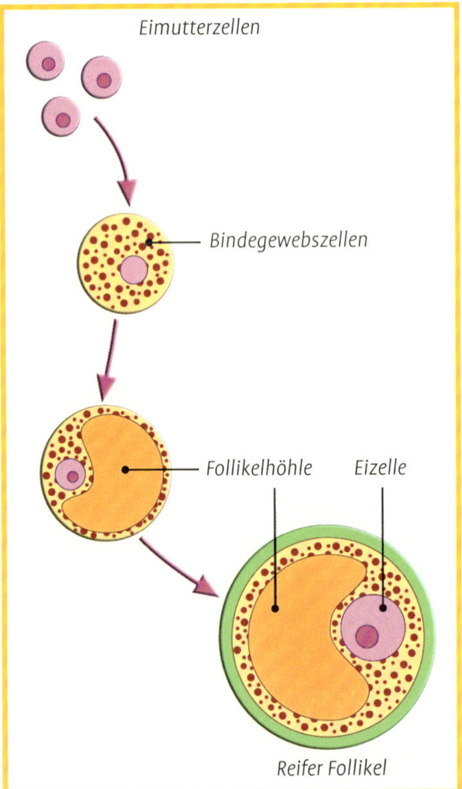

***Abb. 48** Follikelreifung (schematisch)*
Die Eistammzelle wird von Bindegewebszellen (Hilfszellen) umgeben. Im reifen Follikel umschließen die Bindegewebszellen einen Hohlraum, in dessen Wandung die Eizelle liegt. Der Hohlraum (Follikelhöhle) ist mit Follikelflüssigkeit gefüllt.

überlebt maxi 24 Stunden im Eileiter

6.2.2 Die Eileiter transportieren die Eizelle

- Die paarigen **Eileiter** sind etwa bleistiftdicke Kanäle, die an einem Ende in die Gebärmutter münden.
- Das freie Ende besitzt eine trichterartige Erweiterung (**Tuba**), die von Einschnitten (**Eierstockfransen**) umgeben ist.
- Mit diesen Fransen umschließt der Eileiter die Stelle des Eierstockes, an welcher sich ein reifer Follikel befindet. Hier nimmt er die reife Eizelle nach der **Ovulation** auf.
- Der Trichter des Eileiters ist im Normalfall der Ort der **Befruchtung** (▶ S. 131).
- Mithilfe der peristaltischen Bewegungen der **Muskulatur** des Eileiters und durch die **Flimmerhaarbewegungen** der Schleimhautzellen wird das Ei mit einem Flüssigkeitsstrom in den Uterus befördert (Dauer: etwa vier bis sechs Tage).

und später den Fötus (nach 8 Wochen)

Uterus = Gebärmutter

Endometrium = Schleimhaut, die die Gebärmutterhöhle innen auskleidet

Myometrium = Muskulatur der Gebärmutterwand

Wehen = rhythmische Kontraktionen der Gebärmuttermuskulatur bei der Geburt

6.2.3 Die Gebärmutter versorgt den Embryo bis zur Geburt

Die **Gebärmutter (Uterus)** ist ein kräftiger Hohlmuskel und liegt zwischen Blase und Enddarm geschützt im knöchernen Becken. Sie hat die Größe und Gestalt einer Birne.

- Es lassen sich **Gebärmutterkörper** und ein schmaler **Gebärmutterhals** unterscheiden. Der Kanal des Gebärmutterhalses geht über den **Muttermund** in die Scheide über.
- Die **Gebärmutterhöhle** ist von einer blutgefäß- und drüsenreichen Schleimhaut (**Endometrium**) ausgekleidet. Die Schleimhaut dient der Einbettung und Ernährung der befruchteten Eizelle.
- Die Gebärmuttermuskulatur (**Myometrium**) sorgt bei der Geburt für die Austreibung des Kindes (**Wehen** ▶ S. 174).

Koitus = Geschlechtsverkehr

Hymen = Jungfernhäutchen umrahmt die Öffnung der Vagina in den Scheidenvorhof

6.2.4 Die Vagina verbindet innere und äußere Genitalien

Die **Scheide (Vagina)** liegt als muskulöses Rohr zwischen Harnröhre und Enddarm. Sie stellt die Verbindung der Geschlechtsorgane nach außen her und dient

- der Aufnahme des männlichen Gliedes beim Geschlechtsverkehr (Koitus),
- sowie als Gebärkanal bei der Geburt.

Der Scheideneingang wird teilweise von einem feinen Häutchen, dem **Jungfernhäutchen (Hymen)**, bedeckt. Es reißt meist beim ersten Geschlechtsverkehr oder aber schon früher, z. B. beim Sport.

Endometriose: Krankheit: Teile der Gebärmutter Schleimhaut „wandern" in andere Organe ab

SPECIALS +

- In der gesunden Vagina leben **Bakterien** (Döderlein'sche Scheidenbazillen), die das Wachstum krankheitserregender Bakterien in der Scheide hemmen.
- Eine Inaktivierung der Scheidenbazillen begünstigt die Entstehung einer **Scheidenentzündung**, die sich durch vermehrten Ausfluss und Juckreiz bemerkbar macht.
- Diese kann im Anfangsstadium durch das Einführen von Scheidenbazillen, die in der Apotheke erhältlich sind, behandelt werden.
- Wenn sich die Beschwerden nicht bessern, muss unbedingt ein Arzt oder eine Ärztin aufgesucht werden.

Gustav Döderlein (1860 – 1941), deutscher Gynäkologe

Gynäkologe/Gynäkologin = Frauenarzt/-ärztin

6.2.5 Äußere Genitalien

Die **Schamlippen** umschließen den Scheidenvorhof, in den vorne die Harnröhre und hinten die Vagina mündet.

- Die **großen Schamlippen** bestehen vorwiegend aus Fettgewebe.
- Die **kleinen Schamlippen** umgeben vorne den Kitzler (Klitoris).
- Die **Klitoris** ist ähnlich dem Penis aus Schwellgewebe aufgebaut und zeichnet sich durch äußerste Berührungsempfindlichkeit aus. Sie spielt gemeinsam mit den Schwellkörpern der Schamlippen für **sexuelle Erregung** und **Orgasmus** eine wichtige Rolle.

SPECIALS

- Die **Klitoris** besitzt etwa 8 000 freie Nervenendigungen und ist daher sehr berührungsempfindlich.
- Durch Stimulation der Klitoris gelangen die meisten Frauen zum **Orgasmus**.

NAWI-XTRA

FGM ist noch immer weit verbreitet

Die Beschneidung weiblicher Geschlechtsteile wird als **Genitalverstümmelung (FGM)** bezeichnet. Dabei werden die **Klitoris** und manchmal auch die inneren **Schamlippen** ganz oder teilweise entfernt. Die äußeren Schamlippen werden so zusammengenäht, dass nur eine winzige Öffnung für Urin und Menstruationsblut offenbleibt.

Es kommt dabei neben großen Schmerzen zu schweren lebenslangen körperlichen und seelischen Schäden.

Weltweit sind zwischen 100 und 150 Millionen Frauen und Mädchen von der weiblichen Beschneidung betroffen.

FGM ist auch heute in vielen Stämmen **Afrikas** verbreitet und kommt auch in arabischen Ländern und Asien vor.

Die Verstümmelung dient der Kontrolle der weiblichen Sexualität. Sie soll als Schutz vor dem Verlust der Jungfräulichkeit und vor Promiskuität in der Ehe fungieren.

Zahlreiche internationale Organisationen (z. B. UNICEF, WHO) kämpfen um ein weltweites Verbot.

FGM (engl. *Female Genital Mutilation*) = Genitalverstümmelung bei Frauen

UNICEF *(United Nations International Childrens Emergency Fund)* = Kinderhilfswerk = entwicklungspolitische Organisation der Vereinten Nationen (UNO)

WHO *(World Health Organization)* = Weltgesundheitsorganisation der UNO

WISSENSBOX

- Im Drüsengewebe der **Ovarien** befinden sich die **Follikel**. Sie sind für die Reifung der **Eizellen** und für die Bildung weiblicher **Hormone** verantwortlich.
- Bei der **Ovulation** wird die Eizelle mit der Follikelflüssigkeit aus dem Eierstock ausgeschwemmt und vom Eileiter aufgenommen.
- Die Follikelreste im Eierstock werden zum **Gelbkörper**. Er bildet Hormone.
- Der Vorgang der Follikelreifung wird **hormonell** gesteuert und wiederholt sich alle **25 bis 32 Tage** (Menstruationszyklus).
- Der **Eileiter** nimmt die reife Eizelle nach der **Ovulation** auf.
- Der Trichter des Eileiters ist im Normalfall der Ort der **Befruchtung**.
- Die **Uterushöhle** ist von dem blutgefäß- und drüsenreichen **Endometrium** ausgekleidet. Es dient der Einbettung und Ernährung der befruchteten Eizelle.
- Die **Vagina** dient der Aufnahme des männlichen Gliedes beim Geschlechtsverkehr (Koitus) sowie als Gebärkanal bei der Geburt.
- Schamlippen und **Klitoris** bilden die äußeren Genitalien.

NAWI QUIZ

Wanted!
Finde den richtigen **Fachbegriff** zu den folgenden Umschreibungen bzw. Erklärungen. Jeder richtige Begriff bringt einen Punkt.

1. Ausspülen der Eizelle aus dem Eierstock:
2. Flüssigkeit, die in 2 bis 3 cm^3 etwa 300 Millionen Spermien enthält:
3. Chromosomensatz der Geschlechtszellen:
4. Bereich der weiblichen Genitalien, besitzt etwa 8 000 freie Nervenendigungen:
5. verschließt den Scheideneingang:

Nebennieren = Hormondrüsen, liegen beim Menschen auf den oberen Polen beider Nieren

Nebennierenrinde = Bereich der Nebenniere, produziert Hormone:

Hypothalamus = Abschnitt des Zwischenhirns, steuert über die Hypophyse alle Hormondrüsen und ebenso die vegetativen Funktionen des Körpers

Hypophyse (Hirnanhangdrüse) = Hormondrüse, befindet sich im Bereich der Schädelbasis

gonadotrope Hormone = auf die Gonaden wirkende Hormone der Hypophyse

FSH = follikelstimulierendes Hormon, regt Spermien und Follikelreifung an

stimulierend = anregend

ICSH = zwischenzellenstimulierendes Hormon, regt die Zwischenzellen im Hoden zur Hormonproduktion an

6.3 Hormone steuern ♂ und ♀

Libido

Bei beiden Geschlechtern steuern **Hormone** die geschlechtliche **Entwicklung** und die **sexuelle** Aktivität. Sie sind auch für die Ausbildung der sekundären Geschlechtsmerkmale verantwortlich und beeinflussen **Körperfunktionen** (z. B. Kreislauf, Knochenbildung, Immunsystem) und **Psyche**.

In den **Geschlechtsdrüsen** (Eierstöcke und Hoden) werden nicht nur die Geschlechtszellen, sondern auch geschlechtsspezifische Sexualhormone produziert:

- in den Eierstöcken: **Östrogene** und **Gestagene** zB Progesteron
- in den Hoden: **Androgene** Testosteron

Bei beiden Geschlechtern bilden auch die **Nebennierenrinden** Androgene und Östrogene.
Die Tätigkeit der Keimdrüsen wird vom **Hypothalamus** und den gonadotropen Hormonen der **Hypophyse** gesteuert.

6.3.1 Hoden produzieren Hormone

Androgene entstehen in den Leydig'schen Zwischenzellen im Hoden.
Ihre Bildung und Freisetzung wird über den **Hypothalamus** gesteuert. Er veranlasst die **Hypophyse** zur Abgabe von **gonadotropen Hormonen**.

Dazu gehören:

- **FSH** (follikelstimulierendes Hormon), das die **Spermienbildung** fördert
- **ICSH** (zwischenzellenstimulierendes Hormon), das die Zwischenzellen zur Bildung von **Testosteron** anregt

Testosteron ist das wirksamste männliche Hormon.
Seine Wirkung beginnt bereits im frühen **Embryonalalter** und erreicht ihren Höhepunkt kurz vor der **Pubertät** etwa um das 13. Lebensjahr.
Bei Fehlen oder Ausfall der Hoden als Hormondrüse werden keine männlichen Geschlechtsmerkmale entwickelt.

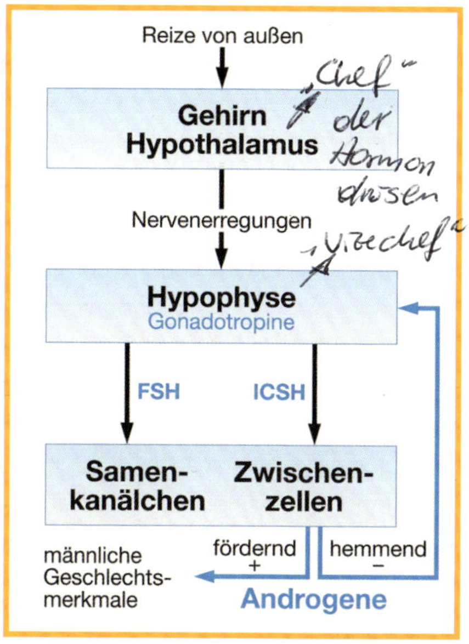

MINI 9

Sexualhormone prägen typische Geschlechtsmerkmale

Ergänze die Aufzählungen:

1. Überwiegen die Androgene kommt es zu Bartwuchs, Körperbehaarung, tiefer Stimme,

   ____

2. Ein Überwiegen der Östrogene führt zu Brustwachstum, rundlichen Hüften,

   ____

Abb. 49
Wirkungsweise der Hormone im männlichen Geschlecht

SPECIALS

- Ein Funktionsausfall oder das Entfernen der Hoden wird als **Kastration** bezeichnet.
- Kastration führt im jugendlichen Alter zum **Eunuchismus**.
- Sie wirkt sich auf die Ausbildung der **sekundären Geschlechtsmerkmale** aus, z. B. schwache Entwicklung der Barthaare, hohe Stimme, Fettansatz.
- Die Zeugungsfähigkeit erlischt.
- Früher wurden Knaben kastriert, um ihre hohe Singstimme zu erhalten (**Kastraten**).
- Diese Kastraten wurden manchmal als **Opernsänger** berühmt.

Eunuchismus = Veränderungen im Erscheinungsbild des Mannes durch eine Funktionsuntüchtigkeit oder das Fehlen der Hoden vor der Pubertät

6.3.2 Hormone steuern den weiblichen Zyklus

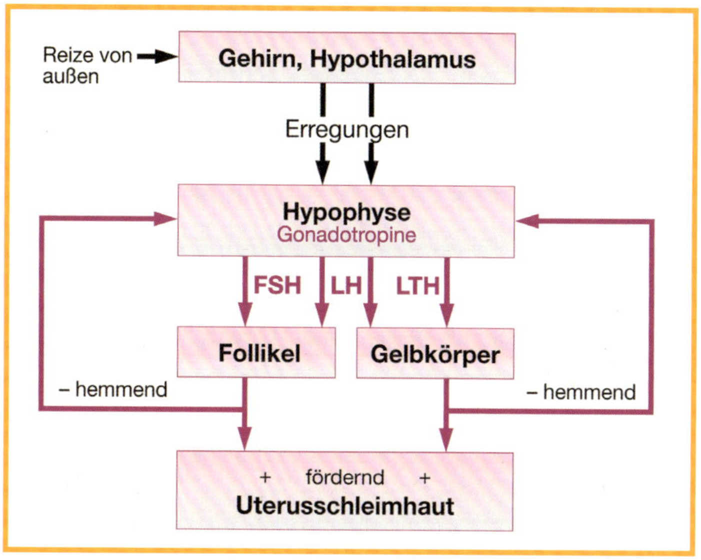

Bei der Frau steuern die wechselnden Hormon-Konzentrationen die Reifung der Eizellen und den monatlichen Auf- und Abbau der Gebärmutterschleimhaut.
Dieser Zyklus dauert etwa 25 bis 32 Tage. Der Beginn wird mit dem ersten Tag der Blutung gerechnet (**Menstruationszyklus**, **Sexualzyklus** ▶ S. 154).

Abb. 50
Übersicht über die weiblichen Hormone

LH = luteinisierendes Hormon = gelbkörperbildendes Hormon

LTH = luteotropes Hormon, regt die Gestagenbildung im Gelbkörper und die Milchsekretion in den Milchdrüsen an

FH = Follikelhormon = **Östrogen**

Welche Vorgänge sind für den Sexualzyklus verantwortlich?

1. Der **Hypothalamus** stimuliert die Hypophyse.
2. Die **Hypophyse** produziert etwa ab dem 5. Zyklustag **FSH**, **LH** und **LTH** (gonadotrope Hormone).
   - Das **FSH** bewirkt im Eierstock das Reifen eines **Follikels**.
   - Das **LH** bewirkt den **Follikelsprung** und regt die **Gelbkörperbildung** an.
   - Das **LTH** ermöglicht dem Gelbkörper, **Gestagene** zu bilden und regt die Milchsekretion der Brustdrüsen an (▶ S. 172).

Follikelphase = erste Zyklushälfte, etwa 1. – 14. Tag (Dauer variiert)

Gelbkörperphase = zweite Zyklushälfte, etwa 14. – 28. Tag

3. In der **ersten Zyklushälfte** (Follikelphase) bewirken **Östrogene**:
   - das Wachstum der Gebärmutterschleimhaut.
   - die **Hemmung** der **FSH**-Ausschüttung in der Hypophyse. Diese verhindert ein Heranreifen eines weiteren Follikels (▶ Abb. 50).
4. In der **zweiten Zyklushälfte** (Gelbkörperphase) bewirken **Gestagene** (z. B. Progesteron):
   - **Hemmung** der Sekretion von FSH, LH und LTH. Solange Progesteron in ausreichender Menge im Blut vorhanden ist, kann kein neuer Follikel reifen.
   - **Wachstum und Erhaltung** der **Gebärmutterschleimhaut**. Die Gebärmutterschleimhaut wird stärker durchblutet und die Drüsenzellen produzieren Sekrete. So wird ein Bett für das befruchtete Ei vorbereitet. Es bleibt erhalten, solange **Gestagene** in ausreichender Menge vorhanden sind.

Menstruation = Regelblutung, monatliche Blutung, bedingt durch das hormonell gesteuerte Abstoßen der Gebärmutterschleimhaut

5. **Wird die Eizelle nicht befruchtet,** bildet sich der Gelbkörper nach etwa **zwei Wochen** (28. Zyklustag) zurück. Die Hormonproduktion versiegt und die Uterusschleimhaut beginnt sich abzulösen. Dabei werden Blutgefäße geöffnet und die **Menstruationsblutung** verursacht.
6. Das Absinken des Hormonspiegels im Blut veranlasst die Hypophyse zur Produktion von **FSH** und damit kann im Eierstock ein **neuer Follikel** reifen. Der nächste Zyklus hat begonnen.

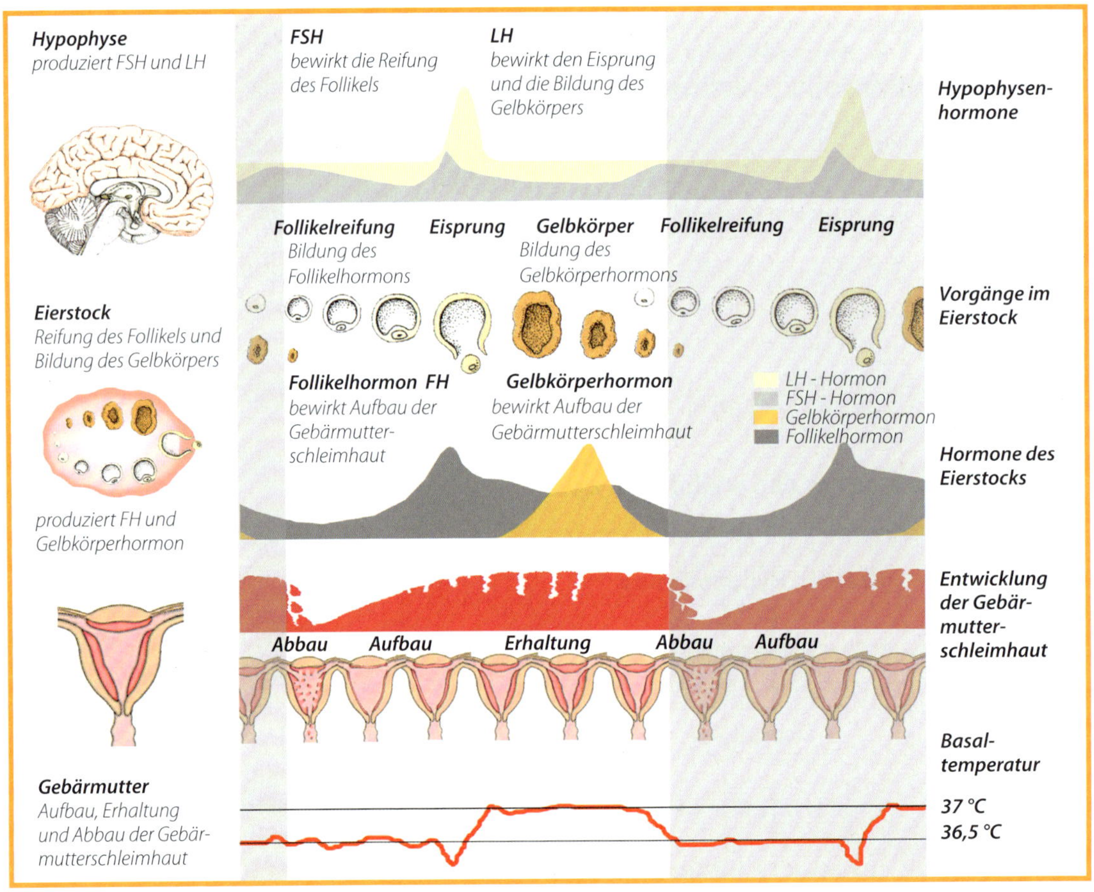

Abb. 51 Der weibliche Zyklus
Die Zyklusdauer variiert zwischen 21 und 35 Tagen.

6.3.3 Sexualhormone beeinflussen den gesamten Organismus

Hormone, die den Sexualzyklus steuern, üben auch einen Einfluss auf andere Körperorgane aus.

- Während des **Östrogenanstiegs** vergrößert sich die Brust durch das Wachstum des Bindegewebes.
- Der **Progesteronanstieg** bewirkt eine Aktivierung des Drüsengewebes in der Brust. Nach dem Beginn der Menstruation geht beides wieder zurück.
- Etwa zwei Tage nach der **Ovulation** lässt sich ein **Temperaturanstieg** der Basaltemperatur (▶ S. 162) um ca. 0,5 °C beobachten. Die Temperatur bleibt während der ganzen Gelbkörperphase hoch und fällt erst wieder mit Eintreten der Menstruation ab.
- Bis kurz vor der Menstruation ist ein Anstieg des **Blutdrucks** messbar.
- Auffallend sind neben den körperlichen Merkmalen auch die **psychischen Veränderungen**. Viele Mädchen und Frauen zeigen kurz vor der Menstruation einen Stimmungsabfall und ein Nachlassen der körperlichen und geistigen Aktivität.

6.3.3.1 Zwischen dem 45. und 55. Lebensjahr beginnt das Klimakterium

Durch **Nachlassen der Eierstocktätigkeit** verändert sich der Hormonhaushalt und allmählich erlischt die Fortpflanzungsfähigkeit. Die Regelblutungen werden unregelmäßig, bis die **Menopause** eintritt.
Die geringere Östrogenproduktion schwächt die Hemmwirkung auf die Hypophyse.
Dadurch steigt vor allem der **FSH-Spiegel** an.
Die Eierstöcke sind aber nicht mehr in der Lage, auf die Stimulation zu reagieren. Sie setzen unregelmäßig schubartig sehr viel Östrogen frei.
Diese Schwankungen im Hormonhaushalt wirken auf zahlreiche Körperfunktionen.
Häufige **Beschwerden** im **Klimakterium** sind u. a. Hitzewallungen, Schweißausbrüche, Herzklopfen, Atembeschwerden, Durchblutungsstörungen, und psychische Begleiterscheinungen wie Depression, Verstimmung und Reizbarkeit.
In schweren Fällen hilft eine Therapie mit Östrogenen (**Hormonersatztherapie**). Weil Nebenwirkungen nicht gänzlich auszuschließen sind, ist eine ärztliche Beratung unbedingt erforderlich.
In jedem Fall sollte überlegt werden, ob nicht eines der zahlreichen pflanzlichen Präparate und eine natürliche und positive Einstellung zum Alterungsprozess ausreichend wirksam sind.

Abb. 52 *Positive Grundstimmung ist wichtig bei der Bewältigung des Klimakteriums*

Klimakterium = Wechseljahre = Übergangsphase zum Ende der Fortpflanzungsfähigkeit

Menopause = Aufhören der Regelblutungen

Hormonersatztherapie = Hormongaben im Klimakterium, meist eine Kombination aus Östrogenen und Gestagenen

WISSENSBOX

- **Hormone** steuern u. a. geschlechtliche Entwicklung, sexuelle Aktivität, Ausbildung der sekundären Geschlechtsmerkmale, und beeinflussen Körperfunktionen (z. B. Kreislauf, Knochenbildung, Immunsystem) und Psyche.
- **Östrogene** und **Gestagene** werden in den Ovarien, **Androgene** (z. B. Testosteron) in den Hoden produziert.
- Bei beiden Geschlechtern bilden auch die **Nebennierenrinden** Geschlechtshormone.
- Ein Funktionsausfall oder das Entfernen der Hoden wird als **Kastration** bezeichnet.
- Hormone steuern den monatlichen Auf- und Abbau der Gebärmutterschleimhaut (**Menstruationszyklus**, dauert etwa 25 bis 32 Tage).
- Der **Hypothalamus** aktiviert die **Hypophyse**. Ihre Hormone (FSH, LH, LTH) steuern Follikelreifung, Östrogenproduktion, Ovulation und Gelbkörperbildung.
- **Östrogene** bewirken u. a. Wachstum der Uterusschleimhaut und Hemmung der FSH-Ausschüttung.
- Das **LH** löst etwa am 15. Zyklustag die **Ovulation** aus.
- **Gestagene** (z. B. Progesteron) bewirken u. a. die Hemmung der Sekretion von FSH, LH, LTH sowie Wachstum und Erhaltung der Uterusschleimhaut.
- Wird die Eizelle **nicht befruchtet**, bildet sich der Gelbkörper nach etwa **zwei Wochen (28. Zyklustag)** zurück. Die Ablösung der Uterusschleimhaut führt zur **Menstruationsblutung**.
- **FSH** wird wieder produziert und der nächste Zyklus hat begonnen.
- Sexualhormone beeinflussen den gesamten Organismus.

Qual der Wahl

1. Welche der folgenden Aussagen über die Follikelreifung im geschlechtsreifen Eierstock ist/sind zutreffend?
1. Die Follikelreifung findet in der zweiten Hälfte des Menstruationszyklus statt.
2. Während der Follikelentwicklung reift die Eizelle.
3. Im Graaf'schen Follikel befindet sich eine mit Flüssigkeit gefüllte Follikelhöhle.
4. Während der Follikelreifung werden Östrogene gebildet.

Antwort wählen:
a) 4 ist richtig.
b) 2., 3. und 4. sind richtig.
c) 1. und 2. sind richtig.
d) 1., 2. und 3. sind richtig.
e) Alle sind richtig.

2. Welche der folgenden Aussagen über den Hoden ist/sind zutreffend?
1. In den Leydig'schen Zwischenzellen wird Testosteron gebildet.
2. Die Hormonproduktion wird von Hypothalamus und Hypophyse beeinflusst.
3. In der Wand der Hodenkanälchen werden die Spermienzellen gebildet.
4. Die Hoden werden in der Pubertät in den Hodensack verlagert.

Antwort wählen:
a) 1. ist richtig.
b) 1. und 3. sind richtig.
c) 2. und 4. sind richtig.
d) 1., 2. und 3. sind richtig.
e) Alle sind richtig.

Multiple Choice

Finde die richtigen Antworten und kreuze sie an. Achtung, es können auch mehrere Antworten richtig sein!
Auswertung: Jede richtige Antwort bringt einen Punkt, jede falsche Antwort einen Punkteabzug. Du hast drei Minuten Zeit. Viel Erfolg!

1. Welche der folgenden Aussagen zum weiblichen Zyklus ist NICHT zutreffend?
- ☐ Die Dauer eines Menstruationszyklus beträgt in der Regel 28 Tage.
- ☐ Bei der Ovulation wird ein Follikel aus dem Eierstock ausgestoßen.
- ☐ Die Ovulation findet etwa um den 14. Tag des Menstruationszyklus statt.
- ☐ Beim Menstruationszyklus handelt sich um zyklischen Aufbau und zyklische Abstoßung von Uterusschleimhaut.
- ☐ Der Menstruationszyklus wird durch Hormone gesteuert.

2. Der Zellkern eines Spermiums befindet sich im:
- ☐ Streifenstück
- ☐ Mittelstück
- ☐ Endstück
- ☐ Schaltstück
- ☐ Kopfstück

3. Das Hormon Oxytocin beeinflusst:
- ☐ Wehentätigkeit
- ☐ menschliche Beziehungen
- ☐ das Gewicht der Schwangeren
- ☐ die Ejakulation
- ☐ Bildung der Muttermilch

7 Ein Kind? JA oder NEIN?

7.1 Geschlechtsakt – Kettenreaktion biologischer Vorgänge

- Die Berührung der Haut erregt vor allem im Bereich der **erogenen Zonen** (▶ S. 143) die Tastsinneszellen.
- Die Erregung wird über sensorische Nerven ins **limbische System** im Gehirn geleitet. Das intensive **Gefühl der Erregung** wird von den Partnern wahrgenommen.
- **Hypothalamus** und **Hypophyse** aktivieren das **Hormonsystem**. Die Folge sind Reaktionen im ganzen Körper: Blutdruck steigt, Herz rast, Haut errötet durch verstärkte Durchblutung, Atmung wird intensiver zur Verbesserung der Sauerstoffversorgung, Körpertemperatur steigt, Schweißdrüsen sind aktiv, Duftstoffe steigern die Erregung
- Die Aktivierung des **vegetativen Nervensystems** bewirkt u. a.:
  - Erektion (▶ S. 147) von Klitoris und Penis durch einen Blutstau in den Schwellkörpern
  - Feuchtwerden der Vagina
  - Anschwellen der kleinen Schamlippen und Auseinanderweichen der großen Schamlippen
  - Die Wahrnehmung der Außenwelt tritt in den Hintergrund.
  - Beim **Orgasmus** weiten sich die Pupillen, die Haut rötet sich und die Brustwarzen richten sich auf.
  - Die Muskulatur von Nebenhoden und Spermienleiter pressen das Sperma aus (**Ejakulation** ▶ S. 143).
  - Die äußeren Bereiche der Vagina kontrahieren und umschließen den Penis.
  - Der **Muttermund** öffnet sich für kurze Zeit. Der **Zervikalschleim** (▶ S. 162) wird kurzfristig gelockert, damit die Spermien hindurchwandern können.
- Die **Spermien** bewegen sich mithilfe ihres Schwanzes durch die Gebärmutter in den Eileiter. Dabei werden sie von chemischen Lockstoffen der Eizelle angelockt.

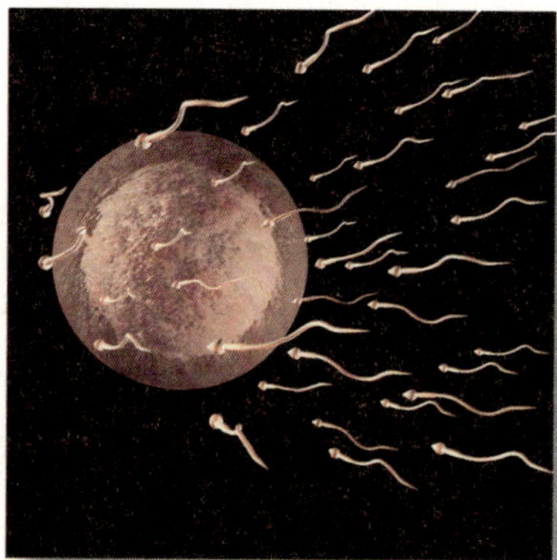

Abb. 53 *Spermien auf dem Weg zur Eizelle*

limbisches System = Bereich des Gehirns, der für die Verarbeitung von Gefühlen zuständig ist

vegetatives Nervensystem = Teil des Zentralnervensystems, regelt lebenswichtige Organfunktionen und passt den Körper an wechselnde Umweltbedingungen an

Sperma = Befruchtungsflüssigkeit, die Spermien und Sekrete enthält

SPECIALS

- **Sperma** enthält viele Millionen Spermien und die Sekrete von Bläschendrüse, Cowper'scher Drüse, Prostata.
- Die alkalischen **Drüsensekrete** ermöglichen die Beweglichkeit der Spermien.
- Die meisten Spermien werden im sauren Scheidenmilieu unbeweglich und gehen dort schnell zu Grunde.
- Nur einige Hundert **Spermien** erreichen den Eileiter und brauchen dazu etwa **2 Stunden**.
- Sie können in der Gebärmutter zwei bis vier Tage überleben.
- Die **Befruchtung** einer Eizelle muss innerhalb von 6 bis 12 Stunden nach der Ovulation erfolgen.

7.2 Die Befruchtung – biologisches Ziel des Koitus

Die Befruchtung findet in der Regel im **Eileiter** (▶ S. 150) statt.

Trifft ein Spermium auf die Eizelle, löst ein **Enzym** aus dem Akrosom (▶ S. 148) die Schutzhülle (Zona pellucida) der Eizelle punktuell auf. Nur *einer* Spermienzelle gelingt es, in die Eizelle einzudringen, weil die Zellmembran eine abwehrende Hülle bildet (**Befruchtungsmembran**).

Der haploide männliche Zellkern (**Vorkern**) verschmilzt mit dem haploiden Kern der Eizelle (Vorkern), sodass wieder ein diploider Kern mit 46 Chromosomen entsteht. Die befruchtete Eizelle wird **Zygote** (▶ S. 131) genannt.

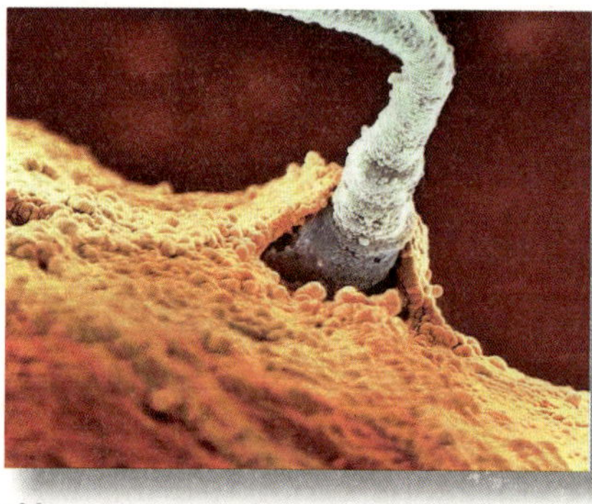

Abb. 54 *Spermium dringt in die Eizelle ein*

Zona pellucida = durchsichtige Hülle um die Eizelle, aus Hilfszellen des Follikels gebildet, dient dem Schutz und der Ernährung

Befruchtungsmembran = Hülle um die Eizelle nach dem Eindringen des Spermiums

7.2.1 Mit der Befruchtung beginnt die Entwicklung eines neuen Lebewesens

Mit der Verschmelzung der haploiden Zellkerne von Eizelle und Spermium wird das **Geschlecht** des neuen Lebewesens festgelegt. Da Eizellen immer ein X-Chromosom als Geschlechtschromosom enthalten, entscheidet das Geschlechtschromosom des Spermiums (X- oder Y-Chromosom), ob die Zygote weiblich (XX) oder männlich (XY) ist.

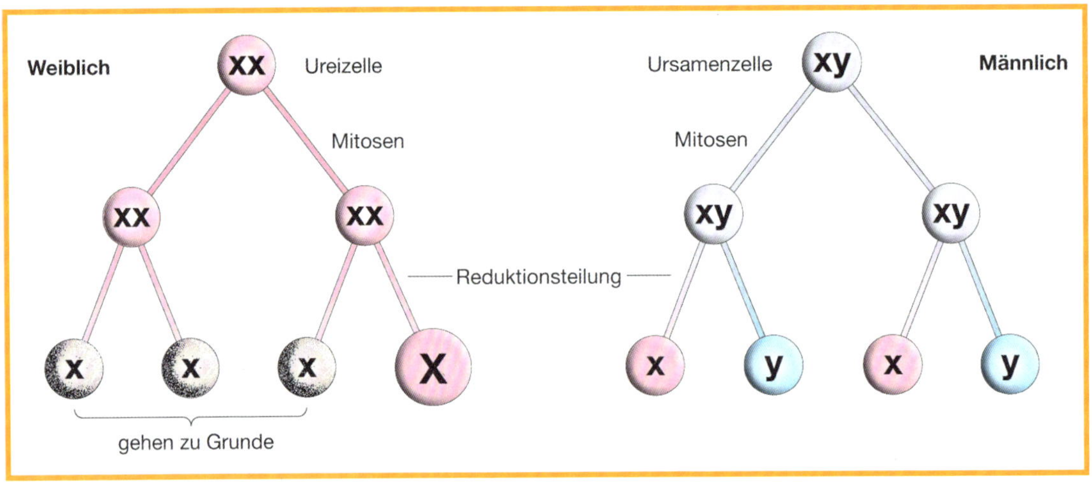

Abb. 55 *Geschlechtszellenbildung unter alleiniger Angabe der Geschlechtschromosomen (Skizze). Im weiblichen Geschlecht entsteht aus einer unreifen Eizelle nur eine reife haploide Eizelle, die drei übrigen sind sehr klein (Polkörperchen).*

Polkörperchen = kleine haploide Zellen, die im Zuge der Meiose bei der Eizellenreifung gebildet werden. Sie haften an der Eizelle und werden in der Regel abgebaut.

Unter dem Einfluss der **Geschlechtschromosomen** bilden sich im Laufe der Embryonalentwicklung entweder Hoden oder Eierstöcke aus. Sobald die Hormonproduktion der Geschlechtsdrüsen einsetzt, wird die genetische Geschlechtsbestimmung von der **hormonalen Phase** der Geschlechtsprägung abgelöst.

SPECIALS

- Die **Zygote** ist etwa 0,1 mm groß.
- Das Y-Chromosom ist entscheidend für die Bestimmung des Geschlechts.
- Das **Y-Chromosom** lässt sich durch seine geringere Größe vom X-Chromosom leicht unterscheiden.

7.2.2 Hurra, Zwillinge!

- **Zweieiige Zwillinge** entstehen, wenn in **beiden** Eierstöcken gleichzeitig oder in einem Eierstock **zwei Follikel** zugleich reifen und beide Eizellen befruchtet werden. Die Ähnlichkeit ihrer Erbanlagen entspricht jenen von Geschwistern, die zu verschiedenen Zeiten geboren werden.
- **Eineiige Zwillinge** gehen aus einer einzigen befruchteten Eizelle hervor. Dabei teilt sich die **Zygote** vor der Einnistung in die Gebärmutterschleimhaut in zwei oder mehrere (bei **Mehrlingsgeburten**) Zellkugeln, die sich dann einnisten und zu voll entwickelten Lebewesen heranwachsen. Eineiige Zwillinge sind **erbgleich**. Man kann sie daher als natürliche **Klone** (▶ S. 123) bezeichnen. Sie haben immer das gleiche Geschlecht und zeigen weitgehende Übereinstimmung in physischer und psychischer Hinsicht.
- **Siamesische Zwillinge** (▶ Abb. 57) sind eineiige Zwillinge, die an einer Stelle des Körpers zusammengewachsen sind. Dies geschieht, wenn die Teilung des Embryos unvollständig erfolgt. Sie besitzen häufig gemeinsame Organe. In manchen Fällen ist eine operative Trennung möglich.

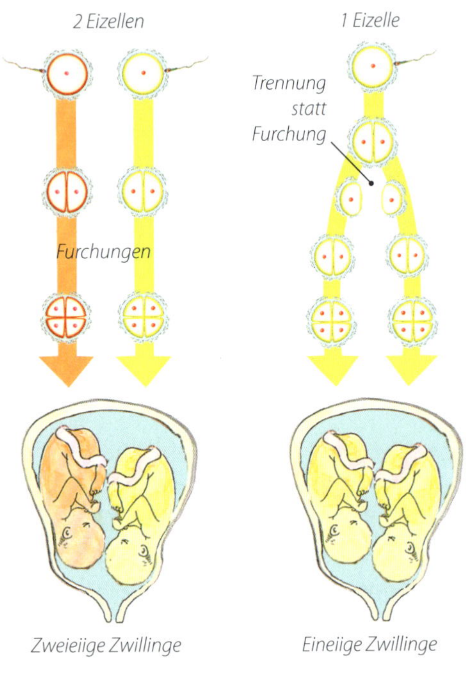

Abb. 56 Zwillingsbildungen

SPECIALS

- Der Name **„Siamesische Zwillinge“** geht auf ein Brüderpaar aus Siam (heute: Thailand) zurück.
- Diese Zwillinge wurden im Jahre 1811 geboren und waren vom Brustbein bis zum Nabel zusammengewachsen.
- Sie wurden **63 Jahre alt** und zeugten mit einem Schwesternpaar 22 Kinder.

Abb. 57 *Chang und Eng Bunkes aus Siam*

WISSENSBOX

- Der **Koitus** ist eine Kettenreaktion biologischer Vorgänge. Sie werden durch Hormone des Hypothalamus und der Hypophyse sowie vom vegetativen Nervensystem beeinflusst.
- Die **Befruchtung** findet in der Regel im Eileiter statt. Es kann nur ein Spermium in die Eizelle eindringen.
- Der haploide männliche Zellkern verschmilzt mit dem haploiden Kern der Eizelle, sodass wieder ein diploider Kern mit 46 Chromosomen entsteht. Davon sind zwei **Geschlechtschromosomen** (entweder XX oder XY). Die befruchtete Eizelle wird **Zygote** genannt.
- Die **Geschlechtsbestimmung** erfolgt durch das Y-Chromosom des Spermiums.
- **Zwillinge** entstehen, wenn mehrere Eizellen gleichzeitig befruchtet werden (zweieiige Zwillinge) oder eine Zygote sich vor der Einnistung in die Gebärmutter teilt. Diese eineiigen Zwillinge sind erbgleich (**Klone**).

7.3 Verhütung einer Schwangerschaft

Eine überlegte **Familienplanung** und eine geeignete **Empfängnisverhütung** sind die Voraussetzung für eine verantwortungsbewusste Sexualität.

- Ein Kind in die Welt zu setzen, bedeutet große Verantwortung.
- Ungeschützter Geschlechtsverkehr birgt die Gefahr der Übertragung von Infektionskrankheiten wie z. B. AIDS.
- Verhütung (**Kontrazeption**) betrifft Mann und Frau.

Wichtige **Kriterien** für die Wahl der richtigen **Verhütungsmethode**:

- Sicherheit des Empfängnisschutzes
- mögliche Nebenwirkungen
- Anwendbarkeit
- Schutz vor sexuell übertragbaren Krankheiten
- Auswirkung auf die Lustgefühle (Libido)
- Kosten
- Vereinbarkeit mit Weltanschauung oder Religion

Die **Sicherheit** einer Verhütungsmethode wird als **Pearl-Index** angegeben. Er gibt die Zahl der Schwangerschaften an, die auftreten, wenn 100 Frauen die betreffende Methode ein Jahr lang anwenden. Je niedriger der Index, umso sicherer ist die Methode.

$$\text{Pearl-Index} = \frac{\text{Gesamtzahl der Schwangerschaft} \cdot 12}{\text{Zahl der Frauen} \cdot \text{Zahl der Anwendungsmonate}} \cdot 100$$

Abb. 58
Pearl-Index 15 bedeutet, dass von 100 Frauen, die mit einer bestimmten Methode ein Jahr lang verhüten, etwa 15 schwanger werden.

Pearl-Index = Gibt an wie viele Frauen von 100 Schwanger werden, wenn sie 1 Jahr lang nur mit dieser Methode verhüten

Weiterführende Informationen u. a. unter **www.familienplanung.de**

Das **NAWI-XTRA** **„Vorsicht, übertragbar!“** findest du online auf **www.hpt.at/nawi-1**.

Empfängnisverhütung = Kontrazeption = Maßnahmen, die Befruchtung und Schwangerschaft verhindern

Libido = sexuelle Lust, Begehren

Pearl-Index = Maß für die Sicherheit einer Verhütungsmethode

Raymond Pearl (1879 – 1940), amerikanischer Biologe

Thrombose = Blutgerinnsel (Thrombus) in einem Blutgefäß

LH-Peak = Anstieg der LH-Ausschüttung durch die Hypophyse, wirkt als Auslöser für den Follikelsprung

Abb. 59 *Junges Paar mit Antibabypille*

7.3.1 Hormonelle Verhütungsmethoden

Sie gewährleisten bei sachgemäßer Anwendung die größte Sicherheit. Auch wenn die Wirkstoffanteile in den Hormonpräparaten so niedrig wie möglich gehalten werden, gibt es eventuell **Nebenwirkungen**. Zu den häufigsten zählen eine Neigung zu Thrombosen, Kopfschmerzen und Gewichtszunahme. Vor allem in Kombination mit Nikotin besteht eine erhöhte Thromboseneigung. **Rauchen und Pille vertragen sich nicht.**

Wirkungsweise von **Hormonpräparaten**:
Die Präparate enthalten Östrogene und/oder Gestagene und haben eine dreifache Wirkung:

- **Ovulationshemmung:** Die Hormone greifen in den hormonellen Regelkreis (Menstruationszyklus ▶ S. 154) ein. Es kommt zu einem Hemmeffekt auf das Gehirn (Hypothalamus und Hypophyse) und damit zu einer Reduktion der FSH- und LH-Freisetzung. Der **LH-Peak** als Auslöser der Ovulation wird nicht erreicht. Das Ausbleiben des Eisprungs ist die Folge.
- **Nidationshemmung:** (keine Einnistung) durch die Veränderung der Gebärmutterschleimhaut (Endometrium ▶ S. 150)
- **Verdickung des Zervikalschleims** (▶ S. 162): Spermien können nicht oder nur sehr vereinzelt in die Gebärmutter gelangen.

Östrogenfreie Präparate verhindern durch eine ausreichend hohe Hormondosis an Gestagen den Eisprung. (Eine Ausnahme bildet die Minipille, die auf Grund ihrer geringen Hormonmenge keine zuverlässige Ovulationshemmung erreicht.) Zusätzlich wird der Gebärmutterhalsschleim verdickt und die Gebärmutterschleimhaut unzureichend aufgebaut.

Die angebotenen Präparate unterscheiden sich vor allem in der

- Hormonzusammensetzung,
- Konzentration der Hormone,
- Art der Anwendung.

Präparat	Hormone	Anwendung	Besonderheit	Pearl-Index
Pille (Antibabypille)	Östrogen und Gestagen	Pille; regelmäßige tägliche Einnahme		**0,2 bis 0,5**
Mikropille	sehr geringe Menge an Östrogen und Gestagen	Pille; regelmäßige tägliche Einnahme	sehr exakte Einnahme erforderlich	**0,7**
Minipille	Gestagen	Pille; regelmäßige tägliche Einnahme	geringe Verlässlichkeit	**3**
Hormonpflaster	Östrogen und Gestagen	Pflaster; Aufnahme der Hormone über die Haut	3x wöchentlicher Pflasterwechsel, dann 1 Woche Pause	**0,1**
Verhütungsring (Nuvaring)	Östrogen und Gestagen	Kunststoffring, der von der Frau in die Scheide eingeführt wird (Übung erforderlich)	bleibt 3 Wochen in der Scheide, wird dann 1 Woche entfernt	**0,6**
Hormonimplantat (Implanon)	Gestagen	Kunststoffstäbchen, das von Arzt oder Ärztin in die Haut am Oberarm eingesetzt wird	bleibt ca. 3 Jahre wirksam	**0,1**
Hormonspirale	Gestagen	Spirale wird von Arzt oder Ärztin in die Scheide eingesetzt	bleibt 5 Jahre; empfohlen nur für Frauen, die schon geboren haben	**0,2**
Einmonatspritze	Östrogen und Gestagen	wird jeweils am 7. Zyklustag gespritzt		**0,2 bis 4**
Dreimonatspritze	hoch dosiertes Gestagen	wird alle drei Monate gespritzt		**0,3 bis 1,4**

SPECIALS

- Die **Pille** gehört zu den am häufigsten verordneten Medikamenten in der Geschichte der Menschen.
- Man vermutet, dass weltweit **60** bis **80 Millionen** Frauen die Pille einnehmen.
- In den USA sind das etwa 12 % der Frauen im fortpflanzungsfähigen Alter.

Die **„Pille danach"** ist eine Notlösung. Es gibt mehrere Hormonpräparate, deren Wirkung darauf beruht, den Eisprung und/oder die Einnistung einer befruchteten Eizelle zu verhindern. Die Pille muss sobald wie möglich nach dem Geschlechtsverkehr eingenommen werden, am besten innerhalb von 12 Stunden. Es ist ein **hoch dosiertes** Hormonpräparat, das nur in Ausnahmefällen (z. B. bei Platzen eines Kondoms) verwendet werden sollte. Starke **Nebenwirkungen** (z. B. Zyklusstörungen, Störungen im Hormonhaushalt, Übelkeit, Kopfschmerzen) sind möglich. Nach der Einnahme sollte eine Kontrolle durch eine Gynäkologin/einen Gynäkologen erfolgen.

7.3.2 Mechanische Verhütungsmethoden

Mechanische Sperren verhindern das Eindringen von Spermien in die Gebärmutter.

- Das **Kondom** (Präservativ) ist ein Gummischutz, der über den Penis gestülpt wird und in Verbindung mit einem Samen tötenden Mittel recht zuverlässig wirkt (Pearl-Index 3 bis 14 je nach richtigem Gebrauch).
- Das **Femidom** ist ein Kondom für die Frau. Ein mit Gleitmittel beschichtetes Kunststoffsäckchen mit zwei Kunststoffringen wird ähnlich wie ein Tampon in die Scheide eingeführt. Der äußere Kunststoffring wird an den Schamlippen platziert.

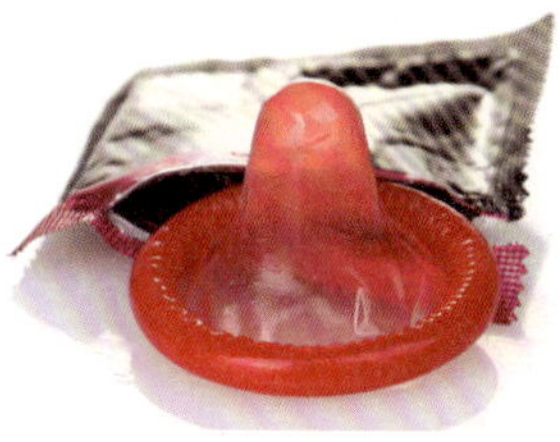

Abb. 60 Kondom

Präservativ = Kondom

Kondom und Femidom verhindern die Befruchtung und **schützen** zusätzlich vor **Infektionen**.

- Das **Scheidenpessar (Scheidendiaphragma)** besteht aus einem elastischen Gummiring, der mit einer weichen Gummimembran überzogen ist. Das Diaphragma wird von der Frau selbst vor dem Geschlechtsverkehr in die Scheide eingelegt und über den Muttermund gestülpt (**Übung** erforderlich). Es stellt eine mechanische Sperre für die Spermien dar und verhindert so eine Befruchtung.
- Das **Diaphragma** muss nach der letzten Ejakulation **mindestens 8 Stunden** in der Scheide bleiben. Die Zuverlässigkeit hängt weitgehend vom richtigen Einlegen ab (Pearl-Index 12 bis 20) und kann wiederum durch Samen tötende Cremes verbessert werden (Pearl-Index 4 bis 10).

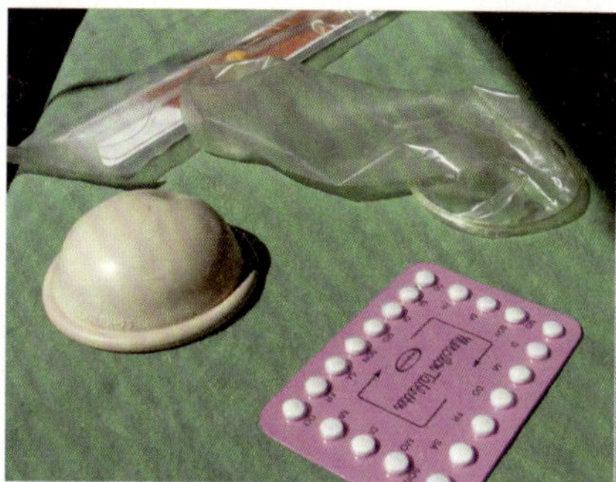

Abb. 61 *Verhütungsmittel: Spirale, Femidom, Diaphragma, Pille*

- **Sterilisation**
  Dabei werden durch einen operativen Eingriff bei der Frau die Eileiter bzw. beim Mann die Spermienleiter unterbunden oder durchtrennt, wodurch eine Befruchtung verhindert wird. (Pearl-Index 0,1 bis 0,3). Eine Sterilisation ist bei der **Frau** mit einer Operation mit Narkose verbunden und bedeutet von wenigen Ausnahmen abgesehen **bleibende Unfruchtbarkeit**. Beim **Mann** hingegen ist der Eingriff einfach, mit örtlicher Betäubung, und zu etwa 50 % **rückführbar**.
  Im Unterschied zur **Kastration** ist bei der Sterilisation der Hormonhaushalt nicht betroffen. Die Methode ist für Paare mit **abgeschlossener Familienplanung** geeignet.

Sterilisation = Unfruchtbarmachung

Kastration = Entfernen oder Zerstören von Keimdrüsen (z. B. Hoden)

7.3.3 Chemische Verhütungsmethoden

Dazu gehören **Cremes**, **Gelees**, **Tabletten** oder **Zäpfchen**, die entsprechend der Gebrauchsanweisung kurz vor dem Geschlechtsverkehr tief in die Scheide eingeführt werden. Sie machen die Spermien unbeweglich oder töten sie ab. Sie sind **nicht** sehr **verlässlich** (Pearl-Index 5 bis 20) und sollten daher nur in **Kombination** mit Kondom oder Scheidenpessar verwendet werden. Chemische Verhütungsmittel können auch die Vaginalbakterien (▶ S. 151) schädigen und zu einer Scheidenentzündung führen.

7.3.4 Kombinationsmethoden

Nidation = Einnistung

spermizid = spermientötend

- Eine sehr sichere Methode ist die **Spirale** (Intrauterinpessar, IUP). Sie besteht aus einem etwa 4 cm großen Kunststoffteil und einem feinen Kupferdraht. Sie wird von der Ärztin/dem Arzt in die Uterushöhle eingebracht und bleibt dort 2 bis 3 Jahre. Sie verhindert die **Einnistung (Nidation)**, indem sie ständig Kupferionen abgibt. Kupferionen wirken spermientötend (**spermizid**). Die Spirale ist relativ sicher (Pearl-Index 0,5 bis 4,6). Als nachteilige **Nebenwirkungen** können Entzündungen im Uterus sowie verlängerte Regelblutungen auftreten. Vor allem für Frauen nach der ersten Geburt geeignet.
- Bei der **Hormonspirale** wird ein UIP mit der kontinuierlichen Abgabe von **Hormonen** kombiniert. Dadurch wird die Befruchtung und die Einnistung eines Eis zusätzlich erschwert (Pearl-Index 0,1). Sie wird von der Ärztin/dem Arzt in die Uterushöhle eingebracht und kann 3 bis 5 Jahre getragen werden.

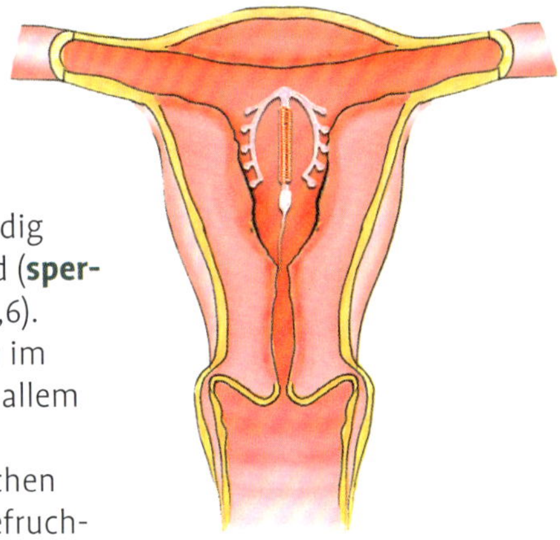

Abb. 62 *Einlegen einer Spirale*

SPECIALS

- Es kann vorkommen, dass sich trotz eingesetzter **Spirale** ein Ei in der Uterusschleimhaut einnistet.
- Dann besteht die Gefahr einer Schädigung des Embryos durch die Spirale.

7.3.5 Natürliche Verhütung

Die Methoden erfordern **Enthaltsamkeit** während einer bestimmten Phase des weiblichen Zyklus. Sie beruhen auf der Tatsache, dass bei regelmäßigem Zyklus eine Empfängnis nur an bestimmten Tagen (**fruchtbare Tage**) wahrscheinlich ist. Die Methoden sind nur für Paare geeignet, die eine Schwangerschaft noch nicht wollen, aber nicht gänzlich ausschließen. Alle Methoden erfordern **Genauigkeit** und **Disziplin**.

Zervikalschleim = Schleim am Muttermund, Schutz vor dem Eindringen von Krankheitserregern

Basaltemperatur = Körpertemperatur des Menschen während des Schlafens bzw. nach dem Aufwachen (Aufwachtemperatur). Im täglichen Rhythmus unterliegt der menschliche Körper periodischen Temperaturschwankungen. Im Schlaf erreicht die Körpertemperatur das Minimum.

SPECIALS

- Während der **Ovulation** ist der Zervikalschleim dünnflüssig und der Muttermund geöffnet. Das Eindringen der Spermien wird so erleichtert.
- Die Körpertemperatur, die morgens gleich nach dem Aufwachen gemessen wird, nennt man **Basaltemperatur**.
- Basaltemperaturmessungen geben wertvolle Hinweise auf Eierstockfunktion und Ovulationszeitpunkt.
- **Umweltreize** können über den Hypothalamus die Sexualfunktionen beeinflussen.
- Manchmal führen seelische Belastungen oder starke körperliche Anstrengungen zum Ausbleiben der Regelblutung.
- Außergewöhnliche Erregung kann einen spontanen Eisprung auslösen.
- Ein Mädchen/eine Frau soll bei erheblichen **Unregelmäßigkeiten** des Zyklus die Gynäkologin/den Gynäkologen aufsuchen.

Coitus interruptus = abgebrochener Geschlechtsverkehr

- **Coitus interruptus**
  Der Mann zieht vor dem Orgasmus den Penis aus der Scheide, so dass die Spermienflüssigkeit nach außen entleert wird. Die Methode ist sehr unsicher (Pearl-Index 38), weil schwer zu beherrschen. Außerdem kann eine geringe Menge Spermienflüssigkeit schon kurz vor der eigentlichen Ejakulation abgegeben werden.

- **Kalendermethode nach Knaus-Ogino**
  Die günstigste Voraussetzung für eine Empfängnis ist kurz nach dem Follikelsprung (Ovulation) gegeben, denn die Eizelle ist nur etwa 6 bis 12 Stunden befruchtungsfähig. Indem man von der Regelblutung auf den Follikelsprung zurückrechnet, lassen sich die fruchtbaren Tage anhand eines über längere Zeit (etwa ein Jahr) geführten Kalenders (**Menstruationskalender**) bestimmen. Zu berücksichtigen ist auch, dass die Spermien in der Gebärmutter bis zu 4 Tage überleben können. Nur bei regelmäßigem Zyklus anwendbar und sehr unsicher (Pearl-Index 15 bis 38), da die Zykluslänge durch viele Faktoren (z. B. Krankheit, Stress, Ortsveränderungen) beeinflusst werden kann.

Hermann Knaus (1892 – 1970), österreichischer Arzt

Kynsaku Ogino (1882 – 1975), japanischer Arzt

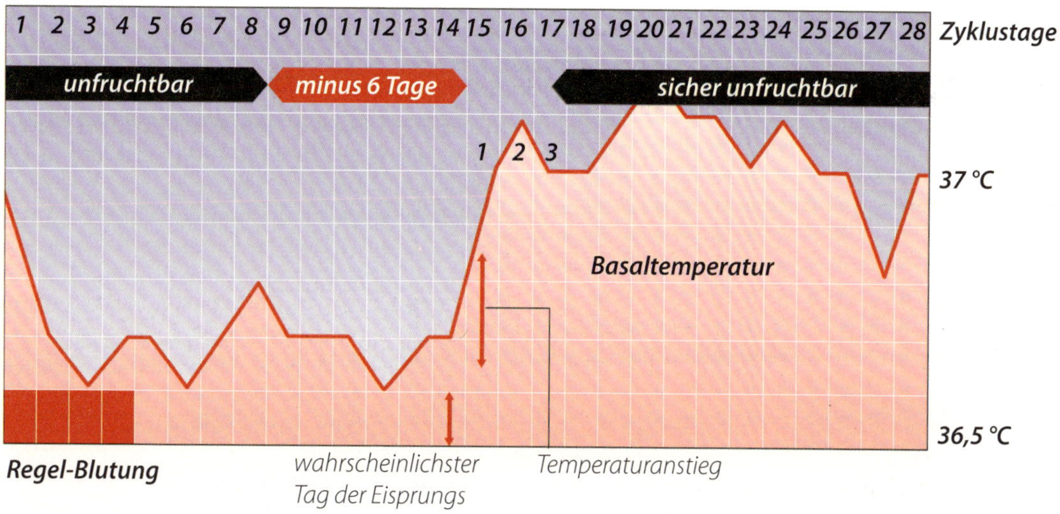

Abb. 63 *Schema zur Bestimmung der unfruchtbaren Tage nach der Temperaturmethode (minus 6 Tage = in dieser Zeit ist eine Befruchtung möglich)*

- **Basaltemperatur-Methode**
  Die fruchtbaren Tage werden durch eine Auswertung der zyklischen Schwankungen der Temperatur bestimmt. Dazu muss jeden Morgen die **Basaltemperatur** (in Scheide, After oder unter der Zunge) gemessen und protokolliert werden. Die Temperatur steigt 1 bis 2 Tage vor der Ovulation an und erhöht sich weiter bis zum Zyklusende. Ein **Anstieg** der Basaltemperatur um etwa 0,2 °C, der über mindestens drei Tage anhält, zeigt an, dass der Eisprung stattgefunden hat. Die **unfruchtbaren Tage** beginnen ab dem 3. Tag nach der Ovulation, da die Eizelle noch 24 Stunden nach der Ovulation befruchtungsfähig ist. Erst am 5. Tag nach Einsetzen der Regelblutung beginnen die unsicheren Tage.
  Bei strenger Disziplin liegt der Pearl-Index bei 1 bis 5, kann aber auch bis 10 steigen.
- **Billings-Methode**
  Der **Zervikalschleim** verändert während des Zyklus seine Konsistenz. Während der fruchtbaren Tage wird er für 2 bis 3 Tage dünnflüssiger und kann zu einem Faden ausgezogen werden. Die Frau lernt, diesen Schleim zu beobachten. Der Pearl-Index liegt bei 5 bis 10.

Evelyn und John Billings, australisches Ärztepaar

- **Symptothermale Methode**
  Dabei handelt es sich um eine Kombination der **Temperaturmethode** mit der **Billings-Methode**. Bei exakter Messung und guter Beobachtung kann mit dieser Kombinationsmethode ein Pearl-Index von 0,4 erreicht werden.
- **Verhütungscomputer**
  Die von der Frau gemessenen Daten (z. B. Basaltemperatur, Hormonstatus im Harn) werden im Computer ausgewertet und die unfruchtbaren und fruchtbaren Tage bestimmt.

NAWI AKTIV 4

Wie verhüte ich richtig?

Lernziele:

- Ich kann die Wirkungsweise der Verhütungsmethoden vergleichen. **A**, **N1**
- Ich kann mein Wissen über Hormonwirkungen anwenden. **C**, **N2**
- Ich kann über Vor- und Nachteile diskutieren, diese mit unterschiedlichen Lebenssituationen in Verbindung bringen und verantwortungsvolles Verhalten beider Partner erörtern. **B**, **N2**

Aufgaben:

Wähle aus jeder Gruppe der Verhütungsmethoden (hormonell, mechanisch, natürlich) eine Methode aus und **erkläre** genau mit eigenen **Worten**:
- Wie wirkt sie?
- Warum ist sie mehr oder weniger sicher?
- Wende bei der Erklärung der Pille dein Wissen über die Sexualhormone an.

Diskutiert Vor- und Nachteile der Verhütungsmethoden und bringt diese mit eurer persönlichen Lebenssituation bzw. mit der Situation in fremden Ländern in Verbindung. Folgende Fragen sollen euch helfen:
- Welche Methoden sind in eurer persönlichen Situation die brauchbarsten?
- Welche Methoden würdet ihr in welcher Lebenssituation anwenden?
- Welche Methoden sind in Ländern mit hoher AIDS-Rate, großer Armut, geringem Bildungsniveau ratsam?

Erstellt ein **Protokoll** eurer Argumente.

SELBSTEINSCHÄTZUNG Ich habe die Aufgaben bearbeitet:			Feedback Lehrer/innen ↔ Schüler/innen
sehr gut	gut	weniger gut; folgendes muss ich nachholen	

7.4 Schwangerschaftsabbruch als Lösung?

Der Schwangerschaftsabbruch ist in Österreich gesetzlich im Strafgesetzbuch in § 96 und § 97 geregelt (▶ Abb. 64). In vielen Ländern Europas gelten ähnliche Regelungen für eine **Fristenlösung**. Ausnahmen sind z. B. England, Finnland und Spanien, wo nicht die Frau, sondern jeweils zwei Ärztinnen/Ärzte die Entscheidung treffen. In Polen wird ein Schwangerschaftsabbruch nur aus schwerwiegenden medizinischen Gründen genehmigt.

§ 96
Wer mit Einwilligung der Schwangeren deren Schwangerschaft abbricht, ist mit Freiheitsstrafe bis zu einem Jahr, begeht er die Tat gewerbsmäßig bis zu drei Jahren zu bestrafen.
Ist der unmittelbare Täter kein Arzt, so ist er mit Freiheitsstrafe bis zu drei Jahren, begeht er die Tat gewerbsmäßig oder hat sie den Tod der Schwangeren zur Folge, mit Freiheitsstrafe von sechs Monaten bis zu fünf Jahren zu bestrafen.
Eine Frau, die den Abbruch ihrer Schwangerschaft selbst vornimmt oder durch einen anderen zulässt, ist mit Freiheitsstrafe bis zu einem Jahr zu bestrafen.

§ 97
Die Tat ist nach § 96 **nicht strafbar**,
1. wenn der Schwangerschaftsabbruch innerhalb der **ersten drei Monate** (Fristenlösung) nach Beginn der Schwangerschaft nach vorhergehender **ärztlicher Beratung** von einem Arzt vorgenommen wird; oder
2. wenn der Schwangerschaftsabbruch zur Abwendung einer nicht anders abwendbaren ernsten **Gefahr für das Leben** oder eines schweren Schadens für die körperliche oder seelische Gesundheit der Schwangeren erforderlich ist oder eine ernste Gefahr besteht, dass das Kind geistig oder körperlich schwer geschädigt sein werde, oder die Schwangere zur Zeit der Schwängerung unmündig gewesen ist und in allen Fällen der Abbruch von einem Arzt vorgenommen wird; oder
3. wenn der Schwangerschaftsabbruch zur Rettung der Schwangeren aus einer unmittelbaren, nicht anders abwendbaren Lebensgefahr unter Umständen vorgenommen wird, unter denen ärztliche Hilfe nicht rechtzeitig zu erlangen ist.

Abb. 64 *Der Schwangerschaftsabbruch ist gesetzlich geregelt. (Auszug aus dem österreichischen Gesetz)*

Die Entscheidung, eine Schwangerschaft abzubrechen, muss unbedingt sorgfältig überlegt werden. Obwohl beide Partner die Verantwortung übernehmen müssen, hat die Frau die Hauptlast zu tragen. Sie soll daher auch die Entscheidung treffen. Es gibt viele **Beratungsstellen**, die unbedingt vor einer solchen Entscheidung in Anspruch genommen werden sollen.

www.aktionleben.at

www.es-gibt-alternativen.at

abtreibung.at/beratungsstellen-in-ganz-osterreich

NAWI AKTIV 5

Schwangerschaftsabbruch?

Lernziele:

- Ich kann persönliche Gedanken und Informationen zum Thema diskutieren und kommunizieren. **B**, **N2**
- Ich kann mich über Gesetzeslage und Beratungsstellen informieren und die Ergebnisse interpretieren. **B + C**, **N2**
- Ich kann eine reflektierte, kontroverse Gesichtspunkte einbeziehende Diskussion führen. **C**, **N2**

Aufgaben:

- Lies den Gesetzestext (Abb. 64) genau durch. Beachte § 97 und überlege: Was bedeutet „... nicht strafbar, wenn ...“?
- **Diskutiert** und **argumentiert**: In welcher Situation scheint euch eine Schwangerschaftsunterbrechung gerechtfertigt/nicht gerechtfertigt? Notiert eure Argumente und begründet diese.
- **Informiert** euch über Beratungsstellen (**abtreibung.at/beratungsstellen-in-ganz-osterreich**) und sucht euch eine Beratungsstelle (z. B. Aktion Leben) aus, besucht und studiert die Homepage im Internet.
- **Formuliert** zehn Fragen an die Beratungsstelle und notiert sie. (z. B. Welche Hilfestellung ist möglich? Wie wird sie angenommen?)
- **Stellt** einen **Kontakt** mit der Beratungsstelle her (E-Mail, Telefon oder persönlicher Besuch) und ersucht um Antworten auf eure Fragen und diskutiert darüber.
- **Verfasse** einen Bericht, in dem du Antworten, Eindrücke und Erfahrungen **kommentieren** sollst.

SELBSTEINSCHÄTZUNG Ich habe die Aufgaben bearbeitet:			Feedback Lehrer/innen ↔ Schüler/innen
sehr gut	gut	weniger gut; folgendes muss ich nachholen	

7.5 Ungewollt kinderlos?

Statistiken ergeben, dass in Österreich etwa 15 % der Paare im fortpflanzungsfähigen Alter ungewollt kinderlos bleiben. Eine Unfruchtbarkeit (**Sterilität**) muss angenommen werden, wenn ein Paar nach jahrelangem Zusammenleben mit ungeschütztem Geschlechtsverkehr kein Kind bekommt.

Sterilität = Unfruchtbarkeit, Zeugungsunfähigkeit

Ursachen der Sterilität können u. a. sein:

beim Mann	bei der Frau
fehlende oder defekte Spermien	Funktionsstörungen der Eierstöcke
Verschluss der Spermienleiter	verschlossene Eileiter
Erektionsstörungen	keine Verflüssigung des Zervikalschleims
Störungen in der Hormonproduktion der Hypophyse	Störungen in der Hormonproduktion der Hypophyse

Verschiedene Methoden der **Fortpflanzungsmedizin** ermöglichen unfruchtbaren Paaren die Erfüllung des Wunsches nach einem eigenen Kind.

IVF = In-vitro-Fertilisation = sinngemäß: im Glas fruchtbar machen

Laparoskopie = chirurgischer Eingriff mit Hilfe eines optischen Instrumentes. Dabei sind nur kleine Schnitte zum Einführen der Instrumente erforderlich.

- **In-vitro-Fertilisation** (IVF, künstliche Befruchtung): In der **Vorbereitungszeit** erhält die Frau **Hormone**, die das Reifen mehrerer Eizellen bewirken. Mit Ultraschalluntersuchungen wird die Heranreifung der Follikel überwacht.

  Sind die Follikel reif, wird mit Hormonen der Follikelsprung ausgelöst.
  Nach etwa 35 Stunden erfolgt die Gewinnung der Eizellen. Dazu werden mit einer feinen Sonde Eizellen aus dem Eierstock abgesaugt (**Laparoskopie**). Die Eizellen kommen in eine geeignete **Nährlösung**.
  Der Mann wird währenddessen zur **Spermienabgabe** veranlasst.
  Jeder Eizelle wird ein Tropfen Sperma beigefügt. Das Gemisch kommt dann in einen **Brutschrank**.
  Einen Tag später wird unter dem Mikroskop überprüft, ob **Befruchtungen** stattgefunden haben.
  Üblicherweise werden der Nährlösung drei befruchtete Eizellen (Zygoten ▶ S. 131) entnommen und mittels einer Sonde (Katheter) in den Uterus der Frau eingepflanzt (**Embryotransfer**).
  Wenn mehr als drei Eizellen befruchtet wurden, werden die überzähligen tiefgefroren. Embryonen dürfen in Österreich nicht länger als ein Jahr aufbewahrt werden.

Embryotransfer = Technik der künstlichen Übertragung von Embryonen in die Gebärmutter

Transfer = Übertragung

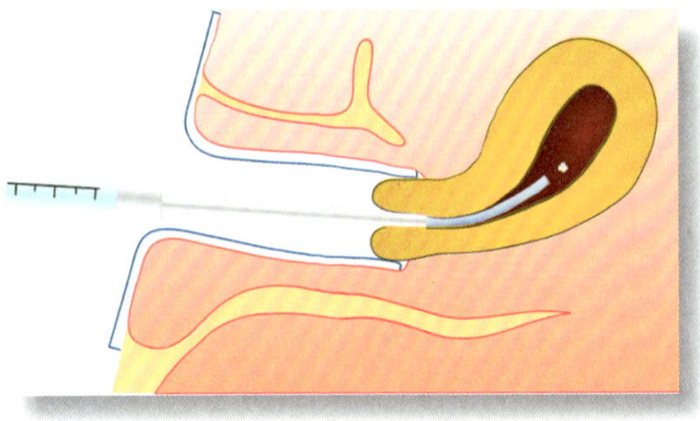

Abb. 65 *Embryotransfer*

- **Eizellen- und Spermienübertragung:**
  Nach einer Hormonbehandlung, ähnlich wie bei der IVF, werden Eizellen abgesaugt und zusammen mit Spermien des Spenders in den Eileiter übertragen, wo eine natürliche Befruchtung stattfinden kann.

Insemination = Übertragung von Spermien in den Genitaltrakt der Frau

- **Spermienübertragung** (Insemination):
  Spermien werden zum Zeitpunkt der Ovulation in die Gebärmutter gebracht. Dort erfolgt eine natürliche Befruchtung.
- **Eizellen- und Samenspender:**
  Können vom eigenen Partner bzw. der Partnerin keine Spermien oder Eizellen gewonnen werden, besteht die Möglichkeit, Eizellen oder Spermien fremder Spender oder Spenderinnen zu verwenden.
  In Österreich ist das Einsetzen fremder Spermien erlaubt, das Einsetzen fremder Eizellen aber verboten. Ebenso verboten ist eine **Leihmutterschaft**.

Leihmutterschaft = eine Frau lässt sich einen fremden Embryo in die Gebärmutter einpflanzen, trägt das Kind für die leiblichen Eltern aus

SPECIALS

- Über die Verwendung der bei einer **IVF** nicht gebrauchten Embryonen wird heftig diskutiert.
- Die Embryonen stellen ein ausgezeichnetes Material zur Gewinnung **embryonaler Stammzellen** (▶ S. 129) dar.
- Aus den noch nicht differenzierten (omnipotenten) embryonalen Zellen können über 200 verschiedene Gewebe entstehen.
- Derzeit wird intensiv daran geforscht, aus diesen Stammzellen Gewebe und Organe als **„Ersatzteile"** für kranke Menschen gewinnen zu können.
- In Österreich ist das **Klonen** (▶ S. 129) zur Gewinnung embryonaler Stammzellen derzeit (Stand 2013) verboten.

WISSENSBOX

- Die Sicherheit einer **Verhütungsmethode** wird als Pearl-Index angegeben.
- Verhütung soll auch vor **Infektionen** (z. B. HIV, Hepatitis, HPV) schützen.
- **Hormonelle Methoden** enthalten Östrogene und/oder Gestagene. Östrogene verhindern die Ovulation, Gestagene sorgen für die Erhaltung des Zervikalschleims und können die Einnistung verhindern. Es besteht kein Infektionsschutz.
- Das **Kondom** schützt bei sachgerechter Anwendung vor Empfängnis und Infektion.
- Eine **Sterilisation** führt bei der Frau zu einer bleibenden Unfruchtbarkeit.
- **Chemische** Verhütungsmittel sind nur in Kombination mit dem Kondom anzuwenden.
- Die **Spirale** ist eine Kombinationsmethode, bei der die Nidation verhindert wird und Spermien abgetötet werden. Bei der Hormonspirale verhindern zusätzlich Gestagene die Auflösung des Zervikalschleims.
- **Natürliche Verhütungsmethoden** beruhen auf einer Enthaltsamkeit während der befruchtungsfähigen Zyklustage (z. B. Kalendermethode, Temperaturmethode, Billingsmethode). Sie sind nur für Paare geeignet, die eine Schwangerschaft nicht gänzlich ausschließen.
- Der Schwangerschaftsabbruch ist in Österreich gesetzlich geregelt.
- Verschiedene Methoden der **Fortpflanzungsmedizin** (z. B. IVF) ermöglichen unfruchtbaren Paaren den Kinderwunsch.

NAWI QUIZ

Multiple Choice

Finde die richtigen Antworten und kreuze sie an. Achtung, es können auch mehrere Antworten richtig sein!

Auswertung: Jede richtige Antwort bringt einen Punkt, jede falsche Antwort einen Punkteabzug. Du hast drei Minuten Zeit. Viel Erfolg!

1. Der Befruchtungsvorgang findet üblicherweise statt:
- [ ] in der Vagina
- [x] im Eileiter
- [ ] im Eierstock
- [ ] im Endometrium
- [ ] in der Gebärmutterhöhle

2. Was soll die „Pille", die Östrogen und Gestagen enthält, in erster Linie verhindern?
- [ ] die Meiose der Eizelle
- [x] die Nidation = „Einnisstung" Embrion
- [x] den Aufbau der Uterusschleimhaut
- [x] die Ovulation = Einsprung
- [ ] das Reifen der Spermien

3. Wie lautet die Kombination der Geschlechtschromosomen in den Zellkernen des Mannes?
- [ ] XX → Frau
- [ ] XO
- [x] XY
- [ ] YY
- [ ] YXY

4. Die Spirale soll bewirken, dass
- [ ] sich die Zygote nicht einnisten kann.
- [x] Spermien abgetötet werden.
- [ ] keine Ovulation stattfindet.
- [ ] sich der Zervikalschleim verflüssigt.
- [ ] die Eizelle abstirbt.

5. Verhütung und Infektionsschutz werden erreicht durch:
- [ ] Pille
- [ ] Spirale
- [x] Kondom
- [ ] Hormonpflaster
- [ ] Verhütungscomputer

8 Entwicklung, Schwangerschaft und Geburt

Ontogenese = individuelle Entwicklung eines Lebewesens

Die Entwicklung eines Individuums vom Augenblick der Befruchtung bis zum Tod bezeichnet man als **Ontogenese**.

8.1 Die Entwicklung des Embryos

Die Embryonalentwicklung des Menschen ist typisch für die **Säugetiere**. Sie beginnt mit der **Befruchtung** im Eileiter und endet mit der **Geburt** des Kindes.

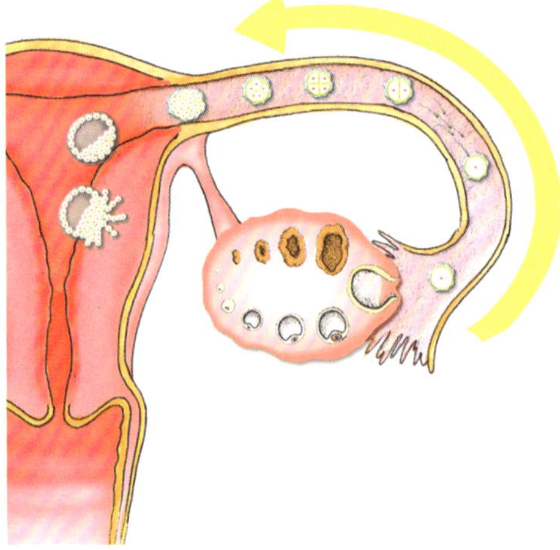

Abb. 66 *Wanderung der Eizelle zur Gebärmutter*

8.1.1 Die ersten 8 Wochen – Zeit der Organbildung

Morula = Zellkugel, frühes Stadium der Embryonalentwicklung der Säugetiere

Etwa **24 Stunden** nach der Befruchtung beginnt sich die Zygote zu teilen.

- Die ersten Mitosen der befruchteten Eizelle nennt man **Furchungsteilungen**. Auf dem Weg durch den Eileiter bildet sich über das 2-, 4-, 8-Zellenstadium usw. eine winzige Zellkugel (**Morula**).

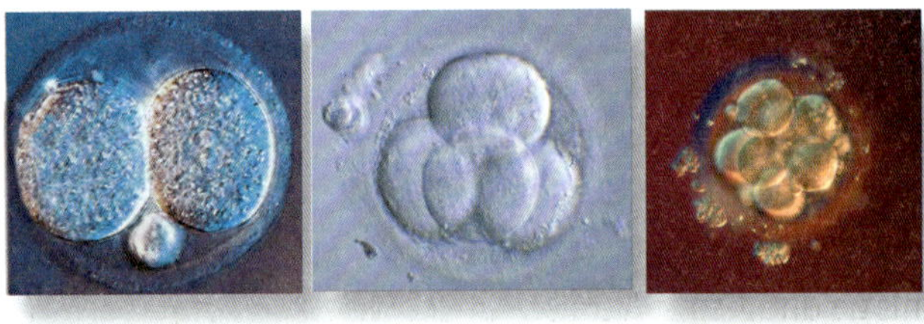

Abb. 67–69
Furchungsteilungen: Zweizellstadium, Vierzellstadium, Sechzehnzellstadium

Blastozyste = Blastula = frühes Entwicklungsstadium der Säugetierentwicklung, entsteht aus der Morula

Nidation = Einnistung der befruchteten Eizelle in die Gebärmutterschleimhaut

Trophoblast = ernährende Embryonalhülle

Chorion = Zottenhaut

Plazenta = Gewebe in der Gebärmutter, besteht aus kindlichem und mütterlichem Gewebe und dient der Versorgung des Embryos

Amnionhöhle = Fruchtblase

Amnion = Embryonalhülle, kleidet die Fruchtblase aus

- Im Inneren der Kugel entsteht ein Hohlraum, der vorerst von einer, später von mehreren Zellschichten umgrenzt ist. Diese Hohlkugel (**Blastocyste**) erreicht etwa nach **sieben Tagen** die Gebärmutterhöhle und nistet sich meist in ihrem oberen Bereich in die Schleimhaut ein (**Nidation**).

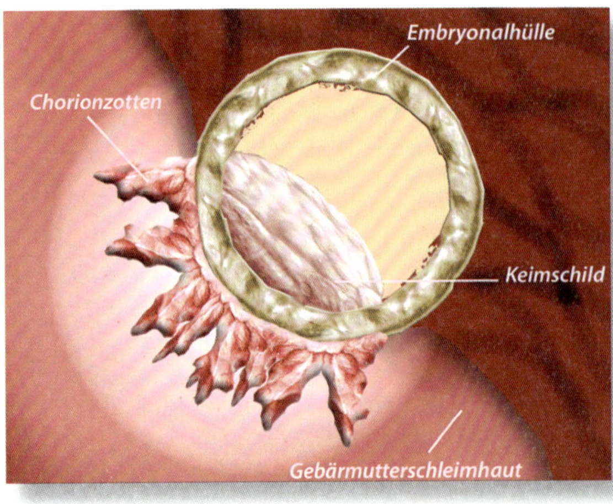

Abb. 70 *Blastocyste*

- Ein scheibenförmiger, verdickter Abschnitt der inneren Zellschichte der Blastozyste bildet den **Embryoblast** (Keimschild). Daraus entwickelt sich der **Embryo**. Die äußersten Zellschichten der Blastozyste (**Trophoblast**) dienen der Ernährung und Verankerung in der Gebärmutterschleimhaut.
- Nach etwa 9 Tagen bildet der Trophoblast zottenartige Fortsätze, die in die Schleimhaut der Gebärmutter hineinragen. Er wird zur Zottenhaut (**Chorion**), in welcher sich **Blutgefäße** bilden. Aus Zottenhaut und Gebärmutterschleimhaut entsteht der Mutterkuchen (**Plazenta**).
- Zwischen Embryoblast und Trophoblast bildet sich ein Hohlraum (**Amnionhöhle**). Er wird von der Schafhaut (**Amnion**) umhüllt und ist mit Flüssigkeit (Fruchtwasser) gefüllt. Das **Fruchtwasser** umgibt den Embryo und schützt ihn vor Druck und Stoß. Chorion und Amnion bilden die **Embryonalhüllen**. Aus dem Verbindungsstück zwischen Embryoblast und Chorion entsteht die **Nabelschnur**, die später Embryo und Plazenta verbindet.

Etwa **3 Wochen** nach der Befruchtung ist der Embryo ca. **4 mm** groß.
Der ursprünglich einschichtige **Embryoblast** ist inzwischen mehrschichtig geworden.
Es haben sich drei **Keimblätter** gebildet, aus welchen sich die Organanlagen entwickeln.

- Aus dem äußeren Keimblatt (**Ektoderm**) entstehen Oberhaut und Nervengewebe.
- Aus dem inneren Keimblatt (**Entoderm**) bilden sich die Innenschichten von Verdauungs- und Atmungsorganen.
- Aus dem mittleren Keimblatt (**Mesoderm**) werden Bindegewebe, Muskelgewebe, Blutgefäße, Blut, Herz, Knochen, Knorpel, Harn und Geschlechtsorgane gebildet.

Einzelne Zellen bleiben unspezialisiert. Sie behalten ihre Teilungsfähigkeit und spielen als **Stammzellen** bei der Organerneuerung eine wichtige Rolle.

Ektoderm = äußeres Keimblatt

Entoderm = inneres Keimblatt

Mesoderm = mittleres Keimblatt

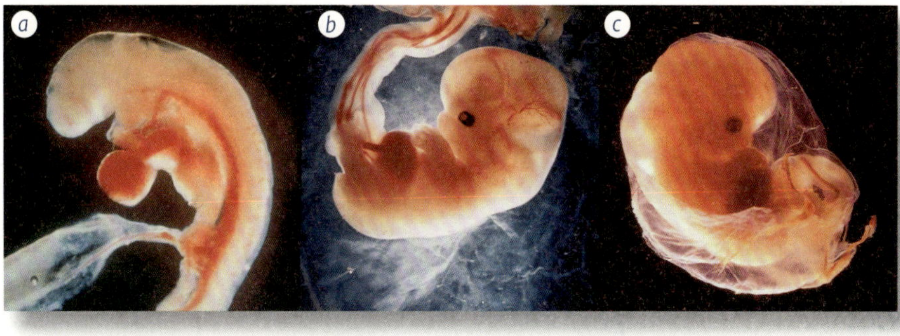

Abb. 71
a) *Embryo 4 Wochen*
b) *Embryo 6 Wochen*
c) *Embryo 8 Wochen*

Nach ca. **4 Wochen** hat der Embryo eine Länge von etwa **1 cm** erreicht.
- Das **Nervenrohr** hat sich in Gehirn und Rückenmark gesondert.
- Die **Herzanlage** schlägt bereits.
- **Lungenanlagen** sind vorhanden.
- Zwischen der 4. und 8. Entwicklungswoche ist der Embryo gegenüber schädigenden Faktoren besonders anfällig.

Am Ende des **2. Monats** ist der Embryo durchsichtig und etwa **3 cm** groß.
- Die Skelettanlage ist noch knorpelig.
- Der Kopf ist verhältnismäßig groß.
- Mundspalte, Zunge, Nase, Ohrmuschelanlage und Augenflecke sind deutlich sichtbar.
- Die **Gliedmaßen** sind bereits gut entwickelt, die Finger getrennt.
- **Haare** und **Nägel** sind angelegt.
- Erste **Muskelbewegungen** sind bereits nachweisbar.

8.1.2 Die Plazenta erfüllt lebenswichtige Aufgaben

Der Mutterkuchen (Plazenta) wird aus kindlichem Gewebe (**Chorionzotten**) und mütterlichem Gewebe (**Gebärmutterschleimhaut**) gebildet und ist durch die Nabelschnur mit dem Embryo verbunden.

Die **Aufgaben** der Plazenta sind u. a.:
- **Stoffwechselfunktion:** Aus den Zottenzwischenräumen, die mit mütterlichem Blut gefüllt sind, diffundieren Sauerstoff und Nährstoffe durch die Zottenwand in die kindlichen Gefäße. Stoffwechselendprodukte des Embryos gehen den umgekehrten Weg. Mütterliches und kindliches Blut sind hier nur durch eine Membran getrennt, die für bestimmte Stoffe durchlässig ist (Plazentaschranke). Durch aktiven Stofftransport gelangen auch größere Moleküle, Hormone, Antikörper und Giftstoffe durch die Zottenwand. Daher können z. B. Viren (▶ S. 50), Medikamente oder Drogen Schädigungen des Kindes nach sich ziehen.
- **Vitaminspeicher:** Besonders Vitamin A, C und D werden gespeichert.
- **Hormonproduktion:** Östrogene, Gestagene, Choriongonadotropin (HCG).

Chorionzotten = äußere Schicht der Fruchthüllen um den Embryo. Sie bilden gemeinsam mit der Gebärmutterschleimhaut die Plazenta.

HCG (engl. *Human Chorionic Gonadotropin* = menschliches Choriongonadotropin) = Schwangerschaftshormon, ermöglicht die Einnistung der Blastozyste und bewirkt die Erhaltung des Gelbkörpers (▶ S. 149)

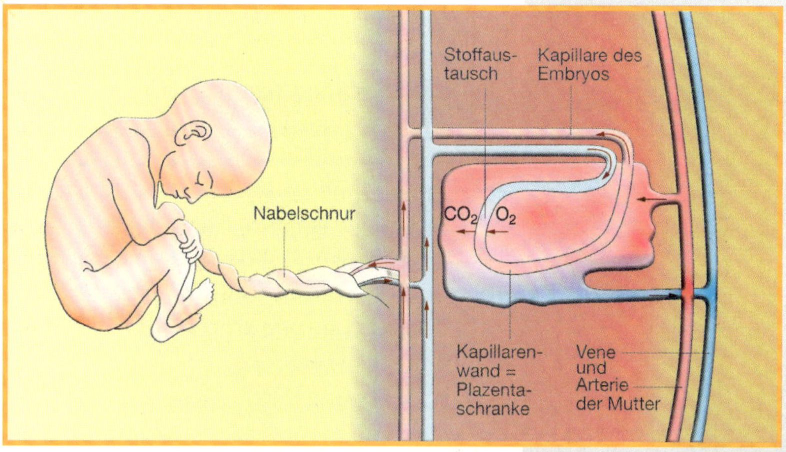

Abb. 72 Schema der Plazenta
Die Kapillargefäße des Embryos werden in Hohlräumen von mütterlichem Blut umspült.

Nabelschnurstammzellen = undifferenzierte embryonale Zellen in der Nabelschnur

SPECIALS

- In manchen Geburtskliniken werden Schwangere gefragt, ob sie Zellen aus der Nabelschnur ihres Kindes als **Nabelschnurstammzellen** einfrieren lassen wollen.
- Im Falle einer schweren Erkrankung des Kindes hofft man, später einmal aus diesen Zellen **Ersatzgewebe** erzeugen zu können.
- Das ist aber nach dem heutigen Wissensstand noch nicht möglich.
- Für das Einfrieren sind nicht unerhebliche jährliche **Gebühren** zu bezahlen.

8.1.3 Fetalphase – Zeit des Wachstums und der Differenzierung

Fetus = Fötus = Embryo nach Ausbildung der inneren Organe ab der 9. Schwangerschaftswoche

Nach der 8. Woche beginnt die Fetalphase der Entwicklung.

- Im **3. Monat** erreicht der Embryo etwa die Länge von **9 cm**. In diesem Alter ist die **Anlage** aller inneren Organsysteme und des gesamten äußeren Baues **abgeschlossen**, von nun ab erfolgt nur mehr ein Wachstum, keine Neubildung. Der Embryo wird jetzt als **Fetus** bezeichnet.
- Im Verlauf der **folgenden Wochen** ist der Fetus von einem feinen **Wollhaar** bedeckt, das in weiterer Folge wieder ausfällt.
- Die **Bewegungen** der Gliedmaßen werden so kräftig, dass sie von der Mutter gespürt werden.
- Die äußeren Fortpflanzungsorgane erlauben bereits ein Erkennen des **Geschlechts**.
- Bis zum **7. Monat** sind die Organe so weit ausgebildet, dass eine **Frühgeburt** auch ohne Brutkasten am Leben erhalten werden kann.
- Nach dem **9. Monat** ist das Kind reif für die Geburt. Die durchschnittliche Größe beträgt dann **ca. 50 cm**. Das Durchschnittsgewicht ist etwa **3 kg**.

Abb. 73
Fetus etwa 14 Wochen alt

NAWI-XTRA

pränatal = vor der Geburt

Wie gesund ist das Ungeborene?

1. Pränatale Diagnostik ermöglicht, eventuelle Erkrankungen oder Schädigungen des Embryos schon vor der Geburt zu erkennen und unter Umständen auch zu behandeln.

Die Feststellung eines nicht behandelbaren Defektes kann die Eltern mit der Frage konfrontieren, ob die Schwangerschaft fortgesetzt werden soll oder nicht.

Zu den wichtigsten Diagnosemethoden zählen:
Der **Combined Test (Ersttrimester-Screening)** ist eine **nicht-invasive** Methode. Die Untersuchungen finden außerhalb des Mutterleibes statt und sind **risikolos** für Mutter und Kind. Er gilt derzeit als die sicherste Methode zur **Früheinschätzung** des Risikos für **Chromosomenstörungen**. Er kann zwischen der 11. und 13. Schwangerschaftswoche durchgeführt werden.

Zuerst werden die sogenannten **Basiswerte** erhoben:

- Messung der **Nackentransparenz (NT, Nackenfalte)** mittels **Ultraschall**
- Erhebung der **Konzentration** des Schwangerschaftshormons **Beta-HCG** und des Proteins **Plasmaprotein A (PAPP-A)**
- **Alter** der **Mutter**
- Größe und Herzfrequenz des **Embryos**

▶▶

Abb. 74 *Kind mit Down-Syndrom*

Menschen mit Down-Syndrom sind meist sehr fröhlich und leiden nicht an ihrem Defekt, solange sie angenommen, geliebt und integriert werden.

In einem Computerprogramm wird das individuelle **Risiko** einer Chromosomenstörung für die jeweilige Schwangerschaft ermittelt. Das Ergebnis wird in Form eines **Risikowerts** ausgedrückt. Zum Beispiel bedeutet ein Ergebnis von **1 : 800**, dass von **800 Frauen** mit den erhobenen Werten **eine Frau** ein Kind mit einer Chromosomenstörung (z. B. Tisomie 21, Down-Syndrom) in sich trägt.

Zeigen die Basiswerte ein erhöhtes Risiko, wird die Messung der sogenannten **„neuen Marker"** empfohlen. Eine Chromosomenveränderung kann mithilfe der neuen Marker unter bestmöglichen Bedingungen mit einer Sicherheit von bis zu 95 % ermittelt werden. Ist einer der Marker auffällig, wird nach eingehender Risikoabwägung eine **invasive** Diagnostik empfohlen.

Bei **invasiven Untersuchungen** werden kindliche Zellen aus der Gebärmutterhöhle entnommen und die Chromosomen untersucht. Das Risiko einer Fehlgeburt (Abortus) liegt bei 0,5 bis 2 %.

Methoden zur Entnahme von embryonalen Zellen sind u. a.:

- **Amniozentese** (Fruchtwasserpunktion): In der 15. bis 18. SSW wird mit einer Nadel durch die Bauchdecke aus der Fruchtblase etwa 15 ml **Fruchtwasser** mit Zellen des Kindes entnommen. Die Zellen werden in Kultur vermehrt.

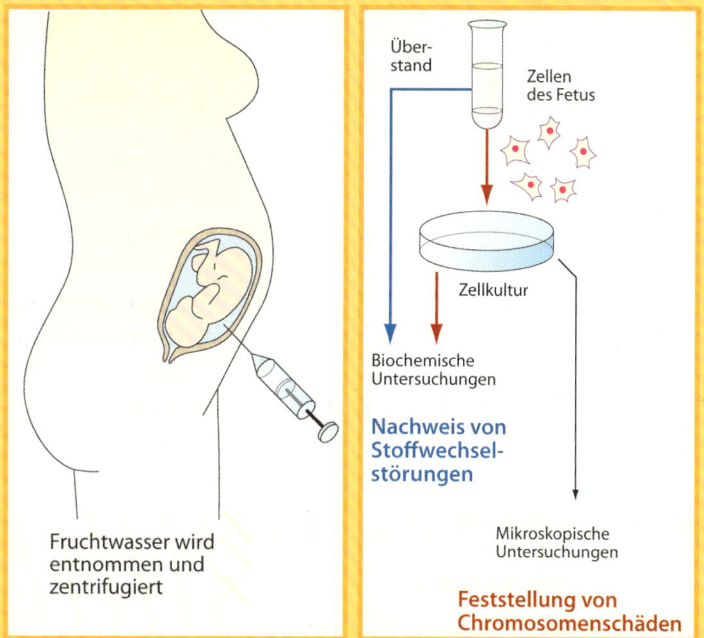

Abb. 75 *Fruchtwasseruntersuchung*

- **Chorionzottenbiopsie:** Sie ist bereits in der 8. bis 12. SSW möglich. Durch Vagina oder Bauchdecke werden kindliche Zellen aus den **Chorionzotten** (▶ S. 169) gewonnen. Weil die Anzahl der gewonnenen Zellen hoch ist, kann die Chromosomenuntersuchung schon nach einigen Tagen erfolgen.

2. Die Präimplantationsdiagnostik (PID) ist umstritten.

Bei dieser Diagnosemethode werden Zellen des durch **IVF** (▶ S. 166) entstandenen Embryos vor dem Einpflanzen in die Gebärmutter nach genetischen Schäden untersucht.

Pro-Argumente:

Alternative zum Schwangerschaftsabbruch vor allem für Paare, die zu einer Risikogruppe (z. B. Erbkrankheiten in der Familie) gehören.

Kontra-Argumente:

Die Methode eröffnet die Möglichkeit, nicht nur nach schweren Erbkrankheiten, sondern auch nach gewünschten Eigenschaften zu forschen und den „Menschen nach Maß" zu züchten.

In **Österreich** ist die Methode derzeit **verboten**.

Trisomie 21 = Down-Syndrom = Chromosom 21 ist dreifach vorhanden. Die Störung beeinflusst die körperliche und geistige Entwicklung des Kindes in sehr unterschiedlichem Ausmaß.

John Down (1828 – 1896), britischer Arzt

Abort = Abortus = Fehlgeburt

Amniozentese = Gewinnung von Fruchtwasser durch Anstechen der Fruchtblase

Punktion = Einstich mit einer Nadel oder einem spitzen Instrument zum Zwecke der Flüssigkeits- oder Gewebsentnahme

SSW = Schwangerschaftswoche

Chorionzotten = äußere Schicht der Fruchthüllen um den Embryo. Sie bilden gemeinsam mit der Gebärmutterschleimhaut die Plazenta.

Biopsie = Gewebsentnahme und Untersuchung des Gewebes

8.2 Die Schwangerschaft wird durch Hormone beeinflusst

Beim Menschen dauert die Schwangerschaft, vom ersten Tag der letzten Menstruation gerechnet, **280 Tage**, das sind etwa neun Kalendermonate. Die tatsächliche Entwicklungszeit des Kindes ist kürzer, weil die Befruchtung normalerweise erst ca. zwei Wochen nach Menstruationsbeginn erfolgt. Welche **Hormone** sind für die körperlichen und seelischen Veränderungen der Schwangeren verantwortlich?

Folgende Hormone sind u. a. aktiv:

- **HCG** (▶ S. 169) wird in den Chorionzotten der sich entwickelnden Plazenta gebildet und verhindert den Abbau des Gelbkörpers. Dadurch bildet sich der Gelbkörper nicht zurück und produziert weiterhin **Gestagene**, die dafür sorgen, dass die Gebärmutterschleimhaut nicht abgebaut wird.
- Ab der 9. Schwangerschaftswoche beginnt die **Östrogen- und Progesteronproduktion** in der Plazenta. Sie bewirkt die Erhaltung und das vermehrte Wachstum der Uterusschleimhaut. Nun bildet sich der Gelbkörper zurück.
- Die **Rückwirkung** dieser Hormone auf die **Hypophyse** (▶ S. 152) führt zu einer Hemmung der FSH-Produktion und verhindert die Reifung eines weiteren Follikels sowie eine neuerliche Befruchtung.

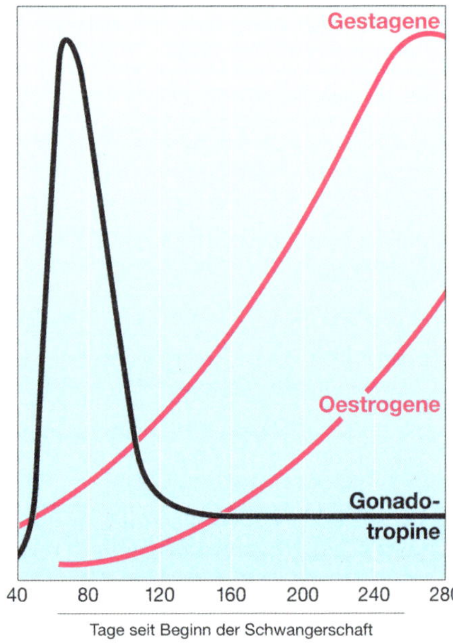

Abb. 76 Hormone während der Schwangerschaft

Die während der Schwangerschaft gebildeten **Hormone** beeinflussen den **gesamten Organismus**. Das bewirkt u. a.:

- Größenzunahme des **Uterus**
- Wachstum sowie Ruhigstellung der Uterusmuskulatur
- Größenzunahme der **Brust**, deren Drüsen häufig schon während der Schwangerschaft eine wässrige Flüssigkeit produzieren.

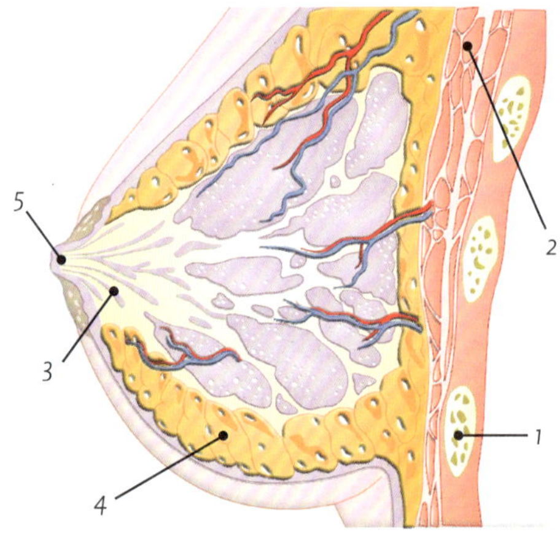

Abb. 77 Schema der weiblichen Brust:
(1) Rippe
(2) Brustmuskulatur
(3) Milchdrüse
(4) Fettgewebe
(5) Brustwarze

- besondere Aktivität aller **Drüsen** mit innerer Sekretion, wie Hypophyse, Nebennieren und vor allem der Schilddrüse
- **Änderung** der allgemeinen Gemütslage und der **Verhaltensweisen**

SPECIALS

- Verschiedene **Schwangerschaftstests** beruhen auf der Anwesenheit von **HCG** im Harn.
- Das Gewicht der **Gebärmutter** nimmt von ca. 60 g auf ca. 1 200 g zu.
- Die Zunahme des Körpergewichtes (bis zu **10 kg**) ist hauptsächlich auf die Gewichtszunahme der Gebärmutter samt Inhalt, die Brustvergrößerung sowie auf Gewebswasser und vermehrtes Blutvolumen zurückzuführen.
- Die Zunahme des **Blutvolumens** bedingt eine stärkere **Kreislaufbelastung**.
- Der **Stoffwechsel** ist um etwa 30 % gesteigert, der Bedarf an **Vitaminen** (u. a. A, C und D) und **Mineralstoffen** (u. a. Ca) ist erhöht.

+ Lebensgewohnheiten grundsätzlich beibehalten.
+ Extreme körperliche und seelische Belastungen meiden.
+ Haut- und Brustpflege beachten. Die enorme Dehnung bei zu geringer Elastizität der Haut kann zu Bindegewebsrissen (Schwangerschaftsstreifen) führen. Die Schweiß-, Talg- und Brustdrüsen sind besonders aktiv.
+ Stützstrümpfe tragen, wenn eine (meist erblich bedingte) Neigung zu Krampfadern besteht.
+ Schwangerschaftsgymnastik betreiben. Sie dient der Geburtsvorbereitung, indem Muskeln trainiert und richtige Atemtechnik geübt werden.
+ Sich möglichst viel in frischer Luft bewegen.
+ Auf ausgewogene Ernährung (richtiges Verhältnis an Eiweißen, Kohlenhydraten und Fetten) achten.
+ Dem erhöhten Mineralstoff- und Vitaminbedarf Rechnung tragen.
+ Nicht „für zwei" essen. Ein Überangebot an Nahrung führt zu übermäßiger Gewichtszunahme und belastet den Organismus unnötig. Fasten ist allerdings ebenso abzulehnen.
+ Auf eine heitere Grundstimmung und eine positive Beziehung zum Kind achten. Diese haben eine günstige Wirkung auf die Entwicklung des Kindes.
+ Auf Genussmittel möglichst verzichten und Medikamente nur nach Rücksprache mit der Ärztin/dem Arzt einnehmen. Drogen- und Genussmittelkonsum (z. B. Alkohol und Rauchen) der Mutter schädigen nachweislich die Entwicklung des Kindes. Auch Infektionskrankheiten während der Schwangerschaft (z. B. Rötelviren, Toxoplasmose) können zu Entwicklungsschäden führen.

Abb. 78 Schwangere

Abb. 79 Tipps für Schwangere

Röteln = Virusinfektion, im Kindesalter ungefährlich, in der Schwangerschaft kann sie zu schweren Komplikationen mit Fehlbildungen des Kindes und zu Fehlgeburten führen, vorbeugende Impfung möglich

Toxoplasmose = eine vom Tier (z. B. Katze) auf den Menschen übertragene Erkrankung. Erreger ist ein einzelliger Parasit. Der Verlauf ist in der Regel harmlos, in der Schwangerschaft kann eine Infektion zur Schädigung des Embryos führen.

SPECIALS

- **Rauchen** in der Schwangerschaft erhöht die Gefahr einer **Fehlgeburt**, weil die Plazenta schlechter durchblutet wird.
- Bei starken Rauchern lassen sich mehr **abnorme Spermien** feststellen.
- Untersuchungen haben ergeben, dass das **Nikotin** einer Zigarette das Herz des Ungeborenen um 20 Schläge pro Minute beschleunigt.
- Kinder von **Raucherinnen** sind bei der Geburt häufig kleiner, schwächer und anfälliger gegen Infektionen.
- Häufiger Alkoholkonsum (Alkoholmissbrauch) der Schwangeren kann zum **fetalen Alkoholsyndrom** beim Kind führen. Schwere körperliche und geistige Schäden sind die Folge.
- Die Einnahme von **Beruhigungsmitteln** führt zu einer Verlangsamung des Herzschlags beim Ungeborenen.
- Es konnte nachgewiesen werden, dass der Fetus bereits eine Wahrnehmungswelt besitzt. Er nimmt z. B. **Geräusche** in Form der mütterlichen Stimme wahr.
- Die **Mutter-Kind-Beziehung** spielt schon in der Schwangerschaft eine große Rolle für die Entwicklung des Kindes.

Syndrom = Kombination von Krankheitssymptomen

NAWI QUIZ

Qual der Wahl

1. Welche der folgenden Aussagen zur Plazenta ist/sind zutreffend?
1. In der Plazenta werden Östrogene und Gestagene gebildet.
2. Über die Plazenta können Medikamente aus dem Blut der Mutter zum Embryo gelangen.
3. Die Plazenta rauchender Mütter ist schlechter durchblutet.
4. Der Embryo, später der Fetus, ist über die Nabelschnur mit der Plazenta verbunden.

Antwort wählen:
a) 1. ist richtig.
b) 1., 2. und 4. sind richtig.
c) 2., 3. und 4. sind richtig.
d) Alle sind richtig.
e) 1. und 4. sind richtig.

2. Welche der folgenden Aussagen zur Embryonalentwicklung ist/sind zutreffend?
1. Aus den Keimblättern Ektoderm, Mesoderm und Entoderm entwickeln sich alle inneren und äußeren Organe.
2. Die Herztätigkeit des Embryos beginnt am Ende der 8. Entwicklungswoche.
3. Am Ende der 8. Entwicklungswoche sind die Gliedmaßen des Embryos ausgebildet.
4. Zwischen der 4. und 8. Entwicklungswoche ist der Embryo gegenüber schädigenden Faktoren besonders anfällig.

Antwort wählen:
a) 4. ist richtig.
b) 1. und 4. sind richtig.
c) 1., 3. und 4. sind richtig.
d) 2. ist richtig.
e) Alle sind richtig.

Oxytocin = Hormon der Hypophyse, löst Wehen aus, beeinflusst das Verhalten zwischen Mutter und Kind und zwischen Partnern/Partnerinnen

8.3 Die Geburt – ein Ereignis

Das Wachstum der Gebärmutter löst in der Hypophyse die Ausschüttung von **Oxytocin** aus. Das Hormon löst die **Wehen** aus.

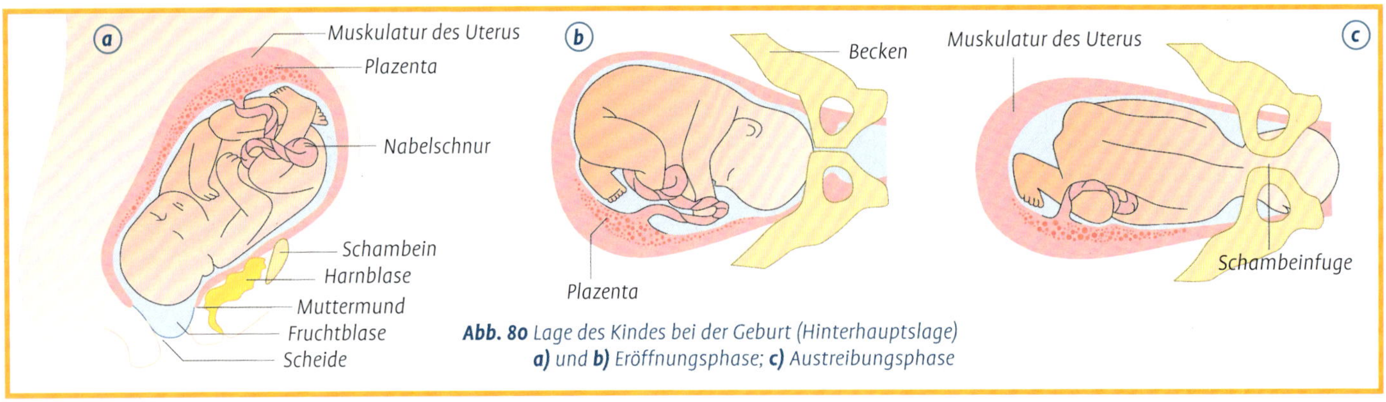

Abb. 80 *Lage des Kindes bei der Geburt (Hinterhauptslage)*
a) *und* ***b)*** *Eröffnungsphase;* ***c)*** *Austreibungsphase*

Wehen = rhythmische Kontraktionen der Gebärmuttermuskulatur, die bei der Geburt eine Erweiterung des Geburtskanales und ein Austreiben des Kindes bewirken. Sie sind mit mehr oder weniger großen Schmerzen verbunden.

In den letzten Wochen vor der Geburt wird das Kind durch unregelmäßige, sanfte **Vorgeburtswehen** in die richtige Lage gebracht (**Hinterhauptslage**). **Senkungswehen** bewirken ein Absinken des Kindes in das Becken und leiten die Erweiterung des Gebärmutterhalses ein.
Die Geburt setzt ein, wenn die Wehen in regelmäßigen Abständen auftreten.

SPECIALS

- **Hinterhauptslage** heißt es, weil der Hinterkopf in Richtung Muttermund zeigt.
- Bei einer Seitenlage oder **Steißlage** (Gesäß in Richtung Muttermund) kann die **Hebamme** noch vor der Geburt versuchen, eine Drehung zu erreichen.
- Bei ungünstigen Lagen wird eine operative Geburt (**Kaiserschnitt**) durchgeführt.
- Der Kaiserschnitt birgt wie jede Operation **Risiken**.

Hebamme = Geburtshelferin/-helfer

Die drei Phasen der Geburt:

- **Eröffnungsphase:**
  Die Eröffnungswehen treten zuerst in etwa 10- bis 15-minütigen Abständen, später alle 5 Minuten auf und bewirken die Dehnung des Gebärmutterhalses (▶ S. 150). Dabei wird die Fruchtblase in den noch dünnen Kanal gedrückt und platzt (**Blasensprung**). Der Kopf des Kindes tritt in den Geburtskanal ein.
- **Austreibungsphase:**
  Nachdem sich die Gebärmutterwand dem verringerten Inhalt angepasst hat, werden die **Wehen** stärker und die Abstände kürzer (2 bis 3 Minuten). Der Geburtskanal ist jetzt vollständig geöffnet. Zur Austreibung des Kindes soll die Gebärende die Wehen aktiv durch Anspannen der Bauchmuskulatur unterstützen (**Presswehen**). Scheiden- und Beckenbodenmuskulatur werden maximal gedehnt.
  Da die Schädelnähte des Kindes noch nicht verwachsen sind, kann sich der Kopf dem Geburtskanal anpassen. Die enge Haltung und die spiraligen Drehbewegungen des Kindes helfen ebenfalls beim Auspressen.
  Sobald der Kopf den Geburtskanal verlassen hat, kommt der Rumpf sehr rasch nach.
- **Nachgeburtsphase:**
  Nach der Geburt des Kindes wird die Nabelschnur möglichst nahe am Bauch des Kindes abgeklemmt (abgenabelt). Etwa zehn bis zwanzig Minuten später werden durch die **Nachwehen** die Plazenta und die Eihäute ausgestoßen. Diese so genannte **Nachgeburt** muss genau auf Vollständigkeit untersucht werden, da im Uterus verbleibende Reste zu Entzündungsprozessen führen können.

SPECIALS

- Die **Eröffnungsphase** dauert bei **Erstgebärenden** durchschnittlich 10 bis 12 Stunden, bei Mehrgebärenden 4 bis 6 Stunden.
- Die maximale Öffnung des Muttermundes beträgt etwa 10 Zentimeter.
- Die **Austreibungsphase** dauert bei Erstgebärenden bis zu 3 Stunden, bei Mehrgebärenden nur etwa 20 bis 60 Minuten.

Die Geburt kann als einer der **größten Augenblicke** erlebt werden, wenn die **Voraussetzungen** stimmen. Das sind u. a.:

- keine **medizinischen** Probleme (richtige Kindeslage, entsprechende Größe, normaler Körperbau der Frau),
- entsprechende seelische und körperliche **Vorbereitung** (Gymnastik, Entspannungsübungen),
- **positive**, möglichst angstfreie **Einstellung**. Angst verursacht eine **Verkrampfung** der sonst entspannten Muskelpartien und eine Drosselung des Blutflusses in der Gebärmutter.
  Angst und Verkrampfung sind häufig die Ursache für die Schmerzentstehung bei einer normalen Geburt.

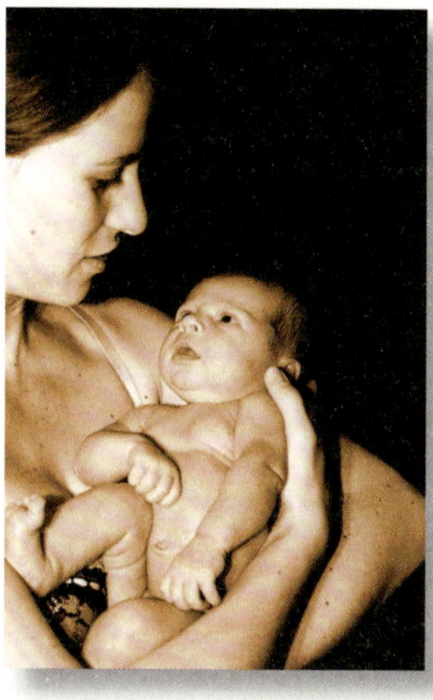

Abb. 81 *Neugeborenes*

Maßnahmen einer **sanften Geburt** erleichtern dem Kind den Wechsel aus der Geborgenheit im mütterlichen Körper in die Außenwelt:
- Anpassung der Raumtemperatur an die Körpertemperatur der Mutter
- akustische Begleitung
- Lagerung des Kindes nahe dem mütterlichen Herz nach der Geburt
- Vermeiden von grellem Licht

8.3.1 Warum Stillen so wichtig ist

Prolactin = Hormon der Hypophyse, löst die Milchbildung in der weiblichen Brust aus

Kolostrum = Vormilch, Vorstufe der Muttermilch

Nach Ausstoßen der Plazenta fällt die Hemmwirkung von Östrogen und Gestagen auf die Hypophyse weg. Jetzt verstärkt die Hypophyse die Produktion von **Prolactin** und **Oxytocin**.
- **Prolactin** löst die Milchbildung aus.
- **Oxytocin** bewirkt das Einschießen der Milch über die Milchdrüsengänge in die Brustwarzen.

Mit jedem Stillen wird die Produktion von Prolactin und Oxytocin angeregt.
In den ersten Tagen nach der Geburt wird Vormilch (**Kolostrum**) gebildet. Die **Vormilch** ist eine eiweiß- und mineralstoffreiche Flüssigkeit mit Immunstoffen.

Muttermilch ist die gesündeste Nahrung für das Neugeborene:
- Sie enthält eine ideale Kombination an Nährstoffen.
- Antikörper schützen das Kind vor Infektionen.
- Stillen fördert die Mutter-Kind-Beziehung, die für die seelische und körperliche Entwicklung des Kindes wichtig ist.

Die **Bildung** von Muttermilch wird u. a. gefördert durch:
- regelmäßiges Saugen des Kindes,
- das vollständige Entleeren der Brust,
- Sinnesreize wie Sehen und Hören des weinenden Kindes,
- positive Einstellung zum Stillen.

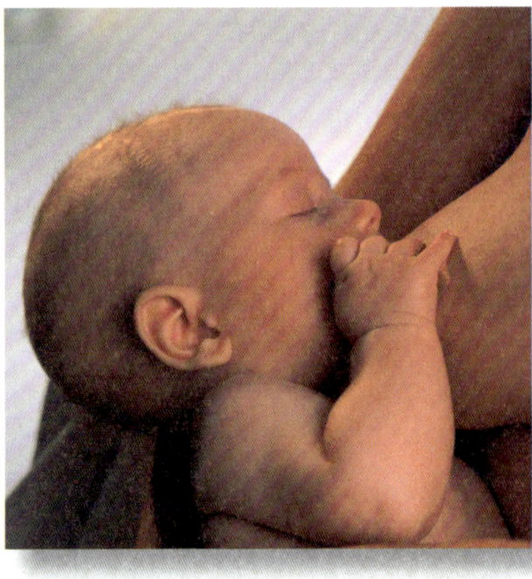

Abb. 82 *Stillen*

NAWI AKTIV 6

Geburtstermin auf Bestellung

Immer öfter entscheiden sich werdende Mütter für eine Kaiserschnittgeburt, auch wenn diese medizinisch nicht notwendig ist.

Lernziele:
- Ich kann Vor- und Nachteile des „Kaiserschnitts auf Wunsch" kommunizieren. **B**, **N1**
- Ich kann Diskussionsergebnisse interpretieren. **C**, **N2**
- Ich kann mich mit Geburtserfahrungen von Müttern auseinandersetzen. **B**, **N2**

Aufgaben:

- **Informiere** dich über die Vorgänge der natürlichen Geburt und vergleiche diese mit einer Geburt durch Kaiserschnitt. Gib die **Quellen** genau an.
- Mache **Vor- und Nachteile** beider Methoden in einer Grafik sichtbar.
- Befrage deine Mutter (oder eine andere geeignete Person), wie sie deine Geburt (oder die ihres Kindes) erlebt hat. Notiere in Stichworten.
- **Diskutiert** über eure Informationen und Erfahrungen. Formuliert eine persönliche Einstellung zum Thema „Wunschkaiserschnitt" und bewertet die gefundenen Vor- bzw. Nachteile.

SELBSTEINSCHÄTZUNG Ich habe die Aufgaben bearbeitet:			Feedback Lehrer/innen ↔ Schüler/innen
sehr gut	gut	weniger gut; folgendes muss ich nachholen	

8.4 Lebensabschnitte

Die Entwicklung eines Menschen (**Ontogenese**) vollzieht sich in verschiedenen, aufeinander folgenden Phasen:

- Entstehung durch Zeugung und **Befruchtung**.
- Periode des **Wachstums** und der **Differenzierung**. Ein **Reifezustand** ist erreicht, wenn sich Aufbau- und Abbauvorgänge die Waage halten.
- Phase des **Alterns**, in der die Abbauvorgänge überwiegen, bis die Lebensvorgänge erlöschen und der **Tod** eintritt. Das **Altern** stellt einen natürlichen Prozess dar, der durch ein Überwiegen von **Rückbildungsvorgängen** charakterisiert ist. Das **Maximum** körperlicher Leistungsfähigkeit wird etwa zwischen dem 20. und 30. Lebensjahr erreicht, der Höhepunkt der **geistigen Kräfte** aber erst zehn bis zwanzig Jahre später. Daher muss zwischen körperlichem und geistigem Altern unterschieden werden.

Abb. 83 Lebensabschnitte

NAWI QUIZ

Wanted!

Finde den richtigen **Fachbegriff** zu den folgenden Umschreibungen bzw. Erklärungen. Jeder richtige Begriff bringt einen Punkt.

1. garantiert beste Säuglingsnahrung, fördert die Mutter-Kind-Beziehung:
2. werden in der Plazenta gebildet und beeinflussen die Schwangerschaft:
3. Methode, um Schäden des Embryos schon vor der Geburt festzustellen:
4. Kontraktionen der Uterusmuskulatur:

NAWI-XTRA

Warum werden wir alt?

Das Alter ist gekennzeichnet durch den allmählichen Abbauprozess mit körperlichen und seelischen Veränderungen. Die enorme Erhöhung der Lebenserwartung in den letzten Jahrzehnten hat die Erforschung der Ursachen des Alterns intensiviert. Ein eigener Wissenschaftszweig, die **Gerontologie**, befasst sich mit Fragen des Alterns.

Gerontologie = Wissenschaft vom Altern

Abb. 84 *Alter Mensch*

Gerontologen unterscheiden zwischen den Älteren („junge Alte" etwa 55 bis 75 Jahre) und den Alten („alte Alte" etwa ab 75 Jahren). Die Übergänge sind fließend. Das Bild der Älteren hat sich in den letzten Jahren stark verändert. Die Lebensphase ist heute durch eine hohe Erwartung alter Menschen an Aktivität und Lebensqualität bestimmt.

Wesentliche biochemische Vorgänge beim Alterungsprozess sind u. a.:

- Abnahme des **Wassergehaltes** in vielen Organen.
- Verminderung der **Enzymbildung** durch geringere Aktivität der **Eiweißsynthese** in den Zellen.
- Eingeschränkte Sekretion von **Geschlechtshormonen**.

Typische körperliche und geistige Merkmale des alten Menschen:

- Die **Haut** wird durch Wasserverlust runzelig und faltig. Die verminderte Schweiß- und Talgsekretion macht sie trocken und ledrig.
- Die Leistungsfähigkeit der **Sinnesorgane** ist beeinträchtigt. Beim **Auge** nehmen die Akkommodationsfähigkeit und die Elastizität der Linse ab.
- Das **Blutvolumen** vermindert sich, die Sauerstoffaufnahmefähigkeit wird geringer, was sich vor allem durch eine verringerte Belastbarkeit bemerkbar macht.
- Zu geringe **Herzdurchblutung** führt zu Gewebsrückbildung, das Herzgewicht nimmt ab.
- Ein ähnlicher Prozess ist auch beim **Gehirn** zu beobachten.
- Rückbildung der **Muskulatur**, Verschleißerscheinungen der Gelenke und verminderte Elastizität von Knorpeln und Bandscheiben beeinträchtigen den **Bewegungsapparat**.
- Es zeigen sich eine Verlangsamung der **Reaktionsabläufe** und ein Nachlassen der **Merkfähigkeit** für neue Gedächtnisinhalte sowie ein Hinwenden auf vergangene Erlebnisse.
- Großen Anteil an den **psychischen Veränderungen** im Alter haben die gesellschaftlichen Bedingungen, unter denen Menschen unseres Kulturkreises alt werden. Der Ausschluss aus dem Produktionsprozess kann Minderwertigkeitsgefühle und Depressionen hervorrufen, welche Aktivität und Leistungsfähigkeit negativ beeinflussen.

Was kann helfen, die physische und psychische Gesundheit im Alter zu bewahren?

- sich frühzeitig mit den körperlichen und geistigen Veränderungen in dieser Lebensphase **positiv** auseinanderzusetzen
- geistiges und körperliches **Training**
- aktive Mitarbeit im **Sozialleben** (Familie, Vereine usw.)
- **Vorzüge** dieser Lebensphase (Eigenschaften wie Ruhe, Gelassenheit, Milde und Würde, gepaart mit großer Erfahrung) betonen

WISSENSBOX

- Die Entwicklung eines Individuums bezeichnet man als **Ontogenese**.
- Die **Embryonalentwicklung** des Menschen beginnt mit der Befruchtung und endet mit der Geburt des Kindes. Sie ist typisch für die **Säugetiere**.
- Die **Morula** entsteht durch die Furchungsteilungen der Zygote.
- Die **Blastocyste** erreicht etwa nach **sieben Tagen** die Gebärmutterhöhle und nistet sich in die Schleimhaut ein (**Nidation**).
- Das **Fruchtwasser** umgibt den Embryo und schützt ihn vor Druck und Stoß.
- **Chorion** und **Amnion** bilden die **Embryonalhüllen**.
- Die **Nabelschnur** verbindet Embryo und Plazenta.
- Die **Plazenta** ist u. a. für Ernährung und Sauerstoffversorgung des Embryos sowie für Vitaminspeicherung und Hormonproduktion verantwortlich.
- **Pränatale Diagnostik** ermöglicht, Schädigungen des Embryos schon vor der Geburt zu erkennen und unter Umständen zu behandeln.
- Die Präimplantationsdiagnostik (**PID**) ist in Österreich derzeit verboten.
- Hormone (HCG, Gestagene und Östrogene) beeinflussen die **Schwangerschaft**.
- Vorsicht mit **Genussmitteln** (nicht Rauchen, kein Alkohol, keine Drogen) und Medikamenten in der Schwangerschaft!
- Das Hormon **Oxytocin** löst die **Wehen** aus.
- Der **Geburtsvorgang** besteht aus: Eröffnungsphase, Austreibungsphase, Nachgeburtsphase.
- Seelische (positive angstfreie Einstellung) und körperliche **Vorbereitung** (Gymnastik, Entspannungsübungen) begünstigen den Geburtsverlauf.
- Eine natürliche Geburt ist dem Wunschkaiserschnitt vorzuziehen.
- **Prolactin** und **Oxytocin** steuern die Milchbildung.
- **Muttermilch** ist die beste Säuglingsnahrung (ideale Kombination an Nährstoffen, Antikörper als Infektionsschutz).
- **Stillen** fördert die Mutter-Kind-Beziehung.

Sachregister

D

E

F

G

PERIODENSYSTEM

Ordnungszahl — Relative Atommasse — Elektronenkonfigurationsfor — Oxidationszahlen (die Wichtigste ist fett) — Ionenradius (nm), Anionenradius (nm), Atomradius (nm), Van der Waals Radius (nm) — Name des Elements

Beispiel: 14 | 28.0855 | $[Ne]3s^2 3p^2$ | -4;-2;1;2;3;**4** | Si | 0.117 | 0.041(4+) | Silicium

Symbol des Elements: Si fest, Hg flüssig, Cl gasförmig; ☢ radioaktives Element

Periode	Gruppe 1 IA	2 IIA	3 IIIB	4 IVB	5 VB	6 VIB	7 VIIB	8	9 VIIIB
1	**1** H Wasserstoff 1.0079 $1s^1$ -1;**1** 0.136(1-) 0.037								
2	**3** Li Lithium 6.941 $[He]2s^1$ **1** 0.152 0.06(1+)	**4** Be Berylium 9.01218 $[He]2s^2$ **2** 0.111 0.031(2+)							
3	**11** Na Natrium 22.9898 $[Ne]3s^1$ **1** 0.154 0.095(1+)	**12** Mg Magnesium 24.305 $[Ne]3s^2$ 1;**2** 0.160 0.065(2+)							
4	**19** K Kalium 39.0983 $[Ar]4s^1$ **1** 0.227 0.133(1+)	**20** Ca Calcium 40.08 $[Ar]4s^2$ 1;**2** 0.197 0.099(2+)	**21** Sc Scandium 4.95591 $[Ar]3d^1 4s^2$ 1;**3** 0.162 0.081(3+)	**22** Ti Titan 47.87 $[Ar]3d^2 4s^2$ 2;3;**4** 0.145 0.064(4+)	**23** V Vanadium 50.9415 $[Ar]3d^3 4s^2$ -1;0;1;2;3;4;**5** 0.134 0.04(5+)	**24** Cr Chrom 51.996 $[Ar]3d^5 4s^1$ -2;-1;0;1;2;**3**;4;5;**6** 0.128 0.052(6+)	**25** Mn Mangan 54.93805 $[Ar]3d^5 4s^2$ **2**;3;4;5;6;7 0.127 0.080(2+)	**26** Fe Eisen 55.845 $[Ar]3d^6 4s^2$ -2;-1;0;1;**2**;**3**;4;6;8 0.126 0.075(2+)	**27** Co Cobalt 58.93320 $[Ar]3d^7 4s^2$ -1;0;1;**2**;**3**;4;5 0.125 0.072(2+)
5	**37** Rb Rubidium 85.4678 $[Kr]5s^1$ **1** 0.248 0.148(1+)	**38** Sr Strontium 87.62 $[Kr]5s^2$ **1**;2 0.215 0.113(2+)	**39** Y Yttrium 8.9059 $[Kr]4d^1 5s^2$ **3** 0.180 0.093(3+)	**40** Zr Zirconium 91.224 $[Kr]4d^2 5s^2$ 1;2;3;**4** 0.159 0.087(4+)	**41** Nb Niobium 92.9064 $[Kr]4d^4 5s^1$ -1;0;1;2;3;4;**5** 0.146 0.069(5+)	**42** Mo Molybdän 95.94 $[Kr]4d^5 5s^1$ -1;0;1;2;3;4;5;**6** 0.139 0.062(6+)	**43** Tc Technetium ☢ [98] $[Kr]4d^5 5s^2$ -3;-1;0;1;2;3;4;5;6;**7** 0.136 0.056(7+)	**44** Ru Ruthenium 101.07 $[Kr]4d^7 5s^1$ -2;0;1;2;**3**;**4**;5;6;8 0.134 0.062(4+)	**45** Rh Rhodium 102.9055 $[Kr]4d^8 5s^1$ -1;0;1;2;3;4;5;6 0.135 0.075(3+)
6	**55** Cs Caesium 132.9054 $[Xe]6s^1$ **1** 0.266 0.169(1+)	**56** Ba Barium 137.33 $[Xe]6s^2$ 1;**2** 0.217 0.135(2+)	**57** La Lanthan * 138.906 $[Xe]4f^0 5d^1 6s^2$ **3** 0.187 0.115(3+)	**72** Hf Hafnium 178.49 $[Xe]4f^{14} 5d^2 6s^2$ 1;2;3;**4** 0.156 0.084(4+)	**73** Ta Tantal 180.9479 $[Xe]4f^{14} 5d^3 6s^2$ -1;1;2;3;4;**5** 0.146 0.068(5+)	**74** W Wolfram 183.84 $[Xe]4f^{14} 5d^4 6s^2$ -2;-1;0;2;3;4;5;**6** 0.139 0.068(6+)	**75** Re Rhenium 186.207 $[Xe]4f^{14} 5d^5 6s^2$ -3;-1;0;1;2;3;4;5;6;**7** 0.137 0.056(7+)	**76** Os Osmium 190.2 $[Xe]4f^{14} 5d^6 6s^2$ -2;0;1;2;3;**4**;5;6;8 0.135 0.065(4+)	**77** Ir Iridium 192.22 $[Xe]4f^{14} 5d^7 6s^2$ -1;0;**1**;2;3;**4**;5;6 0.136 0.065(4+)
7	**87** Fr Francium ☢ 223.0197 $[Rn]7s^1$ **1** 0.29 0.178(1+)	**88** Ra Radium ☢ 226.0254 $[Rn]7s^2$ **2** 0.223 0.162(2+)	**89** Ac Actinium ☢ ** 227.0278 $[Rn]6d^1 7s^2$ **3** 0.188 0.111(3+)	**104** Rf Rutherfordium ☢ [265] $[Rn]5f^{14} 6d^2 7s^2$ **4** 0.160	**105** Db Dubnium ☢ [268] $[Rn]5f^{14} 6d^3 7s^2$ **5**	**106** Sg Seaborgium ☢ [272] $[Rn]5f^{14} 6d^4 7s^2$	**107** Bh Bohrium ☢ [273] $[Rn]5f^{14} 6d^5 7s^2$	**108** Hs Hassium ☢ [276] $[Rn]5f^{14} 6d^6 7s^2$	**109** Mt Meitnerium ☢ [279] $[Rn]5f^{14} 6d^7 7s^2$

s – Elemente (Gruppen 1–2) **d – Elemente** (Gruppen 3–9)

*	**58** Ce Cer 140.12 $[Xe]4f^1 5d^1 6s^2$ **3**;4 0.183 0.103(3+)	**59** Pr Praseodym 140.9077 $[Xe]4f^3 5d^0 6s^2$ 2;**3**;4 0.182 0.101(3+)	**60** Nd Neodym 144.24 $[Xe]4f^4 5d^0 6s^2$ 2;**3**;4 0.181 0.100(3+)	**61** Pm Promethium ☢ [145] $[Xe]4f^5 5d^0 6s^2$ **3** 0.183 0.098(3+)	**62** Sm Samarium 150.36 $[Xe]4f^6 5d^0 6s^2$ 2;**3**;4 0.180 0.096(3+)
**	**90** Th Thorium ☢ 232.0381 $[Rn]5f^0 6d^2 7s^2$ 2;3;**4** 0.180 0.095(4+)	**91** Pa Protactinium ☢ 231.0359 $[Rn]5f^2 6d^1 7s^2$ 3;4;**5** 0.163 0.090(5+)	**92** U Uran ☢ 238.0289 $[Rn]5f^3 6d^1 7s^2$ 2;3;**4**;5;**6** 0.138 0.089(4+)	**93** Np Neptunium ☢ [237] $[Rn]5f^4 6d^1 7s^2$ 3;4;**5**;6;7 0.155 0.087(5+)	**94** Pu Plutonium ☢ [241] $[Rn]5f^6 6d^0 7s^2$ 2;3;**4**;5;6;7 0.159 0.090(4+)

DER ELEMENTE

- Alkalimetalle
- Erdalkalimetalle
- Übergangsmetalle
- Halogene
- Lanthanoide
- Actinoide
- Metalle
- Edelgase
- Nichtmetalle

10	11	12	13	14	15	16	17	18
	IB	IIB	IIIA	IVA	VA	VIA	VIIA	VIIIA
								2 4.00260 $1s^2$ **He** 0.122 0.05* Helium
			5 10.81 $[He]2s^2 2p^1$ 2;**3** **B** 0.080 0.020(3+) Bor	6 12.011 $[He]2s^2 2p^2$ -4;2;3;**4** **C** 0.077 0.015(4+) Kohlenstoff	7 14.0067 $[He]2s^2 2p^3$ **-3**;2;3;4;5 **N** 0.171(3-) 0.071 Stickstoff	8 15.9994 $[He]2s^2 2p^4$ **-2**;1 **O** 0.140(2-) 0.060 Sauerstoff	9 18.9984 $[He]2s^2 2p^5$ **-1** **F** 0.136(1-) 0.071 Fluor	10 20.180 $[He]2s^2 2p^6$ **Ne** 0.160 0.070* Neon
			13 26.9815 $[Ne]3s^2 3p^1$ 1;2;**3** **Al** 0.143 0.050(3+) Aluminium	14 28.0855 $[Ne]3s^2 3p^2$ -4;-2;1;2;3;**4** **Si** 0.117 0.041(4+) Silicium	15 30.9738 $[Ne]3s^2 3p^3$ -3;3;4;**5** **P** 0.111 0.035(5+) Phosphor	16 32.065 $[Ne]3s^2 3p^4$ -2;4;**6** **S** 0.104 0.029(6+) Schwefel	17 35.453 $[Ne]3s^2 3p^5$ **-1**;1;3;5;7 **Cl** 0.181(1-) 0.099 Chlor	18 39.948 $[Ne]3s^2 3p^6$ **Ar** 0.192 0.095* Argon
28 58.693 $[Ar]3d^8 4s^2$ -1;0;1;**2**;3;4 **Ni** 0.125 0.070(2+) Nickel	29 63.546 $[Ar]3d^{10} 4s^1$ 1;**2**;3;4 **Cu** 0.128 0.080(2+) Kupfer	30 65.41 $[Ar]3d^{10} 4s^2$ **2** **Zn** 0.134 0.074(2+) Zink	31 69.72 $[Ar]3d^{10} 4s^2 4p^1$ 1;2;**3** **Ga** 0.122 0.062(3+) Gallium	32 72.64 $[Ar]3d^{10} 4s^2 4p^2$ -4;1;2;3;**4** **Ge** 0.123 0.053(4+) Germanium	33 74.9216 $[Ar]3d^{10} 4s^2 4p^3$ -3;**3**;5 **As** 0.125 0.069(3+) Arsen	34 78.96 $[Ar]3d^{10} 4s^2 4p^4$ -2;2;**4**;6 **Se** 0.140 0.069(4+) Selen	35 79.904 $[Ar]3d^{10} 4s^2 4p^5$ **-1**;1;3;5;7 **Br** 0.195(1-) 0.115 Brom	36 83.80 $[Ar]3d^{10} 4s^2 4p^6$ **2** **Kr** 0.198 0.109 Krypton
46 106.42 $[Kr]4d^{10} 5s^0$ 0;1;**2**;3;4;5;6 **Pd** 0.138 0.050(2+) Palladium	47 107.8682 $[Kr]4d^{10} 5s^1$ **1**;2;3 **Ag** 0.145 0.126(1+) Silber	48 112.41 $[Kr]4d^{10} 5s^2$ 1;**2** **Cd** 0.151 0.097(2+) Cadmium	49 114.818 $[Kr]4d^{10} 5s^2 5p^1$ 1;2;**3** **In** 0.163 0.081(3+) Indium	50 118.710 $[Kr]4d^{10} 5s^2 5p^2$ **2**;4 **Sn** 0.141 0.071(4+) Zinn	51 121.76 $[Kr]4d^{10} 5s^2 5p^3$ -3;**3**;5 **Sb** 0.145 0.090(3+) Antimon	52 127.6 $[Kr]4d^{10} 5s^2 5p^4$ -2;2;**4**;6 **Te** 0.143 0.089(4+) Tellur	53 126.9045 $[Kr]4d^{10} 5s^2 5p^5$ **-1**;1;3;5;7 **I** 0.216(1-) 0.133 Iod	54 131.29 $[Kr]4d^{10} 5s^2 5p^6$ 2;**4**;6;8 **Xe** 0.218 0.130 Xenon
78 195.078 $[Xe]4f^{14} 5d^9 6s^1$ 0;2;3;**4**;5;6 **Pt** 0.139 0.052(2+) Platin	79 196.967 $[Xe]4f^{14} 5d^{10} 6s^1$ **1**;2;3;5 **Au** 0.144 0.137(1+) Gold	80 200.59 $[Xe]4f^{14} 5d^{10} 6s^2$ 1;**2** **Hg** 0.151 0.110(2+) Quecksilber	81 204.383 $[Xe]4f^{14} 5d^{10} 6s^2 6p^1$ **1**;3 **Tl** 0.170 0.149(1+) Thallium	82 207.2 $[Xe]4f^{14} 5d^{10} 6s^2 6p^2$ **2**;4 **Pb** 0.175 0.126(2+) Blei	83 208.980 $[Xe]4f^{14} 5d^{10} 6s^2 6p^3$ -3;1;2;**3**;5 **Bi** 0.155 0.120(3+) Bismut	84 208.982 $[Xe]4f^{14} 5d^{10} 6s^2 6p^4$ -2;2;**4**;6 **Po** 0.164 0.104(4+) Polonium	85 [210] $[Xe]4f^{14} 5d^{10} 6s^2 6p^5$ **-1**;0;1;5;7 **At** 0.232(1-) 0.145 Astat	86 222.018 $[Xe]4f^{14} 5d^{10} 6s^2 6p^6$ **2**;4;6;8 **Rn** 0.214 0.145 Radon
110 [278] $[Rn]5f^{14} 6d^9 7s^1$ **Ds** Darmstadtium	111 [283] $[Rn]5f^{14} 6d^{10} 7s^1$ **Rg** Roentgenium	112 [285] $[Rn]5f^{14} 6d^{10} 7s^2$ **Cn** Copernicium	113 [287] $[Rn]5f^{14} 6d^{10} 7s^2 7p^1$ **Uut** Ununtrium	114 [289] $[Rn]5f^{14} 6d^{10} 7s^2 7p^2$ 2;4 **Uuq** Ununquadium	115 [291] $[Rn]5f^{14} 6d^{10} 7s^2 7p^3$ **Uup** Ununpentium	116 [292] $[Rn]5f^{14} 6d^{10} 7s^2 7p^4$ **Uuh** Ununhexium	117 [293] **Uus** Ununseptium	118 [294] **Uuo** Ununoctium

p – Elemente

f – Elemente

63 151.96 $[Xe]4f^7 5d^0 6s^2$ 2;**3** **Eu** 0.185 0.095(3+) Europium	64 157.25 $[Xe]4f^7 5d^1 6s^2$ 1;2;**3** **Gd** 0.180 0.094(3+) Gadolinium	65 158.9253 $[Xe]4f^9 5d^0 6s^2$ 1;**3**;4 **Tb** 0.177 0.092(3+) Terbium	66 162.50 $[Xe]4f^{10} 5d^0 6s^2$ 2;**3**;4 **Dy** 0.178 0.091(3+) Dysprosium	67 164.9303 $[Xe]4f^{11} 5d^0 6s^2$ 2;**3** **Ho** 0.176 0.089(3+) Holmium	68 167.26 $[Xe]4f^{12} 5d^0 6s^2$ 1;**3** **Er** 0.176 0.088(3+) Erbium	69 168.9342 $[Xe]4f^{13} 5d^0 6s^2$ 2;**3**;4 **Tm** 0.176 0.087(3+) Thulium	70 173.04 $[Xe]4f^{14} 5d^0 6s^2$ 2;**3** **Yb** 0.193 0.086(3+) Ytterbium	71 174.967 $[Xe]4f^{14} 5d^1 6s^2$ **3** **Lu** Lutetium
95 [243] $[Rn]5f^7 6d^0 7s^2$ 2;**3**;4;5;6;7 **Am** 0.173 0.096(3+) Americium	96 [247] $[Rn]5f^7 6d^1 7s^2$ 2;**3**;4;6 **Cm** 0.174 0.095(3+) Curium	97 [247] $[Rn]5f^9 6d^0 7s^2$ 2;**3**;4 **Bk** 0.170 0.094(3+) Berkelium	98 [251] $[Rn]5f^{10} 6d^0 7s^2$ 2;**3**;4 **Cf** 0.186 0.096(3+) Californium	99 [252] $[Rn]5f^{11} 6d^0 7s^2$ 2;**3**;4 **Es** 0.186 0.093(3+) Einsteinium	100 [257] $[Rn]5f^{12} 6d^0 7s^2$ 2;**3**;4 **Fm** 0.190 0.092(3+) Fermium	101 [258] $[Rn]5f^{13} 6d^0 7s^2$ 1;2;**3** **Md** 0.093(3+) Mendelevium	102 [259] $[Rn]5f^{14} 6d^0 7s^2$ **2**;3;4 **No** 0.11(2+) Nobelium	103 [262] $[Rn]5f^{14} 6d^0 7s^2 7p^1$ **3** **Lr** 0.092(3+) Lawrencium

Bildnachweis

S. 11/6: MEV/Creativstudio, S. 11/8: Ursula Prantl-Maresch (Verlag HPT), S. 44/20: Wikimedia Commons/Filip em, S. 50/28: Wikimedia Commons, S. 54/33: Pixtal, S. 56/36: Wikimedia Commons/CDC/Dr. Myron G. Schultz, S. 57/37: Brigitte Auer (Verlag HPT), S. 57/38: Brigitte Auer (Verlag HPT), S. 90/23: Lebensministerium: Saprobiologische Gewässergüte der Fließgewässer Österreichs (Stand 2005), S. 104/33: Wikimedia Commons/Datamax, S. 108/35: Wikimedia Commons/Uopchem25NirajPatel, S. 114/40: Wikimedia Commons/Thausherr, S. 115/42: Verlag HPT, S. 127/6: Helmut Katzmann (Verlag HPT), S. 129/13: Wikimedia Commons/Schorschski/Dr. Jürgen Groth, S. 132/14: Wikimedia Commons, S. 135/23: Reinhold Gayl (Verlag HPT), S. 135/24: Tierbildarchiv Angermayer, S. 144/41: Wikimedia Commons/Juanpdp, S. 146/42: Wikimedia Commons/Dietzel65, S. 150/48: Martin Gaal (Verlag HPT), S. 157/54: L. Nilsson, S. 159/57: Lotzke, S. 159/58: Verlag HPT, S. 161/61: Sibylle Gschöpf (Verlag HPT), S. 164/64: Verlag HPT, S. 168/67–69: L. Nilsson; FOCUS Photo- und Presseagentur GmbH (Pascal Goetgheluck), S. 169/71: L. Nilsson, S. 170/73: L. Nilsson, S. 171/75: Martin Gaal (Verlag HPT), S. 173/79: Verlag HPT, S. 174/80: Martin Gaal (Verlag HPT), S. 176/82: MEV/Bernd Müller, S. 177/83 (1): MEV/Anke Will, S. 177/83 (2): MEV/Digital-Archiv, S. 177/83 (3): MEV/Eckart Seidl, S. 177/83 (5): MEV/Mike Witschel, S. 177/83 (8): MEV/Mike Witschel

Fotolia: Cover/1: Gina Sanders, Cover/2: adimas, Cover/3: McCarthys_PhotoWorks, S. 2 ff. (Symbol): Molecule, S. 3 ff. (Symbol): Petr Vaclavek, S. 5: Trueffelpix, S. 7: Gohst, S. 9/2: T. Michel, S. 9/3: T. Michel, S. 21/17: Ingo Bartussek, S. 22/18: T. Michel, S. 23/19 u. S. 24: Alexander Kaludov (Bearbeitung: Marion Ressel), S.68: Andrea Danti, S. 71/2: Birgit Kutzera, S. 72/4: Stefan Schurr, S. 77/14: Taffi, S. 77/15: m_reinhardt, S. 79/16: tbcgfoto, S. 80/17: Daniel Ernst, S. 89/22: Thomas Leiss, S. 103/31: Schlierner, S. 103/32: Shawn Hempel, S. 104/34: Farina3000, S. 113/37: industrieblick, S. 113/38: u.perreten, S. 113/39: charles taylor, S. 114/41: Kitty, S. 115/44: Klaus Eppele, S. 116/45: Vladislav Kochelaevs, S. 116/46: WoGi, S. 117/47: Werner Schwehm, S. 121/51: apfelweile, S. 127/8: Andrea Wilhelm, S. 127/10: M. Schuppich, S. 128/11: wernerrieger, S. 134/16: Smileus, S. 134/18: vlukas, S. 135/21: Martina Berg, S. 135/22: christian-colista, S. 136/26: micro_photo, S. 142/40: detailblick, S. 155/52: drubig-photo, S. 157/53: crimson, S. 160/59: Kitty, S. 161/60: Africa Studio, S. 171/74: philidor, S. 173/78: Katya Smolina, S. 177/83 (4): Gerhard Seybert, S. 177/83 (6): auremar, S. 177/83 (7): Monkey Business, S. 178/84: bilderstoeckchen

Marion Ressel (Verlag HPT): S. 8/1, S. 10/4, S. 11/5, S. 11/7, S. 12/9, S. 12/10, S. 14/11, S. 14/12, S. 15/13, S. 16/14, S. 17/15, S. 70/1, S. 71/3, S. 73/5, S. 74/6, S. 74/7, S. 74/8, S. 74/9, S. 74/10, S. 75/11, S. 75/12, S. 76/13, S. 79, S. 85/18, S. 85/19, S. 85/20, S. 86/21, S. 92/24, S. 93/25, S. 94/26, S. 94/27, S. 96/28, S. 97/29, S. 103/30, S. 112/36, S. 115/43, S. 118/48, S. 119/49, S. 120/50

Robert Kugler (Verlag HPT): S. 31/1, S. 32/2, S. 32/3, S. 33/4, S. 33/5, S. 33/6, S. 34/7, S. 35/8, S. 36, S. 37/9, S. 38/10, S. 38/11, S. 39/12, S.40/13, S. 41/14, S. 41/15, S. 41/16, S. 42/17, S. 43/18, S. 44/19, S. 44/21, S. 45/22, S. 46/23, S. 46/24, S. 49/25, S. 49/26, S. 49/27, S. 51/29, S. 51/30, S. 52/31, S. 54/32, S. 55/34, S. 55/35, S. 57/39, S. 57/40, S. 58/41, S. 58/42, S. 59/43, S. 60/44, S. 60/45, S. 61/46, S. 61/47, S. 61/48, S. 62/49, S. 63/50, S. 64/51, S. 64/52, S. 65/53, S. 66/54, S. 67/55, S. 123/1, S. 124/2, S. 124/3, S. 126/4, S. 127/5, S. 127/7, S. 127/9, S. 128/12, S. 133/15, S. 134/17, S. 135/19, S. 135/20, S. 136/25, S. 138/28, S. 138/29, S. 138/30, S. 139/32, S. 140/33, S. 140/34, S. 140/35, S. 141/37, S. 141/38, S. 141/39, S. 146/43, S. 146/44, S. 147/45, S. 149/46, S. 149/47, S. 153/49, S. 153/50, S. 154/51, S. 158/55, S. 158/56, S. 162/62, S. 163/63, S. 166/65, S. 168/66, S. 168/70, S. 169/72, S. 172/76, S. 172/77, S. 175/81